1. Auflage November 2017
2. Auflage Juli 2018 (um 17 Seiten erweitert)
1. E-Book-Version April 2019 (um 50 weitere Seiten erweitert)
3. Auflage September 2019 (64 Seiten mehr als Auflage 2)
4. Auflage Dezember 2019
5. Auflage und aktualisierte E-Book-Version April 2020
6. Auflage Juni 2020
7. Auflage Dezember 2021

Die Version der 4. Auflage ist final, also ab da inhaltlich unverändert.
Ab der 7. Auflage 36 mehr Seiten wegen neuen Buchsatzes.
Weitere inhaltliche Ergänzungen nach 2019 sind in Ringvernichtung II zusammengefasst sowie als Videotranskripte auf *neunheit.de* erhältlich.

Umschlaggestaltung, Satz und Portrait:
Cornelia Berner, www.cb-photography.one

Copyright für dieses Buch: Ludwig Gartz, November 2017
Alle Rechte vorbehalten

Die Ringvernichtung

Tolkiens Lösungen für die Menschheit

Ludwig D. Gartz

NEUNHEIT REIHE – BAND 4

Möge die Menschheit zu Liebe und Mitgefühl erwachen
Möge Frieden herrschen auf Erden
Mögen alle Menschen und alles Leben glücklich sein

Plötzlich wirst du Teil einer packenden Geschichte, von der du geglaubt hast, sie sei nur zur Unterhaltung da …
Und anstatt dass der Zauber verfliegt, wird es noch wundersamer und spannender …
Worauf steuert die Menschheit zu?

Anmerkung zur 3. Auflage:

Wenn man den Herrn der Ringe genauer untersucht, stellt man fest, dass der Wendepunkt im Ringkrieg der Tod des Orks Gorbag in Minas Morgul ist. Dieser Tod setzt eine Kettenreaktion positiver Ereignisse in Gang, die im Herrn der Ringe zwar nicht kausal verknüpft sind, aber mit Verständnis der Symbolik logisch kausal verknüpft werden können. Frodos Entkommen aus Minas Morgul, der Tod des Königs der Ringgeister, Aragorns Ankunft bei der Schlacht um Minas Tirith, der Sieg in der Schlacht bis hin zum finalen Sieg über Sauron. All dies hängt am Tod des Orks Gorbag. Und die Organisation, die in unserer Welt von Gorbag symbolisiert wird, steht zum Zeitpunkt des Drucks der 3. Auflage im September 2019 tatsächlich kurz vor ihrer Niederlage.... Wir steuern jetzt tatsächlich auf die spannendste Phase der Menschheitsgeschichte zu … und auf unsere globale Befreiung, auch wenn es noch viele, viele Jahre dauern wird, weil wir noch einen langen Weg durch Mordor vor uns haben...

Anmerkung zur 6. Auflage Anfang Juni 2020:

Wie von Tolkien symbolisch vorausgesagt und in diesem Buch aus der Symbolik heraus übersetzt, haben wir das „Ende des Orks Gorbag" in unserer Welt im März 2020 erlebt. Gleichzeitig ist die Welt übergegangen in die Coronakrise, mit der der „Sauron unserer Welt" die Endphase der Errichtung seiner Neuen Weltordnung eingeläutet hat. Während sich die Menschheit jetzt in der dunkelsten Phase ihrer Geschichte befindet, nähern wir uns gleichzeitig dem, was mit Frodos Entkommen aus Minas Morgul symbolisiert wird, nämlich der Befreiung unseres Denkens aus der Gedankensteuerung durch die Massenmedien, was die weiteren Durchbrüche hin zu unserer Befreiung möglich macht, die in diesem Buch in ihrer logischen Abfolge dargestellt werden.

Inhalt

Von den Ringen der Macht — 10

Einleitung — 11

Kapitel 1 – Vom Ringschmied zum Hexenkönig von Angmar

Sauron und der Eine Ring – Altrömische Hochfinanz — 17
Zweiter Ringkrieg – Kriege gegen Keltiberer, Gallier und Germanen — 24
Tod Anarions – Auslöschung der keltiberischen Kultur — 28
Tod Elendils und Gil-galads – Auslöschung der gallischen Kultur — 29
Unverhoffter Sieg Isildurs über Sauron – Unverhoffter Sieg der Germanen über Varus — 29
Isildurs Übernahme des Einen Ringes – Beibehaltung der römischen Machtkonzepte durch die Germanen — 32
Isildurs Tod – Auslöschung der ethischen Kultur der Germanen — 34
Verlust des Einen Ringes – Deaktivierung des Zinsgeldsystems im MA — 36
Die Zeit vor dem Wiederauftauchen des Einen Ringes – Hochkultur des Hochmittelalters durch zinsfrei fließendes Geld — 37
Wiederauftauchen des Ringes – Kollaps des ZFG durch Gier — 42
Déagol und Sméagol – Wiederholung der Prozesse im Alten Rom — 43
Smaug erobert Eribor – Entstehung des Absolutismus' — 45
Phase des Ringbesitzes durch Gollum – Tabuisiert unbewusste Sucht der Menschen nach Geld und verzinstem Vermögen — 48
Krieg des Hexenkönigs von Angmar gegen Arnor – Kampf der Geldverleiher um Macht über die Völker — 48
Saurons Wiederauftreten – Formierung einer neuen Hochfinanz — 51

Kapitel 2 – Geschichte Bilbo Beutlins

Bilbos Aufbruch mit 13 Zwergen – Formierung der Unabhängigkeitsbestrebungen in den 13 englischen Kolonien — 53
Bilbo, der Meisterdieb – Erlernen, Tabus zu überschreiten — 54
Bilbo und die Zwerge geraten in die Hände von Trollen – Verbot der eigenen Währung der Kolonisten 1764 — 55
Gandalf, Bilbo und die Zwerge werden von Steinriesen bedroht – Kampf um die Geldkontrolle ca. 1750 - 1913 — 56

Bilbo findet den Einen Ring – Schaffung des Continental Dollar	58
Landung der Adler auf dem Carrock – Unabhängigkeitserklärung	60
Besuch bei Beorn – Bildung der Konföderation 1777	60
Weg durch den Düsterwald – Überwinden der Gleichgültigkeit während des Unabhängigkeitskriegs 1777 - 1781	60
Gemeinschaft wird begeistert in der Stadt am See empfangen – Sieg im Unabhängigkeitskrieg 1781	62
Ende Smaugs – Anerkennung der Unabhängigkeit im Frieden von Paris 1783	62
Vertreibung Saurons aus dem Düsterwald – Zerschlagung des Illuminaten-Ordens 1784/85	63
Sauron zieht nach Mordor um – Machtbewusstsein der Hochfinanz	65
Smaug war der letzte Drache – Von Amerika geht der Niedergang der europäischen Monarchie aus – ab 1783	69
Schlacht der fünf Völker – Bundesstaatliche Verfassung der U.S.A.	71
Bilbo nimmt den Arkenstein und verbirgt ihn vor den Zwergen – Gier verhindert das Erleben von Fülle – ab 1787	71
Bilbos 111. Geburtstag – Wechsel im Denken der Menschen	73

Kapitel 3 – Von Hobbingen bis Parth Galen

Gandalfs letztes Gespräch mit Frodo vor Frodos Aufbruch – Entwicklung der klassischen Homöopathie	76
Schleichende Machtergreifung des Einen Ringes – Homöopathische Miasmenlehre	80
Frodos Aufbruch aus Hobbingen – Erwachen einer kritischen Transformationsmasse in der Menschheit im Jahr 1848	85
Der Eine Ring verlässt das Auenland – Spiritueller Aufbruch	87
Bree – Transformationsträgheit	88
Der Eine Ring wird versehentlich offenbart – Eine Voraussage Jesu gerät in die Hände der Hochfinanz	90
Gandalfs Gefangenschaft bei Saruman – Aussetzen des unterscheidenden Denkens durch aufkommenden Nationalismus	107
Ereignisse am Amon Sûl – Erfindung der politischen Parteien	109
Viele Begegnungen – Kurze Blüte zur Jahrhundertwende	116
Elronds Rat – Fortschritte in vielen Bereichen	118
Der Rat beschließt die Ringvernichtung – Leben ohne Zinsgeld	121
Isildurs Fluch – Karma der keltisch-germanischen Welt	131

Weg nach Moria – Zunehmende Feindseligkeit in Europa	132
Pippin wirft einen Stein in einen Brunnen – Gründung der Fed	136
Weg durch das tote Moria – Zeit vor Kriegsausbruch	138
Gandalfs Sturz in den Abgrund – Aussetzen des Unterscheidungsvermögens durch den ausbrechenden Ersten Weltkrieg	138
Lothlorien – Innerstes Bewusstsein und tiefster Frieden	140
Galadriels Spiegel – Eine Seelen- und Weltenschau	140
Frodos Visionen – Tolkiens Seelen- und Weltenschau	143
Saurons Auge sucht Frodo – Hochfinanz will Gedankenkontrolle	145
Galadriels Versuchung – Tolkiens Versuchung?	153
Abschied von Lorien – Kollektiver Seelenzustand nach dem Ersten Weltkrieg	154
Fahrt auf dem Anduin – Stürmische, unruhige 20er Jahre	156
Tod Boromirs – Durch die Machtergreifung der Nazis verliert der Respekt seinen Rang als Wert	157

Kapitel 4 – Von Saruman bis Minas Morgul

Aragorn findet den sterbenden Boromir – Die Deutschen sind der Versuchung aufgesessen, aber nicht erlegen	163
Orks und Uruk-hai – Negativität der faschistischen Zeit	165
Geschichte der Ents – Spirituelle Wiederbelebung im Faschismus	166
Weißer Reiter – Erstarktes Wiedererwachen des Unterscheidungsvermögens	168
König der Goldenen Halle – Angriff auf das Ehrgefühl durch den Faschismus	172
Schlacht um Helms Klamm – Innere Emigration während Zweiten Weltkriegs	174
Sarumans Stimme – Nürnberger Prozesse	179
Palantír von Orthanc – Versinken der Deutschen in Schuld	181
Sarumans Nützlichkeit für Sauron – Nützlichkeit des Nationalsozialismus' für die Hochfinanz	188
Sarumans Verrat an Sauron – Hitler und Stalin	195
Von Sméagol bis Palantír von Orthanc – Zunehmende Erkrankung des Gemüts der Menschheit	204
Reise durch die Totensümpfe – Weltwirtschaftskrise	214
Frodos und Sams Scheitern am Schwarzen Tor – Geldprojekt in Wörgl, Tirol	214

Weg entlang der Schatten- & Aschenberge – Zur Notwendigkeit der Auflösung unseres Verlangens nach verzinstem Vermögen	215
Frodos und Sams Begegnung mit Faramir – Belebung durch das nach dem Zweiten Weltkrieg gestärkte Pflichtbewusstsein	216
Wegscheide – Beginnende sexuelle Revolution und Feminismus	219
Frodos Sog Richtung Minas Morgul – Sogwirkung der Massenmedien auf das Denken	220
Überwindung der Schatten- & Aschenberge – Überwindung der Sucht nach verzinstem Vermögen	220
Sams Konfrontation mit Gollum und Kankra – Überwindung von Geldsucht und Resignation	222
Kankra sticht und lähmt Frodo – Terroranschlag vom 11.09.2001	223
Frodo in Minas Morgul – Krieg der Eliten gegeneinander	224
Frodos und Sams Entkommen aus Minas Morgul – Befreiung des Denkens aus dem Griff der Massenmedien	236
Frodo und Sam ziehen Orkkleider an – Für die Erwachten ist es gut, sich anzupassen und nicht mit den Systemhörigen zu diskutieren	238

Kapitel 5 – Von Gondor zu den Anfurten

Schlacht um Minas Tirith – Krieg der Hochfinanz zur Zerstörung der Integrität der Menschheit	242
Schlacht um Minas Tirith – Weitere Unterscheidung	243
Denethor, Truchsess von Gondor – Kirchen als Repräsentanten des Ethikbewusstseins	246
Denethor weist Gandalf ab – Kirchen weisen eine spirituelle Transformation ab – seit den 1950er Jahren	248
Osgiliath wird überrannt – Rascher Siegeszug von sexueller Revolution und Feminismus – 2. Hälfte der 1960er Jahre	250
Faramir wird lebensbedrohlich verletzt – Pflichtgefühl der Menschen wird gefährlich geschwächt – 1960er und 1970er Jahre	257
Beginn der Schlacht um Minas Tirith – Krieg gegen die Integrität der Menschheit wird 1970 voll entfesselt	257
Denethor will sich und Faramir schließlich auslöschen – Kirchen gehen in die Selbstzerstörung – bis in unsere Zeit	264
Denethors Wahnsinn und Selbstauslöschung ist Werk des Feindes – Hochfinanz hat die Kirchen durch Stärkung ihres Egos zerstört	265
Hallen der Heilung – Heilung durch die spirituellen Wahrheiten	266

Reiter von Rohan greifen in die Schlacht ein – Erwachen der Fürsorge für Planet und Menschheit um das Jahr 1980 herum	266
Auslöschung des Königs der Ringgeister – Ende des Tiefenstaats der Hochfinanz	267
König der Ringgeister kann nur von einer Frau getötet werden – Machtlosigkeit muss erst in der Außenwelt beendet werden	273
Aragorns Weg auf den Pfaden der Toten – Heilung unserer Integrität durch Selbstvergebung	274
Aragorn und Éomer begegnen sich – Unwiderstehliche Kraft, wenn Wahrheitsliebe und Demut zusammenfließen	283
Vorbedingungen für den Sieg in der Schlacht um Minas Tirith	283
Frodo und Sam erblicken den Tod des Königs der Ringgeister – Auswirkungen des Endes der Macht des Tiefenstaats	285
Frodos und Sams Reise zum Schicksalsberg – Zielgerade der Transformationsreise der Menschheit	287
Gewicht des Einen Ringes – Zielgerade verlangt uns alles ab	297
Zug der Streitmacht der Menschen vor das Schwarze Tor – Ethisch zielgerichtete Auflösung unseres Egos	301
Sams entscheidende Rolle – Wichtigkeit spiritueller Disziplin	302
Gollums entscheidender Beitrag – Beitrag Göttlicher Gnade	302
Ringvernichtung und Saurons Ende – Befreiung vom Ego	303
Abgleich der Voraussagen Tolkiens und Irlmaiers	304
Aufmarsch der Armee des Westens vor dem Schwarzen Tor – Gesellschaftliche Ebene	311
Frodo und Sam erklimmen den Schicksalsberg – Entwertung des Zinsgeldes	313
Saurons Angriff auf die Armee des Westens – Noch eine Perspektive	314
Warnung an Sauron, Angriff der Adler und Tod Saurons – Warnung, Wunder und Strafgericht, die Prophezeihungen von Garabandal	317
Saurons letzter, panischer Ruf nach den Ringgeistern – Strafgericht durch einen von der Hochfinanz inszenierten Völkermord	323
Stunde des Schicksals – Karma und Buße	334
Sauron schwindet nach der Vernichtung des Einen Ringes – Katastrophe wird vor allem die eigennützigen Menschen treffen	340
Hochzeiten in Gondor – Welterer Bewusstseinsaufstieg	342
Aufräumen des Auenlandes – Gewohnheitsmäßiges Auflösen von Ego	343
Einschiffen an Grauen Anfurten – Aufstieg ins Einheitsbewusstsein	343

Von den Ringen der Macht

Die innere Bedeutung des Verses von den Ringen der Macht:
„Durch die spirituelle Nutzung von Herz-, Seelen-und Weisheitschakra können wir uns zum Gottesbewusstsein aufschwingen und Gott in allem sehen.
Mit Hilfe des energetischen Aspekts der sieben Chakren können wir uns vor negativen Energien schützen und uns von ihnen reinigen.
Auf der Mentalebene ziehen neun Teufelskreise unser Bewusstsein ständig ins Dunkel unseres Egos.
Während unser Ego unser Bewusstsein dadurch beherrscht, dass wir unsere Schuld projizierenden Ansichten auf andere übertragen wollen (Recht behalten und anderen unsere Ansicht aufdrängen wollen),
Und sich in seiner Identifikation mit unseren Schuld projizierenden Konzepten eingerichtet hat, in der unser Bewusstsein ständigen Sorgen und Befürchtungen ausgeliefert ist.
Die Schuld projizierenden Konzepte machen uns zu Knechten unseres Egos, unterwerfen unser Bewusstsein unserem Ego,
Halten uns in der Dunkelheit unseres Egos gefangen und binden uns dort,
In unserer Identifikation mit unseren Schuld projizierenden Konzepten, in der unser Bewusstsein ständigen Sorgen und Befürchtungen ausgeliefert ist."

Die äußere Bedeutung:
„Durch Liebe und Mitgefühl (Herzchakra), Anbetung Gottes und Versöhnlichkeit in unseren Beziehungen (Seelenchakra) und die unterscheidende Auflösung unseres eigenen Egos können wir Kooperation, Einheit und Frieden in der Menschheit erreichen.
Wenn wir uns und unsere Mitmenschen vor negativen Energien schützen, sorgen wir ebenfalls für Frieden in uns und in der Gesellschaft.
Was auch dringend zu tun ist, weil unsere Realität von den neun Automatismen des Zinsgeldes negativ programmiert wird,
Und die Hochfinanz durch das Zinsgeld die Weltwirtschaft und damit die Menschheit beherrscht, Sie herrscht durch die Reformresistenz des Zinsgeldes, das automatisch die Probleme der Menschheit verschlimmert.
Das Zinsgeld knechtet durch automatisch zunehmende Schulden und Zinslasten und findet alle, die abhängig sind von Geld.
So dass sie durch ihre Verschuldung in die Verzweiflung getrieben und in ihren Zahlungspflichten gefangen gehalten werden,
In der Reformresistenz des Zinsgeldes, das automatisch die Probleme der Menschheit verschlimmert."

Einleitung

Dieses Buch bietet eine umfassende Interpretation der Ereignisse in Tolkiens großen Werken – Silmarillion, Hobbit und Herr der Ringe. Die Symbolsprache Tolkiens wird in „Die Symbolik Tolkiens" detailliert abgeleitet, erläutert und veranschaulicht und ermöglicht dem Leser, tiefer in die Nachvollziehbarkeit und Verständlichkeit der Interpretation in diesem Buch einzusteigen. Meine Interpretation ist auch nur das: Eine Interpretation. Interpretationen müssen im Allgemeinen in sich selbst zusammenhängend und widerspruchsfrei logisch sein. Aber sie können niemals in einem wissenschaftlichen Sinne wahr oder verifizierbar sein. Das heißt, dass es sehr wohl andere logische und zusammenhängende und daher gültige Interpretationen geben kann. Ich hoffe, meine Interpretationen sind für den Leser aufschlussreich und inspirierend.

Aus meiner Perspektive besteht eine von Tolkiens Kernbotschaften darin, uns unserer Illusionen bewusst zu werden, die in dem Kampf darum bestehen, dass nur wir die Wahrheit kennen. Diese illusorische Haltung hat er durch den Einen Ring symbolisiert. Es wäre also auch ein Widerspruch in sich selbst, wenn ich den Anspruch erheben würde, meine Interpretation wäre die Wahrheit. Die Welt ist voller Menschen, die darum kämpfen, dass andere ihre Ansichten als Wahrheit übernehmen. Meine Interpretation will eher zu einer Welt der Kommunikation und Kooperation beitragen, in der Menschen einander zuhören, anstatt zu versuchen, ihre Ansicht einander aufzudrängen. Im Reden agiert unser Geist, im Zuhören hören wir auf unsere eigene Seele.

Unser Geist kann nur als Abbildung der Wahrheit dienen, niemals selbst „diese Wahrheit sein". Die Wahrheit des menschlichen Seins liegt in der Ewigkeit unserer Seele und ist nur im Erleben unserer Seele erfahrbar und in Worten nicht zu vermitteln. Somit kann ein geschriebener Text nur als Zeiger dienen, der dem Leser bestenfalls hilft, die Richtung zu finden, in der er die Wahrheit selbst finden und erfahren kann. Wenn wir die Wahrheit finden, müssen wir die Mittel, mit denen wir sie erreicht haben – all die Lehren und Konzepte – loslassen, verlassen und hinter uns lassen. Der Weg geht vom Reden ins Zuhören. Von unseren Gedanken weg in die Stille. Uns für diesen Weg Inspiration zu holen, ist legitim. Dieses Buch möchte solche Inspiration geben.

Mit meinem Hintergrund als Wirtschaftsübersetzer und Homöopath schrieb und veröffentlichte ich 2008 mein erstes Buch, Fließendes Geld.

Es arbeitet die sich verschlimmernden Automatismen heraus, die in unser Geldsystem einprogrammiert sind. Mir fiel auf, dass diese Automatismen Parallelen zu den homöopathischen Miasmen aufweisen. So kam ich auf die Idee, die negativen Automatismen unseres Geldes – am Ende neun an der Zahl – herauszuarbeiten und sichtbar zu machen. Zur bildlichen Veranschaulichung der logisch-analytisch abgeleiteten Auswirkungen des Zinsgeldes auf die Welt und den menschlichen Geist wählte ich als Gleichnis die neun Ringgeister des Herrn der Ringe; nur um dann festzustellen, dass die Hauptwerke Tolkiens kein bloßes Gleichnis sind, sondern viel mehr Weite und Tiefe haben als ein Gleichnis haben könnte.

Tatsächlich offenbart der Herr der Ringe Bewusstseinsprozesse und Erkenntnisse, die sich chronologisch historischen Ereignisse des 19. und 20. Jahrhunderts zuordnen lassen. Zudem enden die Ereignisse nicht 2008, sondern erstrecken sich bis in die ferne Zukunft. Die Präzision in der Chronologie der Ereignisse ließ vermuten, dass es sich bei den weiteren Ereignissen um Voraussagen für die Zukunft der Menschheit handeln könnte. Dies verstärkte meine Faszination. Was kommt auf die Menschheit zu? Hat uns Tolkien Wissen an die Hand gegeben, das uns durch die großen Herausforderungen unserer Zeit helfen kann?

Da sich inzwischen ein weiteres, von Tolkien vorausgesagtes globales Ereignis deutlich anbahnt (und zum Zeitpunkt der 3. Druckauflage im September 2019 kurz bevor steht) – der Niedergang der US-Elite – traue ich mich mit diesem umfassenden Werk jetzt (2017) an die Öffentlichkeit. Auch wenn Tolkien tatsächlich die Zukunft vorausgesagt hat, bleibt die Frage, wie wir richtig damit umgehen. Tolkien hat die Problematik, die in Voraussagen über die Zukunft enthalten ist, in einigen Aussagen Galadriels zum Ausdruck gebracht, als sie Frodo anbietet, einen Blick in ihren Spiegel zu werfen. Sie rät Frodo nicht, etwas über die Zukunft zu erfahren oder nicht. Sie weist darauf hin, dass solche Informationen von Vorteil sein können oder auch nicht. Sie sagt, dass es gut sein kann, solche Dinge zu erfahren, aber auch sehr gefährlich. Am Ende verweist sie darauf, dass das alles Entscheidende in Bezug auf Informationen über die Zukunft unsere eigene Einstellung ist, unser Mut und unsere Weisheit, damit sich dieses Wissen zum Guten auswirken kann. Wenn der Herr der Ringe wirklich eine Voraussage über die Zukunft enthält, ist es also sinnvoll, uns ein paar Gedanken über den richtigen Umgang mit Voraussagen zu machen.

Zunächst einmal gibt es den grundsätzlichen Unterschied einer eher atheistisch-materialistischen und einer eher theistischen Sicht auf die Welt.

Für die materialistische Sicht gibt es immer den Gedanken, dass der Mensch einen freien Willen hat und Entscheidungen bewusst anders treffen oder prophezeihte Entwicklungen bewusst anders lenken kann, im „Guten" wie im „Schlechten". Und der Gedanke der Wahlfreiheit ist auch für die spirituelle Sicht relevant. Gemeinsam ist beiden Sichtweisen, dass alle Menschen die Welt dual betrachten: Wir wünschen uns gute, positive Entwicklungen und werden schlechte, negative Entwicklungen eher abwenden wollen. Somit kann jeder eine positive Voraussage als Inspiration nehmen, einen Beitrag dazu zu leisten, dass sie wahr wird, und eine negative Voraussage als Warnung nehmen, dass sie eintreten kann, wenn wir unser Denken und Handeln nicht so gestalten, dass sie geeignet sind, eine solche Voraussage abzuwenden. Die beste und wahrste negative Prophezeihung ist eine, die zum Umdenken führt und dadurch nicht eintritt.

Auf der anderen Seite gibt es eine negative Art, mit Voraussagen umzugehen. Wir können auf negative, warnende Voraussagen
a) mit Leugnung reagieren, den Kopf in den Sand stecken und uns selbst einreden, es wird schon nicht so schlimm werden, also apathisch werden.
b) mit Resignation und Zynismus eingehen und sagen: „Die Menschheit ist eh verloren. Bemühungen um einen positiven Wandel sind nur für Träumer."
c) kopflos wie gelähmt reagieren und uns von der Angst bestimmen lassen, so dass eine selbsterfüllende Prophezeiung daraus wird.
d) mit Dummheit und Ignoranz reagieren und sagen: „Die Voraussage macht Angst. Deshalb ist sie schlecht und man sollte nicht daran glauben." Das ist so, als reagierte man auf die Warnung eines Arztes „wenn Sie Ihren Lebenswandel nicht ändern, werden sie nicht alt werden" mit der Haltung: „Was der Arzt sagt, macht mir Angst, also sollte ich nicht daran glauben."
Und wir können positive Voraussagen, die ein gesunder Menschenverstand als Ermutigung & Inspiration zum Handeln nehmen sollte, um eine Voraussage, deren Wahrwerden wir uns wünschen können, auch wahr werden zu lassen, ebenfalls negativ verarbeiten, indem wir
a) mit zynischer Faulheit darauf reagieren und sagen: „Das glaube ich niemals. Das musst du mir erst mal beweisen." Als wäre der Mensch, der nur ermutigen und Möglichkeiten aufzeigen möchte, auch dafür verantwortlich, dass die Voraussage wahr wird.
b) einfach nur mit Faulheit reagieren und sagen: „Na, dann muss ich ja nichts für eine bessere Welt tun." oder
c) die Voraussage auf andere Weise als Blödsinn abtun.

Ungeachtet all dessen sind wir alle für den Zustand von Menschheit und Planet verantwortlich, Negatives abzuwenden und Positives möglich zu machen. Aus spiritueller Sicht sind echte Voraussagen möglich, wenn wir denken, dass göttliche Wesen nicht durch Zeit und Raum eingeschränkt sind. Da Gott grundsätzlich Gutes für die Menschheit will und der Mensch im Umgang mit Voraussagen stets eine Wahlfreiheit hat, sie negativ oder positiv zu verarbeiten, haben wir stets die Wahl, negative Voraussagen als Warnung und positive Voraussagen als Ermutigung und Inspiration zu nehmen und so oder so Verantwortung für die Welt zu übernehmen, die wir sehen wollen.

Nun gibt es viele überlieferte Voraussagen. Woran erkennen wir, welche ernst zu nehmen sind und welche nicht? Die Trefferquote von Sehern und Propheten ist natürlich eine wichtige Orientierung. Aber die Echtheit einer Voraussage hängt nicht unbedingt davon ab, dass sie eintritt.

Denn es ist möglich, falsche (negative) Voraussagen zu streuen, die Menschen in Angst versetzen und/oder ihren Hass schüren. Durch die Steigerung in die Angst oder in den Hass werden sie zu selbsterfüllenden Voraussagen. Obwohl die Voraussage eingetreten ist, war sie falsch. Solche falschen Voraussagen können eine unfassbar zerstörerische Gewalt annehmen, wenn sie viele Jahrhunderte im Voraus gemacht und anschließend als Geheimkult gepflegt werden. Zum Beispiel gibt es sowohl im Judentum als auch im Islam als auch bei den Freimaurern eine Prophezeihung, dass ein Messias kommen und Israel in einem Inferno untergehen wird. Ich bin sicher, dass diese Prophezeihung nicht von Gott ist. Aber da sie seit Jahrhunderten gepflegt und genährt wird, entwickelt sie eine große, sich selbst erfüllende Gewalt. Sollte sie tatsächlich eintreten, war sie dennoch falsch. Diese Prophezeihung kann also abgewendet werden.

Es ist auch möglich, positive Voraussagen zu hintertreiben, indem man massiv kommuniziert, es wird alles gut, ihr müsst nichts mehr dafür tun. Lehnt euch zurück und wartet ab. Wenn die positive Voraussage in die Faulheit gesteuert wird, wird sie abgewendet. Eine weitere Variante, eine positive Voraussage nicht wahr werden zu lassen, besteht darin, göttliche Voraussagen für den „Einen Ring" zu missbrauchen, also dafür, anderen anhand der göttlichen Voraussagen die einzige Gültigkeit der eigenen Ansichten aufzwingen zu wollen. So z.B. in Garabandal, wo die erschienene Heilige Jungfrau Maria einem Blinden prophezeite, er werde sein Augenlicht zurückbekommen. Dieser wurde daraufhin zum katholischen Eiferer, der alles Nichtkatholische als Irrlehre hinstellte. Ein solches Verhalten ist

„Der Eine Ring". Später ist dieser Mann blind gestorben, weil er die göttliche Prophezeihung negativ instrumentalisiert hat.

Das jeweilige Nichteintreten der positiven Voraussage ist also kein Beweis, dass sie falsch war. Gott gibt uns keine Garantien, sondern Möglichkeiten. Die Wahl, was wir daraus machen, ist unsere. – Es kann auch richtig sein, Informationen für uns zu behalten und nur selbst danach zu handeln.

In jedweder Kombination von positivem oder negativem Umgang mit positiven oder negativen Voraussagen, offen kommuniziert oder für uns behalten, ist die jederzeit vorhandene Macht des Menschen erkennbar, durch den richtig unterscheidenden, verantwortungsbewussten Umgang mit Voraussagen Schaden abzuwenden und positive Möglichkeiten zum Wohle aller zu nutzen. Am Ende erschaffen wir uns die Realität, in der wir leben, immer selbst und tragen auch die Verantwortung dafür. Es gibt weitere Aspekte zu berücksichtigen.

Wenn man von einem grundsätzlichen Kampf zwischen Gut und Böse in der Menschheit ausgeht, ist klar, dass Gott bemüht ist, das Gute in den Menschen hervorzubringen und das Böse abzuwenden. Und bei dämonischen Kräften ist diese Haltung genau anders herum. Die dämonischen, egogesteuerten Kräfte nutzen das gesamte Thema der Voraussagen zur Täuschung und Zerstörung, Gott nutzt das Thema zur Erleuchtung und Bewahrung. Da beide in der Welt aktiv sind, braucht man bei diesem Thema immer eine gute Unterscheidung und eine bewusste Haltung für die Antwort auf die Frage: In welcher Welt will ich leben? Für welche Welt bin ich bereit, Verantwortung zu übernehmen?

Es gibt eine Qualität von Voraussage, die über all das hinausgeht. Eine solche Voraussage spielt auch in der Entschlüsselung des Herrn der Ringe eine Rolle. Diese Voraussage hat großen Anteil an dem im Herrn der Ringe verschlüsselten Krieg, der in unserer Zeit in der Menschheit stattfindet. Wir werden an der entsprechenden Stelle der Entschlüsselung dazu kommen.

Zur Überprüfung der Voraussagen des Herrn der Ringe für unsere Zeit nimmt dieses Buch dann zusätzlich gegen Ende einen Abgleich mit den Vorhersagen Alois Irlmaiers sowie den Prophezeihungen der Heiligen Jungfrau von Garabandal vor, die jeweils sehr ähnliche konkrete Voraussagen für unsere Zeit und unsere Zukunft gemacht haben. Beide Quellen – Irlmaier und Heilige Jungfrau Maria – über die noch kommende Endzeit lassen sich gut mit den symbolisch verschlüsselten Voraussagen Tolkiens abgleichen, wobei sich die Voraussagen ergänzen. Irlmaier beschreibt, was in der physischen Realität passieren wird. Die Heilige Jungfrau beschreibt innere und äußere Ereignisse. Tolkien beschreibt in seiner Symbolsprache die Bewusstseinsprozesse, die mit diesen Abläufen einhergehen. Dieses Buch verbindet am Ende innen und außen, so dass wir ein komplettes Bild bekommen, welches Geschehen sich anbahnt und warum, was die innere Logik im Ablauf der Ereignisse ist.

Meine Hauptmotivation für die Entschlüsselung des Herrn der Ringe besteht darin, einen Beitrag zu leisten, dass sowohl die Voraussagen in Bezug auf die vollständige Zerstörung Israels als auch die Voraussage Irlmaiers und der Heiligen Jungfrau, dass es unmittelbar vor dem Eintreten des Goldenen Zeitalters zum 3. Weltkrieg und einem damit verbundenen Völkermord kommen wird, abgewendet werden können. Ich denke, dass die logische Ableitung und allgemeine Bekanntmachung der Vorgeschichte zu dieser Katastrophe ein Bewusstsein inspirieren kann, sie abzuwenden.

Die Vergangenheit erzeugt eine Wahrscheinlichkeit, wie sich Dinge weiterentwickeln werden. Je näher wir den Ereignissen rücken, desto schwieriger wird es, sie anders zu lenken. Wenn man aus der Geschichte unsere Zukunft ableitet, kann man die drohende Gefahr einer großen Katastrophe mit zahllosen Toten, wie viele Seher sie vorausgesehen haben, nicht von der Hand weisen. Durch ein ausreichend frühes Bewusstwerden, was wir konkret tun können, lassen sich die Dinge vielleicht noch in eine andere Richtung lenken. Denn die Wahrscheinlichkeit, dass es vor dem anstehenden Wandel zu einer viel besseren Zeit noch zu einer Katastrophe kommt, baut sich seit über 2.500 Jahren auf.

Kapitel 1 – Vom Ringschmied zum Hexenkönig von Angmar

Die Geschichte von Saurons 2. Reich bis zum Auftauchen der 13 Zwerge bei Bilbo deckt ungefähr den Zeitraum von 753 v.Chr. bis 1750 n.Chr. ab.

Sauron und der Eine Ring – altrömische Hochfinanz
Die im Silmarillion verschlüsselten, geschichtlichen Ereignisse gehen noch sehr viel weiter zurück als bis zum Alten Rom. Da es für die geschichtlichen Ereignisse der vorrömischen Zeit jedoch nur dürftige Berichte und kaum Nachweise gibt, beginnen wir die Entschlüsselung an der Stelle, an der Tolkien erzählt, dass Sauron heimlich den Einen Herrscherring schmiedet, um alle anderen Ringe der Macht zu beherrschen und Elben, Menschen und Zwerge endgültig zu unterwerfen.

Auf der Bewusstseinsebene bedeutet dies, dass das Ego (im Außen eine Gruppe mit egoistischen Absichten) ein Schuld projizierendes System erschafft, das alle Ebenen und Werkzeuge des menschlichen Bewusstseins, mit denen wir uns selbst von Negativität befreien und ins innere Gleichgewicht bringen können, aushebelt und dem Ego (im Außen dem Ego dieser Gruppe) unterwirft. Auf der physischen Ebene geht es hier um die Entstehung unseres noch heute bestehenden Geldsystems, dem Verleihen von Geld gegen Zins bei gleichzeitiger Sicherung der Kredite durch Sachvermögen. Münzen zirkulierten in Italien bereits seit dem 5. Jahrhundert vor Christus und wurden gegen Zins verliehen. Es gab auch schon vor den Alten Römern Völker, die Geld gegen Zinsen verliehen, z.B. die Phönizier und Griechen. Aber erst die Geldverleiher der Römer machten aus dem Zinsgeld einen „Ring", mit dem sie sich alles und jeden unterwerfen konnten und machten sich dadurch zur ersten Hochfinanz, die alles beherrschen konnte, zum ersten Sauron der Geschichte. Schauen wir uns an, was sie anders gemacht haben als die Geldverleiher vor ihnen.

Sauron schmiedete den Einen Ring in böser Absicht im Schicksalsberg. Wir haben bereits im Band über Tolkiens Symbolik gesehen, dass der Schicksalsberg für den Geldmangel steht und die Glut in seinem Inneren für die verzinsten Schulden, die Kreditnehmer auf sich nehmen, um an Geld zu gelangen. Dieser Ansatz gibt im Laufe der Zeit sowohl alles Vermögen als auch – aufgrund der Abhängigkeit aller Menschen von finanzieller Versorgung – alle Erpressmacht jenen Geldverleihern, die als erste ein großes Vermögen anhäufen und ihre Wettbewerber aus dem Feld schlagen oder kontrollieren können.

Die Schmiedung des Rings im Schicksalsberg bedeutet, dass durch den wachsenden Geldmangel so viele zinspflichtige Kredite genommen werden müssen, dass einerseits die Verarmung (Schicksalsberg) immer mehr zunimmt, und sich andererseits (im Verlauf von Jahrhunderten) alles verzinsbare Vermögen (der Eine Ring) immer mehr und mehr bei den Geldverleihern ansammelt. Dass Sauron den „Einen Ring" in seine Hand bekommt, symbolisiert dann das Erlangen absoluter Herrschaft über den Rest der Gesellschaft/Menschheit durch das am Ende des Umverteilungsprozesses automatisch entstehende Monopol an allem Eigentum: Die Hochfinanz hat fast alles, der Rest der Menschheit fast nichts mehr.

Worin bestand nun aber der Unterschied zwischen den Geldverleihern des Alten Rom und denen davor? Wodurch konnte ein Sauron entstehen?

Wenn Zinsgeld ohne eine Verknüpfung mit privatem Eigentum an Land zirkuliert wird, verteilt es sich rasch zu den Geldverleihern um, so dass relativ schnell klar wird, dass das Zinsgeldsystem von einem massiven grundlegenden Ungleichgewicht geprägt ist: Die Kreditnehmer haben rasch kein Geld mehr und die Geldverleiher haben nicht wirklich etwas von der Umverteilung der Münzen, weil sie immer nur noch mehr Münzen anhäufen. Die normal arbeitenden und wirtschaftenden Menschen hatten nun ein Interesse, genug Geld im Markt zu halten, um wirtschaften zu können, und die Geldverleiher hatten ein Interesse, den Umverteilungsmechanismus des Zinsgeldes auch auf die Materie zu übertragen, um alles besitzen und beherrschen zu können. Sie brauchten also nur einen Weg zu finden, das Interesse der Normalmenschen an genug Geld im Markt für ihre Absichten zu nutzen.

Eine solche, in Wirklichkeit alles verschlimmernde „Lösung" des Umverteilungsproblems des Zinsgeldes entwickelten seinerzeit als Erstes die Geldverleiher des Alten Rom. Die „Lösung" bestand darin, dass die Umverteilung des Geldes zu einer Umverteilung auch des Sachvermögens erweitert wurde. Der Unterschied zwischen den Geldverleihern des Alten Rom und denen vorheriger Völker bestand dieser „Lösung" gemäß also darin, dass die Römer ihren Grund und Boden in Privatbesitz aufgeteilt haben. Bis zu den Römern war es üblich, Grund und Boden im Gemeinschaftsbesitz zu halten. Es war nun die Privatisierung von Grund und Boden, die die Grundlagen für all die Übel schuf, die in der Geschichte seither bis heute folgen sollten.

Die Symbolik von Romulus und Remus gibt einerseits die Überführung von Grund und Boden, der bis dahin der Gemeinschaft gehört hat, in Privateigentum wider – Romulus tötet Remus, weil er seine Grenzziehung, mit der er Land zu Privateigentum erklärt, nicht respektiert – und hat andererseits auch noch eine tiefere, psychologische Bedeutung, auf die wir im Kontext von Sméagol und Déagol noch eingehen. Die Parallelen zwischen Romulus und Remus einerseits und Sméagol und Déagol andererseits gehen bis in Details, die wir später durchleuchten werden.

Zinsgeld kann aufgrund seiner extremen immanenten Umverteilungstendenz nur durch die parallele Sicherung zinspflichtiger Kredite durch Land im Privateigentum dauerhaft zirkulieren. Es ist also die Erklärung von Land zu Privateigentum, das einerseits Zinskrediten ihre Deckung gibt und andererseits den Umverteilungsmechanismus des Zinsgeldes dauerhaft in Gang halten kann, weil sich durch das Zinsgeld das aufgeteilte Land und Sachvermögen immer mehr in den Händen von sehr wenigen Menschen ansammelt, damit genug Geld im Markt bleiben kann.

Die „Lösung" der Geldverleiher bestand also aus der Idee, die Liquidität des Marktes durch eine laufende Umverteilung des Sachvermögens zu ihnen sicherzustellen. Die Menschen, die dies erkannt hatten und dieses durch Grund und Boden gesicherte Zinsgeldsystem in Gang setzten, wussten, dass das Zinsgeld diesen Effekt entfaltet und haben dieses System mit der entsprechenden Absicht in Gang gesetzt. Das ist mit der Schmiedung des Einen Ringes durch Sauron gemeint. Die Geldverleiher wussten von Anfang ihrer Idee an, dass diese Bindung von Geld und Land ihnen im Laufe der Zeit totale Macht über alles und jeden verleihen würde.

Während das Zinsgeld auf natürlichem Weg entstand, um den Tauschhandel zu vereinfachen, entwickelte sich das altrömische und bis heute gängige, durch Grund und Boden gesicherte Zinsgeld aus einer von Anfang an sehr böswilligen Kalkulation heraus, alles Vermögen und alle Macht an sich zu reißen. – Sauron hat den Einen Ring zur Knechtung aller – den Ring der Macht – mit voller, böswilliger Absicht geschmiedet.

Während durch die Privatisierung des Landes die Bindung des Zinsgeldes an privaten Grundbesitz bewirkt wurde, was die Maschinerie zur Unterwerfung der Menschheit in Gang gesetzt hat, ist es nicht erforderlich, Land wieder wie in vorrömischer Zeit in Gemeinschaftsbesitz zurückzuführen, um eine Gerechtverteilung des erwirtschafteten Vermögens zu bewirken. Das lässt sich auch auf eine einfache, praktische Weise bewirken, die den Privatbesitz beibehält. Niemandem muss etwas weggenommen werden, um eine Gerechtverteilung zu erzielen. Wenn es erforderlich wäre, privaten Grundbesitz in Gemeinschaftseigentum zu überführen, um die Menschheit zu retten, würde die Menschheit aufgrund des vielfachen Widerstands gegen eine solche Entprivatisierung vorher sicher untergehen. Tolkien hat uns aber einen Schlüssel für die Rettung der Menschheit an die Hand gegeben, wie wir auch mit privatem Grundbesitz eine freie Wirtschaft mit Gerechtverteilung erzielen können. Diese echte Lösung wurde von Tolkien mit dem Ringwurf in den Schicksalsberg verschlüsselt und wird uns noch bei der Entschlüsselung von „Elronds Rat" beschäftigen.

Es liegt an uns, den Menschen, die jetzt leben, jenes Problem zu lösen, das die Geldverleiher der Alten Römer geschaffen haben, während genau dieses Problem heute droht, die ganze Menschheit in den Abgrund zu reißen. Im 4. Jahrhundert vor Christus setzte die Expansion Roms ein. Wie bei der Frage, ob Henne oder Ei zuerst da waren, könnte man sich fragen, ob die Expansion Roms zur Entstehung der Geldverleiher führte oder umgekehrt. Da Sauron den Einen Ring mit böser Absicht schmiedete, war es Tolkien gemäß wohl eher umgekehrt. Zuerst kam die Sicherung zinspflichtiger Kredite durch Land, dadurch – und durch einen extrem hohen Zinssatz – setzte eine beschleunigte Vermögensumverteilung zu den Geldverleihern ein. Dadurch entstand ein Zwang zum Wirtschaftswachstum, damit die arbeitende Bevölkerung nicht zu schnell verarmte. Dies veranlasste die militärische Expansion Roms, von der zu jeder Zeit in erste Linie die Hochfinanz Roms profitierte, und sonst kaum jemand außer ihren Handlangern im Senat und anderen Institutionen.

Eine Bezahlung mit Geld vereinfachte jedenfalls die Abwicklung von Geschäften. Die Geldwechsler und Geldverleiher agierten anfänglich auf öffentlichen Plätzen in Rom. Die Münzen wurden auf eine Bank gestapelt. Seit dieser Zeit werden die Firmen der Geldverleiher „Banken" genannt. Etwa in den ersten eineinhalb Jahrhunderten der Expansion Roms und des römischen Zinsgeldsystems lag der Zinssatz für Kredite bei über 80 Prozent/Jahr. Dieser Umstand hatte mehrere Auswirkungen.

- Das Geldverleihergeschäft Roms war auf eine so lange Dauer das wohl lukrativste Geschäft der Menschheitsgeschichte.
- Die ersten Geldverleiher, die ein Vermögen anhäufen konnten, das den Anteil ihrer Zinseinnahmen, den sie für ihre Lebenshaltung benötigten, gegen null schrumpfen ließ, konnten ihr Vermögen dann über den Zinseszins, also die fast vollständige Wiederverleihung ihrer Zinseinnahmen, eineinhalb Jahrhunderte lang jährlich nahezu verdoppeln, bevor es in den

späteren Jahrhunderten länger dauerte, bis sich die Vermögen der Reichsten über die Zinseinnahmen weiter verdoppelten.
- Ein dauerhaft so hoher Zinssatz bedeutet eine rasend schnelle Umverteilung des Vermögens von den Arbeitenden zu den Vermögendsten. Um der Verarmung der Arbeitenden entgegenzusteuern, braucht es ein sehr großes Wirtschaftswachstum. Dieser Druck nach Wirtschaftswachstum verursachte wie gehabt die römische Politik, neue Gebiete zu erobern und wirtschaftlich auszubeuten. Aufgrund der beispiellosen militärischen Expansion Roms und der Einverleibung immer neuer Reichtümer war es möglich, einen so hohen Zinssatz so dauerhaft beizubehalten. Gleichzeitig wurden die eroberten Reichtümer aufgrund des hohen Zinssatzes in rasendem Tempo in die Hände der Geldverleiher umverteilt.
- Wer die Geschichte des Erfinders des Schachspiels kennt, der sich für jedes der 64 Felder von Feld zu Feld jeweils die doppelte Menge an Getreidekörnern geben ließ, und der König konnte sie ihm nie geben, weil diese Mengen nicht produzierbar waren, der kann abschätzen wie unermesslich reich die römische Hochfinanz war.
- Aufgrund der extremen Lukrativität des Geldverleihergeschäfts gab es unter den ersten Geldverleihern (nur anfänglich) einen gnadenlosen Vernichtungswettbewerb. Je mehr Wettbewerber vernichtet werden konnten, desto größer war das Vermögenswachstum der übrigen. Gleichzeitig bedeutete die generelle Lukrativität des Geldverleihergeschäfts, dass es nicht so leicht war, Wettbewerber zahlungsunfähig zu machen. Dies war ein Nährboden für das Einsetzen von Intrigen, Lug und Trug, Verschwörungen und Mord, um Wettbewerber loszuwerden. Sobald ein solches Geschäftsklima einsetzte, ist es logisch, dass nur die gerissensten, kriminellsten und skrupellosesten Geister den Wettbewerb überleben würden. Das Zinsgeldsystem ist generell – wie in Band 2 dieser Reihe gezeigt – ein Nährboden für die Verdrehung dessen, was richtig und falsch, gut und schlecht ist. Aber dieser Aspekt wurde durch den von Anfang an extrem hohen Zinssatz in Rom schnell ins Pathologische gesteigert.

Man stelle sich vor, ein Kreditnehmer nimmt bei zwei verschiedenen Banken Kredite. Er wird zahlungsunfähig. Er sagt beiden Banken: „Bitte seid gnädig, ich habe Frau und Kinder zu versorgen." Der menschliche Geldverleiher von beiden wird geneigt sein, ein gewisses Entgegenkommen zu zeigen. Der skrupellosere wird dem Kreditnehmer alles nehmen, was das Gesetz erlaubt. In Rom konnte das bedeuten, dass der Mann und seine Familie als Sklaven verkauft wurden, damit der Geldverleiher seine

Zinsforderungen geltend machen konnte. Hier ist leicht zu sehen, dass das Zinsgeldsystem die besseren Menschen wegsortiert und die skrupellosesten an die Spitze der Geld- und Machtpyramide setzt. Das heißt, hier ist schon zu erkennen, warum der Eine Ring, das Zinsgeldsystem, durch und durch böse ist. Es ist überliefert, dass die Zahl der altrömischen Geldverleiherfamilien auf 13 reduziert wurde. Sobald diese Zahl erreicht war, endete der Wettbewerb unter den Geldverleiherfamilien und dieses Monopol kontrollierte Rom für den Rest seiner Geschichte. Diese Familien waren miteinander verschworen und heirateten jahrhundertelang nur untereinander. Auf diese Weise war es möglich:
- die gigantischen Familienvermögen zusammenzuhalten.
- sich selbst für die Öffentlichkeit unsichtbar zu halten, damit der enorme Reichtum und die damit verbundene Macht nicht ruchbar wurden.
- die abscheulichen kriminellen Machenschaften dieser Familien im Verborgenen zu halten. Jeder, der eingeheiratete hätte, hätte das eine oder andere dunkle Familiengeheimnis nach außen tragen können. Also wurde diese Möglichkeit unterbunden.

Diese 13 römischen Geldverleiher-Familien übernahmen schon im 3. Jahrhundert vor Chr. die Macht und Kontrolle über Rom, die gegen Mitte des 2. Jahrhunderts vor Christus absoluten Charakter annahm. Sie herrschten aus dem Verborgenen heraus. Sie waren die erste Hochfinanz (Sauron) der Menschheitsgeschichte und dies war die einzige Zeit, in der Sauron den Einen Ring auch an seinem Finger trug. Dass Sauron den Einen Ring an seinem Finger trägt, symbolisiert den Status absoluter Macht über alle Ebenen der menschlichen Existenz, physisch, energetisch, mental und spirituell, aus dem absolut Unsichtbaren heraus.

Dass Sauron den Einen Ring heimlich schmiedete, dem nichts und niemand widerstehen konnte, heißt also, dass jene Geldverleiher des Alten Roms, die die finstersten und gewissenlosesten Veranlagungen und Absichten hatten, aus den Möglichkeiten eines durch privates Land gesicherten Zinsgeldes ein System schmiedeten, das ihnen absolute Macht und absolute Immunität gegen Strafverfolgung an die Hand gab. Sie wurden zu einem tödlichen Monster, tödlich für alle Bürger und Bewohner des römischen Reiches, die ihnen im Weg waren, und tödlich für alle Völker außerhalb des Reiches, die das von dieser Hochfinanz gesteuerte Imperium aufs Korn nahm. Es gab in der römischen Geschichte zwar ein ständiges Gerede und Philosophieren über anständiges, ethisches Verhalten, aber die Machtziele Roms standen stets über allen ethischen Erwägungen.

Die Hochfinanz konnte durch die Verlockungen des Geldes immer Handlanger finden, die ihren Willen ausführten. Wenn nötig, wurden diese dann auch als „Schuldige" geopfert, um das öffentliche Gewissen zu beruhigen.

Die altrömische Hochfinanz konnte sich selbst so unsichtbar halten, dass sie in den Geschichtsbüchern praktisch nicht in Erscheinung tritt. Sie hatten die absolute Macht im Staat. Sie waren die Initiatoren und Kreditgeber aller römischen Expansionskriege. Sie kontrollierten zuerst die Institutionen der römischen Republik, später die Cäsaren. Sie konnten während der gesamten Zeit von ihrer Entstehung bis zum Untergang Westroms also die Gesetze für alle anderen erlassen und diese selbst nach Belieben brechen. Sie waren immun gegen jede Strafverfolgung. Wer sich gegen sie wendete, wurde wie eine lästige Fliege zerquetscht. Dies galt auch für die römischen Cäsaren. In der Online-Dokumentation „The Money Masters" von Bill Still (zu sehen auf YouTube) wird erläutert, dass Julius Cäsar nach seiner Eroberung Galliens nach Rom zurückkehrte und schockiert war über das Ausmaß, in dem während seiner Abwesenheit die Armut in Rom zugenommen hatte. Da er natürlich wusste, wie viele Reichtümer er für Rom erobert hatte und da er nicht dumm war, konnte er sich leicht ausrechnen, dass die wachsende Armut der Römer nur durch ein Verteilungsproblem bedingt war. Er wusste, wollte er etwas gegen die Armut unternehmen, musste er auf eine Reform des Geldsystems hinwirken. Er ließ sich zum obersten Priester weihen, um an das Privileg der Münzprägung zu gelangen und ließ die Münzen zirkulieren. Er machte die Geldzirkulation so reichlich, dass das Volk für eine kurze Weile im Wohlstand auflebte und erblühte. Das Volk liebte Cäsar natürlich und die Hochfinanz hasste ihn. Wenn ein Politiker Änderungen am Geldsystem vornimmt, welche die Zinseinnahmen der Hochfinanz einschränken, bedeutet dies aus Sicht der Hochfinanz in der Regel ein Todesurteil für einen solchen Politiker (wie z.B. in unserer Zeit im Falle von Abraham Lincoln und JFK, die prominentesten Nachfolger Cäsars, die jeweils staatliche Dollars emittierten). So arrangierte die Hochfinanz seine Ermordung. Nach Cäsars Tod hatte die Hochfinanz wieder die alleinige Kontrolle über das Münzrecht, der Zinswucher kehrte zurück und das Geld wurde über den Zins wieder automatisch knapp, so dass die Arm-Reich-Spaltung in Rom ungebrochen weiterging. Hier ist ein so deutliches Motiv für Cäsars Ermordung, dass kaum anzunehmen ist, dass die offizielle Geschichtsdarstellung richtig sein kann. Sie ist zumindest nur ein Teil der Wahrheit. Allein aus Caesars Testament, wonach jeder Bürger Roms 300 Sesterzen erhalten sollte, lässt sich ablesen, dass er zwar ein Machtmensch war, der es genossen hatte, Gallien zu unterwerfen, sich aber nicht auf dem niedrigsten Niveau der pathologischen Gewissenlosigkeit und Menschenverachtung der Hochfinanz befand.

Aus diesem Blickwinkel erscheinen auch die übrigen Ereignisse dieser Zeit in einem anderen Licht als es in den Geschichtsbüchern steht. Die Hochfinanz kannte die Gesinnung und den Charakter Cäsars. Sie wussten, dass Cäsar ihnen nach der Eroberung Galliens Schwierigkeiten bereiten konnte. Sie wussten, dass seine Machtfülle zu groß und sein Charakter für ihre Zwecke nicht verdorben, bestechlich, einschüchterbar und steuerbar genug war. Daher formierten sie bereits den Widerstand, bevor er kam. So konnten sie schließlich Pompeius mit einem zahlenmäßig überlegenen Heer gegen Cäsar ins Feld ziehen lassen. Cäsar gewann diesen Krieg und war in diesem Moment wahrhaftig der erste Imperator, der erste „Cäsar" der Weltgeschichte, mit der einzigen Ausnahme, dass er der einzige Cäsar war und blieb, der gegen den Willen der Hochfinanz Imperator wurde. Und das hat er nicht lange überlebt. Natürlich blieb die Hochfinanz dann auch bei der Ermordung Cäsars unsichtbar. So wurden für Cäsars Ermordung eine ganze Reihe von Menschen zur Verantwortung gezogen, nur nicht die Auftraggeber. Hier war ein Muster geboren. Wenn die späteren Cäsaren der Hochfinanz nicht mehr genehm waren, wurden sie ermordet. Immer blieben die Auftraggeber unsichtbar. Nie wurden sie bestraft.

ZWEITER RINGKRIEG – KRIEGE GEGEN KELTIBERER, GALLIER UND GERMANEN
Die anhaltenden Expansionskriege des Alten Rom wurden von Tolkien mit „Dem zweiten Ringkrieg" verschlüsselt. In unserem Bewusstsein symbolisiert das Wort „Ringkrieg" zunächst den Krieg darum, im Recht zu sein und andere ins Unrecht zu setzen. Auf der materiellen Ebene spiegelt sich das dadurch wider, dass ein Krieg darum geführt wird, wer das Recht hat, anderen Schuldzahlungen aufzudrücken und wer gezwungen ist, solche Schuldzahlungen zu leisten. Es ging bei der Expansion Roms also einerseits darum, allen anderen Völkern das römische Denken als einzig richtig aufzuzwingen und dies dadurch zu untermauern, dass all diese anderen Völker andererseits eine dauerhafte Schuld an Rom abzutragen hatten.

Was war mit dem kollektiven Bewusstsein der Römer also geschehen, dass die Stadt einen solchen Krieg gegen die ganze Welt führte?

Der Eine Ring steht für die Schuld projizierenden Konzepte. Wenn wir uns so sehr dem Ego überlassen haben, dass wir letztlich kaum mehr anders können, als ungeachtet irgendwelcher Fakten in allem Recht behalten zu wollen, wird sogar unser Denken feindselig, unehrlich und irrational. Dieses Denken führt letztlich zur Verurteilung aller Andersdenkenden, zu Härte und Grausamkeit. Dieser Zustand wird symbolisiert davon, dass Sauron den Einen Ring auf seiner Hand hat. Wenn dieser Zustand im kollektiven Bewusstsein vorherrscht, wird einerseits das gesellschaftliche Klima für die Menschen unerträglich und andererseits tritt dann durch hierarchiebildende Egoprozesse eine Elite hervor, die ihre Sicht von Recht und Ordnung mit Gewalt von oben aufzwingt. Durch diesen kollektiven Egoprozess hat dann auch im Außen Sauron den Einen Ring auf seiner Hand. Im Fall des Alten Roms handelte es sich also bei der verborgenen, unsichtbaren Hochfinanz um jene Elite, die ihre Vorstellung von Ordnung mit Gewalt durchsetzte. Ermöglicht wurde die Bildung der Hochfinanz einerseits durch ein brutale kollektive Schuldprojektion und andererseits durch das Zinsgeldsystem. Kollektive Schuld projizierende Egoprozesse gehen der Einführung des Zinsgeldes voraus. In der Rückwirkung des Geldes auf das kollektive Bewusstsein verschärft dieses die Egokräfte aber immer mehr. So besteht am Ende immer eine ständige Wechselwirkung zwischen unserem kollektiven Schuld projizierenden Denken (dem Einen Ring innen), der die egoistischsten und rücksichtslosesten Menschen (Sauron) an die Macht bringt, und dem Zinsgeldsystem (dem Einen Ring außen), das eine verborgene Hochfinanz (Sauron außen) an die Macht bringt.

Dabei verstärkt das Zinsgeldsystem im Laufe der Zeit immer mehr das Schuld projizierende Denken, lässt das kollektive Bewusstsein immer tiefer erkranken (das schleichende Besitzergreifen des Einen Ringes) und die Gesellschaft in Egoismus und Diktatur abgleiten. Dieser Prozess, der bereits in der Zeit von Roms Gründung bis etwa Mitte des 2. Jahrhunderts vor Christus im Alten Rom ablief, wiederholte sich in unserer jüngeren Geschichte. Diese jüngere Geschichte wurde von Tolkien vor allem in den Geschehnissen des Herrn der Ringe genauer abgebildet, so dass wir uns den Prozess der kollektiven Erkrankung im 4. Kapitel an einigen zentralen Ereignissen im Herrn der Ringe genauer anschauen können. Dadurch hat Tolkien uns in symbolischer Form eine genaue Vorstellung hinterlassen, was wir zu unserer kollektiven Heilung und Befreiung tun können.

Mit dem Aufstieg der Hochfinanz zur absoluten Macht über das Alte Rom einher ging also ein kollektives Bewusstsein, das gänzlich egogesteuert und von den Schuldkonzepten der römischen Geldmacht überlagert und bestimmt war. Die Massen hatten Vergnügen daran, der brutalen Ermordung von Menschen in den römischen Arenen zuzuschauen.

Es gab kaum Mitgefühl und Solidarität und eher Schadenfreude am Elend anderer. Der sexuelle Missbrauch von Kindern war üblich, so dass die Römer bereits in ihrer Kindheit systematisch traumatisiert wurden. Das Egobedürfnis, Schuldgefühle bereits an Kindern abzureagieren, war kollektiv so massiv, dass die Kinder nicht mehr davor geschützt wurden. Durch Frühsexualisierung und (Trans-)Genderismus versuchen die Eliten unserer Zeit, diesen Zustand erneut zu etablieren, treffen zum Glück aber auf zunehmenden Widerstand. Die Kulturen des östlichen und südlichen Mittelmeerraums waren damals ähnlich degeneriert. Griechenland hatte sich durch endlose Kriege selbst erschöpft und hatte der römischen Eroberung wenig entgegenzusetzen. Die Karthager hatten selbst ein Zinsgeldsystem mit den damit einhergehenden negativen Auswirkungen auf das ethische Bewusstsein der karthagischen Gesellschaft. Die Eroberung dieser Kulturen bedeutete noch nicht die Zerstörung von Gesellschaften und Völkern mit einem höheren ethischen Bewusstsein als die Römer es hatten.

Aus spiritueller Sicht, und um die geht es bei Tolkien von Anfang bis Ende, lag das Bewusstsein der Menschen im gesamten östlichen Mittelmeerraum, im Norden Afrikas und in Italien selbst damals unter einem sehr tiefen Schatten, der ersten großen Finsternis. Hier herrschten die Kräfte des Egos nahezu ungehemmt und die Menschen waren gefangen in großer Angst vor den Gefahren des Lebens. Allgemein kann man sagen, es herrschte überall die Angst vor Rom und seiner erbarmungslosen Macht.

Die einzigen ethisch höherstehenden Kulturen, die nicht auch völlig von Angst beherrscht waren, und die dann in Konflikt mit Rom gerieten, waren die Kulturen der Keltiberer, der Gallier (Kelten) und der Germanen.

Im Silmarillion wird erzählt, dass Elendil und seine Söhne Anarion und Isildur Könige von Arnor und Gondor waren.

Wie in Band 3 dieser Reihe dargelegt, symbolisieren die Könige Gondors und Arnors das Ethikbewusstsein (Gondor) und Macht/Autorität (Arnor). Elendil ist König von Arnor und wird als solcher unterstützt vom Elbenfürst Gil-galad. Gil-galad stammt aus der Linie Fingolfins ab, symbolisiert also spirituelle Qualitäten wie Liebe und Mitgefühl. Wie in Band 3 beschrieben, liegen in Arnor jene Orte, die die oberen 3 Chakren des Menschen, also die spirituelleren Chakren symbolisieren. Elendil und Gil-galad zusammen symbolisieren also ein spirituell fokussiertes Bewusstsein der eigenen Souveränität. Im Kontext des ersten Ringkrieges symbolisieren Elendil und Gil-galad die souveräne, naturnahe und spirituell ausgerichtete Kultur der Gallier mit ihren Druiden.

Die Orte, die für die 4 unteren Chakren stehen, liegen in Gondor, das die Rechtschaffenheit und das ethische Bewusstsein repräsentiert. (Die genauere Bedeutung der Chakren wird in Band 3 erklärt.)

Anarion hat seinen Königssitz in Minas Anor, das für das Lebenschakra steht. Dieses Chakra symbolisiert eine Fokussierung der Ethik auf Lebendigkeit, leben und leben lassen. Im Kontext des ersten Ringkrieges bei Tolkien symbolisiert Anarion die Keltiberer, die eine lebendige und rücksichtsvolle ethische Einstellung hatten.

Isildur nun hat seinen Königssitz in Minas Ithil, das für das Herzchakra steht. Dieses Chakra symbolisiert eine Fokussierung der Ethik auf Anteilnahme und Mitgefühl. Im Kontext des ersten Ringkrieges bei Tolkien symbolisiert Isildur die Kultur der Germanen, deren ethische Einstellung sich darauf fokussierte, sich in die Lage anderer zu versetzen.

Alle drei Kulturen wiesen in der Zeit vor den Kriegen mit Rom Gesellschaftsstrukturen auf, in denen noch Integrität und Gleichheit im Umgang der Menschen miteinander herrschte, was im römischen Reich nicht der Fall war, wo in hohem Maße die Vermögenssituation den Stand in der Gesellschaft vorgab, und die Durchsetzung von Interessen auch Vertragsbrüche erlaubte, wenn der Vertragspartner als so schlecht (barbarisch, wild, unzivilisiert etc.) hingestellt werden konnte, dass man einen Vertrag mit einem solch schlechten Menschen oder Volk nicht einhalten musste. Schließlich brachte man den Barbaren im Gegenzug für den Vertragsbruch eine „zivilisiertere Kultur".

Wir haben also folgende Symbolbedeutung:
Anarion = Die ethische Kultur der Keltiberer
Elendil = Die Kultur der Gallier mit ihrem Souveränitätsbewusstsein
Gil-galad = Die spirituelle Kultur der Gallier (= die Druiden)
Isildur = Die ethische Kultur der Germanen

Anarion, Elendil, Gil-galad und Isildur taten sich zusammen, um gemeinsam gegen Sauron zu kämpfen. Sie drangen mit ihren Armeen in Mordor ein und kämpften gegen Sauron.

Das Zusammentun dieser vier symbolisiert nicht, dass diese Völker ein Militärbündnis eingingen, sondern dass alle oben genannten Kulturen alles daran setzten, sich nicht von den Römern unterwerfen und sich nicht von den römischen Schuldkonzepten anstecken zu lassen (Mordor = Identifikation mit den Schuld projizierenden Konzepten). Sie versuchten jeweils mit ihrem ganzen Sein, ihrer ganzen Kraft (alle ihre Bewusstseinsebenen zusammen, alle Chakren), Rom abzuwehren und ihre Integrität, ihre Freiheit und ihre nationale Kultur zu bewahren und frei von Schuldverstrickung zu halten. Im Zuge des ersten Ringkrieges wurden Anarion, Elendil und Gilgalad von Sauron getötet und Isildur war praktisch schon besiegt, als es ihm unverhofft gelang, Sauron den Einen Ring von der Hand zu schlagen.

TOD ANARIONS – AUSLÖSCHUNG DER KELTIBERISCHEN KULTUR
Als erstes in der Schlacht starb Anarion. Der Tod Anarions symbolisiert die Niederwerfung und Auslöschung der keltiberischen Kultur. Zeitlich war dies die erste der genannten Kulturen, die von Rom unterworfen wurde.

Folgende Beispiele für die Art, in der die Römer ihren Krieg gegen die Keltiberer, wenn nötig, führten, um die Unterwerfung sicherzustellen. Denn die Keltiberer waren tapfer und intelligent und militärisch durchaus ebenbürtig: 150 v. Chr. bot eine Gesandtschaft der Lusitaner dem Prätor Servius Sulpicius Galba einen Waffenstillstand an. Dieser ging zum Schein darauf ein und bot ihnen Land an, auf dem sie sich ansiedeln konnten. Dazu sollten sie sich in drei Gruppen aufteilen und die Waffen niederlegen. Galba jedoch ließ die drei nun wehrlosen Gruppen, die seinem Wort vertraut hatten, eine nach der anderen einkesseln und zu Tausenden töten, der Rest wurde in die Sklaverei verkauft.

Obwohl Galba in Rom für dieses Vorgehen in die Kritik geriet, wurde nie in Frage gestellt, dass es richtig ist, in fremde Länder einzufallen, und die Menschen zu ermorden, die ihr Land verteidigen. Die Keltiberer haben ihr Land trotz der römischen Kritik an Galba nicht zurückbekommen. Die Kritik war wie in Rom üblich nur Gewissenskosmetik.

140 v.Chr. schlug Viriatus (ein Feldherr der Keltiberer) den neuen römischen Konsul Fabius Maximus Servillianus. Mehr als 3.000 Römer starben auf dem Schlachtfeld. Trotz der schlechten Erfahrungen, die die Keltiberer bereits mit der Wortbrüchigkeit der Römer gemacht hatten (Viriatus hatte zu den wenigen gehört, die dem oben geschilderten Gemetzel entkommen waren), schonte Viriatus das Leben der übrigen Legionäre und ließ sich auf einen Friedensvertrag ein, mit dem er seinen militärischen Vorteil ungenutzt ließ. Die römischen Heerführer dankten für die Schonung ihres Lebens und versprachen, den Vertrag einzuhalten, was in diesem Fall auch ernst gemeint war, da sie sich in Rom dafür stark machten, die Schonung der Legionäre durch Einhaltung des Vertrags zu honorieren. Sie konnten den römischen Senat allerdings nicht dazu bewegen. Er war nicht daran interessiert, den Keltiberern für die Schonung des Lebens der römischen Legionäre dankbar zu sein. Stattdessen reagierten sie mit großer Wut auf

die römischen Heerführer, die der Schande ausgesetzt wurden. Die römische Macht- und Expansionspolitik war ihnen (und natürlich der Hochfinanz im Hintergrund) der oberste Wert. 139 v. Chr. brachen die Römer den mit Viriatus geschlossenen Frieden und ließen ihn, da er ein so fähiger Feldherr war, lieber hinterhältig ermorden.

Die wiederholte Bereitschaft der Keltiberer, Frieden mit den Römern zu schließen und in einer Position der Stärke das Leben römischer Legionäre zu schonen, zeigt die höhere ethische Kultur und grundsätzliche Lebensbejahung und Versöhnlichkeit der Keltiberer. Leider war dies im Angesicht von Menschen, deren Handeln von der Gier, Bosheit und Tücke der römischen Hochfinanz angetrieben wurde, ihr Todesurteil und das Todesurteil für ihre Kultur, die nach der Unterwerfung durch Rom unterging.

So war Anarion die Nummer 1, die von Sauron gemordet wurde.

TOD ELENDILS UND GIL-GALADS – AUSLÖSCHUNG DER GALLISCHEN KULTUR
Nach Anarion finden Elendil und Gil-galad den Tod. Nach der Unterwerfung der keltiberischen Kultur wird auch Gallien unterworfen. Die Unterwerfung der Gallier durch Cäsar dürfte den meisten Lesern bekannt sein. Daher nichts weiter dazu, außer dass die Darstellungen des Krieges durch Cäsar mit Sicherheit so beschönigt sind, dass er und die Römer in einem möglichst guten Licht auf Kosten der Gallier dastehen. Die Sieger schreiben die Geschichte und wenn man die Verlierer als Barbaren, als Wilde, als Menschenfresser etc. darstellen kann, fühlt sich das eigene Ego etwas besser und das Gewissen wird zum Schweigen gebracht.

Als Augustus feststellte, dass die Gallier auch nach Jahrzehnten der Unterwerfung noch ihre gallische Kultur bewahrten, beauftragte er eine Untersuchung, wieso sie ihre Kultur bewahren konnten. Als er erfuhr, dass die Druiden die gallische Kultur bewahrten, begann eine jahrzehntelange Verfolgung und Ermordung der Druiden (Gil-galad). Diese Verfolgung löschte die spirituelle Kultur der Gallier schließlich aus. *Elendil und Gil-galad waren die nächsten Opfer Saurons.*

UNVERHOFFTER SIEG ISILDURS ÜBER SAURON – UNVERHOFFTER SIEG DER GERMANEN ÜBER VARUS
Zuletzt kämpfte Sauron mit Isildur. Das heißt, nach der Auslöschung der keltiberischen und der gallischen Kultur besetze Rom Germanien. Der unverhoffte Sieg Isildurs über Sauron symbolisiert die unverhoffte Befreiung Germaniens von den Römern nach bereits 20-jähriger Besatzung

durch die Römer. In Germanien hatten sich die Römer zu einer Strategie entschlossen, das Land möglichst unter Vermeidung kriegerischer Auseinandersetzungen zu besetzen. Sie nutzten das Interesse der Germanen am Handel und behandelten sie zunächst ausreichend freundlich, dass sie sich nicht wehrten. Zudem nahm man die Söhne der germanischen Führer als Geiseln, die nach Rom gebracht wurden. Dann wurden allmählich die Daumenschrauben angedreht und Steuern erhoben. So sollten die Germanen auf schleichende Weise romanisiert und nebenbei dem römischen Reich einverleibt werden.

Isildurs Königssitz in Minas Ithil symbolisiert wie oben erwähnt eine Fokussierung der ethischen Einstellung darauf, sich in allen menschlichen Auseinandersetzungen zunächst einmal in die Lage des anderen zu versetzen. Die Germanen bemühten sich, sich in die Lage der Römer zu versetzen, bevor sie sich schließlich, als es schon fast zu spät war, entschlossen, sich vehement zur Wehr zu setzen. Und auch damit waren sie dann nur erfolgreich, weil ihnen das Schicksal massiv half.

Die Taktik, sich mit dem römischen Hegemonialanspruch quasi einzuschleichen, war aufgrund dieser zunächst einmal abwartenden, ethischen Ausrichtung der Germanen so erfolgreich, dass in Rom schon Münzen zirkulierten, die Germanien als Teil des römischen Reiches zeigten. Alles ging für die Römer gut, das Ende der germanischen Kultur war praktisch besiegelt, bis die von den Römern in Arminius umbenannte germanische Geisel nach gründlicher römischer Erziehung nach Germanien zurückgeschickt wurde, um dort den Statthalter Varus zu unterstützen, die Germanen unter Kontrolle zu halten und ihnen das römische Steuerrecht aufzuzwingen. Sowohl die Auftraggeber in Rom als auch Varus in Germanien schätzten den Charakter des Arminius jedoch falsch ein. Nach seiner Ankunft in Germanien verbarg Arminius seinen Schrecken und Zorn darüber, wie grob, rücksichtslos und verächtlich Varus seine Landsleute behandeln ließ. Arminius war ausgebildeter römischer Offizier, der schon erfolgreich für Rom einen Aufstand in Dalmatien niedergeschlagen hatte, daher kannte er die einzige Schwäche der römischen Legionen genau. Er organisierte heimlich den militärischen Widerstand gegen die Römer und lockte Varus und drei römische Legionen in einen von Sümpfen umgebenen Hinterhalt, in dem die Legionäre sich nicht zu geordneten Kampfreihen formieren konnten. Die Legionen wurden vollständig ausgelöscht. Diese Niederlage läutete den Niedergang des römischen Reiches und damit einher auch das Ende der altrömischen Hochfinanz ein.

Der Verlust der 3 Legionen bedeutete einen zu großen Aderlass für die militärische Expansionspolitik der Römer. Ohne eine ausreichende Anzahl neuer Eroberungen gab es nach dem Verlust der 3 Legionen in Germanien nicht mehr das für die Vermögensumverteilung benötigte Wirtschaftswachstum. Das römische Reich wuchs anschließend zwar noch bis etwa 100 nach Chr. weiter, aber die nach dem Verlust Germaniens folgenden Kriege und Besatzungen, vor allem die in Britannien, kosteten mehr Geld als sie einbrachten. Durch das fehlende Wirtschaftswachstum bei gleichzeitiger Vermögensumverteilung zur römischen Hochfinanz ging der Wohlstand der einfachen, arbeitenden Bevölkerung des römischen Reiches zurück, so dass der Hochfinanz schlichtweg die Steuereinnahmen für weitere teure Kriege fehlten, zumal diese zunehmend von Erfolglosigkeit und einem Anstemmen gegen den Niedergang gekennzeichnet wurden.

Die für den längerfristigen Fortbestand des römischen Reiches erforderliche Expansion geriet im Jahr 9 nach Chr. in Germanien ins Stocken, kam nicht wieder richtig in Schwung und führte zu einem sich sehr lang hinziehenden Niedergang, an dessen Ende Westrom unterging und die römische Hochfinanz mit. Daher bedeutete der Verlust Germaniens und der Verlust von 3 Legionen in diesem Moment, dass „Isildur Sauron den Ring von der Hand schlug und ihn für lange Zeit besiegte, als er eigentlich selbst schon quasi besiegt war". Zusätzlich waren es in der Folge der Niederlage des Varus die Germanen, die Westrom und damit auch der römischen Hochfinanz den Todesstoß versetzten und das weströmische Reich bis auf Süditalien, Wales und Cornwall besetzten.

Aufgrund der Besatzung des weströmischen Reiches durch die Germanen sind die Völker in diesem Raum heute keltisch-germanische Mischvölker. Der Rest der westlichen Hälfte Europas ist entweder germanisch oder keltisch. Insgesamt ist also der Westen Europas und das weiße Nordamerika keltisch-germanisch. Das Ethikbewusstsein dieser auf die alten Germanen zurückgehenden, westlichen Welt wird im Herrn der Ringe von Aragorn symbolisiert, dem Nachfahren Isildurs. Aragorns Status als lumpiger Landstreicher zu Beginn des Herrn der Ringe symbolisiert das generell schlechte Ethikbewusstsein in der westlichen Kultur. Im Zug der Geschichte des Herrn der Ringe steigt Aragorn langsam zum König von Gondor auf, seinem rechtmäßigen Status. Das symbolisiert, dass das Ethikbewusstsein in der westlichen Welt durch das Geschehen unserer Zeit (19.-21. Jahrhundert) eine Läuterung durchläuft, die keltisch-germanische westliche Kultur ganz am Ende dieses Prozesses eine hohe Integrität wiederherstellen und einen entscheidenden Beitrag für das Herbeiführen des Goldenen Zeitalters leisten wird. Es ist kein Zufall, dass sich der Krieg der Hochfinanz heute primär gegen den keltisch-germanischen Westen richtet.

ISILDURS ÜBERNAHME DES EINEN RINGES – BEIBEHALTUNG DER RÖMISCHEN MACHTKONZEPTE DURCH DIE GERMANEN

Durch Arminius' 20-jährige Geiselhaft bei den Römern und seinen Verkehr in der gehobenen römischen Gesellschaft sind die Schuld projizierenden Konzepte in seinen Geist eingedrungen. Eine der Hauptwirkungen sich konzeptionell verstärkender Schuldgefühle besteht in dem Wunsch, über die Macht zu verfügen, die eigenen Schuldgefühle anderen zuweisen zu können, selber über die Macht zu verfügen, über richtig und falsch, gut und böse bestimmen zu können. Schuldgefühle und das Streben nach Macht hängen eng zusammen. Nach dem Sieg über die Römer war Arminius natürlich sehr berühmt unter den Germanen. Im Hochgefühl des Sieges strebte er aufgrund seiner ihm von Rom anerzogenen Schuld projizierenden Konzepte daher einen Titel als König der Germanen an. Viele der Germanen, die in der Zeit vor den Römern von alters her in einer gesellschaftlich gleichberechtigten Kultur gelebt hatten, widersetzten sich dem Ansinnen des Arminius'. Da er jedoch aufgrund des Sieges über die Römer der größte germanische Held aller Zeiten war und viele Anhänger hatte, beschlossen seine Gegner, Arminius heimlich zu töten, um das Königtum und die zwangsläufig damit verbundene Entstehung einer Klassengesellschaft abzuwenden und die traditionell freiere germanische Kultur vor den Schuldkonzepten der römischen Macht zu bewahren. Anschließend kam es auch zur Rache an den Mördern des Arminius'. (Siehe die neueren Forschungsergebnisse auf YouTube: Schlacht im Teutoburger Wald)

Der Mord an Arminius war für die Bewahrung der germanischen Kultur nur ein Aufschub. Einerseits war Germanien vor dem Sieg über die Römer schon 20 Jahre von den Römern besetzt gewesen. Andererseits gab es in den Jahrhunderten nach dem Sieg einen ständigen Kontakt mit der römischen Kultur. Zeit genug, dass die römischen Konzepte für eine Klassengesellschaft in den Geist der Germanen eindringen konnten.

Während des Untergangs des weströmischen Reiches und danach eroberten die Germanen fast das gesamte Weströmische Reich: Ostgoten und Langobarden eroberten Italien, später nordische Germanen auch Sizilien. Von den Langobarden stammt der Name „Lombardei". Westgoten eroberten die iberische Halbinsel. Merowingische Franken nahmen sich

Gallien und gründeten das Frankenreich und Angelsachsen gingen nach Britannien. Die Völker des untergegangenen Roms, die jahrhundertelang unter der Herrschaft der römischen Schuldkonzepte gestanden hatten, waren entsprechend geprägt. Die germanischen Eroberer konnten der Versuchung nicht widerstehen, diese Konzepte weiterzuführen und auf der Grundlage dieser Konzepte über die eroberten Völker zu herrschen. Sie nahmen die Schuld projizierenden Konzepte somit ganz in ihr Denken und in ihr Sein auf und richteten erbliche Herrschaftshierarchien ein. Nach der Eroberung Germaniens durch die karolingischen Franken wurden auch die germanischen Kernländer nach römischem Vorbild hierarchisch strukturiert und entwickelten eine erbliche Herrscherkaste, mit Kaiser, König und/oder Fürst. Diese Übernahme des römischen Hierarchiedenkens auf der Grundlage der Schuld projizierenden Konzepte der Römer wird bei Tolkien davon symbolisiert, dass Isildur (die Germanen) den Einen Ring nicht hergeben wollte und als Erbstück seines Hauses beanspruchte (das Entstehen der erblichen Herrscherkaste nach römischem Vorbild in den von den Germanen eroberten Kulturen). Tolkien schreibt, dass das gesamte Verhängnis der Jetztzeit dadurch verursacht wurde, dass Isildur den Ring nicht vernichten lassen wollte. Das heißt die gesamte geschichtliche Entwicklung seit der Germanenzeit hat nur deswegen zu der dramatischen Situation geführt, in der sich die Erde und die Menschheit heute befinden, weil die Germanen damals unbedingt die römischen Schuld projizierenden Herrschaftskonzepte übernehmen und beibehalten wollten. Diese Konzepte waren ursächlich für die Entstehung der Kolonialzeit und der sich in diesem Zug neu bildenden, diesmal global operierenden Hochfinanz.

Tolkien schreibt, dass in diesem zweite Ringkrieg viel Schönes unwiederbringlich verloren ging. Wie gesagt, stehen Anarion, Elendil und Isildur für das Gewissen und die Ethik. Durch die direkte Zerstörung der keltiberischen und gallischen Kultur und die indirekte Zerstörung der germanischen Kultur dadurch, dass die Germanen der römischen Seuche erlegen sind, übertrug sich das fehlende Ethikbewusstsein der alten Römer letztlich auf die gesamte europäische Kultur. In diesem Ethikbewusstsein stehen Macht- und Geldinteressen nach Bedarf und wenn straffrei durchsetzbar höher als das gegebene Wort oder der abgeschlossene Vertrag. Dass wir heute eine Kultur haben, in der man für alles, was mit Geld zu tun hat, vor Gericht einklagbare Verträge machen muss, weil man sich nicht voll auf das gegebene Wort der Menschen verlassen kann, haben wir den Alten Römern zu verdanken. Als die Nachfahren der Germanen und germanisierten Kelten, also die Spanier, Portugiesen, Franzosen, Niederländer, Engländer und anderen Europäer den amerikanischen Kontinent eroberten, schlossen sie immer wieder Verträge mit den Ureinwohnern ab, die sie nach Bedarf immer wieder brachen. Das ist die generell niedrig stehende ethische Kultur in der westlichen Welt. Es wurde einfach so gemacht wie bei den Alten Römern.

Stellen Sie sich eine Kultur vor, bei der es generell nicht erforderlich ist, schriftliche Verträge abzuschließen, weil die Menschen sich auf das gegebene Wort verlassen können, weil jeder das Vertrauen, das er bei anderen Menschen genießt, durch das Einhalten des gegebenen Wortes wie einen Schatz behütet. Wie schön, wie geborgen, wie sicher wäre eine solche Kultur. Nicht dass die Keltiberer, Gallier und Germanen unter dem Einfluss Roms noch eine so hohe Integrität gehabt hätten, aber sie waren in der Zeit vor den Römern noch nah dran. Und die durch ein hohes Ethikbewusstsein vorhandene Sicherheit, Geborgenheit und Schönheit in diesen Kulturen ist bis heute verloren gegangen. Allerdings werden wir diese Schönheit wohl wiedergewinnen, wenn Aragorn, Isildurs Nachfahre, der das Gewissen und die Ethikkultur in der keltisch-germanischen, westlichen Kultur, westlichen Welt symbolisiert, König wird, was uns für die Zukunft von Tolkien vorausgesagt ist. Können Sie sich vorstellen, in einer Welt zu leben, in der sich die Menschen grundsätzlich an das Gesetz, an ihre Vereinbarungen und ihr bloßes gegebenes Wort halten, so dass die Menschen einander vertrauen können, auch Menschen, die sich wenig kennen? Schwer vorstellbar, aber nach der Lektüre dieses Buches können Sie es sich vielleicht doch vorstellen. Die ganze Entwicklung der Menschheit seit dem Alten Rom folgt einer nachvollziehbaren höheren Ordnung, einem nachvollziehbaren göttlichen Plan. Diesen Plan hat Tolkien als sein großes Lebenswerk symbolisch mitgeteilt. Dieses Buch versucht, diesen uns symbolisch durch Tolkien überlieferten Plan für unseren Verstand nachvollziehbar, greifbar und verstehbar zu machen.

ISILDURS TOD – AUSLÖSCHUNG DER ETHISCHEN KULTUR DER GERMANEN
Isildurs wird von Orks getötet, weil der Eine Ring ihn verrät. Isildur aus Gondor symbolisiert so wie sein Bruder und Vater Gewissenhaftigkeit, Wahrheitstreue und Integrität. Wenn sich der menschliche Geist durch kollektive Schuld projizierende Konzepte bestimmen lässt, überlagern die daraus abgeleiteten Regeln unser Gewissen. Sie bestimmen dann, was gut und richtig ist, nicht mehr unser Gewissen. Wenn in allen Bereichen aus

Angst vor der mit einer Missachtung der Regeln verbunden Schuld und Bestrafung dieser Schuld die Stimme unseres Gewissen unterdrückt und von den Schuldkonzepten überlagert wird, so „stirbt" das eigentliche Gewissen quasi. Wir sind uns dann nur noch der Regeln der Schuld projizierenden Konzepte bewusst und halten diese für unser Gewissen. „Meine innere Stimme, mein inneres Gefühl sagt, Du darfst dies nicht und Du musst das tun." Aber es sind eigentlich nur die Schuld projizierenden Konzepte unseres Egos, nicht mehr das Gewissen unserer Seele, das da spricht. Im ersten Band der Neunheit-Reihe haben wir gesehen, dass unsere Schuld projizierenden Konzepte die Ego-Teufelskreise und die damit verbundene Negativität in unserem Bewusstsein stark aktivieren. Es ist diese aus den Schuld projizierenden Konzepten kommende Negativität, die das Gewissen schließlich nicht nur überlagert, sondern quasi abtötet (die Orks töten Isildur). Das der Eine Ring Isildur verriet, indem er ihm einfach vom Finger glitt, bedeutet, dass die Schuld projizierenden Konzepte uns verraten, weil sie unser eigentliches Wissen der Negativität preisgeben, die es tötet. Isildurs Tod symbolisiert, dass die germanischen Kulturen ihre ursprüngliche Gewissenhaftigkeit einbüßten. Die Machtinteressen der sich formierenden Herrscherkasten, die Hierarchien und der Gehorsam gegenüber den Herrschern und der Aristokratie wurden nun wie zuvor in der römischen Kultur wichtiger als die Befolgung des eigenen Gewissens. Die Germanen und die von ihnen angeführten Völker in ganz Mittel- und Westeuropa waren in die Schuld projizierenden Konzepte der Römer verstrickt und in Besitz genommen worden.

Von den geschichtlichen Ereignissen im keltisch-germanischen Teil Europas (die westliche Hälfte Europas) symbolisiert am meisten die Unterwerfung Galliens und der germanischen Völker durch die christianisierten Franken und insbesondere die Unterwerfung der Sachsen durch Karl den Großen die Beibehaltung des Einen Ringes. Durch die Zwangschristianisierung wurden wir traumatisiert. Durch die Übernahme der römischen Machtstrukturen seitens der Germanen kam viele Jahrhunderte später am Ende des Mittelalters das Zinsgeld wieder hoch. Das Zinsgeld entfaltete einen Wachstumszwang, der zur Kolonialisierung führte. Durch die Kolonialisierung haben wir unsere Traumatisierung durch die Zwangschristianisierung auf die ganze Welt übertragen. Und diese karmische Dynamik kommt heute durch die Migrationskrise auf uns zurück.

Die Aufgabe in unserer Zeit ist es, das sich ewig drehende Karmarad anzuhalten. Es ist unser Karma, von Fremden überflutet zu werden.

Diese laden aber das Karma auf sich, unsere Kultur auszulöschen, so dass das Karmarad irgendwann wieder weiterrollt. Wir können das Karmarad für die ganze Menschheit heute zum Stillstand bringen, wenn wir lernen, in der richtigen, gewaltfreien Weise für die Bewahrung unserer Kultur einzustehen und die Auslöschung unserer europäischen Völker und unserer gewachsenen nationalen Kulturen durch Migration zu verhindern. Die massiven Konflikte im Zusammenhang mit der kollektiven Bewältigung dieser Aufgabe sind in der Schlacht um Minas Tirith verschlüsselt, worauf wir im 5. Kapitel zurückkommen.

Verlust des Einen Ringes – Deaktivierung des Zinsgeldsystems im Mittelalter

Mit Isildurs Tod ging der Eine Ring verloren, war jedoch nicht vernichtet und bestand weiter. Die Zeit des Verlusts des Einen Ringes umspannt einen Zeitraum vom 5. bis ins 14./15. Jahrhundert und bezieht sich auf die Veränderung des Geldsystems.

Das Zinsgeld bestand nach dem Untergang Westroms zwar weiter und es gab Geldverleiher, die Geld gegen Zinsen verliehen, aber insgesamt hielt sich die wirtschaftliche Tätigkeit und der Handel in Europa so weit in Grenzen, dass in dieser Phase keine zentrale Geldmacht entstand, die über den Zins und Zinseszins immer mehr Vermögen akkumulierte. Damit war der im Zinsgeld enthaltene destruktive Bauplan, die neun Automatismen des Zinsgeldes, deaktiviert. Es wurde zwar Zinsgeld zirkuliert. Dieses konnte den Automatismus der Vermögensumverteilung aber nicht entscheidend aktivieren.

Es gab in dieser Phase kollektiv weniger Geldgier als zu Zeiten des Alten Rom und in den Jahrhunderten unserer Zeit. Die Menschen waren insgesamt zufriedener und näher an ihrem natürlichen Sein als vor und nach dieser Zeit und es gab weniger Negativität in den Gesellschaften. Da das Zinsgeldsystem nicht zu einer zentral herrschenden Hochfinanz führte, bildeten sich auch nicht die Automatismen des Zinsgeldes heraus und übertrugen sich somit auch nicht als Negativität auf den menschlichen Geist.

Das Gute, das es in der Zeit des Mittelalters gab, hat sich in erster Linie aufgrund dieser vorübergehenden Deaktivierung des Zinsgeldsystems entwickeln können. Vor allen Dingen ruhte die Gier nach Geld. Schließlich entstand gegen Ende des 11. Jahrhunderts sogar eine Phase wirtschaftlicher Blüte.

DIE ZEIT VOR DEM WIEDERAUFTAUCHEN DES EINEN RINGES – HOCHKULTUR DES HOCHMITTELALTERS DURCH ZINSFREI FLIESSENDES GELD

Die Phase der Abwesenheit des Einen Ringes mündete in eine Phase des Hochmittelalters, in der in Europa durch verschiedene Formen eines zinsfrei fließenden Geldes ein genereller Wohlstand aufkam, die Standesunterschiede abgemildert wurden und das Vermögen gerechter verteilt wurde, was eine kulturelle Blüte auslöste. Konkret wurde diese Blüte vom Brakteatentum und vom Geldsystem der Templer ermöglicht.

Die Templer spielen damit sowohl zunächst im Positiven als auch später im Negativen eine wichtige Rolle in der Geschichte unserer Zeit. Sie fielen in die Zeit des Verlusts des Einen Ringes, leisteten (durch ihren moralischen Fall, vielleicht aber auch durch ihre Unterwanderung, bei der die „egoistischen, habsüchtigen Templer" die Rache der Mächtigen für ihre Taten nutzten, um die „guten Templer" auszulöschen (zwei Fliegen mit einer Klappe)) aber auch einen Beitrag dafür, dass der Eine Ring schließlich wiedergefunden wurde. Damit nehmen sie eine zentrale Rolle für unsere Geschichte ein, die uns jedoch auch in einem Dilemma in Bezug auf die geschichtliche Nachweisbarkeit hinterlässt. Wo auch immer es egoistischen Kreisen gelingt, Macht über ganze Gesellschaften zu erlangen, geschieht dies in der Regel im Verborgenen, selbst wenn sich die Machtübernahme durch offene Kriege vollzieht, weil die eigentlichen Drahtzieher und Profiteure der Kriege im Verborgenen bleiben.

Dadurch nimmt die Geschichte zumindest der letzten 2,5 Jahrtausende den Charakter eines Puppenspiels an, bei dem 1 oder 2 Puppenspieler eine Reihe von Puppen bewegen und sprechen lassen. Was auch immer die Puppen tun, ist nur eine Verlängerung des Willens und der Absichten des Puppenspielers, auch wenn es sich bei den Puppen um die Imperatoren Roms oder spätere Diktatoren handelt. Das Problem unserer nachweisbaren Geschichte besteht nun darin, dass wir meist nur die Aktivitäten der Puppen geschichtlich nachweisen und belegen können. Aber man muss schon wahnsinnig sein, um zu glauben, dass die Puppen autark handeln und es ausreicht, ihre Worte und Taten genau aufzuschreiben und zu belegen. Und in diesem Wahnsinn ist unsere offizielle Geschichtsschreibung, die an den Schulen und Universitäten gelehrt wird und in den Geschichtsbüchern nachzulesen ist, überwiegend gefangen. Das einzige an der Geschichte, was wirklich interessant und relevant ist, sind doch die Pläne und Taten des Puppenspielers, alles andere ist nicht wirklich relevant. Dabei sind die Hand- und Mundbewegungen des Puppenspielers in unsere Realität umgesetzt, nur die Schachzüge der Hintergrundmächte, mit denen sie die realen Interessen und Bestrebungen „ihrer Puppen" so beeinflussen und lenken, dass am Ende nur passiert, was der Puppenspieler will.

Nun haben wir an der Geschichte des Alten Rom bereits gesehen, dass sich der Puppenspieler – die altrömische Hochfinanz, Sauron – vollständig unsichtbar halten konnte. Und in unserer Zeit ist dies nur wenig anders, außer dass denen, die nach der Wahrheit streben, inzwischen dank der großartigen und mutigen Arbeit vieler Menschen zunehmend der eine oder andere Blick auf Sauron und seine Machenschaften gewährt wird.

Nun ist es für den Geschichtsinteressierten wie für einen Kriminalinspektor, der einen Mord untersucht: Der Inspektor muss „Verschwörungstheorien" aufstellen, nach Indizien dafür suchen, die Theorie immer wieder an den neuesten Erkenntnisstand anpassen und auf dieser Grundlage schließlich versuchen, sie zu beweisen, um den oder die Täter zu überführen. Ließe er sich bei den Ermittlungen durch den Vorwurf bremsen, er stelle nur Verschwörungstheorien auf, würde nie ein Mörder überführt. Genauso führt der Weg zur Wahrheit für den Geschichtsinteressierten unserer Zeit nur über Verschwörungstheorien, von denen inzwischen auch eine ganze Reihe bewiesen werden konnten, wobei der Puppenspieler so viel Macht hat, dass er auch die Beweise immer noch als Verschwörungstheorien abtun kann und straffrei ausgeht. Dies wird sich nach Vorausschau Tolkiens jedoch bald ändern, wie wir noch sehen werden.

Natürlich muss der Fokus am Ende immer auf der Beweissuche liegen. Aber der Puppenspieler, mit dem wir es zu tun haben, hat tausende unsichtbarer Arme. Natürlich gibt es Geschichtsinteressierte, mit denen die Fantasie beim Aufstellen von Verschwörungstheorien durchgeht, aber der Hauptgrund für die vielen Verschwörungstheorien unserer Zeit ist nicht die Fantasie der Geschichtsinteressierten, sondern die Unsichtbarkeit der tausend Arme des Puppenspielers – und einige dieser Arme stellen, wie eine Krake, die Tinte ausstößt, wenn man ihr zu nahe kommt, mit großer Intelligenz ebenfalls irrige Verschwörungstheorien auf, um die Anhänger der Verschwörungstheorien, die der Wahrheit am nächsten kommen, zu diskreditieren und uns in komplette Verwirrung zu versetzen. Der Puppenspieler will um jeden Preis unsichtbar bleiben. Wenn wir seine Puppen als Puppen erkennen, ist sein Spiel aus. Jedenfalls ist eine Verschwörungstheorie, die der Wahrheit zu 20% oder 30% nahe kommt (also immer noch zu 70% oder 80% irrig ist) bereits interessanter, relevanter und der Wahrheit näher als der Glaube, die Mainstream-Puppen handelten autark.

In diesem Sinne und in dem Bewusstsein, dass die relevante Geschichte der Templer auch für die Verschwörungstheoretiker immer noch überwiegend im Dunkeln liegt, ist die folgende Passage geschrieben. Sie ist nur der Versuch einer Annäherung an die Wahrheit und ist zu diesem Zweck mit den zeitlos gültigen Dynamiken der Geldsysteme (Band 2 dieser Reihe) und der Symbolik Tolkiens (Band 3) abgeglichen. Die folgenden Ausführungen über die Templer stammen zum einen aus verschiedenen Werken, die keine eindeutig nachprüfbaren Quellen angeben. Darüber hinaus sind Informationen enthalten, die mir mündlich zugetragen wurden. In der Summe mit den zeitlos gültigen Dynamiken der Geldsysteme und der Symbolik Tolkiens geben die folgenden Ausführungen wieder, was in meinen Augen wahrscheinlich passiert ist, eine Annäherung.

Als die von den Völkern Europas entsandten Armeen im 1. Kreuzzug am Ende des 11. Jahrhunderts Jerusalem eroberten, sollen spätere Mitglieder des Templerordens in Jerusalem eine ganze Reihe von Schriften gefunden haben, die in vielerlei Hinsicht erhellende Informationen enthielten. Zum einen fanden sie über Urschriften heraus, dass Jesus nie eine Kirche wollte und die Organisation der christlichen Kirchen somit ein Betrug an Jesus ist. Zum anderen erfuhren sie von Voraussagen Jesu nicht für ihre damalige, sondern für unsere heutige Zeit, die aus dem Matthäusevangelium gelöscht worden waren. Diese werden uns bei der Entschlüsselung der Ereignisse in Bree noch beschäftigen. Einen völlig anderen Bereich betreffend fanden sie auch alte Schriften mit einer Anleitung zur ethisch korrekten (zinsfreien) Zirkulation von Geld, die für alle an Geldgeschäften Beteiligten Wohlstand schafft und niemanden zu einem Schuldsklaven machen kann.

Das Wissen über das Leben Jesu wurde nicht an die große Glocke gehängt. Die Templer wussten, dass ein Angriff auf die Kirche Selbstmord gewesen wäre. Andererseits brauchten sie Schutz, blieben brave Ordensritter und begaben sich quasi in die direkte Obhut des Papstes. Sie hielten die Voraussagen Jesu im kleinsten Kreise geheim und gaben sie so weiter. Zudem begannen die Templer, Geldgeschäfte zu machen, bei denen Sie das erworbene Wissen über die ethisch richtige Zirkulation von Geld einsetzten. Sie erschufen Kreditbriefe, die mit einem Wanderzins zirkuliert wurden. Dies bedeutet, dass der für den Kreditbrief fällige Zins nicht vom Kreditnehmer zu zahlen war, sondern mit dem Geld (Kreditbrief) mitwanderte. Zinsen wurden für den Kreditnehmer also nur für die Kreditbriefe fällig, die er in Händen behielt. Der Kreditnehmer musste am Ende nur Kreditbriefe in Höhe des Gesamtbetrags der für ihn ausgestellten Kreditbriefe zurückgeben, um seine Sicherheiten zurückzubekommen. Diese Sicherheiten konnten z.B. aus Münzen, Edelmetallen oder Land bestehen. Aus praktischen Erwägungen war klar, dass man sich mehrere Kreditbriefe geben ließ, die einzeln unter Ergänzung kleinerer Münzen als Zahlungsmittel verwendbar waren, so wie es auch heute noch gemacht wird. Wer immer den Kreditbrief später in Händen hielt, verfügt damit über seinen Wert und hatte auch die Pflicht der Zinszahlung übernommen. Einer der Gründe dafür, sich solche Kreditbriefe ausstellen zu lassen, bestand darin, vor einer Reise Münzgeld einzahlen zu können, das man sich am Ziel der Reise wieder auszahlen ließ. So blieb das Münzgeld vor Räubern geschützt, zumindest solange die Räuber den Wert dieser Kreditbriefe nicht kannten (Räuber konnten in der Regel nicht lesen). Jeder, der einen Kreditbrief als Bezahlung annahm, übernahm damit einer auch die Pflicht für die Zahlung des Zinses für diesen Kreditbrief. Die jeweiligen Fälligkeitstermine waren im Kreditbrief vermerkt. Die Zahlung einer Zinsrate wurde ebenfalls vermerkt. Wurde ein Kreditbrief erst nach einer der Zinsfälligkeiten zur Zahlung genutzt, ohne dass die betreffende Zinsrate gezahlt wurde (weil der Kreditbriefinhaber inzwischen keine Templer-Komturei angesteuert hatte, bei der er den Zins hätte zahlen können), konnte der Zahlungsempfänger den entsprechenden Betrag verrechnen, da beide Seiten ja wussten, dass dieser Betrag dem Kreditgeber geschuldet wurde. Der Wert eines Kreditbriefes konnte also in jedem Moment genau berechnet werden. Da naturgemäß niemand erpicht darauf war, diese Zinsen zu zahlen, hielt auch niemand diese Kreditbriefe lange in der Hand. Auf diese Weise wurden vier Effekte erzielt:

1. Die Kreditbriefe zirkulierten sehr rasch und sorgten so für eine große wirtschaftliche Blüte unter den Menschen, die diese Kreditbriefe zirkulierten. Es war leicht, Geschäfte abzuschließen, bei denen man diese Kreditbriefe als Zahlungsmittel annahm, da niemand ein Interesse hatte, sie zu horten und für das Horten ständig Zinsen zu zahlen.

2. Der Kreditnehmer selbst geriet niemals in einen Schuldensog. Wenn er den genommenen Kredit rasch investierte, musste er im Laufe der Zeit lediglich den Kredit zurückzahlen, ohne zusätzliche Zinsen. Es konnten sich keine Schuldzinsen für einen Schuldensog anhäufen. Das heißt, für den Kreditnehmer selbst war der Kredit in dem Maße zinsfrei, in dem er die Kreditbriefe ausgab.

3. Die Personen, die die Zinsen zu zahlen hatten, wurden niemals auf dem linken Fuß erwischt. Sie mussten ja lediglich einen sehr kleinen Teil

des Wertes der Kreditbriefe abgeben, die sie in Händen hielten. Alle früheren Raten waren von anderen Personen gezahlt worden, die den Kreditbrief zur entsprechenden Zeit in Händen hielten.

4. Der Kreditgeber hatte eine 100-prozentige Garantie, dass die Personen, die den Zins zahlen müssen auch zahlungsfähig sind. Sie hielten das Geld ja in der Hand.

Geld in der Form solcher Kreditbriefe zu zirkulieren, ist für alle Beteiligten an Geldgeschäften jederzeit gerecht und erzeugt unweigerlich eine wirtschaftliche Blüte. Es ist nur abhängig von der folgenden Bedingung: Der Abwesenheit von Gier bei den Geldverleihern. Denn der Wanderzins lässt keinen Zinseszins entstehen und somit nicht die Möglichkeit, dass der Geldverleiher ohne Arbeit immer schneller immer reicher wird. Ein Zinseszins entsteht nur, wenn sich die Gesamtheit der Kreditnehmer immer mehr verschuldet und die Schuldenberge anwachsen. Dies kann bei einem Wanderzins oder anderem zinsfrei fließenden Geld nicht passieren, weil die Inhaber der Kreditbriefe niemals zahlungsunfähig sind und die Kreditnehmer nur den geliehenen Wert ohne Zinsen zurückzahlen müssen, die Schulden also abbaubar sind. Eine mit zinsfrei fließendem Geld eingegangene Schuld führt nicht zu einer Vermögensumverteilung vom Kreditnehmer an den Kreditgeber. Aus diesem Umstand lässt sich schon erahnen, warum das System letztlich wieder kollabiert ist. Es war am Ende die Geldgier der Templer selbst, die den Wanderzins schließlich gegen einen Zins im Stil der Alten Römer ersetzten, um auf Kosten ihrer Kreditnehmer Reichtum anzuhäufen, vor allem auf Kosten der Könige, Fürsten und anderer Adeligen, die sich ihre wachsenden Zinslasten in Form von Steuern vom Volk holen konnten.

Im 12. und leider in abnehmendem Maße auch im 13. Jahrhundert noch zirkulierten die Templer auf diese Weise zinsfrei fließendes Geld.

Eine andere Form des zinsfrei fließenden Geldes wurde mehr im mitteleuropäischen Raum zirkuliert, die Brakteaten. Bei den Brakteaten handelte es sich um Münzen, die relativ dünn aus relativ günstigem Metall geprägt wurden. Sie wurden etwa seit dem Ende des 11. Jahrhunderts von Landesfürsten zirkuliert und in Abständen von ein paar Jahren für wertlos erklärt. Dann mussten alle Inhaber der Münzen die Münzen an den Landesfürsten zurückgeben und erhielten für 10 alte Münzen 9 neue Münzen. Die 10. Münze war die Steuer des Landesfürsten auf das Geld. Der Effekt hiervon war derselbe wie beim Wanderzins der Templer. Es wurde interessant, das Geld zinsfrei zu verleihen, da im Moment des Rückrufs durch den Fürsten nur der Inhaber der Münzen die Geldsteuer zahlen musste. Wenn man dann sein verliehenes Geld zurückbekam, hatten inzwischen die Inhaber der Münzen die Steuer bezahlt und man selbst war dieser entgangen. Man selbst konnte die volle Summe zurückfordern, die man verliehen hatte. Auch die Brakteaten waren ein zinsfrei fließendes Geld.

Gemeinsam traten diese Erscheinungen vor allem vom 12. bis ins 14. und teilweise noch bis ins 15. Jahrhundert auf. In dieser Zeit konnten also sehr viele Menschen in Europa zinsfreie Kredite nehmen, durch die sie die hohen Zinskosten einsparen und auch von der Gefahr befreit waren, in eine Schuldenfalle zu geraten. Diese Phase der „Abwesenheit des Einen Ringes" beinhaltete in sich dann aber auch schon die Ursache, warum der Eine Ring schließlich wiedergefunden wurde. Durch den großen, allgemeinen Wohlstand, den die verschiedenen Formen des zinsfrei fließenden Geldes den Völkern Mittel- und Westeuropas brachten, wurde schließlich – wie oben bei den Templern schon angedeutet – eine Gier nach mehr geweckt. (Vielleicht sind die Templer auch einfach von den Vorfahren der heutigen Hochfinanz unterwandert worden.)

Wiederauftauchen des Ringes – Kollaps des zinsfrei fliessenden Geldes durch aufkommende Gier

Déagol findet den Einen Ring und Sméagol (der spätere Gollum) eignet ihn sich durch Mord an. Diese beiden Hobbits gehören zu einem Hobbitstamm, der am Anduin lebt, symbolisieren also rajasische Gewohnheiten im menschlichen Geist, das heißt, die Neigung unserer Gedanken, eine ständige Tätigkeit und Unruhe zu erzeugen (siehe Band 3).

Déagol symbolisiert die Gewohnheit des menschlichen Geistes, alles zu erforschen und nach immer Neuem Ausschau zu halten. Sméagol symbolisiert die von unseren Sinnen ausgelöste Neigung und Gewohnheit, die Dinge, die wir sehen, und mit denen wir uns beschäftigen, haben zu wollen, bis hin zu starkem Verlangen und Gier (Gollum).

Der Mord Sméagols an Déagol symbolisiert, dass die für das zinsfrei fließende Geld des Mittelalters verantwortlichen Geldherausgeber und Geldverleiher Gier entwickelten, eingebettet in die Zunahme der Gier im kollektiven Bewusstsein. Als sie einen Weg erkannten, über ihren bereits bestehenden und vom zinsfrei fließenden Geld erzeugten Wohlstand hinaus auf Kosten anderer an noch mehr Geld zu kommen, übernahm das Verlangen nach noch mehr Geld in ihnen, löschte ihre Urteilskraft aus (der Mord an Déagol) und brachte das zinsfrei fließende Geld zum Kollabieren.

Es entstand wieder Zinsgeld und der Eine Ring war wieder aufgetaucht. Die Fürsten, die Brakteaten zirkulierten, riefen diese Münzen in immer kürzeren Abständen zurück, umso an mehr Geld zu kommen. Durch diese Gier wurde die Nutzung der Brakteaten für das Volk uninteressant, weil die Steuer zu hoch wurde. So erfuhr das Brakteatentum schon im 14. Jahrhundert einen Niedergang und kollabierte im 15. Jahrhundert schließlich ganz. Die Templer entwickelten entweder ebenfalls eine Geldgier und tauschten den Wanderzins gegen einen Zins im heutigen Sinne aus oder sie wurden von Menschen unterwandert, die das Potential der Templerbanken zur Selbstbereicherung erkannten, so dass so oder so auch das zinsfrei fließende Geld der Templer kollabierte. Das heilige (dem Wohl aller) dienende Wissen um die richtige Zirkulation von Geld, das sie in Jerusalem bekommen hatten, war verraten worden. Durch ihre Zinskredite brachten sie schließlich den König von Frankreich in Not, so dass dieser einen Plan zur Vernichtung der Templer aushecke und durchführte und sich einen guten Teil ihrer Reichtümer aneignete.

Dieser Zeitpunkt, als Sméagol Déagol tötete, um sich des Einen Ringes zu bemächtigen, war der Ausgangspunkt für alle danach folgenden Übel in der Geschichte seither. Dieser von Déagol und Sméagol dargestellte Vorgang, symbolisiert einen Zeitpunkt, als von den 9 Schalen der menschlichen Psyche die 2. von außen in ein chronisches Ungleichgewicht geriet. Der Gesamtvorgang der sukzessiven Erkrankung des kollektiven Gemüts der Menschheit wird uns später noch beschäftigen. Die verschiedenen Erkrankungsstationen spielen jeweils eine große Rolle im Herrn der Ringe.

DÉAGOL UND SMÉAGOL – WIEDERHOLUNG DER PROZESSE IM ALTEN ROM
Tolkiens Erzählung von Déagol und Sméagol ähnelt der Geschichte von Romulus und Remus, wodurch wir hier zu dem angekündigten Rückbezug auf die Entstehung des Alten Rom kommen. Die Hochfinanz des Alten Rom ist durch sehr ähnliche kollektive Bewusstseinsprozesse entstanden wie die Hochfinanz unserer Zeit, nur über 2100 Jahre, also ein Zeitalter vorher. Als Menschheit wiederholen wir dasselbe Thema heute in einer Variation.

Der Legende nach wurden Romulus und Remus als Babys von ihrer Mutter getrennt und am Tiber ausgesetzt, damit sie sterben. Sie wurden jedoch von einer Wölfin genährt und später von einem Schweinehirten gefunden, der sie großzog. Später behauptet sich Romulus gegen Remus und gründet eine neue Stadt, Rom. Als Remus ihn verspotten will, tötet er ihn.

Der Symbolsprache gemäß steht Romulus wie Sméagol für unser Verlangen und Remus wie Déagol für den forschenden Verstand. Beide werden von ihrer Mutter getrennt symbolisiert hier das, was auch in den Märchen vom Tod der Mutter symbolisiert wird: Es bedeutet, dass wir unsere Verbindung zu Gott verlieren, was dann unmittelbar bewirkt, dass wir uns psychisch nicht mehr versorgt fühlen und ein Mangelbewusstsein entwickeln. Durch den Verlust der Verbindung zu Gott wird der Egoismus verstärkt. Es entstehen Mangelgefühle und Unzufriedenheit, die wir zu Materialismus und Wünschen verarbeiten. Das ist gleichbedeutend mit der Erkrankung der beiden äußeren Schalen unserer Psyche.

Gemüt und Verstand befinden sich nun kollektiv in einem unsicheren, unversorgten, haltlosen und gefährdeten Zustand. Sie werden von einer Wölfin genährt. Die Wölfin steht genau wie die Wölfe und Warge bei Tolkien für das Triebego, vor allem für die Feindseligkeit gegen Konkurrenten. D.h. also Gemüt und Verstand wurden genährt von einem feindseligen Denken gegenüber Konkurrenten. Sie werden von einem Schweinehirten großgezogen heißt, nun wurden die eher niederen, tierischen, egobezogenen Gefühle und Gedanken gehegt und gehütet. Dass Remus Romulus verspottet und Romulus Remus dafür tötet heißt, dass wir durch Selbstbeobachtung (Remus ist der denkende Verstand) sehr wohl mitbekommen und wissen, wie lächerlich unsere negativen egoistischen Emotionen und Ambitionen eigentlich sind. Da unser Ego sich aber selbst sehr ernst nimmt, wird unser kritischer Verstand ausgeschaltet, Remus wird getötet. So lassen wir zu, dass unser Denken meist unbewusst zum Diener unseres Egos wird. Auf den Anfang dieses Kapitels bezogen bedeutet dies auch, dass die Erklärung von Grund und Boden, auf dem eine Gemeinschaft lebt, zu Privatbesitz eigentlich lächerlich ist. Durch die Identifizierung mit unseren Egointeressen nehmen wir unser Recht auf Grundbesitz aber so ernst, dass wir in unseren Egointeressen gefangen werden und über sie ausspielbar sind. – Interessanterweise lautete der lateinische Name Roms „Roma". Roma ist „Amor" (Liebe) rückwärts gelesen. Symbolisch steht Rom also für den Gegenentwurf zur Liebe, also für unser Ego. Die Entstehung Roms symbolisiert die Überhandnahme des Egos. Rom war von Anfang an eine Kultur des Egos, in der das Ego angebetet und die Menschlichkeit geopfert wurde.

Die gleiche Phase mit einem erneuten Aufstieg der Egokräfte wurde im 14. Jahrhundert erneut eingeleitet und hat sich im Laufe der Jahrhunderte zu dem gesteigert, was wir heute haben.

Das Alte Rom wird von Tolkien als die Zeit der „ersten Finsternis" beschrieben. Im Kapitel „Der Schatten der Vergangenheit" im Herrn der Ringe erläutert Gandalf Frodo, dass dem Feind nur noch eines zu dem Wissen und der Macht fehlt, jeden Widerstand zu brechen, und alles zum zweiten Mal in Finsternis zu hüllen, nämlich der Eine Ring.

Die gesamte zinsgeldzentrierte westliche Kultur ist letztlich genauso eine Kultur des Egos wie das Alte Rom. Diese Zinsgeldzentrierung entstand also erneut zwischen 1310, dem Ende der Templer, und 1450, dem finalen Zusammenbruch des Brakteatentums) und hat die zerstörerischen Zinsgeldautomatismen im Laufe der Jahrhunderte genauso entfaltet wie im Alten Rom. Anders als im Alten Rom hat es Sauron in unserer Zeit noch nicht geschafft, den Einen Ring aufzusetzen, und laut Tolkien wird er es auch nicht schaffen. Letztlich geht es bei den gesamten spirituellen Anstrengungen der Menschheit der letzten Jahrhunderte darum, dass Sauron den Einen Ring nicht bekommt, und dass es uns stattdessen gelingt, den Einen Ring zu vernichten. Was das im Einzelnen im Laufe der Jahrhunderte bedeutet hat und für unsere Zukunft noch bedeutet, versucht dieses Buch nach und nach sichtbar und verstehbar zu machen. Am Ende geht es bei alledem auch um das Karma der alten Zeit. Die altrömische Kultur hat den Einen Ring in die Welt gebracht und schließlich die Germanen damit angesteckt. Dass die Germanen diese Krankheit nicht ausheilen konnten, hat die Probleme unserer Zeit verursacht. Die alten Germanen haben Westeuropa erobert und von dort aus wurde ‚die römische Krankheit' durch die Zeit der Kolonialisierung globalisiert, so dass jetzt schon seit Jahrhunderten die ganze Menschheit unter derselben Krankheit leidet. Hier gibt es also ein gemeinsames altrömisch-altgermanisches Karma gegenüber der Menschheit, das uns am Ende noch beschäftigen wird.

Smaug erobert Eribor – Entstehung des Absolutismus'

Durch das allmähliche Ende des zinsfrei fließenden Geldes zwischen Anfang 14. Jahrhundert und Mitte 15. Jahrhundert übernahm also allmählich wieder das Zinsgeld die Wirtschaft und der Zinsgeld-Automatismus der Vermögensumverteilung begann seine Arbeit. Auf der Bewusstseinsebene bedeutete das Wiederauftreten des Zinsgeldes die Erkrankung der zweiten der neun Schalen des kollektiven Gemüts, also das Überhandnehmen von Unzufriedenheit, Wünschen und Gier in der Gesellschaft. Auf der Gesundheitsebene bedeutete dies eine Zunahme sykotischer, raumgreifender Epidemien in Europa. Die großen Pestepidemien des Mittelalters fielen in den Niedergang des zinsfrei fließenden Geldes und die Zeit danach und waren aus homöopathischer Sicht Ausdruck dieser kollektiven Erkrankung der 2. Schale. Die automatische Vermögensumverteilung hatte zunächst die Auswirkung, die allgemeine arbeitende Bevölkerung zu verarmen. Die Zinsgeldkompensation für diese Verarmung besteht in einer wirtschaftlichen Expansion, also Wirtschaftswachstum. Dieser Zwang, die Wirtschaft wachsen zu lassen, nahm zu und führte gegen Ende des 15. Jahrhunderts schließlich zur einsetzenden Kolonialisierung der ganzen Erde durch die westeuropäischen Staaten. Die vom 2. Ego-Teufelskreis erzeugte Gier griff nach dem ganzen Globus und steckte letztlich die ganze Menschheit an.

Die Expansion war auch verbunden mit steigenden Investitionen der europäischen Staaten, ihren Machtbereich auszudehnen. Die Militärkosten stiegen. Die Verwaltungskosten zum Eintreiben der Steuern stiegen. Der Kampf mit anderen europäischen Staaten um Exportüberschüsse setzte langsam ein und machte Investitionen erforderlich, obwohl er noch nicht voll aktiviert war. All dies erzeugte einen zunehmenden Durst der Könige nach Geld. In dem Maße, in dem sie sich zinspflichtige Kredite nahmen, stiegen ihre Kosten und sie machten Schulden, die immer weiter anstiegen. All dies führte zu einer rigorosen Besteuerung der Bevölkerung wie es sie zuvor nicht gegeben hatte.

Zur Durchsetzung dieser Steuern auch gegenüber dem Klerus und dem Adel beanspruchten die Könige schon ab der Zeit nicht lange nach dem Ende des zinsfrei fließenden Geldes immer mehr Macht nur für sich. Diese Beanspruchung von mehr Macht führte schließlich zum Absolutismus, der nur funktionieren konnte, so lange das gesamte Volk ausreichende Angst vor seinem Herrscher hatte. Diese von den europäischen Königen erzeugte Angst zur Durchsetzung ihrer Steuerforderungen wird bei Tolkien vom Drachen Smaug symbolisiert. Smaug nahm Eribor in Besitz und vertrieb die Zwerge dort, heißt also, nach dem Ende des zinsfrei fließenden Geldes des Mittelalters und dem damit einhergehenden allgemeinen Wohlstand – symbolisiert von den Zwergen in Eribor – etablierten die europäischen Könige aufgrund der sich aus dem Zinsgeld ergebenden Zwänge und Automatismen eine absolutistische Herrschaft zur Durchsetzung ihrer finanziellen Interessen.

Während Smaugs Inbesitznahme von Eribor also den einsetzenden Absolutismus symbolisiert, steht das Verstreuen der Zwerge für den einsetzenden Kolonialismus auf der Suche nach einer besseren Versorgung und mehr Geld (Eribor = Versorgung).

Während die Könige in der Zeit des Absolutismus absolute Macht beanspruchten, machten sie sich doch gleichzeitig auch immer abhängiger von den Geldverleihern, bei denen sie zinspflichtige Kredite nahmen. Auf diese Weise züchteten sie selbst in ihrem Schatten und im Unsichtbaren eine Macht heran, die ihre Macht schließlich um ein Vielfaches übersteigen konnte. Ihre Herrschaft war nicht absolut, da sie sich selbst zu einem Diener des Zinsgeldes und damit indirekt zu einem Diener seiner Verleiher machten. Damit war es nur eine Frage der Zeit, wann diese sie absetzen oder in Marionetten verwandeln und selbst aus dem Verborgenen heraus die Macht übernehmen würden. Die Könige quetschten mehr und mehr Geld aus ihren Völkern, um ihre Zinslasten an die Geldverleiher zu zahlen. Sie machten sich damit mehr und mehr nur zu den Geldeintreibern der Geldverleiher. Die Könige waren zwar egoistisch genug, aber zu dumm, um die Natur des Zinsgeldes zu begreifen. Allerdings wäre der einzige Unterschied für die Menschheit wohl nur gewesen, dass die Könige selbst zur Hochfinanz geworden wären, wenn sie die Natur des Zinsgeldes früh genug durchschaut hätten und selbst von Anfang an primär als Geldschöpfer und Geldverleiher aufgetreten wären. Für die Menschheit ist es am Ende kein Unterschied, von wem sie ausgebeutet und versklavt wird. Der Eine Ring – das Zinsgeldsystem – verdirbt am Ende jeden, der sich an seine Spitze setzt, und macht einen Sauron aus ihm.

Der Absolutismus machte sich also selbst nur zu einem Werkzeug des Zinsgeldes, dessen Natur es ist, automatisch eine Hochfinanz hervorzubringen, die alle Macht an sich reißt. Gewalt und Egoismus, die in der absolutistischen Zeit von den Königen ausgingen, sind nur Ausdruck der Gewalt und des Egoismus', die im Zinsgeld einprogrammiert sind. Durch den Absolutismus richtete sich also bereits die Gewalt des Zinsgeldes gegen die europäischen Gesellschaften und von Europa ausgehend schließlich gegen die ganze Menschheit. Also gingen mit dem Absolutismus die Fähigkeiten des sozialen Teilens mit anderen und der Genügsamkeit verloren und die Menschen wurden in einen Kampf ums wirtschaftliche Überleben gestoßen (die Vertreibung der Zwerge aus Eribor). In den Jahrhunderten des Absolutismus gab es keinen Menschen, der aus den Beobachtungen dieser Entwicklungen seit dem Mittelalter heraus erkannte, dass all dieses Leid nur eine Ursache hatte, das Zinsgeldsystem, den Einen Ring. Das sollte sich in späteren Jahrhunderten zum Glück ändern, aber auch heute noch ist nur einer kleinen Minderheit von Menschen bewusst, dass all das zunehmende Leid in der Welt bis heute diese eine Ursache hat.

Phase des Ringbesitzes durch Gollum – Tabuisiert unbewusste Sucht der Menschen nach Geld und verzinstem Vermögen

Bis Bilbo den Ring fand und an sich nahm, blieb er bei Gollum. Die Phase, in der Gollum den Ring besaß, symbolisiert die Zeit von etwa 1310 bis in die 1750er Jahre. In dieser Zeit waren Kreditgeschäfte Geldverleihern vorbehalten, die von ihrer Gier nach den Zinseinnahmen getrieben wurden. Die kollektive Einstellung der Menschen gegenüber dem Geld wurde nach und nach durch das Einwirken der Automatismen des Zinsgeldes immer suchthafter (siehe Band 2 dieser Reihe). Gleichzeitig machte sich kaum jemand Gedanken über die Natur dieses Geldes, obwohl sich die Gefährlichkeit „des Einen Ringes" durch die forcierte Kolonialisierung der Welt und den entstehenden Absolutismus, beides Auswirkungen des Zinsgeldes, bereits deutlich gezeigt hatte.

Sméagol macht sich durch die Verwendung des Einen Ringes unbeliebt und zieht sich schließlich in eine tiefe Höhle im Nebelgebirge zurück.

Die Befriedigung der Gier über leistungslose Zinseinnahmen ist in den Augen anderer nicht sehr attraktiv, nicht beliebt. Entsprechend lernten die Menschen kollektiv, ihre Gier nach Geld immer mehr zu verbergen. Somit wanderte die Geldgier ins Unbewusste ab, wo sie auch einige Jahrhunderte lang verblieb. Dies bedeutet auch, dass die Geldverleiher ihre Gier stets verbargen und vortäuschten, im Interesse ihrer Kreditnehmer zu handeln.

Sméagol, inzwischen Gollum (das suchthafte Verlangen nach Geld) hält den Einen Ring im dunklen Inneren des Berges bei sich, bis er ihn eines Tages verliert und der Ring von Bilbo gefunden wird.

So blieb die Gier nach Geld und das Thema der Zirkulation von Geld gegen Zinsen einige Jahrhunderte lang im Unbewussten, bis es wie eher zufällig, bedingt durch die geschichtlichen Umstände, ins Bewusstsein rückte und wieder Gegenstand der Betrachtung durch den gesunden Menschenverstand wurde, weil eine Gesellschaft darüber nachdachte, sich selbst eine Währung zu geben.

Krieg des Hexenkönigs von Angmar gegen Arnor – Kampf der Geldverleiher um Macht über die Völker

Der Hexenkönig von Angmar führte einen langen Krieg gegen die Menschen in Arnor, bis das bereits vorher geschwächte und in drei Teile zerfallene Königreich Arnor unterging.

Die Menschen von Arnor symbolisieren unsere Souveränität im Leben, persönlich wie auch als Volk. Der Hexenkönig von Angmar symbolisiert die Teufelsanbetung und spezieller die teufelsanbetenden Kreise, die historisch aus dem Volk der Khasaren hervorgegangen sind, dessen politische Führung im Mittelalter Teufelsanbeter waren. Die Khasaren wurden wegen wiederholter Vorwürfe von Kindsraub und Kindsopfern aufgefordert, von ihrer Teufelsanbetung abzulassen. Man schlug ihnen vor, eine der drei abrahamischen Religionen anzunehmen. Sie entschieden sich für das Judentum. Viele Juden sind eigentlich Khasaren. Als auch die judaisierten Khasaren nicht von ihren Kindsrauben und Kindsopfern für ihre Teufelsanbetung abließen, wurden sie schließlich vom Zaren aus ihrem Gebiet westlich und nördlich des Schwarzmeeres verjagt.

Während die Khasaren sich nach ihrer Vertreibung verteilten und viele anfingen, Europa zu unterwandern, ist es falsch, hier von einem jüdischen oder khasarischen Problem zu sprechen. Denn eine Mehrheit der Nachfahren hat heute nichts mit den Teufelsanbetern zu tun, die die Menschheit quälen. Andererseits haben sich die Teufelsanbeter aus den Reihen der Khasaren mit anderen Teufelsanbetern zusammengetan, um gemeinsam die Menschheit zu unterwerfen.

Es gibt eine enge symbolische Verschränkung zwischen dem Hexenkönig von Angmar und Sauron. Auch Sauron wird in Dol Guldur als Hexenkönig bezeichnet. Der Hexenkönig von Angmar tritt später – unter speziellen Umständen, zu denen wir in Kapitel 2 kommen – als König der Ringgeister in Saurons Dienst. Ein Hexenkönig symbolisiert Teufelsanbetung. Unser Problem auf Erden geht also von Teufelsanbetern aus, nicht von der Gesamtheit irgendeines Volkes.

Der Krieg des Hexenkönigs von Angmar gegen Arnor symbolisiert nun den Kampf der teufelsanbetenden Geldverleiher gegen die Selbstbestimmungsfähigkeit der Völker durch Verschuldung. Dass Arnor längst zerfallen ist, heißt, echte Souveränität der Völker gab es in den Jahrhunderten nach dem Ende des zinsfrei fließenden Geldes nicht mehr. Es gab aber noch ein Gefühl von Eigenständigkeit (Rhudaur), Solidarität (Cardolan) und Zuversicht (Arthedain). In der Mitte der drei Reiche steht der Amon Sûl (Seelenchakra). Die Fähigkeit der Vergebung hält die drei zusammen.

Der Hexenkönig bedient sich der schwarzen Númenorer und bedient sich dunkler Kreaturen, wie zum Bespiel Orks, Trollen und anderer Kreaturen. Die Númenorer symbolisieren Integrität und Souveränität, die schwarzen Númenorer das Gegenteil davon, also Lug, Trug und Unterdrückung. Das heißt, die Geldverleiher bedienten sich sämtlicher Mittel zum Erreichen ihrer Macht, auch Lügen, Betrug, Gewalt und natürlich Intrigen und Verschwörungen. Sie bauten Geheimgesellschaften und Geheimdienste auf, um jederzeit genau zu wissen, was alle Seiten, die sie finanzierten, planten, so dass sie Experten darin wurden, den Lauf der Geschichte ganz nach ihren Planungen zu steuern. – Zuerst wird Rhudaur erobert, dann der Amon Sûl, Cardolan und Arthedain.

Rhudaur fällt zuerst, da sich die Bauern dort gegen die Könige erheben und der Hexenkönig dies für seine Zwecke benutzt: Die erste Wirkung der Arbeit der Geldverleiher bestand darin, den Kreditnehmern ihre Eigenständigkeit zu nehmen, weil sie nun stets zuerst für die Zinsen an die Geldverleiher arbeiten mussten, die über ihre Tätigkeit bestimmen konnten, sobald sie ein Entgegenkommen der Geldverleiher brauchten. Die Bauern in Rhudaur symbolisieren die Elemente der Versorgung der Eigenständigkeit. Durch die Zinskredite, die die Kreditnehmer mit Geld für ihr eigenständiges Handeln versorgen sollten, richteten sich die mit dem Zinsgeld verbundenen Zinslasten jedoch gegen die Eigenständigkeit der Kreditnehmer. Dies nutzten die Geldverleiher, um die Kreditnehmer von ihrem Geld abhängig zu machen.

Eroberung des Amon Sûl: Die zweite Wirkung der Arbeit der Geldverleiher bestand darin, den Kreditnehmern die Fähigkeit zum Vergeben zu nehmen, weil sie ihre Eigenständigkeit verloren haben und ihre Schuld anwächst. Da die Geldverleiher den Kreditnehmern ihre Schulden nicht vergeben, verlieren diese schließlich auch die Fähigkeit des Vergebens. Es herrscht ein zunehmender Groll gegen die Geldverleiher, der sich leider, leider auf eine Jahrhunderte während generelle Abneigung gegen die Juden als ganzes Volk ausweitete, obwohl die meisten Juden hiermit nichts zu tun hatten und haben, während viele Teufelsanbeter sich im jüdischen Volk versteckt halten und es dominieren.

Cardolan wird durch Pest entvölkert: Der Verlust von Eigenständigkeit und Versöhnlichkeit ist wie eine Seuche, die zum Verlust der Solidarität in der Gesellschaft führt. Jeder bekommt das Gefühl, er muss schauen, wo er bleibt, um selbst nicht in eine Schuldenfalle zu geraten.

Am Ende fällt auch Arthedain: Ohne Eigenständigkeit, Vergebung und Solidarität mit anderen und mit ständig anwachsenden Schulden geht am Ende auch die Zuversicht verloren und das Bewusstsein der Souveränität im Leben liegt in Resignation am Boden. Arnor ist vollständig untergegangen. Es gibt keine Chance auf eine Souveränität der Völker mehr.

Als die „Demokratisierung" in Europa schließlich kam, waren die Könige schon längst durch ihre Überschuldung entmachtet und eine echte demokratische Selbstbestimmung der Völker hat es bisher – mit einer kleinen Ausnahme, zu der wir noch kommen – nie gegeben. Denn alle diese Bewegungen – bis auf eine – standen von Anfang an unter der Kontrolle der teufelsanbetenden Geldverleiher. Es war viel weniger die Aufklärung, die die europäischen Monarchen entmachtete, als die Hochfinanz, die sich der Aufklärung bediente, um ihre Marionetten in Positionen der Macht zu bringen, sei es in den Parlamenten, sei es auf den Thronen der Monarchen.

Für die Geldverleiher war es im Schatten der Politik der absolutistischen Herrscher leicht, ihren ihnen vor allem von den Königen zugeschobenen Reichtum zu nutzen, um nicht nur als Finanzier und Verbündete der Herrscherhäuser, sondern auch als Finanzier und Verbündete aller Demokratisierungs- und Revolutionsbewegungen aufzutreten. So war es in der Realität tatsächlich leicht für sie, alle in Europa und in der Welt stattfindenden Regimewechsel und die dabei entstehenden Demokratien oder Diktaturen von Anfang an zu inszenieren, zu kontrollieren und für ihre Zwecke zu nutzen.

Nach der Zerstörung Arnors ging der Hexenkönig von Angmar als König der Ringgeister in Saurons Dienst, was den Zeitpunkt markiert, zu dem die Hochfinanz an den Punkt kam, Macht über die Menschheit zu gewinnen, nachdem sie deren Selbstbestimmungsfähigkeit zerstört hatte, nämlich Mitte der 1780er Jahre. Darauf kommen wir noch zurück.

Saurons Wiederauftreten – Formierung einer neuen Hochfinanz

Bei Elronds Rat erzählt Gandalf von seinen diversen Forschungsreisen. Er fand heraus, dass Sauron in Dol Guldur im Düsterwald wieder Gestalt angenommen hat und rasch wächst. Gemeinsam mit Elrond ist Gandalf klar, dass eine zweite Finsternis droht, wenn kein Wunder geschieht, das sie abwendet.

Dies ist auf der Zeitachse das letzte Ereignis vor dem Beginn der Geschehnisse im Hobbit. Als private Banker 1694 die Bank of England gründeten, gab es schon Menschen, die das Unterscheidungsvermögen (Gandalf) und das Mitgefühl (Elrond) aufbrachten, um zu verstehen, dass eine Hochfinanz nach altrömischem Stil wiedererstanden war. Ihnen war klar, dass ihr Reichtum und damit ihre Macht rasch wuchsen. Sie wussten auch, dass dies mit London als anfänglichem Kontrollzentrum zwangsläufig zu einer Weltdiktatur der Hochfinanz nach altrömischen Stil mit einer totalen spirituellen Verfinsterung führen würde, falls nicht eine Art von Wunder die Menschheit vor diesem Schicksal bewahrt.

Wir sind auf der Zeitachse hier also im Jahr 1694 angekommen. Dieser Zeitpunkt des Wiedererstehens einer Hochfinanz markiert die endgültige Erkrankung der 3. Schale des kollektiven Gemüts der Menschheit. Wenn das Zinsgeld zur Erkrankung der 3. Schale des kollektiven Gemüts geführt hat, ist der Aufstieg der Hochfinanz, die mit dieser Erkrankung einhergeht, bereits kaum noch aufzuhalten. Bereits 1694 stand also fest, dass der Menschheit eine 2. Finsternis droht. Mehr weiter unten.

Kapitel 2 – Geschichte Bilbo Beutlins

Die im Hobbit erzählten Ereignisse decken einen geschichtlichen Zeitraum von ca. 1750 bis ca. 1800 n.Chr. ab.

Mit dem Fund des Einen Ringes kommen wir in die Neuzeit, genauer gesagt, in die Zeit der englischen Kolonien in Nordamerika.

Smaug hat die Zwerge aus Eribor vertrieben, von denen nun 13 an der Zahl bei Bilbo vorstellig werden, um ihnen zu helfen, Eribor zurückzugewinnen.

Das heißt, die vom Absolutismus zerstörten Selbstheilungskräfte des sozialen Teilens versuchen nun, sich in den amerikanischen Kolonien neu zu formieren, um eine vom englischen König unabhängige, freie soziale Ordnung zu schaffen.

Die gesamte im Hobbit von Tolkien erzählte Geschichte bezieht sich auf die Gründungsphase der Vereinigten Staaten von Amerika von etwa 1750 bis zur bundesstaatlichen Verfassung und der Wahl des ersten amerikanischen Präsidenten 1789 und die Jahre danach.

Trotz der vielen Gefahren, die Bilbo meistern muss, trotz der Orks, Trolle, Warge, Riesenspinnen und des Drachen ist die gesamte Erzählung des Hobbit im Gegensatz zum Herrn der Ringe von einer gewissen Heiterkeit und noch relativen Leichtigkeit getragen. Diese Stimmung gab es in den Jahrzehnten der amerikanischen Revolution und Unabhängigkeit noch. Ab dem 19. Jahrhundert wurde das kollektive Bewusstsein dann zunehmend verdunkelt, symbolisiert durch die immer mehr zunehmenden Schwierigkeiten im Herrn der Ringe, denen sich die Menschheit bis heute ausgesetzt sieht.

Bilbos Aufbruch mit 13 Zwergen – Unabhängigkeitsbestrebungen in den 13 englischen Kolonien in Amerika

Gandalf bringt Bilbo Beutlin dazu, großzügig von seinen Essensvorräten an die Zwerge abzugeben.

Etwa seit der Existenz der 13 ersten britischen Kolonien in Amerika verdichteten sich die Unabhängigkeitsbestrebungen. Mit der Absicht, einen unabhängigen Staat zu gründen, war der gesunde Menschenverstand der Kolonisten (Bilbo) durch unterscheidendes Nachdenken (Gandalf) aufgefordert, sich Gedanken über eine gerechte gesellschaftliche Ordnung zu machen. Dieser gedankliche Aufbruch war also nicht ganz freiwillig.

Jedoch wurde die kritische Masse zum Überwinden der geistigen Trägheit aufgrund des Verlaufs der Geschichte offensichtlich erreicht. Wie man hier sieht, hat Tolkien die Zahl von 13 Zwergen gewählt, um hier einen verschlüsselten Hinweis zu geben, dass die Gründungsstaaten der U.S.A. gemeint sind.

Die Gemütsverfassung der Kolonisten war eher geschäftstüchtig als selbstlos, d.h. die Kolonisten hatten einen gut entwickelten Geschäftssinn und achteten auf ihre wirtschaftlichen Vorteile. Dass Gandalf Bilbo dazu bewegt, von seinen Vorräten an die Zwerge abzugeben, heißt, dass die Kolonisten sehr wohl verstanden, dass es für das Entstehen einer freien, gerechten Gesellschaft wichtig war, ein möglichst selbstloses Sozialverhalten zu entwickeln, bei dem das Teilen mit anderen selbstverständlich ist. Die Zwerge aus Eribor symbolisieren das selbstlose Teilen.

Die Kolonisten verstanden also, dass sie mehr Sozialsinn entwickeln mussten. Das kollektive Gemüt der Kolonisten (Bilbo) hat diese Lektion nicht gerne angenommen, sie aber offensichtlich doch gelernt und sich im Bewusstsein auf die nun erforderliche Transformationsreise gemacht. – Auch gegen Ende des Hobbit, als Thorin den Schatz des Drachen für sich beansprucht, ist erkennbar, dass (außer der von Smaug symbolisierten Angst vor dem englischen König) das Haupthindernis für das kollektive Bewusstsein der amerikanischen Gesellschaft in einem zu stark ausgeprägten Geschäftssinn bestand.

BILBO, DER MEISTERDIEB – ERLERNEN, TABUS ZU ÜBERSCHREITEN

Die Bezeichnung Meisterdieb symbolisiert in diesem Kontext das Überschreiten von Tabus, um die konditionierten Schuldkonzepte aufzulösen, die für die Schaffung einer freien, selbstbewussten Gesellschaft hinderlich waren. Es waren die tabuisierten Schuldkonzepte der amerikanischen Kolonisten, auf die sich die britische Regierung verließ, um ihre Herrschaft fortzusetzen. Für die Schaffung eines unabhängigen demokratischen Staates mussten die Amerikaner kollektiv lernen, sich von diesen tabuisierten Schuldkonzepten zu befreien.

Dass der Hobbit den Zeitraum von 1750 bis 1790 abdeckt und Bilbo die Fähigkeiten eines Meisterdiebs immer mehr erlernte, bedeutet also, dass die Amerikaner in diesem Zeitraum immer mehr lernten, ihre konditionierten Tabus zu überschreiten und zu freien Bürgern zu werden. Im Falle von Bilbo bedeutet der Umstand, dass der Eine Ring ihn unsichtbar machte, nur, dass die Menschen sich in kritischen Situation an die tradierten

Schuldkonzepte (Untertankonzepte) anpassen konnten, damit ihre eigentlichen Absichten unsichtbar wurden und sie daher nicht dafür angreifbar waren. Man kann eine solche Anpassung als recht praktisch empfinden.

BILBO UND DIE ZWERGE GERATEN IN DIE HÄNDE VON TROLLEN – VERBOT DER EIGENEN WÄHRUNG DER KOLONISTEN 1764

Gandalf zögert das Tun der Trolle bis zum Sonnenaufgang hinaus, wodurch er die Zwerge und Bilbo befreit. *Trolle stehen für grobe und rohe Gedanken.* Nach dem Sieg der Briten im Indianer- und Franzosenkrieg 1763 legte der englische König in einer Proklamation eine Beschränkung der Besiedlung der neu gewonnenen, ehemals französischen Territorien fest. Dies verärgerte die Kolonisten, die nach dem Sieg über die Franzosen keinen Grund mehr für einen britischen Militärschutz sahen. Sie wollten ungehindert ihren Interessenbereich ausdehnen. In den Jahren zuvor hatten die Kolonisten bereits ihr eigenes Geld zirkuliert und dadurch Wohlstand geschaffen.

1764 wurde dieses Geld von der englischen Regierung verboten und ein Gold- und Silberstandard eingeführt. Dies hatte sehr schnell eine verheerende Depression zur Folge. Die Arbeitslosigkeit stieg drastisch an. – Dies ist ein gutes warnendes Beispiel für Leute, die denken, die Lösung bestünde darin, Währungen herauszugeben, die mit Gold und Silber gedeckt sind. Geld auf mit Gold und Silber gedeckte Währungen zu beschränken wird eine brutale Deflation und Depression auslösen, weil von einem Moment auf den anderen nicht mehr genug Geld in Umlauf ist. – Sowohl das Siedlungsverbot von 1763 als auch das Währungsverbot von 1764 waren grobe und rohe Maßnahmen zur Unterdrückung der Kolonisten in einem Moment, in dem diese ihre Interessen ausweiten wollten. Vor allem das Währungsverbot hatte also massiv negative Auswirkungen, die ihrerseits auch in den Kolonisten grobe und rohe Gedanken in Richtung der englischen Regierung auslösten. Es brauchte damals eine besonnene Unterscheidung bei den Kolonisten, um diese Negativität zu entschärfen und die Gedanken in eine konstruktive Richtung für ein zielgerichtetes Anstreben der Unabhängigkeit zu lenken. Jedenfalls gelang es den Kolonisten offensichtlich, diese Grobheit und Rohheit im kollektiven Bewusstsein in ausreichendem Maße zu überwinden, um einen entschlossenen Fokus in Richtung Unabhängigkeit zu entwickeln.

Durch die Verschuldung Englands gegenüber der privaten englischen Zentralbank (also gegenüber der Hochfinanz, die England kontrollierte) sah sich das britische Parlament gezwungen, die Steuern in den amerikanischen Kolonien unter dem Vorwand der Beteiligung an den Kosten der Nachkriegsordnung – nach dem Indianer- und Franzosenkrieg – zu erhöhen. Nach Ansicht von Benjamin Franklin war dies und das damit einhergehende Verbot der eigenen Währung die eigentliche Ursache für die amerikanische Revolution von 1776. Die rücksichtslose Trollbehandlung der Kolonisten ab dem Jahre 1764 führte schließlich zur Revolution. Und da es die Geldgier der Hochfinanz war, die diese Trollbehandlung der amerikanischen Kolonisten veranlasst hatte, war es letztlich sie, die den amerikanischen Unabhängigkeitskrieg auslöste.

GANDALF, BILBO UND DIE ZWERGE WERDEN VON STEINRIESEN BEDROHT – KAMPF UM DIE GELDKONTROLLE CA. 1750 – 1913

Der Kampf der Steinriesen, die sich gegenseitig mit riesigen Felsbrocken bewerfen, stellt bildlich dar, dass hier ein kollektiver Kampf um die dauerhaft herrschenden Regeln stattfand. Stein steht symbolisch für das dauerhafte, zeitlos Gültige: Die wichtigste Grundlage für die äußere Strukturierung der Gesellschaft besteht im Geldwesen, in den Regeln, die für die Zirkulation von Geld gelten. Und hier gab es in den britischen Kolonien in Nordamerika und später in den Vereinigten Staaten wie schon oben erkennbar von Anfang an einen riesigen Interessenkonflikt, den Konflikt zwischen den Interessen der Vertreter der europäischen Hochfinanz und den Interessen des amerikanischen Volkes. Die Hochfinanz (die seit 1694 und der Gründung der privaten Bank of England das englische Königshaus beherrschte) wollte die sozusagen aus England mitgebrachte alleinige Kontrolle über das Geld behalten und behaupten. Das Volk will eine Kontrolle des Geldes durch die Allgemeinheit. Diese beiden Riesen, der amerikanische Volkswille einerseits, und der Wille der Hochfinanz andererseits prallten zwischen der Mitte des 18. Jahrhunderts und 1913 über eineinhalb Jahrhunderte lang immer wieder hart aufeinander. In diesem Zeitraum wechselte das Recht zur Geldemission zwischen den Kolonien, bzw. Staaten einerseits und der Hochfinanz andererseits ganze acht Mal die Seiten (siehe Bill Still -The Money Masters). Der erste Stein wurde von der Hochfinanz geworfen, die die Kolonisten mit ihren Zinsen und Steuern ausbeuteten. Der zweite Stein war die Geldschöpfung durch die Kolonisten. Der dritte Stein war das oben genannte Währungsverbot von 1864. Der vierte Stein war die Schaffung des Continental Dollar durch den Kontinentalkongress, symbolisiert durch den Ringfund etwas nach dem

Kampf der Steinriesen, zu dem wir weiter unten kommen. Am Ende blieb die Hochfinanz durch die Gründung der ihr gehörenden Federal Reserve Bank siegreich. Heute erwähnt kaum eine Zeitung oder Zeitschrift und kaum ein Geschichtsbuch mehr, dass dieser lange Kampf, der wichtigste Kampf überhaupt in der Geschichte der USA, stattgefunden hat. Wenn an nichts anderem, lässt sich daran schon das Ausmaß der Kontrolle ablesen, das die Hochfinanz über die Massenmedien und das Bildungssystem hat.

Beispiele für den klaren Verstand der frühen US-Präsidenten, die (nicht alles, aber einiges von dem) verstanden, was wichtig war und was geschehen muss, um für eine Unabhängigkeit und Demokratie des neuen Staates zu sorgen:

Jefferson sagte: „Ich glaube wirklich, dass Bankinstitutionen eine größere Gefahr für unsere Freiheiten darstellen als stehende Armeen. Die Macht, Geld zu schöpfen, muss den Banken genommen und dem Volk zurückgegeben werden, dem sie rechtmäßig zusteht."

James Madison, Mitautor der amerikanischen Verfassung, sagte: „Die Geschichte vermerkt, dass die Geldwechsler jede erdenkliche Form von Missbrauch, Intrige, Täuschung und Gewalt einsetzten, um ihre Kontrolle der Regierungen aufrecht zu erhalten, indem sie das Geld und seine Schöpfung kontrollieren."

Diese Aussagen sind scharfe Geschosse, die sich gegen die Hochfinanz und deren Bemühen richten, das Geldwesen des neu gegründeten Staates unter ihre Kontrolle zu bekommen, um Macht über die amerikanische Gesellschaft zu gewinnen. Die Hochfinanz ihrerseits schlägt eher in Form von politischen Intrigen, Bestechungen, Einschüchterungen, künstlich herbeigeführten wirtschaftlichen Depressionen, dem Aufkauf der Zeitungen zur Verbreitung ihrer Ansichten und einer steten Ausweitung ihres Vermögens und der damit verbundenen wachsenden Erpressungsmacht zurück. Dennoch braucht die Hochfinanz mehr als eineinhalb Jahrhunderte, um den Amerikanern die Geldschöpfung wieder längerfristig zu entreißen (nicht endgültig, denn sie können sie sich ja immer noch zurückholen; das Volk bleibt der Souverän; und der Souverän kann seine Souveränität stets zurückholen, auch wenn sie vorübergehend verloren ging; Gesetze, die die Handlungsfreiheit des Volkes als Souverän einschränken, sind im Grunde a priori juristisch ungültig). – Eine Quasi-Entmachtung des Souveräns kann immer und überall vom Souverän für ungültig erklärt und aufgelöst werden. Sie ist nur mit der Zustimmung des Souveräns überhaupt gültig und verliert sofort ihre Gültigkeit, wenn der Souverän die Zustimmung zu seiner Entmachtung zurückzieht. Der Souverän kann nicht gegen seine eigenen Gesetze verstoßen. Wenn der Souverän gegen „seine Gesetze" verstößt, denen er zuvor zugestimmt hatte, heißt das einfach nur, dass er die alten Gesetze durch neue ersetzt. Wenn die neuen Gesetze im Konflikt stehen mit den alten, lösen sie die alten ab. Wenn der Souverän sich das verbieten lässt, handelt er nicht wie ein Souverän, sondern wie ein Sklave der von ihm ernannten Vertreter.

Was diese scharf denkenden frühen Präsidenten der Vereinigten Staaten nicht erkannten, war, worin das eigentlich Problem beim Geldwesen besteht. Sie dachten, es gehe nur darum, der Hochfinanz die Emission des Geldes aus der Hand zu nehmen und dafür zu sorgen, dass der Staat das Geld im Interesse der Allgemeinheit emittiert. – Leider ist die Frage, wer das Geld herausgibt, jedoch nicht das Hauptproblem. Das Hauptproblem besteht schlicht und ergreifend in der Zirkulation des Geldes gegen einen Schuldzins, weil eine Umlaufsicherung auf das Geld fehlt. Nicht zuletzt, weil dieses Hauptproblem nicht erkannt und demnach auch nicht adressiert wurde, ging das Ringen um die finanzielle Unabhängigkeit des Volkes schließlich verloren und die Hochfinanz gewann die angestrebte Kontrolle. Schließlich verteilt der Zins das Volksvermögen automatisch zur Hochfinanz um. So war es nur eine Frage der Zeit, bis die amerikanische Hochfinanz die wachsende Kapitalkonzentration in ihren Händen nutzen konnte, um ihre Ziele auf Kosten des amerikanischen Volkes zu erreichen.

BILBO FINDET DEN RING – SCHAFFUNG DES CONTINENTAL DOLLAR 1775

Bilbo und die Zwerge werden in einer Orkhöhle gefangen genommen und können mit Gandalfs Hilfe fliehen. Bilbo geht der Gemeinschaft verloren und findet den Ring, der dadurch von Gollum an Bilbo übergeht.

Der erste Kontinentalkongress von 1774 wurde von den englischen Kolonialherren als eine offene Revolte verstanden und führte schließlich zum Krieg gegen die Kolonisten.

Dieser Krieg begann dann auch im April 1775, symbolisiert vom plötzlichen Auftauchen der Orks in der Orkhöhle, als sie die Gemeinschaft gefangen nehmen.

Im Mai 1775 wurde der Continental Dollar geschaffen, dessen enorme Tragweite die meisten Kolonisten kaum verstanden, symbolisiert von Bilbos Ringfund kurz nach dem Auftauchen der Orks, als er von den anderen getrennt worden war. Er wusste in diesem Moment nicht, welche enorme Tragweite dieser Fund haben würde.

Die Kolonisten hatten vor dem ersten Verbot von 1764 bereits die Erfahrung gemacht, dass die Wirtschaft durch das selbst herausgegebene Geld aufblühte und Wohlstand erzeugte. Sie wussten daher bereits um den Wert eines selbstgeschöpften Geldes und schufen 1775 zum ersten Mal eine in allen Kolonien gültige Kontinentalwährung. Bedingt durch die geschichtlichen Umstände wanderte der Eine Ring von Gollum zu Bilbo (aus dem Unbewussten endgültig ins Bewusstsein).

Als Bilbo den Einen Ring fand, hatte Gollum ihn bereits für eine Weile verloren. Dies symbolisiert, dass es durch das selbstgeschöpfte Geld ab den 1750ern bereits erste Erfahrungen mit der Geldschöpfung gegeben hatte, also eine Übergangsphase von den 1750er bis 1775, bevor die Schaffung des Continental Dollar das Thema der Geldschöpfung endgültig wieder ins denkende Bewusstsein rückte. Dieser halbbewusste Schwebezustand zum Thema der Geldschöpfung von den 1750ern bis 1775 wird also davon symbolisiert, dass der Eine Ring für eine kurze Zeit weder bei Gollum noch bei Bilbo war.

Bilbo brauchte Mut, um Gollum und der Orkhöhle zu entkommen.

Sicherlich hat es einigen Mut von den Kolonisten erfordert, das Geldthema anzugehen und die Herausgabe ihrer eigenen Währung zu beschließen, wissend, dass dies den Krieg weiter anfachen würde.

Die Zwerge, Bilbo und Gandalf werden von Wargen und von Orks verfolgt.

Und richtig, die englische Regierung forcierte nun den Krieg gegen die Unabhängigkeitsbestrebungen der Kolonisten.

Als sie in der Falle stecken, werden sie von Adlern gerettet.

Der Adler steht bei Tolkien zum einen für die Loslösung der Gedanken, um quasi eine Adlerperspektive auf die Probleme einzunehmen. Andererseits ist der Adler natürlich auch das Wappentier der Vereinigten Staaten. Jedenfalls gelang es einem entscheidenden Teil der Amerikaner erneut, sich von ihren negativen Gedanken freizumachen, die der Krieg der englischen Regierung gegen die Kolonisten auslöste.

Sie konnten ihre Probleme und Ziele sozusagen aus der Höhe betrachten und ihre Unabhängigkeit trotz der durch den Krieg angestrebten Unterdrückung der Unabhängigkeitsbewegung weiterverfolgen.

In diesem Zustand der Losgelöstheit von den durch den Krieg mit den englischen Kolonialherren ausgelösten negativen Gedanken wurde dann ein entscheidender Schritt möglich: Die amerikanische Unabhängigkeitserklärung.

Landung der Adler auf dem Carrock – Unabhängigkeitserklärung von 1776

Der Carrock ist ein großer Fels, zu dem Stufen hinaufführen. Die Landung der Adler, die alle 13 Zwerge, Bilbo und Gandalf sicher absetzen, symbolisiert die amerikanische Unabhängigkeitserklärung: Durch die erfolgreiche Unabhängigkeitserklärung wird der Grundstein für die Schaffung eines dauerhaft unabhängigen demokratischen Staates gelegt. Der Stein steht für das Dauerhafte. Die hier gewonnene Freiheit bekommt also ein dauerhaftes Fundament.

Ich sehe in dem Wort ‚Carrock' zwei englische Wörter: Czar und Rock. Der Stein steht für das Dauerhafte und der „Czar" für die Herrschaft. Die Landung auf dem Carrock symbolisiert also, dass das amerikanische Volk, der amerikanische Souverän die dauerhafte Herrschaft über sich selbst, seine dauerhafte Freiheit und Selbstbestimmung beansprucht und mit der Unabhängigkeitserklärung auch manifestierte.

Besuch bei Beorn – Bildung der Konföderation 1777

Die Gesellschaft kommt zu Beorn. Gandalf stellt ihm die Zwerge einzeln vor. Dieser kann sie allerdings nur kurz versorgen und lässt sie weiterziehen.

Beorn steht für die Dankbarkeit (siehe Band 3). Nach der Unabhängigkeitserklärung von 1776 bilden die Kolonisten im November 1777 ihre offizielle Konföderation und schaffen sich damit eine erste verfassungsrechtliche Grundlage als unabhängiger konföderierter Staat. Dass Gandalf Beorn die Zwerge nacheinander vorstellt, symbolisiert diese Gemeinschaftsbildung. Die weitere Konkretisierung der Unabhängigkeit durch den Zusammenschluss lässt für eine Weile Gefühle der Dankbarkeit in den Vordergrund rücken.

Weg durch den Düsterwald – Überwinden der Gleichgültigkeit während des Unabhängigkeitskriegs 1777 – 1781

Beorn hatte der Gesellschaft Ponys mitgegeben, die sie ihm am Rand des Düsterwaldes zurückschicken mussten.

Der Düsterwald symbolisiert die durch den Eigennutz in den Menschen vorherrschende Gleichgültigkeit gegenüber dem Allgemeinwohl und dem Wohl anderer.

Dass die Gesellschaft die Ponys an Beorn zurückschicken musste, symbolisiert, dass die Kraft der Dankbarkeit (die Ponys Beorns symbolisieren diese Kraft) nicht ausreicht, um auch die Gleichgültigkeit zu überwinden. Die Amerikaner müssen nun einen Weg finden, die in den Kolonien vorherrschende Gleichgültigkeit gegenüber der Frage staatlicher Unabhängigkeit in ein aktives Interesse an der gerade erklärten staatlichen Unabhängigkeit und Konföderation umzuwandeln.

Gandalf verlässt die Gesellschaft wegen dringender Angelegenheiten.

Für das Überwinden der Gleichgültigkeit, um das nötige Interesse am Wert der Unabhängigkeit zu wecken, braucht es keine scharfe Unterscheidungsfähigkeit.

Daher kann Gandalf (das Unterscheidungsvermögen) für etwas Wichtigeres (nämlich zur Vertreibung Saurons) weggehen.

Die wichtigste Figur zur Durchquerung des Düsterwaldes ist nun Bilbo. Das wichtigste Element zum Sieg über die Gleichgültigkeit ist nun der Gebrauch des gesunden Menschenverstands.

Die Zwerge werden von Spinnen gefangen. Spinnen symbolisieren bei Tolkien das Gefühl von Sinnlosigkeit und Resignation (das Gefühl, das einen befällt, der in einem Spinnennetz gefangen ist und sich nicht befreien kann, siehe Band 3).

Bei der großen Mehrheit der Amerikaner herrscht eine Gleichgültigkeit darüber, ob man bei England bleibt oder die gerade erklärte Unabhängigkeit behaupten kann. In diesem Kampf um die Überwindung der Gleichgültigkeit der meisten Kolonisten entstand also auch Resignation gegenüber der zu bewältigenden Aufgabe.

Bilbo verlacht die Spinnen, macht sich über sie lustig und rettet die Zwerge.

Hier ist es der gesunde Verstand, der durch Lachen über sich selbst und die eigene Zögerlichkeit und Verzagtheit seine Resignation überwindet und seine Energie zurückgewinnt. Hier ist es also Bilbo, der die Spinnen verlacht und ärgert, der die Zwerge befreit.

Die Zwerge werden von Elben gefangen. Die Waldelben stehen für spirituelle Eigenschaften wie Gleichmut und Akzeptanz, die zum Erreichen des spirituellen Ziels sehr wichtig sind. Die Gefahr bei Eigenschaften wie Gleichmut und Akzeptanz besteht darin, dass sie zu phlegmatisch werden, so dass unser Bewusstsein zu inaktiv wird, wenn wir handeln müssen, so dass die Handlungsenergie verloren geht.

Bilbo rettet sie durch Geduld und Geschick. Der gesunde Menschenverstand drängt dann zur nötigen Aktivität und erreicht sein Ziel, wenn er die nötige Geduld und das nötige Geschick aufbringt (Bilbo befreit die Zwerge).

Dass hintereinander eine Gefangenschaft bei den Spinnen und den Waldelben erfolgt, zeigt, wie ähnlich die Auswirkung von Resignation einerseits und von Gleichmut und Akzeptanz andererseits sein können, obwohl das eine ein egobehafteter Zustand und das andere eine Selbstheilkraft der Seele ist. Vielleicht schwankte das kollektive Bewusstsein der Kolonisten auch zwischen Resignation und Gleichmut, welche Eigenschaften beide nicht die nötige Handlungsenergie freisetzten, wenn es darum geht, die aus dem Eigennutz geborene Gleichgültigkeit zu überwinden und die staatliche Unabhängigkeit aktiv zu beschützen und abzusichern. Jedenfalls wurde bei den Amerikanern am Ende genug gesunder Menschenverstand aufgebracht, um die Energie freizusetzen, die die Gleichgültigkeit überwand.

Gemeinschaft wird begeistert in der Stadt am See empfangen – Sieg im Unabhängigkeitskrieg 1781

Nach der Flucht vor den Elben gelangen Bilbo und die Zwerge in die Stadt der Menschen am See. Die Zwerge und Bilbo werden von den Menschen begrüßt und gefeiert.

Die Bardinger vom See symbolisieren die Manifestationskraft. Ihr stürmischer Jubel über die Ankunft der Zwerge und Bilbos symbolisiert den Jubel der Amerikaner über ihre 1781 gewonnene Unabhängigkeit durch den Sieg im Unabhängigkeitskrieg. Nachdem der gesunde Menschenverstand der Amerikaner die nötige Energie freigesetzt hatte, um die Gleichgültigkeit zu überwinden, wurde auch der Unabhängigkeitskrieg 1781 gewonnen. Während die Amerikaner ihre Unabhängigkeit feiern, bleibt noch ein letztes großes Problem zu lösen: Nach Jahrtausenden häufig willkürlicher Herrschaft durch Könige und Aristokratie gibt es immer noch Ängste vor der Rache des englischen Königs und die unterschwellige Angst, als Aufständische zum Tode verurteilt zu werden.

Ende Smaugs – Anerkennung der Unabhängigkeit im Frieden von Paris 1783

Zwerge und Bilbo brechen zum Einsamen Berg auf. Das letzte große Hindernis im Bewusstsein der Amerikaner, um die gerade gewonnene Unabhängigkeit auch im Bewusstsein der Menschen dauerhaft tragbar zu machen, ist immer noch die Angst vor der Herrschaft des englischen Königs (Smaug), die unterschwellige Angst, doch noch als Aufständischer zum Tode verurteilt zu werden.

Bilbo bestiehlt den Drachen, der wütend das Menschendorf überfällt. Wenn der gesunde Verstand die Angst vor der Herrschaft des Königs herausfordert, tritt diese Angst ins Bewusstsein, wo sie nun offen konfrontiert werden kann.

Bard tötet den Drachen. Bard steht für das realistische, mutige, umsichtige Eintreten für die von den Amerikanern erklärte und auch bereits gewonnene Unabhängigkeit: Ein solches Eintreten kann die Angst besiegen. Die Amerikaner kommen an den Punkt, in ihrem Bewusstsein zu beschließen, ihre Unabhängigkeit zu verteidigen, komme was auch immer da wolle. In diesem nun voll erwachenden Freiheits- und Unabhängigkeitsbewusstsein wurde die Angst vor der Herrschaft des englischen Königs endgültig kollektiv überwunden und aufgelöst.

Als Antwort auf diese nun auch im Bewusstsein der Amerikaner endgültig gewonnene Unabhängigkeit wird die Unabhängigkeit des neuen Staates 1783 im Frieden von Paris anerkannt.

Jetzt ist der Weg frei für die Verfassung. Bevor wir dazu kommen, schauen wir uns jedoch an, was Gandalf in der Zwischenzeit treibt.

Vertreibung Saurons aus dem Düsterwald – Zerschlagung des Illuminaten-Ordens 1784/85

Die Ereignisse während Gandalfs Abwesenheit von der Zwergengemeinschaft werden von Tolkien nicht im Hobbit, sondern an anderer Stelle berichtet.

Der Grund dafür besteht darin, dass im Hobbit ausschließlich die Ereignisse im Zusammenhang mit der Gründung der Vereinigten Staaten berichtet werden. Bei der Vertreibung Saurons aus dem Düsterwald geht es um ein Geschehen in Europa, genauer gesagt in Deutschland, noch genauer in Bayern, nämlich um die Zerschlagung des Illuminaten-Ordens im Jahr 1784/85.

Doch der Reihe nach. Nachdem Gandalf herausgefunden hatte, dass Sauron in Dol Guldur im Düsterwald wieder Gestalt angenommen hat und rasch wächst, prüft er die Situation in Dol Guldur erneut nach, berichtet dem Weißen Rat und dieser vertreibt Sauron aus Dol Guldur im Düsterwald.

Dol Guldur steht dafür, die eigenen Ziele hauptsächlich über Verschwörungen, Intrigen, Verschleierung und Verdunkelung anzustreben. Dol Guldur steht im Düsterwald, weil die Gleichgültigkeit in der Gesellschaft solche Aktivitäten möglich macht.

Diese Erzählung Tolkiens bezieht sich auf die Verschwörungen der Geheimgesellschaften, mit deren Hilfe die Hochfinanz die dunkle, illegale Seite ihrer Geschäfte betreibt. In den 1770er Jahren ließ Mayer Amschel Rothschild die Freimaurer unterwandern und dazu 1776 die bayerischen Illuminaten gründen.

Die Unterwanderung gelang nicht vollständig, weil einige Geheimnisträger mit sehr wichtigen Informationen entkamen, die die Hochfinanz keine hundert Jahre später dann doch in ihre Hände bekam, was uns bei der Entschlüsselung der Ereignisse in Bree wieder beschäftigen wird. Dieser eine Vorgang des Aufgreifens der Geheimnisträger durch die Hochfinanz war von Bedeutung für den Ablauf der neueren Geschichte seither, wie wir noch sehen werden.

1782 kam es zu dem großen Bündnis zwischen Freimaurern und Illuminaten, das dem Hause Rothschild die Kontrolle über die Geheimgesellschaften gab.

Da die Ziele der Illuminaten dem bayerischen Kurfürsten verdächtig vorkamen, ließ er die Situation 1784 in Hausdurchsuchungen prüfen (Gandalf prüft Dol Guldur). (Manche Quellen sprechen davon, dass diese Durchsuchungen stattfanden, weil ein Kurier der Illuminaten, der die Pläne mit sich trug, vom Blitz erschlagen wurde.) Wie auch immer, so oder so, wurden 1784 subversive, nach der Weltherrschaft strebende Pläne offenbar, so dass der Kurfürst die Illuminaten 1784/85 in mehreren Edikten verbieten lässt.

Das Verbot der Illuminaten wird bei Tolkien symbolisiert durch die Vertreibung Saurons aus Dol Guldur im Düsterwald durch den Weißen Rat. Der Weiße Rat symbolisiert die spirituelle Weisheit und Fürsorge für die Menschen. Die Pläne der Illuminaten sind damals öffentlich bekannt geworden. Einerseits waren sie so menschenfeindlich, dass ein normal fühlender und mitfühlender Mensch wie der bayerische Kurfürst sie nur ablehnen konnte.

Andererseits waren sie inhaltlich von einer Art, dass man am Ablauf der Weltgeschichte leicht erkennen kann, dass diese Pläne seither Stück für Stück umgesetzt wurden. Dass die Illuminaten aufgelöst wurden, spielt natürlich keine Rolle. Die Menschen, die die Pläne zur Unterwerfung der Menschheit gestrickt haben, haben diese in der Folge und bis heute offensichtlich ausgeführt. Namen von Organisationen sind unwichtig, wenn man die dunklen Absichten wahrnehmen kann, die da offensichtlich am Werk sind.

SAURON ZIEHT NACH MORDOR UM – MACHTBEWUSSTSEIN DER HOCHFINANZ

Nicht viel später wird klar, dass Sauron bereits auf die Flucht vorbereitet gewesen war und seinen neuen Sitz in Mordor aufgeschlagen hat, um dort Barad-dhûr wieder aufzubauen.

Es muss ein Schock für Mayer Amschel Rothschild gewesen sein, dass die Pläne der Illuminaten und damit auch die Pläne der auftraggebenden Familie Rothschild und der Hochfinanz öffentlich bekannt wurden. Das Verbot der Illuminaten spielte natürlich keine Rolle, da sich Organisationen jederzeit umformen und neu gründen lassen.

Aber da der Erfolg dunkler Pläne von ihrer Geheimhaltung (Dol Guldur im Düsterwald) lebt, war das Öffentlichwerden natürlich ein Rückschlag. Egal wie sehr man den Menschen erzählt, dass die Machenschaften, die da bekannt wurden, zum Stillstand gebracht wurden, und die Behauptung, dass die Pläne bis heute ausgeführt werden, nur eine Verschwörungstheorie ist, es gibt immer jene, die selber denken können und sich nicht davon abbringen lassen, die Wahrheit zu sehen.

Natürlich muss man Vorkehrungen getroffen haben, was zu tun sei, wenn die Pläne öffentlich würden, die dann umgesetzt wurden. Jedenfalls kam dann auch ziemlich rasch der Zeitpunkt, zu dem der Hochfinanz klar wurde, dass es eigentlich keine große Rolle spielt, dass die Pläne öffentlich bekannt wurden. Ihnen war klar, dass die volle Kontrolle über das Geldsystem reichen würde, um die Pläne am Ende doch noch umsetzen zu können, auch wenn sie bereits bekannt wurden.

Es gibt ein berühmtes Zitat von Mayer Amschel Rothschild, das Tolkien durch den Umzug Saurons nach Mordor symbolisiert hat: „Gebt mir die Kontrolle über das Geldsystem und es ist egal, wer die Gesetze macht."

Mordor steht im Außen für die Reformresistenz des Zinsgeldsystems (durch unser kollektives Streben nach verzinstem Vermögen).

Barad-Dhûr, Saurons Turmfestung in Mordor steht im Außen für die Unangreifbarkeit der Hochfinanz durch Bemühungen, sie und ihre Macht über die Weltwirtschaft aufzulösen, solange über die Zinsflüsse ständig Milliarden zu ihr hin umverteilt werden und uns als Menschheit davon abhängig machen, erneut Kredite von diesem Geld gewährt zu bekommen. Die Hochfinanz hatte erkannt, dass das Betreiben von Geheimgesellschaften riskant ist, da stets die Möglichkeit besteht, dass geplante Verschwörungen gegen die Öffentlichkeit unerwartet ans Tageslicht kommen und die Hochfinanz in Verlegenheit bringen. Sie hatte erkannt, dass es besser für sie ist, ihre Tätigkeit über Geheimgesellschaften – die sie natürlich trotzdem weiter benötigt, wenn sie geheime Pläne voranbringen will – auf ein Minimum einzuschränken. Dies heißt nicht, dass sie die von den Illuminaten formulierten Ziele aufgegeben hat. Das hat sie zu keinem Zeitpunkt. Es heißt nur, dass sie sich zum Warten und zur Geduld entschieden hat, da sie natürlich weiß, dass die Zeit aufgrund der automatischen Umverteilung des Vermögens zur Hochfinanz automatisch für die Hochfinanz arbeitet. Durch das Zinsgeld (durch den Einen Ring) bringt die Zeit sowieso alles Vermögen und damit die Macht in die Hände der Hochfinanz. Durch etwas mehr Geduld konnte sie das mit einer zu umfangreichen Tätigkeit geheimer Gesellschaften verbundene Risiko also einschränken und zu dieser Geduld entschloss sie sich nach dem Verbot der Illuminaten 1785.

Während bis 1785 der Fokus der Hochfinanz auf geheimen Verschwörungen durch Geheimgesellschaften lag, also auf der Verdunkelung ihrer Tätigkeit, ändert sich diese Gewichtung durch die Zerschlagung der Illuminaten durch eine Schwerpunktverlagerung sozusagen auf ihr Kerngeschäft, darauf, über den Zins automatisch unermessliches Vermögen zu akkumulieren, die Automatismen des Zinsgeldes für sich arbeiten zu lassen und auf die eigene Unsichtbarkeit zu vertrauen, welche unsichtbare Zinsflüsse ja auch automatisch mit sich bringen.

Außerdem ist diese Taktik viel näher an der Legalität und machte die Hochfinanz weniger angreifbar, nachdem ihre Ziele bekannt wurden. Und dabei brauchte sich die Hochfinanz seither (sie ist ja immer noch in Mordor) auf nichts weiter zu verlassen als auf die immanente Reformresistenz des Zinsgeldsystems (also auf Mordor).

Sauron zog um nach Mordor. Durch die Unterwanderung und Weiterbetreibung der Freimaurer bis heute ist zwar klar, dass die Tätigkeit über Geheimgesellschaften weitergeführt wurde (Sauron hat 3 seiner 9 Ringgeister in Dol Guldur gelassen), jedoch in dem in den Augen der Hochfinanz minimal erforderlichen Maß, längst nicht mehr so aufwendig wie vor 1785. Die Hochfinanz legte nun größeren Wert darauf, unangreifbar durch das Gesetz zu werden.

Zum Zeitpunkt von Saurons Umzug nach Mordor hat auch der Hexenkönig von Angmar seinen Krieg gegen Arnor erfolgreich abgeschlossen, kommt zu Sauron und wird zum König der Ringgeister.

Der Dienstantritt des Hexenkönigs von Angmar bei Sauron und seine Umwandlung in den König der Ringgeister symbolisiert den Zeitpunkt, als der Zinsgeld-Automatismus der Machtkonzentration an den Punkt gekommen war, der Hochfinanz und ihrem Tiefenstaat die Kontrolle über die Menschheit zu geben. Dieser Tiefenstaat meint die über das Geldsystem (den Einen Ring) hinausgehende geheime Kontrolle über Organisationen und Ideologien, welche die Werkzeuge ihrer Macht sind (Dol Guldur). Gehen wir einmal näher auf diese geheimen Machenschaften ein: Durch den zu Beginn des 16. Jahrhunderts in Europa aufkommenden Protestantismus war im Christentum von Mittel- und Westeuropa eine Spaltung aufgetreten, die die Möglichkeit eröffnete, eine Organisation in die katholische Kirche einzuschleusen, die im Kampf gegen den Protestantismus die Macht übernehmen konnte. Es handelt sich um die von Ignatius von Loyola und anderen Teufelsanbetern gegründeten Jesuiten. Diese gewannen Kontrolle über die katholische Kirche. Dieselben teufelsanbeterischen Kreise hatten längst die Kontrolle über das Judentum übernommen. Im Verlauf des 18. Jahrhunderts hatten sich die Kreise der Adeligen, Kaufleute und Gebildeten, die nach einer Demokratisierung der Völker Europas strebten, immer mehr bei den Freimaurern engagiert, um auf diese Demokratisierung hinzuwirken. Mit der Unterwanderung der Freimaurer Anfang der 1780er Jahre war die Hochfinanz nun an einen Punkt gekommen, mit Jesuiten und Freimaurern und anderen geheimen Organisationen ein ausreichendes Netzwerk aus Geheimgesellschaften, Geheimdiensten, Teufelsanbetern und organisierter Kriminalität für die Übernahme der Menschheit zusammenzuhaben. Vor allem durch die Freimaurer konnte sie die „Demokratisierung" der westlichen Welt von Anfang an in ihrem Sinne kontrollieren. Dass sich der „Hexenkönig von Angmar" in den „König der Ringgeister" wandelt, zeigt, dass der globale Tiefenstaat unserer Zeit – das die Menschheit beherrschende Netzwerk aus Geheimgesellschaften, Geheimdiensten etc. – vor allem aus Teufelsanbetern besteht. Aus welchen Familien die Hochfinanz besteht, die diesen Tiefenstaat befehligt, ist im Prinzip unwichtig.

Wer als Chef einer Allianz mächtiger, krimineller, geheimer Organisationen vorsteht, spielt keine Rolle, da sich in einer Egowelt immer die stärksten Egos an die Spitze setzen. Beseitigt man die, die jetzt an der Spitze sind, rücken andere nach. Welche Menschen es nun genau sind, die Sauron sind, spielt also keine Rolle, da die Machtpyramide immer irgendjemanden an die Spitze bringt, der dann von dort aus herrscht. Wichtiger noch als dieser Tiefenstaat sind „Der Eine Ring" und Barad-dûr, das Zinsgeldsystem und seine Unangreifbarkeit gegenüber den Versuchen, es zu wandeln. Erst mit dessen Wandel kann die Hochfinanz am Ende endgültig entmachtet werden.

Das ist die einzige Chance und dazu kommen wir noch. Jedenfalls kontrolliert die Hochfinanz mit diesem vom König der Ringgeister symbolisierten Tiefenstaat, ihrem wichtigsten Werkzeug, seither die Menschheit. Der König der Ringgeister ist Saurons mächtigster Diener.

Zum Zeitpunkt des Dienstantritts des Hexenkönigs von Angmar als König der Ringgeister Saurons verwandelt sich Sauron auch in ein großes Auge, das alles sieht, und ist selbst unsichtbar.

Das symbolisiert, dass die Hochfinanz seit 1786 für die öffentliche Wahrnehmung unsichtbar ist und, wenn überhaupt, nur ihr Tiefenstaat in der Welt wahrgenommen wird. Menschen, die von „den Eliten" sprechen, müssten eigentlich zwischen der Hochfinanz und ihrem Tiefenstaat / ihrer Funktionselite unterscheiden. Die Funktionselite besteht nur aus Befehlsempfängern. Kein Staatschef hat eigene Macht. Der Tiefenstaat, der die Regierungen kontrolliert, ist nur ein Werkzeug der Hochfinanz. Die eigentlichen Machthaber sind für uns unsichtbar und werden es auch noch bleiben, wenn der Tiefenstaat zerschlagen wird. Der König der Ringgeister endet vor Sauron, welches ein Ereignis ist, das in den nächsten Jahren bevorsteht. Das heißt, dieser Tiefenstaat steht vor dem Aus, weil die Menschheit erwacht. Für die Hochfinanz besteht er nur aus Werkzeugen, derer sie sich bedient. Wenn die Gefolgsleute der Hochfinanz um sich herum sehen, dass die Welt aufwacht und mehr Mitmenschlichkeit entwickelt, wächst auch ihr Wunsch, sich dem Griff der Hochfinanz zu entziehen, die ihren Griff dann grausamer macht, so dass der Wunsch, dem Griff zu entkommen, stärker wird. Diese Negativschraube arbeitet gegen die Hochfinanz, so dass ihr der Apparat wegen des Erwachens der Menschheit bald entgleiten wird. Es wird nicht ihr Ende, aber der Anfang davon sein, so wie das Ende des Königs der Ringgeister das erste Anzeichen für Saurons Ende ist.

Dieser Moment der Machtübernahme der Hochfinanz über die Menschheit etwa im Jahr 1786 ist auf Ebene des Bewusstseins gleichbedeutend mit der Erkrankung der 5. Schale des kollektiven Gemüts der Menschheit, dem Verlust der Selbstbestimmungsfähigkeit und dem Überhandnehmen von Machtlosigkeitsgefühlen, symbolisiert vom endgültigen Untergang Arnors.

Betrachten wir Gandalfs Abstecher nach Dol Guldur, bevor er zu Bilbo und den Zwergen zurückkehrt, auf der Zeitachse. Sobald wir im Hobbit zu Ereignissen gekommen sind, die nach der Bildung der Konföderation von 1777 passiert sind, verlässt Gandalf die Gesellschaft. Er wechselt hier sozusagen den Kontinent. Der Hobbit spielt in den U.S.A., Saurons Vertreibung spielt in Europa. Nachdem diese Vertreibung abgeschlossen ist (1785), kehrt Gandalf wieder zum Hobbit zurück, um die amerikanische Unabhängigkeit bis zum Ende zu begleiten. Dies ist eine der Stellen, an denen sich erkennen lässt, wie genau die Chronologie der Ereignisse bei Tolkien zu der Chronologie der Ereignisse in unserer Geschichte passt, die von Tolkien symbolisch verschlüsselt ist. Kehren wir also zurück zu den Ereignissen im Hobbit.

Smaug war der letzte Drache – Von Amerika geht der Niedergang der europäischen Monarchie aus – ab 1783

Ausgehend von der amerikanischen Verfassung löst sich die Angst vor der aristokratischen Obrigkeit auch in Europa und global nach und nach auf. Der Sieg im kollektiven Bewusstsein der Amerikaner war ein Sieg, der sich auf die ganze Menschheit übertragen und das globale Bewusstsein verändert hat.

Die Erfahrung, jahrtausendelang der mehr oder weniger willkürlichen Macht aristokratischer Herrscher unterworfen zu sein, hinterließ eine Traumatisierung im kollektiven Gemüt der Europäer. Zum Zeitpunkt der amerikanischen Revolution herrschte in Europa noch der Absolutismus, die absolute Macht des Königs oder Landesfürsten. Seit dem 14. Jahrhundert verbreitete sich das mit dem Untergang Roms „schlafen gelegte" Zinsgeld durch die Aktivität der Geldverleiher, die für ihre Kunden Gold in ihren Tresoren lagerten und Münzen sowie ihre Quittungen für die Golddeponate gegen einen Zins in Umlauf brachten, nach und nach neu. Über dieses erneut entstehende Zinsgeld entstand eine neue Hochfinanz, die im Laufe des 18. Jahrhunderts an den Punkt kam, die Aristokratie an der Spitze der Macht abzulösen.

Ungefähr an der Schnittstelle der aufstrebenden Macht der Hochfinanz und der sinkenden Macht der Aristokratie fand die amerikanische Revolution statt. Kurz bevor die Hochfinanz ihre Macht global sichern konnte, machten sich die 13 Gründerstaaten von der englischen Aristokratie unabhängig.

Und kurz bevor die Unterwanderung der Freimaurer von Europa auf die U.S.A. übergriff, konnten sie noch ein letztes Mal etwas Gutes für die Menschheit tun und die U.S.A. gründen, bevor sie dann schon bald auch in den U.S.A. zur Plage wurden. Hier entstand kurzfristig ein Fenster der Freiheit, in welchem sich das amerikanische Volk von der Macht des britischen Königs befreien und für kurze Zeit ganz und dann in stetig abnehmendem Maße von der versteckten Macht der Hochfinanz freihalten konnte.

Wir haben hier zwei Ereignisse Anfang der 1780er Jahre, die beide das Ende der Macht der Aristokratie markieren, obwohl das eine Ereignis für die Menschheit positiv war (die amerikanische Unabhängigkeit) und das andere negativ (die Kontrolle der Hochfinanz über die Geheimgesellschaften).

1782 markiert damit einen Punkt, an dem sowohl das Lichtvolle als auch das Dunkle im kollektiven Bewusstsein der Menschheit gleichzeitig stärker wurde. Ab diesem Zeitpunkt begann sozusagen ein Wettrennen zwischen Licht und Dunkel, zwischen den Kräften der Seele und des Egos, wenn man so will, dessen Ausgang bis heute in der Schwebe steht. (Wobei wir heute, 2017, kurioserweise an einem Punkt sind, an dem es allgemein so aussieht, als würde die Waage langsam Richtung Sieg des Dunkels absinken, während sie sich in Wirklichkeit langsam in Richtung Sieg des Lichts bewegt. Dieser scheinbare Sieg des Dunkels hat den Sinn, die Menschen dringlicher aufzuwecken, Verantwortung für eine bessere Welt zu übernehmen.)

Die vollständige Unterwanderung des Freimaurerordens in Europa durch die Hochfinanz 1782 und der Frieden von Paris von 1783, als die Amerikaner ihre Angst vor der europäischen Aristokratie kollektiv überwanden und damit den Niedergang der europäischen Aristokratie besiegelten, bedeuteten, dass die Macht der Hochfinanz die Macht der Aristokratie, der Kaiser und Könige, spätestens zu diesem Zeitpunkt deutlich überflügelte. Es dauerte dann noch ein paar Jahre bis nach der Zerschlagung der Illuminaten, bis sich die Hochfinanz ihres Supermachtstatus' auch bewusst wurde.

Für eine sehr kurze Zeit verloren aufgrund dieser Schnittstelle der sinkenden Macht der Aristokratie und der erst aufsteigenden globalen Macht der Hochfinanz sowohl die Aristokratie als auch die Hochfinanz die Kontrolle über die Vereinigten Staaten. D.h. die Vereinigten Staaten sind wirklich in einem kurzen Fenster des Lichts gegründet worden und gelten aufgrund der spirituellen Strahlkraft der ersten Jahrzehnte der U.S.A. immer noch als leuchtendes Beispiel für Demokratie und Gerechtigkeit, obwohl diese schon vor so langer Zeit wieder von der Hochfinanz unterminiert und unwirksam gemacht wurden.

Schlacht der fünf Völker – bundesstaatliche Verfassung der USA 1787

Die Schlacht der fünf Völker symbolisiert die erfolgreiche Schaffung der bundesstaatlichen Verfassung der U.S.A. (federal constitution) im Jahr 1787.

Nach dem Sieg im Unabhängigkeitskrieg und dem Wegfallen der Angst vor dem englischen König bekommen alle drei Bewusstseinsebenen enormen Auftrieb. Vor allem die Gier der Amerikaner (die Gier der Zwerge, die Gier Thorins) wird angestachelt und bedroht den Frieden und das Gleichgewicht im kollektiven Bewusstsein. Als die Amerikaner ihre Unabhängigkeit jedoch bedroht sehen, aktivieren sie ihre spirituellen und mentalen Kräfte und setzten auch das nötige Unterscheidungsvermögen ein. So gelingt es ihnen, das Gleichgewicht im kollektiven Bewusstsein herbeizuführen und sich von der Negativität freizumachen. Zwerge, Menschen und Elben tun sich zusammen und besiegen das Heer der Warge und Orks. Am Ende kommt noch Beorn hinzu und gibt den Orks den Rest. D.h. am Ende konzentrieren sich viele Amerikaner auch auf die Dankbarkeit für das Erreichen ihrer Unabhängigkeit. Und somit wird die amerikanische Verfassung mit einem Gleichgewicht im Bewusstsein und mit einer großen durch richtige Unterscheidung herbeigeführten Gerechtigkeit verabschiedet.

Der Sieg in der Schlacht der fünf Völker sorgt für einen langen Frieden. Die erfolgreiche Verabschiedung der Verfassung sorgt für eine Blüte in den ersten Jahrzehnten der Vereinigten Staaten. Lange Zeit gedeiht die neue Nation in Frieden und wirtschaftlichem Erfolg. (Die später erfolgte Unterwanderung auch der Vereinigten Staaten durch die Hochfinanz wird dann wieder Gegenstand des Herrn der Ringe.)

Bilbo nimmt den Arkenstein und verbirgt ihn vor den Zwergen – Gier verhindert das Erleben von Fülle – ab 1787

In der Schlacht der fünf Völker ging es für die Zwerge auch um den Arkenstein, nach dem es sie über alle Maße verlangt. Der Arkenstein ist der größte Schatz der Zwerge. Das heißt, für die Selbstheilungskräfte des Bereichs unseres Versorgungsgefühls ist das Erleben von Fülle und Reichtum der größte Schatz. Mit dem Sieg im Unabhängigkeitskrieg wurde auch die Gier angestachelt. Durch Gier bringen wir uns selbst um das Erleben von Fülle und Reichtum (Bilbo verbirgt den Arkenstein vor den Zwergen). Es gilt dann, diese Gier zu mäßigen, um das Erleben von

Fülle und Reichtum überhaupt möglich zu machen. In der Schlacht sterben Thorin und ein paar andere Zwerge. Das heißt, die Lektion, die Gier ganz zu überwinden, um wirklich Fülle und Reichtum erleben zu können, wurde von den Amerikanern nur bedingt gelernt. Eine gewisse Geldgier und Geschäftstüchtigkeit sind auch weiterhin Teil der amerikanischen Kultur geblieben. Auch hat es bei den Gründern der Vereinigten Staaten Kreise gegeben, die von Anfang an eine Elite ausbilden wollten, der Macht und Reichtum vorbehalten bleibt. Diese Geschäftstüchtigkeit der Amerikaner und das Bestreben, eine amerikanische Elite zu bilden, waren die Ursache, dass die Hochfinanz schließlich auch die USA unterwandern und unter ihre volle Kontrolle bringen konnte. Wo auch immer Egoismus, Geldgier und Elitedenken vorhanden sind, kann die Hochfinanz diese schließlich für ihre Zwecke nutzen, Menschen mit Führungsanspruch und Elitedenken unter ihre Kontrolle bringen, so dass am Ende immer nur sie vom Egoismus und der Geldgier in der Welt profitiert. Auf welche Weise genau sie Egoismus und Geldgier als Kraftstoff für ihre Machtausübung nutzt, werden wir noch sehen. Jedenfalls tut sie, was sie kann, um Egoismus zu verbreiten, weil das Ego der Menschen ihr Kraftstoff ist, mit dem sie die Menschheit beherrscht.

Die Geldgier der Amerikaner wird sich erst in der Zeit wandeln, in der der Eine Ring vernichtet wird, wie wir noch sehen werden. *Gandalf sagt Bilbo, dass er sich sehr verändert hat.*

Nach 1787 ist der gesunde Verstand der gesamten Menschheit durch die Befreiung von der Angst vor der aristokratischen Obrigkeit und durch die Verfassung der U.S.A. nie wieder wie vorher. In Europa löst die amerikanische Unabhängigkeit eine Demokratisierung aus – auch wenn diese von Anfang an von der Hochfinanz kontrolliert wird. Überall in der Welt gilt die amerikanische Verfassung als ein leuchtendes Vorbild für Gerechtigkeit und Demokratie.

Es ist historisch gesichert, dass der Prozess der Unabhängigkeit und Gründung der U.S.A. von Freimaurern gesteuert wurde. Es gibt Historiker, die darstellen, dass die Freimaurer von Anfang an von der Hochfinanz gegründet wurden. Andere Quellen sagen, dass sie auf die Antike zurückgehen, lange ein eher positiver Orden waren und wie oben erwähnt um 1782 von zunächst Deutschland aus unterwandert wurden. Vermutlich ist beides parallel richtig. Jedenfalls erwecken die Freimaurer, die die Vereinigten Staaten gegründet haben, den Eindruck, dass sie es mit der Freiheit und den Bürgerrechten sehr ernst gemeint haben. Wären sie ein direktes Werkzeug der Hochfinanz gewesen, hätte es nach der Gründung der Vereinigten Staaten nicht noch fast anderthalb Jahrhunderte gedauert, bis die Hochfinanz 1913 die volle Kontrolle gewann. Auch daher kann man davon ausgehen, dass die staatsgründenden Freimaurer damals noch nicht unterwandert waren. Erst Jahre später wurden die Freimaurer zu einer Volksplage und zeitweise verboten. Sie wären nicht als Plage von den Amerikanern bekämpft und verboten worden, wenn sie von Anfang an als ein Instrument der Hochfinanz agiert hätten.

Zum Zeitpunkt ihrer Bekämpfung und ihres Verbots war die Unterwanderung offensichtlich bis nach Amerika vorgedrungen. Daher hatten die Amerikaner nur ein kurzes Zeitfenster, in dem die Gründung der U.S.A. als leuchtendes Vorbild der Freiheit überhaupt gelingen konnte. Ohne die Freimaurer wäre dies kaum möglich und mit den unterwanderten Freimaurern wäre es nicht mehr möglich gewesen. Sie haben ihr kurzes Zeitfenster zum Glück für die ganze Menschheit gut genutzt. Wahrscheinlich war die Gründung der U.S.A. für sehr lange Zeit das letzte wirklich Gute, was die Freimaurer getan haben, bevor sie unterwandert wurden und als der Lichtorden, der sie jahrtausendelang waren, untergingen.

BILBOS 111. GEBURTSTAG – WECHSEL IM DENKEN DER MENSCHEN UM 1800

Der Wechsel von Bilbo auf Frodo an einem runden Geburtstag Bilbos symbolisiert einen der natürlichen Ordnung (111) folgenden Wechsel in der Art des menschlichen Denkens.

Dieser Wechsel vom überwiegend bildlich-assoziativen zum überwiegend analytischen Denken fand etwa um die Jahrhundertwende vom 18. auf das 19. Jahrhundert statt. Durch die einsetzende Industrialisierung, den Ausbau des Bildungswesens in der westlichen Welt und die starke Verbreitung von nichtliterarischen Büchern und anderem gedrucktem Material wurde das analytische Denken im kollektiven Bewusstsein immer mehr stimuliert, auf Kosten des bis dahin vorherrschenden eher bildlich-assoziativen Denkens.

Bilbo bricht nach Bruchtal auf. Als das überwiegend analytische Denken sich durchgesetzt hatte, wanderte das bildlich-assoziative Denken verstärkt in die Kunst ab und schuf hier die Kulturepoche der Romantik. Das analytische Denken ist viel trockener und für die menschliche Psyche weniger nahrhaft als das bildlich-assoziative Denken. Die Romantik wird symbolisiert von Bilbos Aufbruch nach Bruchtal und seine überwiegende Beschäftigung mit Poesie und dem Schreiben seiner Geschichte.

Der Ring geht an Frodo. – Die Aufgabe, einen Weg zum Auflösen unseres Schuld projizierenden Denkens und zum Wandel des Geldsystems zu finden, lag nun beim analytischen Denken.

Bilbo überlässt Frodo den Ring nicht leichten Herzens, überlässt ihn ihm aber freiwillig. Gandalf unterstützte Bilbo entscheidend. Gandalf sagt später, dass dieser freiwillige Verzicht viel Gutes bewirkt und viel Leid verhindert hat.

Hier könnte verschlüsselt sein, dass nicht lange nach der Gründung der U.S.A. viel Unheil abgewendet wurde, weil Menschen ihr Verhalten nicht durch Geld oder Macht korrumpieren ließen. Die von Europa kommende Unterwanderung der Freimaurer stieß in den USA auf viel Widerstand, so dass genug Verantwortungsträger widerstanden und sich unterstützt von klarer Unterscheidung nicht von der Hochfinanz ködern und unterwandern ließen, z.B. die frühen US-Präsidenten. Viele erkannten und bezeichneten die Geldverleiher und später auch die inzwischen unterwanderten Freimaurer als gefährlich und bekämpften sie.

Jene charakterstarken Männer haben viel Gutes für die ganze Menschheit bewirkt und unermessliches Leid, das durch eine frühere Unterwanderung der U.S.A. eingetreten wäre, verhindert. Dadurch hat sich die Erfahrung und der Geist der Freiheit tief in die amerikanische Volksseele eingegraben, so tief, dass Millionen der Nachfahren dieser alten Helden heute erneut einen entscheidenden Beitrag für die Befreiung der Menschheit leisten.

Damit sind wir am Ende des Kapitels zum Hobbit angelangt, in das wir noch die Ringweitergabe aufgenommen haben, und kommen somit zu den weiteren Ereignissen, die im Herrn der Ringe verschlüsselt sind.

Kapitel 3 – Von Hobbingen bis Parth Galen

Der 1. Band des Herrn der Ringe deckt einen Zeitraum von ca. 1800 bis Januar 1933 ab.

Die Hobbitlehre zu Beginn des 1. Bandes des Herrn der Ringe wurde überwiegend in Band 3 entschlüsselt. Nur eine Passage ist doch für die Entschlüsselung hier etwas relevanter.

Nur wenige Hobbits beachteten seinerzeit die zunehmende Unruhe in Mittelerde und verstanden ihre Bedeutung auch nicht. Zu diesen gehörte auch Bilbo.

Durch das Zinsgeld wuchsen im 14. bis 18. Jahrhundert bereits die Schulden, verstärkten bei den Menschen, die sich verschuldeten, die Schuldgefühle, erhöhten das Bedürfnis des Egos, diese Schuldgefühle zu projizieren und machten somit das Schuld projizierende Denken immer stärker.

Die wachsenden Schuldgefühle feuerten die Ego-Teufelskreise an und durch den zunehmenden Egoismus entstand immer mehr soziale Not und Unruhe, immer mehr, was den kollektiven Hang zur Annehmlichkeit störte. Die Menschen hatten in den Jahrhunderten nach dem Wiederauftreten des Zinsgeldes (dem Wiederauftauchen des Einen Ringes) noch keinerlei Ahnung, woher die zunehmende Ungemütlichkeit kam.

Es war niemand da, der einerseits in der Lage gewesen wäre, die Zinswirtschaft und die von ihr ausgehende zunehmende Spaltung in Arme und Reiche als Ursache zu erkennen und zu unterscheiden, oder der andererseits in der Lage gewesen wäre, das sich durch die wachsende Verschuldung analog stärker ausbreitende Schuld projizierende Denken als Ursache der sozialen Spannungen zu erkennen und zu unterscheiden. Niemand wusste, warum es zum Absolutismus und zum Kolonialismus gekommen war und praktisch niemand bemerkte das Wiederauftreten einer Hochfinanz nach altrömischen Stil.

Niemand erkannte, dass all dies auf eine gemeinsame Ursache zurückzuführen war. Dass auch Bilbo zu denen gehörte, die die Zeichen nicht verstanden, zeigt, dass auch die klar denkenden Menschen jener Zeit keine Ahnung hatten. Natürlich fragt man sich immer wieder, woher die Quelle, von der Tolkien all diese Informationen hatte, dies weiß. Tolkiens Quelle ist wie eine Adlersicht, die alle Zusammenhänge sieht, auch was die Menschen nicht wussten.

Gandalfs letztes Gespräch mit Frodo vor Frodos Aufbruch – Entwicklung der klassischen Homöopathie

Nach Bilbos 111. Geburtstag, als Bilbo nach Bruchtal fortzieht und Frodo den Einen Ring zurücklässt, macht Gandalf mehrere kurze Besuche bei Frodo, bleibt nie lange und verschwindet wieder. Von Anfang an rät er Frodo, den Ring nicht zu benutzen und verborgen und geheim zu halten. Nach dem letzten dieser Kurzbesuche bleibt er länger weg. Dann, bei Gandalfs letztem Besuch, legt er Frodo auseinander, was er bis dahin über den Ring, der sich in Frodos Besitz befindet, in Erfahrung bringen konnte. Er erläutert die Gefährlichkeit des Ringes, dessen Negativität sich nach und nach schleichend auf seinen Besitzer überträgt. Er erklärt, dass er die anderen Ringe beherrscht und dass er nicht in die Hände Saurons fallen darf, da dies eine 2. Dunkelheit auslösen würde. Er erklärt, dass in der fernen Vergangenheit die neun Ringgeister aufgetreten sind und ein erneutes Auftreten möglich ist. Er erklärt Frodo, dass es sehr schwierig ist, dem Einen Ring auch nur einen Kratzer zuzufügen und dass er nur dadurch zerstört werden kann, dass er in die feurigen Abgründe des Schicksalsbergs geworfen wird, in denen er vor Urzeiten geschaffen worden war. Gandalf ist sich nicht ganz im Klaren, wessen Aufgabe es sein wird, den Ring dorthin zu bringen. Aber er verspricht Frodo, dass er ihn nach Kräften unterstützen wird, sollte es Frodos Aufgabe sein.

In diesem Abschnitt des Herrn der Ringe, der sich von Gandalfs erstem Besuch bei Frodo nach Bilbos Abreise bis zu Gandalfs letztem Besuch vor Frodos eigener Abreise mit dem Ring erstreckt, ist ein Zeitraum verschlüsselt, der sich über die ersten Jahrzehnte des 19. Jahrhunderts erstreckt. Noch lief das Leben in der westlichen Welt gemessen an den Zeiten, die danach folgten, relativ gemächlich ab. Dennoch zeichnete sich diese Zeit bereits dadurch aus, dass Reichtum und Macht der Hochfinanz kontinuierlich wuchsen, die Ego-Teufelskreise im kollektiven Bewusstsein unter dem stärker werdenden Einfluss der Zinswirtschaft auch stärker wurden und zunehmende Spannungen und Unruhe im kollektiven Gemüt erzeugten. Noch treten die Ringgeister nicht auf heißt, dass es noch nicht zu umverteilungsbedingten sozialen Unruhen kommt, aber Tolkien zeichnet eine Atmosphäre nach, die deutlich auf ein erstes solches Auftreten der Ringgeister zusteuert.

Das Auftreten Gandalfs und seine ausführlichen Erläuterungen gegenüber Frodo beziehen sich auf verschiedene Ebenen der Realität (innen und außen), Zeiten und Bereiche, die in diesem Buch nacheinander an den passenden Stellen entschlüsselt werden. Die von Gandalf vorgebrachten Inhalte in Bezug auf die Vergangenheit wurden bereits in den ersten beiden Kapiteln entschlüsselt. Seine Verwunderung, dass es Hobbits wie Bilbo gibt, deren Entschlusskraft plötzlich erwacht, nachdem sie äußerst lange geschlafen hat, und seine Hoffnung, dass mit Frodo dasselbe geschehen wird, verweist auf Folgendes: Seit dem Widerstand der Keltiberer, Gallier, Kelten und Germanen hat der gesunde Menschenverstand fast 2.000 Jahre lang geschlafen und den dunklen Machenschaften der Mächtigen kaum etwas entgegengesetzt. Plötzlich jedoch ist er zweimal in kurzer Folge, einmal während der amerikanischen Revolution und einmal Mitte des 19. Jahrhunderts, erwacht. Dieses Erwachen Mitte des 19. Jahrhunderts, zu dem wir etwas weiter unten kommen, hält immer noch an und wird uns auch als Menschheit befreien.

An dieser Stelle der Entschlüsselung greifen wir nun die wichtigste Bedeutung heraus, die sich genau auf den Zeitraum der ersten Jahrzehnte des 19. Jahrhunderts bezieht und alleine schon komplex genug ist. Gandalfs Ausführungen symbolisieren unter anderem einen wissenschaftlichen Durchbruch, der in den ersten Jahrzehnten des 19. Jahrhunderts von einer Person gemacht, beziehungsweise angeführt wurde. Die Rede ist hier von Samuel Hahnemann, dem Begründer der klassischen Homöopathie. Und dies bedarf nun einiger Erläuterungen, bevor wir schließlich auf die Entschlüsselung der Aussagen Gandalfs zurückkommen.

Die klassische Homöopathie geht von dem Modell aus, dass die ewig lebende menschliche Seele eine Lebenskraft zur Verfügung stellt, die jene vier Hüllen versorgt und im Leben hält, mit denen wir uns als Seele in der dualen Realität bewegen: Den spirituellen Geist (Elben), mentalen Geist (Menschen), energetischen Geist (Zwerge) und physischen Körper (auf den die Ringe der Macht verweisen).

Diese umfassende Lebenskraft wird von Mittelerde symbolisiert. Jegliches Ungleichgewicht in unserer Lebenskraft wird von den negativen Figuren symbolisiert, die die Elben, Menschen und Zwerge bedrohen, von Sauron (dem menschlichen Ego) und alle den Auswirkungen und Schöpfungen unseres Egos, die vom Einen Ring (unserem Schuld projizierenden Denken), den Ringgeistern (den Ego-Teufelskreisen in unserem Geist), den Orks (negativen Gedanken und Konzepten), Wargen (negativen Emotionen) und anderen negativen Figuren symbolisiert werden. Die Ursache für jegliches Ungleichgewicht in unserer Lebenskraft ist unser Ego (Sauron).

Jegliche klassisch-homöopathische Behandlung zielt darauf ab, das für die Störungen unserer physischen Gesundheit und unserer Psyche ursächliche Ungleichgewicht unserer Lebenskraft ins Gleichgewicht zu bringen, so dass wir einerseits körperlich gesunden und andererseits zu unserer ewig lebenden Seele – zu Liebe, Vergebung, tiefen Frieden, Glück etc. – als unserem wahren Selbst zurückfinden.

In gewissem Sinne ist unser eigentliches Ego selbst nicht behandelbar, da wir zu unmittelbar damit identifiziert sind. Daher behandelt die klassische Homöopathie letztlich immer die Auswirkungen unserer Egos auf unsere Lebenskraft, also die verschiedenen negativen Muster und Strukturen in unserem Geist, bei denen es sich meist um unbewusste, Schuld projizierende Konzepte handelt. Diese Schuld projizierenden Konzepte lassen sich im Sinne einer umfassenden Psychotherapie mit Hilfe der klassischen Homöopathie auflösen, so dass wir zunehmend unser wahres Selbst entdecken und entfalten können. Aus diesem Grunde ist die klassische Homöopathie geeignet, den Einen Ring in unserem Bewusstsein (unser Schuld projizierendes Denken) aufzulösen und uns damit am Ende auch von unserem Ego (Sauron) zu befreien.

Während dieser zunehmenden Selbstbefreiung stehen uns auch unsere Chakren (die Zwergen- und Elbenringe) zunehmend wieder zur Verfügung. Vor diesem Prozess stehen sie uns durch die Tätigkeit unseres Egos aber nicht zur Verfügung (Sauron hat die Zwergenringe) oder erst wenn wir spirituell erwachen (die Verborgenheit der Elbenringe). Durch das Ausräumen konditionierter Muster unterstützt die klassische Homöopathie auch das spirituelle Erwachen.

Eine komplette Darstellung der klassischen Homöopathie gemäß der Symbolik Tolkiens würde den Rahmen dieses Buches bei Weitem sprengen. Daher ist ein eigener Band der Neunheit-Reihe nur zum Thema der Neunheit in der klassischen Homöopathie, ergänzt durch Betrachtungen der Hamerschen Medizin geplant. Hier nur eine knappe Darstellung zunächst der Entstehung der klassischen Homöopathie und ihres Heilprinzips und dann der von Hahnemann entwickelten homöopathischen Miasmen-Lehre. Diese ist für die Entschlüsselung des Herrn der Ringe und das Verstehen der Kräfte, die in der Menschheitsgeschichte der letzten 700 Jahre gewirkt haben, von entscheidender Bedeutung.

Hahnemann wollte wissen, warum bestimmte Heilmittel angeblich bestimmte Krankheiten heilen können. Als er las, dass die Rinde des Chinabaumes Malaria heilen soll, kam er auf die Idee, systematisch kleine

Mengen dieser Rinde einzunehmen. Daraufhin entwickelte er Vorzeichen von Wechselfieber, Schaudern auf der Haut und Ähnliches. So kam er auf die Idee, dass ein Heilmittel für eine bestimmte Krankheit in der Lage sein muss, diese beim gesunden Menschen auszulösen. Das Heilmittel muss das Wesen der Krankheit, die es heilen soll, in sich tragen. Alle sogenannten Krankheiten sind Ausdruck des Bemühens der Lebenskraft, sich selbst ins Gleichgewicht zu bringen. Die genauen Symptome, Modalitäten und Begleitumstände der Krankheit geben eine genaue Auskunft über die Art des Ungleichgewichts in der Lebenskraft. Ein Mittel, das beim gesunden Menschen die fast genau gleichen Symptome hervorruft, birgt in sich den Charakter, die Information, genau dieses Ungleichgewichts. Wenn ein Patient alle seine Symptome, Beschwerden und Begleitumstände detailliert mitteilt, stellt er damit das Bemühen seiner Lebenskraft, ins Gleichgewicht zu kommen, genau dar, teilt gewissermaßen alle Lasten mit, die ihm auf der Seele liegen. Wenn er nun die Potenz (= physikalische Information) eines Heilmittels zu sich nimmt, die diesem Gesamtzustand wesensmäßig genau entspricht, so fühlt sich die Lebenskraft „gesehen" oder „verstanden". Sie sagt: „Ja, endlich versteht mich jemand. Genau das ist es, was ich versuche zu erreichen." Dieses Gesehenwerden, Verstandenwerden oder Angenommenwerden führt dann zu einer tiefen Entspannung, einer Selbstakzeptanz, einem Loslassen der Lebenskraft, so dass sie sich selbst ins Gleichgewicht bringt und die Prozesse, mit denen sie das Gleichgewicht angestrebt hat, dem Gleichgewicht zuführt. Der Körper kann seine Selbstheilung entspannt zu Ende führen.

Die Homöopathie versucht also nicht, Symptome wegzubekommen oder zu unterdrücken. Es gibt in der Homöopathie keine Mittel „gegen" irgendwelche Krankheiten. Sie bejaht die Intelligenz der Lebenskraft des Menschen, die diese Krankheit mit ihren Symptomen für einen bestimmten Zweck, auf ein bestimmtes Ziel hin hervorgebracht hat, und hilft der Gesamtheit der Symptome, ihren Zweck zu erfüllen, so dass sie aus sich heraus gehen können, sobald ihre Aufgabe erfüllt ist. Die Schulmedizin postuliert, dass Symptome abartig sind und eliminiert werden müssen. Die Homöopathie postuliert, dass der physische Körper und auch die drei Bewusstseinshüllen genau wissen, was sie tun, und alle ihre von der gesunden Norm abweichenden Aktivitäten ein Selbstheilungsbestreben zum Ausdruck bringen, dessen Erfolg unterstützt werden muss. Sobald das Selbstheilungsbestreben zum Erfolg führt, können die von der gesunden Norm abweichenden Aktivitäten von alleine gehen.

SCHLEICHENDE MACHTERGREIFUNG DES EINEN RINGES – HOMÖOPATHISCHE MIASMENLEHRE

Die neun Schalen, aus denen die menschliche Psyche besteht, umschließen die menschliche Seele wie eine Zwiebel. Das Ego wirkt mit Hilfe unserer Schuld projizierenden Konzepte, wenn wir es lassen, darauf hin, diese Schalen nacheinander von außen nach innen in ein dauerhaftes, chronisches Ungleichgewicht zu bringen. Das chronische Ungleichgewicht in einer dieser Schalen wird von der Homöopathie Miasma genannt. Diese Miasmen in den 9 Schalen der menschlichen Psyche werden im Kontext von Tolkiens Symbolik ebenfalls von den 9 Ringgeistern symbolisiert.

Anhand der Auswirkungen der Miasmen, die zunehmende körperliche und psychische Erkrankungen begünstigen, je tiefer das Ungleichgewicht in die Schalen unserer Psyche eindringt, hat Hahnemann die drei Miasmen unseres energetischen Geists psorisch, sykotisch und syphilitisch genannt. Diese Miasmen stellen eine Steigerung in der chronischen Verstimmung der Lebenskraft dar.

Das Wort psorisch könnte man auch ersetzen durch kontrahierend.
Das Wort sykotisch könnte man auch ersetzen durch expandierend.
Das Wort syphilitisch könnte man auch ersetzen durch destruierend.

Die neun Ego-Teufelskreise betreffen in dieser Reihenfolge die Probleme des Mangels, der Unzufriedenheit, der Benachteiligung, der Minderwertigkeit, der Machtlosigkeit, des Zwangs, der Sinnlosigkeit, der Angst und der Schuld.

Der Teufelskreis des Mangels führt zu einer Verschärfung des Mangels, ist also kontrahierend.

Der Teufelskreis der Unzufriedenheit führt zu immer mehr Wünschen und Ansprüchen, also zu einer Ausdehnung der Unzufriedenheit, ist also expandierend.

Der Teufelskreis der Benachteiligung führt zu einem Kampf gegen die Personen, gegenüber man sich benachteiligt fühlt, führt in der Gesellschaft also zur Zerstörung der Gemeinschaft, ist also destruierend.

Diese Abfolge kontrahierend, expandierend, destruierend wird auf der höheren Ebene der drei Hüllen des menschlichen Geists wiederholt.

Ein Ungleichgewicht im energetischen Geist führt zum Energiemangel. Dieses ist also kontrahierend.

Ein Ungleichgewicht im mentalen Geist führt zu einer Überorganisation im mentalen Geist, um die Energieverknappung optimal zu nutzen, also zu einer mentalen Überaktivität, ist also expandierend.

Ein Ungleichgewicht im spirituellen Geist führt zur Entfremdung von uns selbst und damit zur Zerstörung unseres inneren Wesens, ist destruierend.

Tragen wir die neun Funktionsbereiche der menschlichen Psyche mit ihren Miasmen in eine 3*3-Tabelle ein, erhalten wir eine entsprechende, neunstufige Kombination miasmatischer Tendenzen, die wir uns auch als neun Schalen von außen nach innen vorstellen können. Erläuterungen zur folgenden Tabelle folgen weiter unten.

Schale von aussen nach innen	Ungleichgewicht in der Schale	Miasma
Versorgung	Mangel	Kontrahierend kontrahierend
Austausch	Unzufriedenheit	Kontrahierend expandierend
Miteinander	Benachteiligung	Kontrahierend destruierend
Selbstwert	Minderwertigkeit	Expandierend kontrahierend
Macht	Machtlosigkeit	Expandierend expandierend
Recht	Zwang	Expandierend destruierend
Sinngefühl	Sinnlosigkeit	Destruierend kontrahierend
Seinsgefühl	Angst	Destruierend expandierend
Bewusstsein	Schuld	Destruierend destruierend

Wenn ein Ungleichgewicht in der Lebenskraft entsteht, erkrankt zunächst die äußerste Schale der menschlichen Psyche, also die Versorgung. Nimmt dann das Ungleichgewicht weiter zu, erkranken die weiteren Schalen in der aufgeführten Reihenfolge eine nach der anderen. Es ist die zerstörerische Wucht unserer Schuld projizierenden Konzepte (der Eine Ring) im menschlichen Bewusstsein, die diese zunehmende Erkrankung bewirkt. In jeder Schale, die so ins Ungleichgewicht gerät, verlieren wir den Bezug zu uns selbst und werden zu einer Marionette, einem bloßen Diener unserer Schuld projizierenden Konzepte/unseres Egos. Durch diese zunehmende Erkrankung ergreifen die Schuld projizierenden Konzepte immer mehr Besitz von ihrem Träger. Wir sind dann immer mehr ein Träger der Konzepte und immer weniger wir selbst.

Hinsichtlich der Ursache, warum die miasmatische Erkrankung des kollektiven Gemüts immer tiefer in das menschliche Bewusstsein eindringt, bietet das in Kapitel 3 von Band 2 dargestellte Zusammenwirken des Einen Ringes im Außen – das Zinsgeld – und des Einen Ringes im Innen – das Schuld projizierende Denken – die Erklärung. Die sukzessive Aktivierung der Zinsgeldautomatismen, die auf die gesamte Menschheit einwirken, führt zu einer entsprechenden miasmatischen Erkrankung in den Schalen des kollektiven Gemüts, d.h. die gesamte Menschheit wird durch die zunehmend aktivierten Automatismen des Zinsgeldes nach und nach in ein zunehmendes miasmatisches Ungleichgewicht gebracht. Dies wird uns in Kapitel 4 anhand der im Herrn der Ringe verschlüsselten geschichtlichen Eckdaten näher beschäftigen, die anhand dieser Dynamik verstehbar werden. Tolkien veranschaulicht mit seiner Symbolsprache tatsächlich, warum in der Geschichte passiert ist, was passiert ist.

Beschränken wir uns hier auf die homöopathische Sicht der „allmählichen Besitzergreifung durch den Einen Ring".

Von den neun Bewusstseinsschalen, die die menschliche Seele von außen nach innen umgeben, erzeugt die äußerste Schale, wenn sie ins Ungleichgewicht gerät, im doppelten Sinne einen Mangel. Ungleichgewicht erzeugt hier Mangelgefühle und einen Mangel an Energie.

Die zweitäußerste Schicht verstärkt, wenn sie durch Unzufriedenheit ins Ungleichgewicht kommt, einerseits den Energiemangel, weil noch mehr Energie an die Unzufriedenheit verloren geht, und ist andererseits expandierend, weil die Unzufriedenheit ein übertriebenes Harmoniebedürfnis, Wünsche, Ansprüche und Erwartungen immer mehr ausufern lässt.

Die drittäußerste Schicht, die Benachteiligung, verstärkt einerseits den Energiemangel, weil auch das Nähren von Benachteiligungsgefühlen Energie raubt, andererseits führt ein Übermaß an Benachteiligungsgefühlen in der Gesellschaft zu Angriffen auf die Menschen, gegenüber denen wir uns benachteiligt fühlen, und damit zur Zerstörung des menschlichen Miteinanders.

Die vierte Schicht von außen, die Minderwertigkeit, führt auf der Mentalebene einerseits zu einem expansiven Verhalten in dem Versuch, unseren Selbstwert durch Geltungsdrang, Wichtigtuerei, immer bessere Leistungen, Geringschätzung, Arroganz etc. zu begründen, andererseits wird die grundlegende Minderwertigkeit durch diese Taktiken weiter verstärkt und raubt uns Energie, ist also kontrahierend. Das vierte Miasma wird in der Homöopathie meist „tuberkulinisch" genannt, die Kombination des Prinzips des Schwindens (der Energie) = kontrahierend und der Sucht (nach Anerkennung) = expandierend. Tuberkulose heißt auf Deutsch Schwind-Sucht.

Die fünfte Schicht von außen, die Machtlosigkeit, führt einerseits zu einer expansiven Gedankentätigkeit in der Frage, wie wir unserer Machtlosigkeit und Hilflosigkeit entkommen können und andererseits zu einem

Verhalten, uns wenn möglich aktiv immer mehr Macht und Einfluss zu verschaffen (was unser grundlegendes Machtlosigkeitsgefühl steigert) oder uns passiv in unsere Machtlosigkeitsgefühle hineinzusteigern. Ein ausuferndes Miasma. Dieses fünfte Miasma wird in der Homöopathie meist „karzinosinisch" genannt, das Krebsmiasma. Das heißt, wenn der Mensch chronisch in ausufernden Macht- und Hilflosigkeitsgefühlen gefangen ist, werden leicht jene Konflikte ausgelöst, die zu Krebs führen. Krebs, das doppelt expandierende Miasma. Die zusätzlichen Zellen sollen neue Möglichkeiten schaffen, die das tieferliegende Problem der Macht- und Hilflosigkeitsgefühle lösen können.

Die sechste Schicht von außen, der Zwang, führt einerseits zu expandierenden Taktiken, wie wir andere zwingen können oder dem Zwang von außen entkommen können, und andererseits zu einer völligen Zerstörung der Integrität in der Gesellschaft, wenn Menschen ihr Recht erzwingen wollen und/oder zu unrechten Mitteln greifen, um dem Zwang durch andere – auch den durch Gesetze – zu entkommen, bis hin zu den Mitteln von Lug und Trug. Zwang führt zu immer mehr Zwang, um den Widerstand gegen den Zwang zu überwinden. Lügen führen zu immer mehr Lügen, um nicht entdeckt zu werden. Mehr Zwang führt zu mehr Lügen, um dem Zwang zu entkommen. Mehr Lügen führen zu mehr Zwang, um die Lügen zu kontrollieren. Ein chronisches Ungleichgewicht in dieser Schale ist also expandierend und (die Integrität) zerstörend. Das zwischenmenschliche Vertrauen wird in der Gesellschaft durch die Zerstörung der Integrität völlig zerstört. Wenn das chronische Ungleichgewicht in der menschlichen Psyche bis in diese Tiefe vorgedrungen ist, bleiben anschließend nur noch die Geisteskrankheiten.

Die siebte Schicht von außen, die Sinnlosigkeit bis hin zu Resignation, Depression und Selbstmordneigung, raubt uns einerseits Energie – ist kontrahierend – und zerstört andererseits unser Innerstes, ist destruierend.

Die achte Schicht von außen, die Angst, ist einerseits expandierend, wenn Angst zu immer noch mehr Angst und Misstrauen führt, und zerstört andererseits auch unser Innerstes.

Die neunte Schicht von außen, die Schuld, zerstört einerseits unser innerstes Bewusstsein und zerstört andererseits durch Projektion – andere müssen schuld sein – unsere Beziehungen und das Bewusstsein all der Menschen, die von unserer Schuld und Wut angesteckt werden, ist also doppelt zerstörend. Dies ist das Ende der Fahnenstange der miasmatischen Erkrankung.

Als allerletzter Schritt bleibt danach nur noch eine vollständige Unheilbarkeit sämtlicher Pathologien, weil das Ego die absolute Kontrolle übernommen hat und zu keinerlei Zusammenarbeit für eine Heilung mehr bereit ist. Dieser Zustand wird symbolisiert von Sauron mit dem Einen Ring an der Hand.

Die Miasmen 7 bis 9 sind reine Miasmen der Geisteskrankheit. Zurück zu den Erläuterungen Gandalfs: Die Negativität des Ringes überträgt sich nach und nach schleichend auf seinen Besitzer. Der Eine Ring beherrscht die anderen Ringe und darf nicht in die Hände Saurons fallen, da dies eine 2. Dunkelheit auslösen würde.

Das von unseren Schuld projizierenden Konzepten (dem Einen Ring) ausgehende, chronisch werdende Ungleichgewicht dringt von Schale zu Schale von außen nach innen in uns ein. Je tiefer es eingedrungen ist, desto kränker ist unsere Konstitution und desto schwieriger der Weg zurück zu unserer körperlichen und psychischen Gesundheit. Durch unser Festhalten an unseren Schuld projizierenden Konzepten sind die uns mitgegebenen Möglichkeiten zur Selbstheilung unbrauchbar. Wir stecken unsere Energie ja in unsere Konzepte. Wenn die Miasmen bis nach innen vordringen, sind wir in Geisteskrankheit gefangen und gehen an unser Ego verloren. Einem solchen Menschen ist nicht mehr zu helfen, da sein Ego nicht mehr zu der Kooperation bereit ist, die zur Heilung erforderlich wäre. Wenn wir uns auch kollektiv diesem Zustand kritisch annähern, kann die ganze Menschheit in einer 2. Dunkelheit nach der des Alten Rom gefangen werden. So wie die Erkrankung von außen nach innen vordringt, geht der Weg der Heilung immer von innen nach außen. Das richtige homöopathische Mittel wird die innerste Schicht zu heilen suchen, die im Ungleichgewicht ist, anschließend die nächste weiter außen usw. Etwa ab der Mitte des 4. Kapitels werden wir uns dieses Modells wiederholt bedienen, um die Gesamtzusammenhänge und die übergeordnete Ordnung der Entwicklung der Menschheit in unserer Zeit sichtbar zu machen.

Es ist sehr schwierig, dem Einen Ring auch nur einen Kratzer zuzufügen, und er kann nur dadurch zerstört werden, dass er in die feurigen Abgründe des Schicksalsbergs geworfen wird, in denen er vor Urzeiten geschaffen wurde.

Es ist schwierig, die Schuld projizierenden Konzepte, die die Ursachen für unser Ungleichgewicht sind, aufzulösen, da sie sich über viele Generationen tradiert und verdichtet haben. Die feurigen Abgründe des Schicksalsbergs symbolisieren die menschlichen Schuldgefühle, aus denen alle Schuld projizierenden Konzepte, auch die über Jahrtausende hinweg weitergegebenen, ursprünglich geschmiedet wurden. Das Werfen des Einen Ringes in die Abgründe des Schicksalsbergs symbolisiert die Arbeit der Auflösung unserer Schuld projizierenden Konzepte durch systematische, bewusste Selbstvergebung und Vergebung, dem einzigen Weg zum Auflösen der ursächlichen, grundlegenden Schuldgefühle. Die klassische Homöopathie ist in der Lage auch bis hin zu dieser innersten Schicht des menschlichen Bewusstseins das ursächliche, krankmachende Ungleichgewicht aufzulösen, uns zur Vergebung und Selbstvergebung zu helfen und damit am Ende „den Einen Ring" in uns zu vernichten.

Gandalfs große Sorge, dass der Eine Ring im Laufe der Zeit Besitz von Frodo ergreift, symbolisiert die besorgte Erkenntnis Samuel Hahnemanns, dass die miasmatischen Erkrankungen bereits zu seiner Zeit beobachtbar immer mehr zunahmen und die Menschheit zerstören können, wenn sie nicht auf breiter Front rückgängig gemacht werden.

Der indische Homöopath Prafull Vijayakar hat diese neun Miasmen in ihrer Bedeutung für die Erkrankung des menschlichen Körpers detailliert dargestellt, wobei er die drei Miasmen des spirituellen Geists, die Geisteskrankheiten, zu einer Stufe zusammenfasst. Bei ihm gibt es also 7 Stufen zunehmender Erkrankung. Im eigenen Band über die Homöopathie werden wir uns näher damit beschäftigen. Für die Entschlüsselung des Herrn der Ringe sollen die Betrachtungen oben erst einmal genügen.

Die klassische Homöopathie hat noch im 19. Jahrhundert trotz massiver Behinderungen durch die Ärzteschaft, die Pharmaindustrie und Hochfinanz einen unaufhaltsamen Siegeszug hingelegt, der im 20. Jahrhundert schließlich durch eine großangelegte internationale Werbekampagne für allopathische Wunderheilmittel, eine perfide Lügenpropaganda und die Unterwanderung des Bildungssystems durch die Hochfinanz gestoppt wurde. Darauf kommen wir dann an den entsprechenden Stellen des Herrn der Ringe wieder zurück.

FRODOS AUFBRUCH AUS HOBBINGEN – ERWACHEN EINER KRITISCHEN TRANSFORMATIONSMASSE IN DER MENSCHHEIT IM JAHR 1848

Frodo zögert lange, bis er sich endlich auf den Weg macht. Bevor wir uns auf den spirituellen Weg der Transformation unseres Bewusstseins machen, kommt es häufig vor, dass wir erkennen, dass wir Defizite haben, die die Probleme in unserem Leben verursachen. Wir bekommen eine gewisse Vorstellung davon, dass die Ursache für die Probleme in unserem Leben in uns selbst liegt. Uns wird unleugbar klar, dass es an uns selbst liegt, Verantwortung für unser Glück zu übernehmen und die Ursachen des Unglücklichseins in uns zu beheben. Uns wird auch klar, dass wir die üblen Zustände in der Welt nicht einfach aussperren können, sondern eine Mitverantwortung tragen, die Zustände zu verbessern. Wir erkennen, dass wir die Gemütlichkeit unserer eigennützigen Denk-und-Ego-Gewohnheiten demnächst werden verlassen müssen, zögern aber trotz unserer Erkenntnis noch, uns auf den Weg zu machen.

Frodo erinnert sich, dass Gandalf zum baldigen Aufbruch gemahnt hatte. Hier steht Gandalf für die unterscheidende Erkenntnis, dass wir uns auf den Weg der Transformation begeben müssen und Frodo für unseren kritischen Verstand, der sich dieser Erkenntnis nicht mehr verschließen kann und sich auf den Weg der Transformation und spirituellen Suche macht.

Frodo bricht schließlich an dem Tag auf, an dem der erste Ringgeist bis nach Hobbingen vorgedrungen ist. Er macht sich mit Sam und Pippin auf den Weg, das Auenland in Richtung Bruchtal zu verlassen.

Im Jahre 1848, fünf Jahre nach Hahnemanns Tod in Paris, hat die vom Zinsgeld bedingte zunehmende Arm-Reich-Spaltung einen Punkt erreicht, an dem zum ersten Mal eine Revolution ausbricht, bei der es aufgrund der zunehmenden Verarmung der Arbeiterschicht um eine Konfrontation zwischen Arbeiterschicht und Unternehmern geht. Bei der Juni-Revolution in Paris entlädt sich der von Machtlosigkeit aufgeladene Zorn der Arbeiter. Dieser Ausbruch an Feindseligkeit stellt ein Überhandnehmen des 3. Teufelskreis im kollektiven Bewusstsein dar. Dieses Überkochen des 3. Teufelskreises wird vom Auftauchen des Ringgeists in Hobbingen symbolisiert. Durch die Junirevolution und die parallelen Revolutionen in anderen Städten Europas wurde eine kritische Masse erreicht, dass die ersten Menschen anschließend anfingen, sich nicht nur ernstere Gedanken über die Ursache der durch die zinsbedingte Umverteilung auftretenden Probleme zu machen, sondern auch zu der Verantwortung erwachten, die eigentlich jeder Mensch für die Zustände in der Welt hat, und sich in Bewegung setzten, um eine Lösung zu finden. Dieser Transformationsdruck ist aufgrund der zunehmenden von der Zinswirtschaft erzeugten globalen Probleme bis heute immer weiter angewachsen, auch wenn Mitte des 19. Jahrhunderts noch lange niemand eine Ahnung hatte, wieso die Probleme automatisch immer schlimmer werden. Es sollte auch noch ein halbes Jahrhundert dauern, bis ein Mann die Ursachen klar genug erkannte und auf dieser Grundlage eine Lösung aufzeigen konnte.

Kommentar zum Zusammenspiel von Innen und Außen: Die meisten Menschen machen sich auf ihren spirituellen Weg, wenn die Negativität in ihrem Bewusstsein zu unangenehm wird, das Leben, wie sie es kennen, deswegen keinen richtigen Spaß mehr macht und sie spüren, dass sie sich nach Innen ihrem Bewusstsein zuwenden müssen, um der Negativität Herr zu werden, unter der sie leiden. Kollektiv wurde mit den Revolutionen von 1848 in Europa ein Punkt erreicht, an dem die von der Zinswirtschaft erzeugte Negativität eine kritische Schwelle überschritt, so dass zu diesem Zeitpunkt ein Transformationsprozess in Gang gesetzt wurde, dem sich seither mehr und mehr Menschen geöffnet haben. Die Negativität im kollektiven Bewusstsein hat 1848 offensichtlich eine erste kritische Masse von Menschen dazu bewegt, sich auf den inneren Weg zu machen, eine Lösung für die Negativität zu finden. Entsprechend traten wie erwähnt nun auch Menschen auf, die sich grundsätzliche Gedanken über das Wirtschafts- und Geldsystem machten und sich fragten, wie die mit der zunehmenden Arm-Reich-Spaltung anwachsenden Probleme gelöst werden können.

DER EINE RING VERLÄSST DAS AUENLAND – SPIRITUELLER AUFBRUCH
Wenn der Eine Ring für unser Schuld projizierendes Bewusstsein steht, symbolisiert die Beziehung zum Auenland den Zustand des spirituellen Schlafens oder Erwachens.

Im Auenland zu sein, bedeutet dann, unser eigennütziges Schuld projizierendes Bewusstsein für die Realität zu halten und es uns darin so gemütlich wie möglich einzurichten. Die oben genannte kritische Initialmasse von Menschen können sehr wenige Menschen sein, durchaus unter 1% der Menschen. Das kann genügen, um einen Prozess im kollektiven Bewusstsein in Gang zu setzen. Anschließend kann es Jahre, Jahrzehnte oder Jahrhunderte dauern, bis aus einer kritischen Initialmasse auch eine kritische Durchbruchmasse der Menschen wird, die die Gesamtheit umpolen. Obwohl sich 1848 Menschen auf einen spirituellen Weg begeben haben, die zum ersten Mal als Kraft im kollektiven Bewusstsein spürbar wurden, befinden sich auch heute (2017) noch die meisten Menschen in einem spirituellen Schlaf, vermutlich immer noch deutlich mehr als 85% aller Menschen. Auch heute noch leben die meisten Menschen im Auenland ihrer eigennützigen Interessen, obwohl es nach 1848 kontinuierlich bis heute immer ungemütlicher wurde, im Auenland zu bleiben und die Not der Welt immer lauter an die Tür unseres Herzens klopft, um unser Mitgefühl zu wecken.

Das Auenland zu verlassen, bedeutet also, wahrgenommen zu haben, dass die Schwierigkeiten in unserem Leben von unseren Schuld projizierenden Konzepten und unserem Ego herrühren, dass wir die Projektion zurücknehmen und Verantwortung für die Gesellschaft und die Menschheit übernehmen und uns auf den Weg machen müssen, unser Schuld projizierendes Denken und unsere Egomuster aufzulösen.

Obwohl die Mehrheit auch heute noch schläft, nähern wir uns trotzdem langsam dem kollektiven Bewusstseinswandel. Der Zeitpunkt, wann die Menschheit die kritische Masse überschreitet, wird vom wichtigsten Ereignis in der Erzählung des Herrn der Ringe symbolisiert und liegt heute also noch in unserer Zukunft, wozu wir dann gegen Ende dieses Buches kommen.

Vermutlich liegt die kritische Durchbruchmasse bei 25%. In der Ausgabe der Stuttgarter Zeitung vom 15./16.9.2018 befand sich folgender Artikel:

„Das kritische Viertel

Mathematiker der University of Pennsylvania in Philadelphia wollten wissen, wie viele Menschen nötig sind, damit das Meinungsbild einer Gesellschaft kippt. Sie teilten fast 200 Versuchsteilnehmer in Paare auf, die für online abgebildete Objekte einen Begriff finden sollten. Wählte ein Paar dieselbe Bezeichnung, wurde es belohnt. Dann wiesen die Forscher einem Teil der Paare weitere Teilnehmer zu und starteten das Spiel erneut.

Das Ganze setzen sie mehrere Runden lang fort, bis sich eine Gruppe von circa 30 Personen auf einheitliche Bezeichnungen geeinigt hatte. Dann schleusten die Forscher eine Minderheit ein, die versuchte, die etablierten Begriffe zu ändern. Ergebnis: Die Minderheit hatte erst dann Erfolg, wenn ihr Anteil an der gesamten Gruppe mindestens 25 Prozent betrug. So groß ist offenbar die kritische Masse, um eine gefestigte Meinung zu stürzen."

Die Passage von Bauer Maggot über Tom Bombadil bis zu den Hügelgräbern verschlüsselt allgemein gültige spirituelle Zusammenhänge, die in Band 3 behandelt werden. Kommen wir also zu den Ereignissen in Bree.

Bree – Transformationsträgheit

Die Zustände in Bree beschreiben den Bewusstseinszustand, in dem sich viele spirituelle Sucher zu Beginn ihres Weges befinden und in dem sich zu Beginn der 2. Hälfte des 19. Jahrhunderts wohl auch fast alle Menschen der westlichen Welt befunden haben. Es geht vor allem um das Erwachen eines ausreichend starken Gewissens (Aragorn), um den spirituellen Weg gehen zu können.

Das Breeland steht für Transformationsträgheit. In einem Zustand der Transformationsträgheit fällt uns der Gebrauch des Unterscheidungsvermögens und das Horchen auf die Stimme des Gewissens etwas lästig. Unterscheidungsvermögen und Gewissen sind zwei Hauptleitelemente für den spirituellen Weg. Unsere Transformationsträgheit sagt zu diesen beiden Elementen jedoch „ich will nicht an mir arbeiten und keine tiefere Selbsterkenntnis, wenn es dabei unangenehm werden kann" – Gandalf ist bei den Ereignissen in Bree abwesend und Aragorn wird von den Menschen in Bree mit Misstrauen abgelehnt.

Durch Transformationsträgheit beeinflussen uns unsere Teufelskreise unbewusst (die Ringgeister kommen in der Nacht), so dass wir ihnen auch leicht erliegen, wenn das Gewissen nicht erwacht (nur Aragorn kann die Hobbits vor dem nächtlichen Angriff der Ringgeister retten). Transformationsträgheit kommt aus der Faulheit, sich nicht die Mühe zu machen, nach innen zu schauen und das eigene Bewusstsein zu untersuchen. Diese Trägheit und Faulheit ist repräsentiert von den in Bree lebenden Hobbits, die vornehmlich an den oberen Berghängen wohnen („Hobbits in den Berghängen" = tamasische Gewohnheiten, Neigung zu Trägheit und Faulheit).

Die vier Dörfer des Breelandes weisen auf die Probleme hin, die für unseren spirituellen Weg und im Zwischenmenschlichen auftauchen, wenn wir uns in unserer Transformationsträgheit einrichten. Die Sätze „ich bin halt so und ich stehe dazu" oder „ich meine es grundsätzlich gut und wenn es Konflikte zwischen uns gibt, muss es an Dir liegen" sind für den spirituellen Weg kontraproduktiv und für unsere Mitmenschen eine Zumutung.

Wenn eine Weigerung da ist, das eigene Bewusstsein zu untersuchen, werden natürlich auch die diversen Aspekte des Gewissens – also Wahrhaftigkeit, Aufrichtigkeit, Selbstehrlichkeit, Worttreue, Achtsamkeit, sich immer an ein gegebenes Wort zu erinnern und sich daran zu halten usw. – abgelehnt, da sie die eigene Bequemlichkeit stören. Dies wird symbolisiert davon, dass Aragorn und seine Verwandten misstrauisch als Landstreicher beäugt werden. Der Wirt Butterblüm hat sein Versprechen an Gandalf, Frodo den Brief zu schicken, einfach vergessen. Es fehlt in der Transformationsträgheit also die nötige Achtsamkeit, um die eigene Rechtschaffenheit zu wahren. Und durch unsere Transformationsträgheit wird die Arbeit unseres Unterscheidungsvermögens unwirksam (Gandalfs Brief kommt nicht bei Frodo an).

Eingebettet in diese Grundatmosphäre jener Zeit sind im Folgenden nun Ereignisse verschlüsselt, die einen geschichtlichen Bezug aufweisen.

Der Eine Ring wird versehentlich offenbart – Eine Voraussage Jesu gerät in die Hände der Hochfinanz

Schauen wir uns die von Tolkien berichteten Ereignisse näher an: Streichers Aufmerksamkeit wendet sich Pippin zu, der sich vom Beifall zum Leichtsinn verleiten lässt. Er erzählt von Bilbos Abschiedsfest und Frodo befürchtet, dass er den Ring erwähnt.

Hier ist verschlüsselt, dass ein Mensch – vielleicht aus Einsamkeit und Unterhaltungsbedürfnis – dabei ist, unachtsam die Preisgabe eines wichtigen Geheimnisses zu riskieren, ohne sich erst der Gefahr bewusst zu sein, wobei sich langsam auch sein Gewissen meldet und auf die Gefahr aufmerksam macht.

Um von Pippins Leichtsinn abzulenken, lenkt Frodo die Aufmerksamkeit auf sich, wodurch alles um ein Vielfaches schlimmer wird, weil ihm wie von einem bösen Willen gelenkt der Eine Ring auf den Finger gleitet. Er wird unsichtbar und gibt damit für bestimmte Beobachter das Wissen preis, dass die Ringgemeinschaft den Einen Ring bei sich trägt.

Als sich dieser Mensch nun plötzlich der Gefahr voll bewusst wird, dass er dabei ist, einen Hinweis auf die Existenz dieses sehr wichtigen Geheimnisses zu geben, versucht er, von seinem bisherigen Tun abzulenken und verursacht durch das Ablenkungsmanöver nun unbeabsichtigt und wie von einem bösen Willen beeinflusst, dass jenes Geheimnis erst recht offenbar wird, das zu hüten für die Menschheit so wichtig gewesen wäre.

Wir befinden uns bei diesen Ereignissen in Bree in den 1860er Jahren. Die Ringgeister Saurons erfahren hier, dass die Hobbitgesellschaft den Einen Ring mit sich führt. Das führt ab diesem Moment zu einer Vervielfachung der Gefahr, dass der Eine Ring Sauron in die Hände fällt (also der Gefahr der ultimativen Katastrophe für die Menschheit). Die Geschehnisse in Bree verweisen damit auf ein sehr verhängnisvolles geschichtliches Ereignis, das eine Beschleunigung und Fokussierung der Aktivitäten der Hochfinanz bewirkte, die Menschheit zu versklaven, und das kollektive Leben der Menschheit daher von diesem Zeitpunkt um ein Vielfaches unsicherer und gefährdeter machte (ohne dass die Menschheit davon wusste).

Nach meinem Wissensstand gab es in den 1860er Jahren nur ein einziges Ereignis, das eine solch massive negative Auswirkung auf die ganze Menschheit und eine so große Gefahr mit sich brachte, nur weil Informationen über die Vernichtung des Einen Ringes und den Sturz Saurons (also über das Ende der Egoherrschaft und die Entmachtung der Hochfinanz) in die falschen Hände gerieten, so dass die Hochfinanz davon erfuhr.

Schauen wir uns diesen einzigen Kandidaten, den ich anzubieten habe, also an. Sollte es einmal einen besseren Kandidaten geben, werde ich das Buch wohl umschreiben müssen. Wir kehren zu den Templern zurück. Die Menschen, die später die Templer gründeten, hatten nach der Eroberung Jerusalems 1099 n. Chr. in Jerusalem selbst verschiedene, von ihnen geheim gehaltene Schriften gefunden. Dazu gehörte eine Voraussage Jesu in Bezug auf das Ende des jetzt noch laufenden Dunklen Zeitalters. Es gab eine ältere Fassung des Matthäus-Evangeliums, die diese Voraussage enthielt und die den Templern in die Hände gefallen war. Während der Auslöschung des Templer-Ordens ab 1307 wurde diese Urfassung zur weiteren Aufbewahrung durch die Jahrhunderte an eine kleine Gruppe von Freimaurern übergeben.

Die kleine Gruppe der Geheimnisträger unter den Freimaurern war der Unterwanderung durch die Illuminaten um 1780 noch rechtzeitig entkommen und versuchte, die Voraussage Jesu in Sicherheit zu bringen und vor der Hochfinanz geheim zu halten. Aufgrund eines – wie oben verschlüsselt – wahrscheinlich nur kleinen Fehlers und folgenden Missgeschicks beim Versuch, den Fehler wiedergutzumachen, gelangte die Voraussage Jesu in den 1860er Jahren dann doch in die Hände der Hochfinanz, als sie den Geheimnisträger in Frankreich aufgriffen und von der Voraussage Jesu erfuhren.

Der Kirchenvater Hieronymus stellte im Auftrag des Papstes seiner Zeit aus den zahllosen Schriften zum Leben Jesu, die im 4. Jahrhundert noch kursierten, die erste Bibel zusammen. Man muss sich vorstellen, dass die Schriften zum Leben Jesu jahrhundertelang nur handschriftlich kopiert wurden. Es war dabei durchaus üblich, dass alle möglichen Abschreiber und Übersetzer Änderungen (Auslassungen, Hinzufügungen und Umformulierungen) vornahmen, um die Schriften an ihre Vorstellungen oder die ihrer Vorgesetzten anzupassen. Hieronymus musste tatsächlich zahllose Änderungen vornehmen, um eine einigermaßen einheitliche Bibel zusammenzustellen und die Wünsche des Papstes zu erfüllen. Wenn also ältere Versionen aus der Zeit vor Hieronymus auftreten, ist das nicht unbedingt eine Version, die man als Urfassung bezeichnen kann. Sie wird ihr jedoch weit näher sein als die offiziell überlieferten Texte.

Zunächst die offiziell überlieferte, gekürzte Fassung der entsprechenden Passage, Matthäus 21, Vers 43, in der Jesus zu den Juden spricht: *„Das Reich Gottes wird von Euch genommen und einem anderen Volk gegeben werden, das die erwarteten Früchte hervorbringt."*

Mehr steht in der heutigen Fassung nicht. Die Passage, in der Jesus erklärt, warum das „Reich Gottes" (ein innerer spiritueller Zustand) einem anderen Volk gegeben wird, und um welches Volk es sich dabei handelt, wurde aus der offiziell überlieferten Fassung herausgestrichen.

Hier der Wortlaut der gestrichenen Passage mit der Voraussage, gemäß der von den Templern/Freimaurern überlieferten Übersetzung:

Aus dem Evangelium des Matthäus

„Zu jener Zeit dann werden viele Menschen jenes Volkes von selbst erkennen, auch schon während des Reifens des Geschehens jener Zeit erkannt haben, daß das Handeln eines jeden für alle und aller für einen jeglichen, nur aus reiner Menschlichkeit, aus dem lebendigen Gefühl des Zusammengehörens in der Kindschaft Gottes geübt für die Gemeinschaft, unendlich edlere Gesinnung in sich birgt, als würde sie aus Angst vor Strafe und Rache Gottes oder aus Berechnung auf Belohnung geübt. Zu jener Zeit werden viele Menschen jenes Volkes schon zuvor von sich aus erkannt haben, daß der Hebräergott und der Geist der Hebräerschrift ein Schreckensbild der Hölle ist. Und sie werden dieses Schreckensbild von sich weisen und der ewigen Wahrheit durch gute Taten dienen, ohne noch DEN erkannt zu haben, der allein die ewige Wahrheit ist.

Doch auch ihn werden sie schließlich erkennen – in mir! Und sie werden Ruhe in meinem Frieden finden, auch wenn finstere Bosheit anderer Völker sie um ihres Friedens willen beneiden und ihn zu stören trachten wird. Denn mächtig wird das Volk werden über alle diejenigen, die es hassen und mit dem Hasse des Hebräergottes und dessen Anbetern auf Erden gegen es stehen.

Bald dann werden aber auch viele unter den anderen Völkern erkennen, daß sie mit ihrem Hasse dem Satan dienen, in seinem Geiste und nach seinen Gelüsten die Hölle auf Erden bauen wollen – was so dann auch die anderen zur Erkenntnis bringen wird und gute Frucht zeitigen für alle.

Diese dort sind es, von deren fruchtbringendem Volke ich sprach und das ich meine. Und Christus, der Herr, erhob seinen Arm und wies hin zu einer kleinen Gruppe still lauschender Legionäre, welche vom Volke der Germanen waren."

Erläuterungen wie folgt, bevor ich eine andere Übersetzung des Textes vorschlage: Diese traditionelle, ich würde sagen, grobe Bibelübersetzung würde besagen, dass Jesus vorausgesagt hat, dass das Ende des Dunklen Zeitalters und seiner Mächtigen von Deutschland oder den germanisch-stämmigen, weißen Völkern ausgehen wird. Der Hass der anderen Völker auf dieses Volk, auf den Jesus hinweist, wäre dann der Hass der anderen Völker wegen des 2. Weltkriegs auf Deutschland (oder der Hass der restlichen Welt auf die weißen Völker).

Um die Auswirkung dieses geheimen Bibeltextes auf die Politik der Hochfinanz zu besprechen, müssen wir ein wenig ausholen. Die Hochfinanz entwickelt ihre Pläne zur Errichtung eines Machtmonopols über die Menschheit über lange Zeiträume, d.h. über Jahrhunderte, hinweg. Bereits mit der Unterwanderung der Freimaurer liefen die Planungen an, wie sie Russland unter Kontrolle bekommen konnte. Ursprünglich wollten sie Russland unterwandern, indem Napoleon – im Auftrag der Hochfinanz – 1812 in Moskau eine mit der Zarendynastie rivalisierende Familie auf den Zarenthron brachte. Hätte Napoleon Russland nur unterwerfen wollen, hätte es genügt, zur Hauptstadt, also nach Sankt Petersburg, zu ziehen und diese zu unterwerfen. Er ging aber nach Moskau, wo Napoleons Mission zum Absetzen der Zarenfamilie jedoch scheiterte, weil die mit der Zarendynastie rivalisierende Adelsfamilie nicht kooperierte, sondern sich als patriotisch erwies. Nachdem die Unterwanderung Russlands durch die Hochfinanz 1812 also nicht geklappt hat, schwenkte man auf einen langfristigen Plan um, Deutschland und Russland gegeneinander zu führen und Russland in diesem Zuge zu übernehmen, was ja dann etwa 1916/1917 auch geklappt hat. Für diesen Plan musste Deutschland mächtig werden. Hierfür hatte man dann ab 1815 Preußen zu einer Macht aufgebaut.

1870 konnte die Hochfinanz die Prophezeihung Jesu nutzen, die nötigen Personen zu erschrecken und Frankreich in einen überhasteten und aussichtslosen Krieg gegen Deutschland zu führen. Dadurch wurde die Gründung eines mächtigen Deutschen Reiches besiegelt, das den Zwecken der Hochfinanz dienen konnte.

Wer auch immer irgendwelche Staaten als böse sieht, sollte bedenken, dass alle Staaten für die Hochfinanz nur Schachfiguren sind. Wenn sie eine Schachfigur stärker braucht, macht sie sie stärker. Wenn sie eine Schachfigur schwächer braucht, macht sie sie schwächer. Auch heute macht sie das mit den USA, sie macht die USA schwächer, obwohl das nicht ganz so leicht ist, wie wir später noch sehen werden. Unter Napoleon brauchte sie Frankreich für ihre Russlandpläne stark, also machte sie Frankreich stark. Später, weil Napoleon scheiterte, brauchte sie Deutschland stark und machte Deutschland auf Frankreichs Kosten stark. Für sie ist das nur ein Schachspiel. Durch ihre Kontrolle des globalen Geldsystems kann sie solche Entwicklungen leicht steuern.

Zudem hat die Hochfinanz aus der Prophezeihung Jesu den Schluss gezogen, die Zerstörung der westlichen Kulturen, der weißen Völker zu betreiben, mit einem besonderen Fokus auf die Zerstörung Deutschlands.

Es geht ihr also primär um die Zerrüttung und Auflösung der westlichen, keltisch-germanischen Völker, damit durch deren Auslöschung schließlich auch weltweit alle gewachsenen Völker ausgelöscht werden und kein Volk mehr den Willen hat, der Globalisierung, also dem Machtmonopol der Hochfinanz zu widerstehen.

Wenn die Völker ihren Patriotismus verlieren und sich aufgeben, wird auch der Einzelne vom Gefühl beherrscht, in einer Welt zu leben, auf die er keinerlei Einfluss hat. Wenn der Einzelne kein eigenes Volk mehr hat, auf dessen patriotische Solidarität er bauen kann, gibt er sich auf. Wenn sich die Einzelnen aufgeben, geben sich auch die ganzen Völker auf und die Hochfinanz gewinnt. Das steckt in Wirklichkeit hinter dem „Recht auf Migration" und der Multi-Kulti-Ideologie.

Wie wir gesehen haben, ist unsere heutige Hochfinanz aus Kreisen von Teufelsanbetern hervorgegangen. Als solche verfügen sie über ein umfangreiches okkultes Wissen. Für die satanische, teufelsanbetende Hochfinanz war und ist Jesus Christus der Feind, der ihren Zielen im Weg steht. Nicht obwohl, sondern weil sie um die göttliche Natur Jesu wissen und weil sie Gott wider ihres eigenen Wissens um die Wahrheit Gottes ablehnen.

Das heißt mit Bezug auf die Einleitung zu diesem Buch: Wenn eine göttliche Person wie Jesus eine Voraussage macht, dann ist das weit mehr als nur eine Voraussage. Eine solche Voraussage geht mit einem göttlichen Beschluss einher, dass diese Dinge auch so eintreten sollen. Das heißt, Jesus hat gezeigt, dass Gott will, dass die Egokräfte entmachtet und die Menschheit befreit werden.

Und leider wusste die Hochfinanz von dem Moment an, an dem sie die Voraussage aufgriff, dass eine Prophezeihung Jesu auch eintreten wird. Und leider hat sie die Prophezeihung so wie in den traditionellen Bibelübersetzungen üblich, fehlgedeutet, und glaubte, sie beträfe äußere Völker, speziell die Deutschen. Verwundert haben wird die Voraussage Jesu die Hochfinanz nicht. Sie hatte auch vorher schon einen jahrhundertelangen Krieg gegen die Deutschen geführt, z.B. über die Jesuiten im 30-jährigen Krieg.

Sie wusste, dass sie buchstäblich die Hölle in Gang setzen musste, um eine Chance zu haben, das Wahrwerden einer göttlichen Voraussage abzuwenden. Und das hat sie dann im 20. Jahrhundert auch gemacht. Und dabei wählte sie als Schlachtfeld bevorzugt ein von ihr künstlich aufgebautes Spannungsfeld zwischen Deutschland und Russland, sowie den anderen deutschen Nachbarn.

Aufgrund der sprachwissenschaftlichen Bibelforschung wissen wir heute, dass praktisch alle traditionellen Bibelübersetzungen – noch milde formuliert – missverständlich und irreführend sind. Wer sich tiefer mit der sprachwissenschaftliche Bibelforschung beschäftigen will, dem empfehle ich die Werke des jüdisch-chassidischen Schriftgelehrten Friedrich Weinreb und des deutschen Sprachwissenschaftlers Aleksandar Stefanovic, dessen Arbeiten mich ursprünglich auch inspiriert hatten, die Symbolik Tolkiens zu interpretieren.

Die Bibel ist ein symbolischer Text. „Tiere" z.B. symbolisieren unsere unreflektierten, niederen, „tierischen" Emotionen. Die richtig übersetzten Bibeltexte fordern uns auf, diese niederen Emotionen auf dem Altar der Liebe unseres Herzens zu opfern, um die aus unserem Ego kommenden und unserem Ego dienenden, niederen, tierischen Emotionen im Herzen zu läutern und in reine Liebe umzuwandeln. Im Bewusstsein reiner Liebe würden wir dann z.B. auch auf den Verzehr von Fleisch verzichten, damit keine Tiere getötet werden, die wir essen oder zu deren Fütterung Nahrung verwendet wird, die Milliarden von hungernden Menschen fehlt. Durch die Fehlübersetzung wurde aus dem biblischen „Opfern von Tieren" jedoch Tieropfer und Rechtfertigungen für den Verzehr von Fleisch gemacht. D.h. die Fehlübersetzung hat ungefähr das Gegenteil der eigentlichen Absicht der Verfasser bewirkt.

Noch ein Beispiel, dann kommen wir wieder zum Matthäus-Evangelium: „Mann" symbolisiert das konzipierende Bewusstsein und „Frau" die vom Bewusstsein geschaffene Schöpfung, was die materielle Welt einschließt. Mater(ie) = Mutter. Der Mann steuert bei der Zeugung nur genetische Informationen bei. Alles Körperliche wird von der Frau erschaffen. Daher diese Zuordnung. Damit ist keine Wertung verbunden. Es geht nur um symbolische Information.

Diese Symbolbedeutung wird später noch einmal wichtig, wenn es darum geht, dass der König der Ringgeister nur von einer Frau getötet werden kann.

Unser Geist muss unsere körperlichen Triebe kontrollieren, damit wir in der Selbstlosigkeit der Liebe wachsen können. In der Fehlübersetzung wurde daraus gemacht, dass der Mann über die Frau herrschen soll.

So drastisch und brutal können die Auswirkungen von – offensichtlich egoistisch motivierten – Fehlübersetzungen sein. Von solchen Fehlübersetzungen mit schlimmen Auswirkungen gibt es vor allem in der Bibel richtig viele.

Eine weitere Fehlübersetzung mit übler Auswirkung liegt in der lange nur geheim überlieferten Passage des Matthäus-Evangeliums vor.

Bevor ich diesen Text weiter interpretiere, daher zunächst ein eigener Übersetzungsvorschlag, der die sprachwissenschaftliche Bibelforschung berücksichtigt und für mich mehr nach Jesus Christus klingt:

„Es wird eine Zeit kommen, in der immer mehr Menschen von sich aus erkennen, dass das Handeln für andere aus Menschlichkeit und einem Gefühl der Zusammengehörigkeit aller Menschen als Kinder Gottes eine edlere Gesinnung zum Ausdruck bringt als täten sie Gutes nur aus Angst vor der Strafe und Rache Gottes oder aus der Berechnung auf eine Belohnung durch Gott.

Zu jener Zeit werden die spirituell Erwachenden bereits von sich aus erkannt haben, dass die alten Bibelübersetzungen, die von einem strafenden Gott sprechen, nur ein Schreckensbild der Hölle sind. Sie werden diese Art der Deutung ablehnen und der ewigen Wahrheit durch gute Taten dienen, noch bevor sie die spirituelle Wahrheit verwirklicht haben.

Aber diese Menschen werden schließlich auch die spirituelle Wahrheit in sich finden – im erwachenden Christusbewusstsein. Sie werden inneren Frieden in der Wahrheit finden, als Kinder Gottes selbst unsterbliches Bewusstsein und selbstlose Liebe zu sein, obwohl Menschen, die der spirituellen Wahrheit fern sind, sie um dieses Friedens beneiden werden. Aus Neid werden sie versuchen, diesen Frieden zu zerstören, damit es niemandem besser gehe als ihnen selbst. Denn mächtig werden die spirituell Erwachenden werden, der niederziehenden Kraft all jener zu widerstehen, die sie hassen – jener mit dem Hass aufgrund ihrer konditionierten Glaubensvorstellungen und jener, die ebenfalls – satanisch – glauben, dass der Mensch von Grund auf böse ist.

Bald werden aber viele, die dem satanisch geprägten Mainstream gemäß an das Böse im Menschen glauben und dass er eine Fehlkonstruktion der Natur ist, erkennen, dass sie mit ihrem Kampf gegen andere, vermeintlich böse Menschen (z.B. mit einem Kampf gegen rechts, gegen Nazis, gegen Verschwörungstheoretiker, gegen politisch Inkorrekte, gegen gefährlich Andersdenkende etc.) nur bewirken, dass das Böse in der Welt durch ihren Kampf dagegen stärker wird, dass der hasserfüllte Kampf gegen den Hass nur Hass erzeugt und sie durch einen Kampf gegen die vermeintlich Bösen selbst die Hölle auf Erden erzeugen, die sie bekämpfen. Je mehr Menschen zu dieser Erkenntnis aufwachen, desto schneller erwachen auch die weiteren Menschen zu dieser Erkenntnis und das Gute auf Erden wird stärker werden. Die Menschen, die dieses Gute in der Welt bewirken und den Geistesumschwung zu einer besseren Welt verursachen werden, sind die Wahrhaftigen (lat. „Germani").

Erläuterungen zu meiner abgeänderten Übersetzung:
Wenn man die eigentliche wissenschaftliche Disziplin ändert, aus der heraus ein Text verfasst wurde – wenn man z.B. einen technischen Text juristisch versteht und übersetzt (und anschließend 2000 Jahre über die juristische Bedeutung nachdenkt und philosophiert) oder einen religiösen Text geografisch versteht und übersetzt (und primär über die geografische Bedeutung nachdenkt) – dann ergibt das Ergebnis keinen Sinn, egal wie man es dreht und wendet. Das ist zunächst das Grundproblem aller traditionellen Bibelübersetzungen. Dazu kommt noch, dass diese traditionell in einem völlig falschen Verständniskontext übersetzten Texte in vielen Fällen durch Weglassungen, Hinzufügungen und Änderungen verfälscht wurden (wie wir gesehen haben).

Spirituelle Meister wie Jesus Christus, deren Bewusstsein vollständig eins mit Gott ist, sprechen nur über spirituelle Inhalte. Wenn sie „ich, mir, mein" sagen, meinen sie nicht ihre eigene Person mit physischem Körper, sondern ausschließlich das innewohnende Bewusstsein. Einerseits unterschied Jesus immer zwischen Sohn und Vater, andererseits hat er auch gesagt: Ich und mein Vater sind eins.

Jesus meint damit den Unterschied zwischen Seele (Sohn) und Gott (Vater). Es macht keinen Unterschied, uns auf unsere ewig lebende Seele oder auf Gott auszurichten. Unsere ewig lebende Seele ist ein Teil Gottes. Wenn wir Gott erfahren wollen, müssen wir unsere ewig lebende Seele erfahren. Sie ist alles, was wir sind und je sein können. Und wir sind ein Teil von Gott. Als Seele sind wir ein Tropfen und der Vater meint den Ozean. Aber wesensmäßig können wir den Ozean nur erfahren, indem wir ganz der Tropfen sind, der wir sind und als der wir am Anfang geschaffen wurden – unter Auflösung all des Egos, das wir uns zusätzlich und irreführend selbst geschaffen haben. – Jesus meinte also NICHT, dass er als von anderen getrennte Person der einzige Sohn Gottes ist, der von allen verehrt werden muss und ohne den es keine Wahrheit gibt.

Es geht bei Jesus zentral immer um Aspekte unseres komplexen menschlichen Bewusstseins, die er für uns sichtbar machen will, damit wir zur Wahrheit erwachen, nicht um Gegenden, Völker oder Personen im Außen. Der Begriff „Volk" oder „Völker" meint in der Bibel grundsätzlich die Ansammlung(en) von Bewusstseinsaspekten in einem bestimmten Bereich des menschlichen Bewusstseins, niemals ein Volk oder Völker im Außen.

Das Volk „Israel" oder in Silben „Jisch-Ra-El" meint bspw. unser Bewusstsein in der Dualität.

Is oder Jisch meint das „handelnde Ich" (die 1). Ra meint die 2 oder die Dualität (ich und du, innen und außen, Trennung, Ra heißt auch „böse", weil alles Übel aus dem Bewusstsein der Trennung stammt).

El meint die Beziehungen oder den Zusammenhang zwischen den beiden (die 3, die Vielheit in ihren Beziehungen).

Israel ist also nichts anderes als ein Name für die Problematik, die sich aus unserem im Bewusstsein der Dualität handelnden Ich ergibt.

„Das Volk Israel" wird auch als das „auserwählte Volk" übersetzt. Gemeint ist in den Urtexten, dass wir durch unsere Identifizierung mit einem in der Dualität handelnden Ich aus dem Bewusstsein der Einheit herausfallen oder umgekehrt. Das heißt, dass wir durch unseren Fall aus der Einheit ein in der Dualität handelndes Ich entwickelt haben. Es geht im Urtext also um ein aus der Einheit „ausgesondertes Ichbewusstsein", also um das Bewusstsein, aufgrund unseres Egos unsere Einheit mit allem Leben nicht mehr zu erkennen.

Die Übersetzer haben daraus gemacht, dass „das Volk Israel ein auserwähltes Volk" ist. Auf diese Fehlübersetzung geht letztlich der Zionismus zurück, der Glaube mancher Juden, ein auserwähltes Volk zu sein, das höher steht als andere Völker.

Tatsächlich ähnelt die Ur-Sprache der Bibel in sehr hohem Maße der Symbolsprache, die Tolkien für seine Werke verwendet hat, und ist auch genauso gemeint.

„Die Juden" meinen z.B. die spirituellen Elemente des menschlichen Bewusstseins (bei Tolkien die Elben). Juda = Löwe (im astrologischen Sinne, also das aktivierende Feuerelement). Das Element Feuer bezieht sich auf unseren spirituellen Geist. Der Begriff „Juden" meint also das aktivierende spirituelle Selbst, das alle anderen Bewusstseinsanteile belebt, also den spirituellen Geist. Mit dem „germanischen Volk" meinte Jesus höchstwahrscheinlich – aufgrund der Bedeutung des Wortes „Germane" – die ethischen und integritätsbezogenen Elemente unseres Bewusstseins (bei Tolkien die Menschen von Gondor). So wie die Elben und die Menschen von Gondor in jedem einzelnen Menschen dieser Erde enthalten sind, so ist auch das jüdische Volk und das germanische Volk in der Sprache Jesu in jedem einzelnen Menschen dieser Erde enthalten, wörtlich. Jesus meint nicht die Außenwelt.

Wer käme auf die Idee, Mittelerde oder Gondor im Außen zu suchen? – Genauso dürfen wir „Israel", die „Juden", „Ägypten" oder die „Germani" nicht im Außen suchen, wenn Jesus diese Begriffe verwendet.

Aufgrund des Inhalts ist es sehr wahrscheinlich, dass er hier zu schriftkundigen Juden spricht, die ihn ablehnten und angriffen. Diese nannte er oft Pharisäer. Die Pharisäer haben bei Jesus die Bedeutung wie die „schwarzen Númenorer" bei Tolkien: Das sind Menschen, die sehr auf ihre Integrität achten und sich auf ihre Integrität so viel einbilden, dass sie am Ende der Selbstgerechtigkeit anheim fallen, sich für etwas Besseres halten und an ihr Ego verloren gehen = alle Integrität verlieren und egoistisch böse, verlogen und betrügerisch werden. Die Gefahr der allmählichen Selbstzerstörung durch Selbstgerechtigkeit ist in der Geschichte des Untergangs Númenors von Tolkien verschlüsselt worden. Es ist in der Vergangenheit der Menschheitsgeschichte vermutlich jene Phase, die zum Untergang von Atlantis führte. Die Gefangenschaft der Juden in Ägypten hat die gleiche Symbolbedeutung wie die Gefangenschaft der Elben in Mittelerde. Auch die Elben mussten Aman (das Einheitsbewusstsein) verlassen, weil ein Ego (Melkor) entstanden war, das zu einem in der Dualität handelnden Ich (Melkor in Mittelerde) wurde. (Diese Zusammenhänge – auch der Fall Númenors oben – werden vielleicht noch in einem separaten Buch zu Silmarillion und Bibel thematisiert.)

Das lateinische Adjektiv „germanus" heißt, „leibhaftig, echt, wahr, wirklich". Der Geschichtsschreibung nach hat Julius Cäsar die ersten nach seinem Eindruck eher nicht-keltischen Völker, die er in Gallien antraf, gefragt, zu welchem Volk sie gehören. Vermutlich hat Cäsar einen Dolmetscher bei sich gehabt oder organisiert. Nun weiß man, dass die Eigennamen, die die meisten Naturvölker für sich selbst haben, in ihrer eigenen Sprache einfach „Mensch" oder „echter Mensch" bedeuten. Die meisten Naturvölker betrachten zunächst also nur ihren eigenen Stamm oder ihr eigenes Volk als „Menschen" oder „echte Menschen". Falls dies bei dem germanischen Stamm, dem Cäsar zuerst begegnet ist, auch so war, hat sein Dolmetscher den Namen dieses Stammes einfach korrekt als „die Echten" übersetzt, lateinisch „germani", anstatt unübersetzt den Namen zu nennen, den sich dieser Stamm selbst gegeben hat. Jedenfalls gab es keinen germanischen Stamm, der sich selbst wörtlich Germanen nannte. Der Begriff wird also eine lateinische Übersetzung von etwas sein.

Und es ist anzunehmen, dass Jesus, obwohl er stets aramäisch gesprochen haben soll, die Bedeutung wichtiger spiritueller Wörter im Lateinischen kannte. Und „Wahrheit" ist eines der wichtigsten spirituellen Wörter. Und er hatte vermutlich verstanden, dass es ein Volk in Mitteleuropa gab, dass von den Römern „die Wahren, Echten" genannt wurde, denn augenscheinlich gab es in Palästina den einen oder anderen germanischen Söldner. Jesus hat auch zu Pontius Pilatus von der Wahrheit gesprochen. Das Missverständnis zwischen Jesus und Pilatus war, dass Jesus die spirituelle Wahrheit, also die Wahrheit des Herzens und der Seele, meinte und Pilatus sie als philosophische Wahrheit, also als Wahrheit des Intellekts verstanden hat, zwei völlig unterschiedliche Dinge.

Jesus wusste das natürlich und hat Pilatus' diesbezügliche Frage daher nicht beantwortet. Wie hätte Pilatus mit einem verschlossenen spirituellen Herzen das Wort „Wahrheit" richtig verstehen sollen? Wie hätte der Römer Pilatus die spirituelle Wahrheit verstehen sollen, dass er in Wahrheit (wie jeder Mensch) eine Verkörperung selbstloser göttlicher Liebe ist und alles andere, wofür er sich selbst hält, letztlich keine Rolle spielt? Wie viele Menschen gibt es selbst heute, die diese auf Dauer einzig relevante Wahrheit verstehen?

Ich denke jedenfalls, dass Jesus hier nicht zwei Völker gegeneinander ausgespielt hat, das würde er nie tun, sondern einfach mit den Worten gespielt hat, um wie immer einen spirituellen Zusammenhang verstehbar zu machen.

Daher kann Jesus nur Folgendes gemeint haben: Wir verlieren das Himmelreich, wenn wir denken, dass wir etwas Besonderes, „das Volk Israel", das auserwählte Volk, sind. Das heißt, wir (prinzipiell alle Menschen) verlieren den Zugang zu unserem spirituellen Selbst, wenn wir uns auf unsere spirituellen Verdienste etwas einbilden (Glaube an die eigene Auserwähltheit = Ego, das eigentlich „ausgesonderte Ich"). Das Himmelreich wird denen gegeben, die dazu neigen, ihre eigenen Ansichten in Frage zu stellen und ihr Ego zu läutern, um zur spirituellen Wahrheit zu gelangen, also den Wahrhaftigen, den „Germani".

Die Lüge muss die Wahrheit zu ihrer Selbsterhaltung angreifen und die Menschen in Versuchung führen, die Lüge für die Wahrheit zu halten und die Wahrheit für die Lüge. Solange die Mehrheit der Lüge glaubt, kann die Lüge herrschen. Wenn aber die Wahrheitsliebenden, die angegriffen werden, entspannt bei der Wahrheit bleiben, die sie erkannt haben, kommen nach und nach auch die anderen ins Nachdenken und können Lüge als Lüge erkennen und Wahrheit als Wahrheit. Das sind die guten Früchte, die die „Germani", die Wahrhaftigen, die spirituell Erwachenden trotz des Hasses auf sie hervorbringen. Zuerst werden die Menschen, die sich an die Wahrheit halten, vom Mainstream als Spinner, Sektierer, Verschwörungstheoretiker und was weiß ich noch angegriffen. Aber wenn sie mutig und demütig bleiben und sich an die Wahrheit halten, werden auch andere nach und nach folgen, und Lügen als Lügen erkennen und Wahrheit als Wahrheit.

Jesus hat hier nicht zwei Völker gegeneinander gestellt, sondern zwei Lebenshaltungen. Die spirituelle Wahrheit, dass wir durch Ego alles verlieren und durch demütige Orientierung an der spirituellen Wahrheit alles gewinnen können, gilt natürlich für jeden Menschen und jedes Volk. Es gibt beide Sorten von Menschen – die eher egoorientierten und die eher selbstlos orientierten – bei allen Völkern. Natürlich, denn es ist jedes Menschen persönliche Wahl, ob er sein Ego oder Gott, das Prinzip der selbstlosen Liebe, an die erste Stelle setzt.

Das inwendig in uns wohnende Himmelreich – Liebe, kindliche Unschuld und Glückseligkeit – wird von uns genommen, wenn wir selbstgerecht sind und uns für etwas Besseres halten. Es wird uns gegeben, wenn wir demütig sind und uns an der spirituellen Wahrheit orientieren. Das gilt immer, überall und für jeden Menschen. Und NICHTS anderes sagt Jesus hier.

Ich hoffe, mit diesen Erläuterungen auch dem Ego jener Deutschen, die das deutsche Volk für etwas Besseres, für auserwählt, halten, einen ordentlichen Dämpfer zu versetzen. Ego zerstört uns. Nur die selbstlose Liebe kann uns frei machen. Nur die selbstlose Liebe hat die Macht, Menschen und ganze Völker zu versöhnen und Frieden zu schaffen.

Das Drama ist, dass die Hochfinanz diese Aussagen wie es aussieht anders gedeutet hat als Jesus sie wohl meinte. Und diese Fehldeutung der Hochfinanz ist am Ende für den weiteren Geschichtsverlauf mitentscheidend gewesen.

Grundsätzlich erzeugt eine direkte Konfrontation göttlicher und dämonischer Kräfte, wie sie durch das Aufgreifen der Voraussage Jesu durch die Hochfinanz seit den 1860er Jahren in der Menschheit entstanden ist, dass die Seelen der Menschen im Laufe der Zeit immer stärker die Auswirkungen ihres eigenen Egos zu spüren bekommen. Damit wächst der Druck, sich zwischen Gott und dem eigenen Ego zu entscheiden, immer mehr an. Es ist wie ein immer dringlicher werdender Ruf Gottes an uns aufzuwachen und die Liebe, die wir sind, zu leben, weil das Leid und die Not in der Welt diese Liebe von uns brauchen. Wer sein Herz öffnet und sich den mit der Auflösung des eigenen Egos verbundenen Herausforderungen stellt, wird zu der Liebe, die das Wesen des kommenden Goldenen Zeitalters sein wird. Wir werden selbst dieses Goldene Zeitalter sein.

Menschen, die ihr Herz gegen Gott und die Liebe hartnäckig verschlossen halten, werden nicht bis in die goldene Zeit kommen. Gott zwingt das Gute, das er für die Menschheit vorgesehen hat, niemandem auf. Vielleicht lässt er auch die Menschen, die zu faul sind, etwas dafür zu tun, nicht daran teilhaben.

Wenn es einen solchen göttlichen Beschluss wie durch Jesus gibt, ist in unserer dualen Welt jedenfalls davon auszugehen, dass Dämonen aktiv werden, um so viel Schaden wie nur möglich anzurichten und die goldene Zeit zu verhindern, zu zerstören oder zumindest möglichst viele Menschen ins Verderben zu reißen, damit sie nicht daran teilhaben. Sie werden versuchen, positive Voraussagen in ihr Gegenteil zu deuten, als stünde der sichere Weltuntergang bevor, und selbst negative Voraussagen verbreiten, die einen hypnotischen Sog zur Selbsterfüllung entwickeln. In unserer Zeit ist es besonders wichtig, sich nicht mit Prophezeihungen und Voraussagen zu beschäftigen, die den Klang der Hoffnungslosigkeit und Verzweiflung in sich tragen. Wir brauchen eine systematische Ausrichtung auf das Positive, das wir tun können, und dass wir dies dann tun.

Da Jesu Voraussage zuerst dem französischen Zweig der Rothschild-Familie in die Hände fiel, reagiert man hier teilweise mit einer Art Panik auf das aufstrebende Preußen. So konnten die in die langfristige Planung der Hochfinanz Eingeweihten überhastet absichtlich einen wenig aussichtsreichen Krieg der Franzosen gegen Preußen organisieren, den Frankreich dann wie geplant auch verlor, wodurch das Deutsche Reich gegründet wurde. Jetzt hatte die Hochfinanz eine starke Schachfigur geschaffen, die sie genüsslich für ihre Pläne missbrauchen und in diesem Zug zerstören konnte, das Deutsche Reich. Es sind mittlerweile diverse Quellen aus den Kreisen des teufelsanbetenden Tiefenstaats bekannt, die mindestens bis ins 19. Jahrhundert zurückgehen und von der Planung dreier Weltkriege sprechen, in deren Zug Russland übernommen, Deutschland zerstört, nach dem 2. Weltkrieg Israel gegründet und im 3. Weltkrieg dann Deutschland und Israel zerstört und die Menschheit der Herrschaft der Teufelsanbeter unterworfen werden soll.

Albert Pike ist dabei noch eine der zweifelhafteren Quellen.

Es zeigen aber genug andere Quellen ebenfalls die uralte Planung von drei Weltkriegen mit den genannten Zielen. Die gründlichste mir bekannte Untersuchung der Hintergründe der beiden bisherigen Weltkriege stammt von Christopher Jon Bjerknes in Adolf Hitler: Bolshevik and Zionist und in einigen Interviews mit Adam Green auf Know More News

(Videos auf Odysee und BitChute). Hier finden sich viele konkrete Hinweise zur sehr langfristigen Vorausplanung der Weltkriege.

Jedenfalls arrangierte die Hochfinanz mit großem Planungsvorlauf zunächst die ersten beiden dieser Weltkriege, die ihnen die Kontrolle über Russland bringen und für die Deutschland verantwortlich gemacht werden sollte, damit die ganze Welt Deutschland hasst, und die Deutschland andererseits soweit irgend möglich zerstören sollten. Außerdem sollten sich die keltisch-germanischen Völker in beiden Weltkriegen vielmillionenfach gegenseitig umbringen, um bereits ihrer längerfristigen Auslöschung vorzuarbeiten, um die Prophezeihung Jesu zu verhindern.

Wir haben ja heute die Situation, dass vom Tiefenstaat weltweit generell ein Hass auf die weiße Rasse ausgetobt wird. In Südafrika sieht man das. Und in Nordamerika und Westeuropa ist es bei der Art und Weise, wie die Migrationspolitik betrieben wird, auch nicht anders. Die Rechte der Zuwanderer werden gefördert. Die Rechte der Einheimischen werden abgebaut. Und dann sagt man den Einheimischen, sie wären egoistisch, rassistisch und rechtsradikal, wenn sie ihr Land als ihr Land betrachten und es nicht teilen wollen. So hat die Hochfinanz inzwischen einen Hass auf die, bzw. eine Ausbeutung und programmierte Verarmung und einsetzende Auflösung der gesamten keltisch-germanisch-westlichen Welt erreicht.

Ende der 1970er Jahre (ich war 14 oder 15) teilte mir ein Klassenkamerad mit, dass er eine wissenschaftliche Arbeit gelesen hat, dass die weiße Rasse bis 2050 verschwinden wird. Ich fand das so kurios, dass ich es bis heute nicht vergessen habe. Erst Jahre später erfuhr ich dann von der „predictive programming" Technik. Die Teufelsanbeter setzen ihre üblen Ziele als „wissenschaftliche Vorhersagen" in die Welt, damit wir sie glauben und ihrer Umsetzung dann keinen Widerstand entgegensetzen.

Warum genügte es der Hochfinanz in der Folge des Aufgreifens der Prophezeihung Jesu aber, um dieses Endziel zu erreichen, sich zunächst speziell auf die Zerstörung Deutschlands zu fokussieren und darauf, den Ruf Deutschlands so zu zerstören, dass auch im germanischstämmigen Westen niemand etwas mit den Deutschen zu tun haben will?

Ganz einfach: Die westliche Hälfte Europas und das weißhäutige Nordamerika sind überwiegend keltisch-germanisch, dabei überwiegend germanischstämmig, Aragorn, Isildurs Erbe. Dieser Teil, diese Kultur soll zersetzt und ausgelöscht werden. Der Krieg geht gegen Aragorn und es ist Aragorn, vor dem Sauron die größte Angst bekommt, als er hört, dass er sein Erbe als König antritt.

Der vielleicht wichtigste Aspekt zur Bewahrung der eigenen irdischen Identität besteht in unserer Volkszugehörigkeit. Durch die Dämonisierung der Deutschen wurde bei den übrigen Völkern des Westens bewirkt, das Germanische in sich abzulehnen, ihre Verwandtschaft mit den Deutschen, ihre germanische Abstammung. Vor allem die Engländer, Holländer und Nordamerikaner lehnen das Germanische in sich ab, wollen nichts damit zu tun haben. Aber dadurch lehnen sie auch ihre eigene ethnische Identität ab und werden auf diese Weise anfällig für eine Indoktrinierung, dass „Weiße" böse sind und durch Völkervermischung aufgelöst werden müssen. Genau dies wurde dann nach dem 2. Weltkrieg entsprechend vorangetrieben, wozu wir in Kapitel 5 noch kommen.

Natürlich kann man auch ohne die Prophezeihung Jesu die einfachen Überlegungen anstellen, dass die Hochfinanz weltweit eine Auflösung der gewachsenen Völker will, so dass eine wurzellose Mischrasse entsteht, die den Standard eines Proletariats hat, das sich willenlos in die Herrschaft der Hochfinanz fügt. Die Völker, die am meisten die Fähigkeit haben, gerechte und wirtschaftlich florierende Strukturen aufzubauen, für die wir die Hochfinanz und ihr Geld nicht mehr brauchen, und das sind nun mal die weißen Völker, werden durch systematisch propagierte „anti-rassistische", „multi-kulturell fruchtbare" und „solidarische" Völkervermischung zerstört. Ich habe die Prophezeihung Jesu auch nur aufgenommen, um die Interpretation des Herrn der Ringe komplett zu machen. Ich sehe keinen besseren Kandidaten zur Erklärung der Ereignisse in Bree.

Der Deutschenhass der teufelsanbetenden Eliten ging dem 3. Reich jedenfalls deutlich voraus.

Zahlreiche Aussagen wie die des amerikanischen Präsidenten Roosevelt: *"Ich werde Deutschland zermalmen! Es wird nach dem Krieg kein Deutschland mehr geben."* von 1932 zeigen deutlich, dass die Kriegsplanung nicht von Deutschland ausging und dass Deutschland nach dem Willen der Hochfinanz, die Jesu Voraussage kannte, zerstört werden sollte.

„Sie müssen sich darüber im Klaren sein, dass dieser Krieg nicht gegen Hitler oder den Nationalsozialismus geht, sondern gegen die Kraft des deutschen Volkes, die man (die Hochfinanz) für immer zerschlagen will, gleichgültig, ob sie in den Händen Adolf Hitlers oder eines Jesuitenpaters liegt." – Winston Churchill (in einer Mitteilung an einen Beauftragten des deutschen Widerstands)

„Unsere jüdischen Interessen erfordern die endgültige Vernichtung Deutschlands." W. Jabotinski, Gründer von „Irgun Zwai Leumi", Januar 1934, als es in Deutschland noch keine Judenverfolgung gab.

"Unser Ziel ist die Vernichtung von so vielen Deutschen wie möglich. Ich erwarte die Vernichtung jedes Deutschen westlich des Rheines und innerhalb des Gebietes, das wir angreifen." General Dwight D. Eisenhower

Das sind nur ein paar Zitate von hunderten oder mehr solcher Aussagen aus den Kreisen der Hochfinanz oder der Funktionselite, die ihren Willen ausführt, die meisten davon aus England und den USA. Es gibt ganze Bücher darüber, wie sich das deutsche Volk am besten auslöschen lässt, wie z.B. von Earnest Hooten. Alle diese Aussagen und Bücher verfolgen, wenn man die Voraussage Jesu kennt und weiß, dass die Hochfinanz sie kennt, offensichtlich das Ziel, die Voraussage zu verhindern.

Man sieht, dass alle diese Zitate aus dem 20. Jahrhundert sind. Vor allen Dingen gibt es kein diesbezügliches überliefertes Zitat aus der Zeit vor 1860/1870. Ich kenne nicht einmal eines von vor 1900. Am Anfang hatte die Hochfinanz noch Angst vor Deutschland, hat sich bedeckt gehalten und ihre antideutschen Intrigen im Stillen vorangetrieben. Erst als man sich sicher fühlte, Deutschland vernichten zu können, ohne dass die Deutschen etwas daran würden ändern können, erst als das Ansehen der Deutschen schon im Dreck war, erst dann wurde man mit dem Deutschlandhass zumindest in gewissen Kreisen auch öffentlich. Deutschlandhass war nun salonfähig. Nach dem 2. Weltkrieg wurde Deutschlandhass sogar in Deutschland selbst salonfähig gemacht.

Es gibt viele Quellen, die herausarbeiten, dass der wirtschaftliche Erfolg des Deutschen Reiches die Ursache für die gegen Deutschland arrangierten Kriege war. Aber darum ging es eigentlich nicht. Dazu Winston Churchill: „Den Deutschen muss der Geist Schillers ausgetrieben werden."

Der wirtschaftliche Erfolg des Deutschen Reiches hat es für die Hochfinanz lediglich sehr einfach gemacht, Allianzen zur Vernichtung der Deutschen zu schmieden. Sie konnten den Neid auf Deutschland benutzen, um Deutschland zu isolieren und fertig zu machen. Aber es ging der Hochfinanz nicht um die Zerstörung der deutschen Wirtschaft, es ging ihr um die Zerstörung der spirituellen Kraft der Deutschen, der Wahrheits- und Freiheitsliebe, des großen Sozialsinns und der Menschenfreundlichkeit der Deutschen: Die Deutschen sollten die Fähigkeit verlieren, „germani" zu sein, die Wahrhaftigen. Und darum geht es heute immer noch – auch wenn der Kampf inzwischen auf eine Vernichtung der europäischen Völker und Nationalstaaten insgesamt ausgedehnt wurde, da die Hochfinanz die germanischstämmige und germanischverwandte weiße Rasse als Ganzes zerstören will.

Für die geschichtlichen Abläufe der letzten eineinhalb Jahrhunderte ist die Frage, ob Jesu Voraussage relevant oder echt ist oder nicht, ob sie sich auf die Deutschen und Weißen bezieht oder nicht, dabei eigentlich gar nicht entscheidend. Entscheidend ist, dass die Hochfinanz glaubt, dass sie echt ist und dass sie sich auf die Deutschen und die weiße Rasse bezieht, und offensichtlich ihr ganzes strategisches Handeln um diese Voraussage herum zentriert. Sie verleihen dieser Voraussage durch ihre Reaktion darauf Glaubwürdigkeit und Macht.

Ein bisschen erinnert diese Situation zwischen der Hochfinanz einerseits und den Deutschen/Weißen andererseits auf der Grundlage der Voraussage Jesu an die Kernstruktur bei Harry Potter. Bei Harry Potter gibt es eine fragwürdige Voraussage, dass Harry der Auserwählte ist, um Lord Voldemort zu stürzen. Bei der Frage um die Relevanz dieser Voraussage ist am Ende nur relevant, dass Lord Voldemort glaubt, dass sie echt und relevant ist. Durch diesen Glauben zwingt Lord Voldemort Harry Potter, die Fähigkeit zu entwickeln, ihn zu stoppen und zu stürzen, um selbst nicht unterzugehen. Harry Potter hat keine Wahl, außer der, entweder unterzugehen oder die Voraussage zu erfüllen.

Die Deutschen/Weißen hatten und haben immer noch keine andere Wahl als im Angesicht des oben artikulierten Hasses und der dadurch entfesselten Gewalt gegen sie ihr Bewusstsein zu läutern, spirituell zu wachsen, Vergebung und Selbstvergebung zu entwickeln und sich selbst als eine Kraft zu erkennen, die versöhnen und einen kann. Sie mussten vor allem und müssen immer noch lernen, auf die richtige, gewaltfreie Weise für ihre Rechte, ihre Bedürfnisse und ihre Souveränität einzutreten. Sie müssen echte „Germani", wahrhaftige Menschen werden. Wenn sie dies in ausreichendem Maße lernen, kann davon ein wichtiger Impuls ausgehen, sich und gleichzeitig die Menschheit aus der Kontrolle durch die Hochfinanz zu befreien. Wenn man sich die Welt anschaut, kann unsere Befreiung offensichtlich nur von den weißen Völkern ausgehen. Daher liegt diese Verantwortung auch vor allem bei uns.

Durch ihre Fehlinterpretation wird die Hochfinanz am Ende einen entscheidenden Beitrag leisten, dass die Voraussage Jesu auch noch eintritt, wie sie sie fehlgedeutet haben. Die Deutschen und die weiße Rasse haben mit dem Ganzen speziell gesehen nichts zu tun, außer dass sie gezwungen wurden, spirituell zu wachsen, um ihre Identität als weiße Völker bewahren zu können. Harry Potter wollte mit der Voraussage auch nichts zu tun haben, aber was half es?

Die Situation der Deutschen/Weißen ist wie die einer Muschel, in die ein Sandkorn gesetzt wird. Entweder die Muschel stirbt an dem Sandkorn, oder sie bringt eine schöne Perle hervor. Die Deutschen/Weißen konnten/können entweder untergehen oder die Widrigkeiten ihres Lebens annehmen und das innere Wachstum und die spirituelle Kraft entwickeln, die sie zum Überleben ihrer Identität als weiße Völker brauchen.

Eine weitere Parallele besteht im Märchen vom Teufel mit den drei goldenen Haaren. Dem Glückskind im Märchen wird geweissagt, dass es die Prinzessin heiraten und König werden wird. Daraufhin versucht der König bei verschiedenen Gelegenheiten, die alle fehlschlagen, das Glückskind zu töten. Am Ende leistet er selbst ungewollt den entscheidenden Beitrag, dass das Glückskind König wird. In Band 5 dieser Reihe soll die tiefere spirituelle Bedeutung dieses Märchens herausgearbeitet werden.

Es ist natürlich eine interessante Frage, was passiert wäre, wenn Jesu Voraussage nie in die Hände der Hochfinanz gelangt wäre. Wusste Jesus, dass seine Aussagen fehlgedeutet und zu einem Hass der Völker auf die Deutschen und der Hochfinanz auf die weiße Rasse führen würde? Zu diesem ist es aber nur gekommen, weil Jesu Voraussage aufgegriffen und fehlgedeutet wurde und zu den ersten beiden Weltkriegen führte.

Von den 1860er Jahren an war die Transformationsreise der Menschheit jedenfalls einer vielfach erhöhten Gefahr ausgesetzt. Die Weltkriege und ein regelrechter Krieg gegen die Menschheit hingen schon im Äther. (Bei Tolkien also symbolisiert durch die vielfach erhöhte Gefahr nach den Ereignissen in Bree.) Eines der wichtigsten Werkzeuge der Hochfinanz zur Unterwerfung und Fremdbestimmung der Völker bestand dann in der Erfindung der politischen Parteien als angebliche Werkzeuge der Demokratie, vor allem die Erfindung der Begriffe „politisch links" und „politisch rechts", um die Menschheit zu spalten, in einen endlosen Kampf um irrelevante Gesinnungen zu führen und in Kriege zu stürzen, von denen immer nur die Hochfinanz profitieren würde. Und darum geht es bei Tolkien dann im übernächsten Abschnitt. Zunächst kommen wir jedoch auf die Bedeutung von Gandalfs Gefangenschaft bei Saruman.

Gandalfs Gefangenschaft bei Saruman – Aussetzen des unterscheidenden Denkens durch aufkommenden Nationalismus

Nachdem Gandalf bei seinem letzten Besuch im Auenland Frodo über die Gefährlichkeit des Einen Ringes und über die Notwendigkeit und Möglichkeit seiner Zerstörung ins Bild gesetzt hat, verschwindet er und ist weder bei Frodos Abreise aus dem Auenland, noch bei seinen gefährlichen Abenteuern zwischen Bree und Bruchtal zugegen. Später wird bekannt, dass Saruman ihn zum Orthanc gelockt hat und ihn dort eingesperrt hält. Erst bei Elronds Rat nach Frodos Ankunft in Bruchtal ist Gandalf wieder zugegen. Auf der geschichtlichen Zeitlinie befinden wir uns bei Gandalfs letztem Abschied aus dem Auenland vor Frodos Abreise um das Jahr 1840. Bei Gandalfs nächstem Auftritt in Bruchtal befinden wir uns ungefähr im Jahr 1900. In dem Zeitraum zwischen 1840 und 1900 wurde Gandalf aufgrund seiner Gefangenschaft bei Saruman schmerzlich vermisst.

Durch die zinsbedingt zunehmende Arm-Reich-Spaltung vor allem der europäischen Gesellschaften im 19. Jahrhundert wurden auch die Zinsautomatismen entsprechend zu einer zunehmenden Belastung für das kollektive Bewusstsein und den kollektiven Frieden. Vor allem der 3. Ringgeist des Vernichtungswettbewerbs hat massiv negativ auf die internationalen Beziehungen vor allem zwischen den westlichen Ländern eingewirkt. Durch den zunehmenden Kampf um Exportüberschüsse zum Ausgleich der durch die automatische Vermögensumverteilung von unten nach oben entstehenden inneren Probleme gestalteten sich die internationalen Beziehungen zunehmend feindselig. Vor allem die seit der deutschen Wiedervereinigung 1871 rasch wachsende deutsche Wirtschaft, die schließlich zur leistungsstärksten europäischen Wirtschaft wird, löst bei den europäischen Nachbarn zunehmend Ängste, Missgunst und Feindseligkeiten aus. Der vom Zinsgeld erzeugte Vernichtungswettbewerb zwischen den europäischen Nationen führt im Zuge vor allem der 2. Hälfte des 19. Jahrhunderts zum Auftreten nationalistischer Strömungen in fast allen Ländern Europas. Diese flächendeckend nationalistische und fremdenfeindliche Stimmung verwirrt die Analytiker, die sich mit der Erforschung der wirtschaftlichen Probleme und Missstände beschäftigen und nach einer Lösung suchen. Ohne ein ausreichendes Unterscheidungsvermögen, das zu sehr unter den nationalistischen Feindseligkeiten leidet, gelingt es lange Zeit niemandem, ein Wirtschaftsmodell zu entwickeln, das eine wirkliche Lösung der vielen Probleme bereithält.

In dieser Zeit der „Gefangenschaft Gandalfs bei Saruman" entstehen bei der Suche nach Wirtschaftsmodellen für die Lösung der zinsbedingten Probleme lediglich eine Reihe sogenannter linker Ideologien, denen u.a. die Namen Sozialismus, Kommunismus, Marxismus und schließlich Sozialdemokratie gegeben wurden, die letztlich alle auf die Hochfinanz zurückgehen. Darauf gehen wir im nächsten Kapitel weiter ein.

Ereignisse am Amon Sûl – Erfindung der politischen Parteien

Einleitende Betrachtungen zu den Lösungsmöglichkeiten der Probleme, die vom Zinsgeldsystem verursacht werden. Ob nun eine das Problem der durch die Zinswirtschaft ausufernden Umverteilung des Vermögens unterdrückende (also linke) Politik, welche die Zinswirtschaft bewahrt und weiterführt, oder eine das System bejahende (rechte) Wirtschaftspolitik betrieben wird, oder eine Politik möglich wird, die auf eine Neutralisierung des Problems ausgerichtet ist, um eine tatsächliche Gerechtverteilung zu erzielen, hängt letztlich nur vom kollektiven Bewusstsein ab. Wir haben genau die Wirtschaftspolitik, die wir durch unser kollektives Bewusstsein erschaffen. Im Moment wollen wir (unbewusst) immer noch eine Wirtschaftspolitik haben, die die Arm-Reich-Spaltung weiter vorantreibt, sonst hätten wir sie nicht.

Nach eineinhalb Jahrhunderten des Ideologiestreits zwischen rechten und linken Ideologien lässt sich nur nüchtern feststellen, dass im Endeffekt gilt: links = rechts.

Die Auswirkung ist dieselbe, außer dass links das Vermögen noch schneller und gründlicher umverteilt, da es in sozialistischen Staaten zum Beispiel leichter ist, das Vermögen auch von den Vermögenden zur Hochfinanz umzuverteilen. Durch linke Politik muss die Hochfinanz noch weniger mit anderen teilen und muss dem Rest der Menschheit nur gerade das geben, was sie zum Überleben braucht.

Keine linke Politik ist in der Lage oder war jemals in der Lage, jene Hochfinanz abzusetzen, die sich ihrer für ihre Zwecke bedient. Auch linke Politik war immer nur ein Werkzeug der Umverteilung und Machtausübung der Hochfinanz.

Wenn wir das Problem wirklich lösen wollen, müssen wir eine Wirtschaftspolitik mit einer Neutralverteilung des Vermögens finden.

Wenn sich so viele Menschen ein gerechtes Wirtschaftssystem wünschen, wieso haben wir dann immer noch dasselbe, die bekannten Probleme immer weiter verschärfende System? Man könnte sagen, ok, es gibt zu viele Anhänger der Linken und Pseudolinken, deren Aktivität das Zinsgeldsystem bewahrt, und das stimmt sicherlich. Aber das ist nicht das eigentliche Problem, warum wir das Zinsgeldsystem nicht durch ein gerechtes System ersetzen können.

Es gibt im Wesentlichen 2 Ursachen:
1. Die Macht derer, die vom herrschenden System profitieren, das ist die Hochfinanz, Sauron, die ihre Macht nutzt, das System zu erhalten.

Gegen deren Kontrolle des Systems können wir wenig machen, außer sie in die Sichtbarkeit zu bringen, so dass allgemein erkannt werden kann, dass deren Macht und Kontrolle des Systems keine Verschwörungstheorie ist. Dieser Weg braucht seine Zeit.

2. Die zweite Ursache ist jedoch die eigentliche Ursache des Weiterbestehens desselben alten Systems. Und das ist unser kollektives Bewusstsein. Und da geht es um den Einen Ring und Sauron im Innen, in jedem von uns.

Es gibt in den letzten Jahren immer mehr Gruppierungen und Bewegungen, die Ideen anbieten, welche die schlimmsten gesellschaftlichen Probleme lösen sollen. Es wird sehr, sehr viel Zeit damit zugebracht, über die Lösungsansätze und -ideen zu diskutieren. Es lässt sich beobachten, dass die meisten Diskutierenden gerne so lange diskutieren möchten, bis sie andere von ihren Ideen und Lösungen überzeugt haben. Sie glauben, sobald nur genug Menschen die Dinge so sehen, wie sie selbst, kann eine Bewegung in Gang gesetzt werden, die die Probleme löst. Sie glauben, wenn die Dinge erst ausdiskutiert sind, werden die anderen schon auf Linie sein. Das Problem ist, wenn A mit B diskutiert, beide nicht auf einer Linie sind und beide die oben genannte Einstellung haben, verschwenden beide ihre Zeit und Energie. Was in der Einstellung der Diskutierenden bis heute vorherrscht, ist letztlich der Wunsch, dem anderen die eigene Sicht der Dinge – und sei es durch endloses Gerede – aufzuzwingen. Der 6. Teufelskreis, der des Zwanges, ist im kollektiven Bewusstsein zu stark.

Wenn die große Mehrheit gerne anderen ihre Sicht der Dinge aufzwingen möchte, wird immer nur weiter der herrschen, der über das meiste Geld und mit dem meisten Geld über den meisten Einfluss verfügt. Wir alle erzeugen ein Gesamtklima der Zwangsausübung, so dass die Hochfinanz uns ihre Vorstellung eines politischen Systems aufzwingen kann, dadurch dass wir kollektiv die von uns gewünschten Änderungen am liebsten herbeizwingen würden. Eine kollektive Einstellung, andere am liebsten zwingen zu wollen, verhindert jede Möglichkeit einer echten Demokratie und gibt alle Macht an die Stärksten ab, die uns dann wirklich zwingen können. Und dabei ist der Zwang, den die Hochfinanz auf verschiedenen Wegen auf uns ausübt, tatsächlich nicht mehr als ein Spiegel des kollektiven Bewusstseins. Sie tut nur, was wir fast alle tun oder am liebsten tun würden, nur mit mehr Durchsetzungsmacht.

Anstatt in einer Demokratie zu leben, werden wir daher von Parteien regiert, die wir zwar wählen dürfen, die aber tun, was ihre Geldgeber von ihnen verlangen, also die Hochfinanz. Das ist im Außen so, weil wir in unserem Bewusstsein kollektiv den Zwang wählen.

Diese Energie des Zwanges ging zunächst am meisten von den vom System Benachteiligten aus. Dass die Arbeiter und anderen Systemverlierer immer mehr Energie in den Wunsch steckten, ihre Rechte erzwingen zu können, führte zu immer größeren sozialen Spannungen und einem Überhandnehmen des von den Ego-Teufelskreisen im kollektiven Gemüt erzeugten Ungleichgewichts in den bisherigen fünf erkrankten Schalen des kollektiven Gemüts. Wenn das Ungleichgewicht vor allem in der 5. Schale zu stark wird, springt es quasi auf die 6. Schale über, so dass das kollektive Gemüt in diesem Moment um eine Schale tiefer erkrankt. Bei den Ereignissen am Amon Sûl beschreibt Tolkien am eingehendsten, wie das Eindringen der Erkrankung in eine Schale tiefer stattfindet.

Frodo blickte auf die Straße nach Westen und sah, dass sich zwei schwarze Pünktchen und drei weitere von Osten her langsam auf sie zu bewegten. Es sind also 2 plus 3 Teufelskreise, die im kollektiven Bewusstsein schließlich überhand nehmen, die bisher erkrankten Teufelskreise des Mangels, der Unzufriedenheit, der Benachteiligung, der Minderwertigkeit und der Machtlosigkeit. Diese Ego-Teufelskreise waren also massiv aktiviert. Das sind also jene fünf Ego-Teufelskreise/Zinsgeld-Automatismen, die gegen Ende des 19. Jahrhunderts zunehmend das kollektive Bewusstsein verdunkelten. Der Amon Sûl selbst steht wie wir in Band 3, Kapitel 4 gesehen haben für das Seelenchakra am unteren Halsansatz. Das Seelenchakra ist vor allem dem 9. Thema zuzuordnen. Das heißt, das Seelenchakra war im kollektiven Bewusstsein sehr von Wut und Ärger überlagert, was in Anbetracht der massiven Verarmung der Arbeiterschicht auch verständlich, obschon keine Lösung war.

Mitten in der durch die Nähe der Ringgeister drohenden Gefahr suchen die Hobbits und Aragorn nach Spuren von Gandalf, können aber weder klare Spuren, noch Gandalf selbst finden.

Die Personen, die in diesem Zeitraum nach Lösungen für die zinsbedingte Ausbeutung und Verarmung suchten, haben versucht, das eigentliche Problem zu ergründen und richtig zu unterscheiden, um eine passende Lösung vorschlagen zu können. Es ist ihnen jedoch nicht gelungen.

Frodos Angst vor den sich nähernden Ringgeistern ging über in das plötzliche Verlangen, den Ring aufzustecken. Es war wie ein unwiderstehlicher **Zwang** zu gehorchen, ohne dass eine Verlockung dabei gewesen wäre. Er wehrt sich eine Weile vergeblich und setzt den Ring auf.

Den Einen Ring auf den Finger zu stecken bedeutet, dem Verlangen des Egos so nachzugeben, dass wir uns darin verlieren. Unser Verstand setzt dann aus, wir sind ganz in der Gewalt unserer eigennützigen Schuldprojektion, Recht haben zu wollen, und verlieren die Kontrolle über den jeweiligen Teufelskreis, der uns antreibt. Dass sich Frodo am Amon Sûl (Seelenchakra) befindet und er an den Punkt kommt, den Ring aufzusetzen, deutet darauf hin, dass im kollektiven Bewusstsein die Not an einem Punkt war, an dem sie überzukochen drohte und der Verstand der Betreffenden aussetzte. Dieser Zustand ist sehr dramatisch und daher sind Tolkiens Schilderung auch sehr dramatisch.

Frodos Wahrnehmung wird nach dem Aufsetzen des Ringes sofort surreal. Er kann die Ringgeister sehen. Verzweifelt zieht er sein Schwert. Der König der Ringgeister stürzt mit einem langen Schwert auf Frodo zu.

In einem Moment, in dem wir ausrasten, unsere Selbstbeherrschung verlieren und voll mit unserer negativen Emotion identifiziert sind, setzt eine seltsame Veränderung der Wahrnehmung ein, als würde alles surreal werden. Tatsächlich sind wir in diesem Zustand äußerst verwundbar durch jegliche negative Energie, die gegen uns gerichtet wird.

Frodo wirft sich nach vorne zu Boden und ruft nach Elbereth, einer der Valiër Amans (übersetzt ist das ein innerer Hilferuf nach Gott). Er schlägt nach den Füßen des Feindes, schreit auf und spürt einen Schmerz wie von einem vergifteten Pfeil durch seine linke Schulter. Er verliert die Besinnung und Streicher verjagt die Ringgeister mit einem Holzscheit.

Wenn wir uns einem Teufelskreis bis zum Extrem überlassen, steigert dies unser konditioniertes Rechthabenwollen aufs äußerste. Wir sind dann völlig isoliert und in einem extremen Zustand. Wenn dieser Zustand extremer Isoliertheit durch ein verzweifeltes inneres Ankämpfen gegen ein Gefühl absoluter Macht- und Hilflosigkeit erzeugt wird (König der Ringgeister), kann es sein, dass unser gesunder Menschenverstand nicht nur aussetzt (unsichtbar wird), sondern auch einen mentalen Schaden davonträgt, indem er chronisch verdrehte Ideen annimmt (der 6. Zinsgeld-Automatismus ist der der Verdrehung). Da unser Machtlosigkeitsgefühl unerträglich ist, kann es sein, dass wir in einem extremen Moment „Lösungen" in unseren Verstand aufnehmen, von denen wir anschließend dauerhaft nicht mehr erkennen, dass sie das Problem verschlimmern. Dieser Schaden wurde dem kollektiven Verstand damals zugefügt. Er bestand darin, dass die 6. Schale des kollektiven Gemüts dauerhaft erkrankte, der Ego-Teufelskreis des Zwanges, unter dem Frodo stand. Und es hatte nicht viel gefehlt, dass sich der kollektive Verstand beinahe nicht mehr davon erholt hätte. Dieser Schaden besteht in der kollektiven Überzeugung, durch die Bildung von Mehrheiten die gewünschten Lösungen erzwingen zu können, in der Überzeugung, der von Mehrheitsregierungen ausgeübte Zwang wäre demokratisch, weil er von der Mehrheit ausgeht.

Der kollektive Wunsch, Gerechtigkeit und die Durchsetzung der eigenen Lösungsvorstellungen erzwingen zu können, wurde von der Hochfinanz für die Schaffung und Verbreitung linker und rechter Ideologien und Parteien genutzt.

Die sich immer mehr zur Durchsetzung ihrer Ansichten aufputschenden Ideologien trafen von links und von rechts (West und Ost) am Amon Sûl zusammen. Der Amon Sûl, das Seelenchakra, steht für die Sprache der Seele, also für die Vergebung. Durch das Aufeinandertreffen der radikalen Ideologien wurde diese Ebene unseres Bewusstseins im Kollektiv dauerhaft – bis heute – von Frust, Wut, Hass und Verwirrung überlagert.

Und so wurde unsere a priori spaltende, Menschen gegeneinander aufbringende und irreführende politische Skala erfunden, in der „rechts" für nationalistisch und „links" für „antikapitalistisch" und „antifaschistisch" steht, während beide Lager von Anfang an nur der Hochfinanz dienten.

Egal also, wo sich Menschen auf dieser Skala einordneten oder heute noch einordnen, das eigentliche Problem, das eine echte Demokratie verhindert, war damals wie heute dasselbe.

Das Problem ist der kollektive Wunsch, anderen die als notwendig gesehene Lösung aufzuzwingen. Solange der Zwangswunsch im kollektiven Bewusstsein zu stark ist, wird es nach wie vor keine Demokratie geben, sondern nur eine Herrschaft von Parteien, die alle von der Hochfinanz kontrolliert werden. Dadurch dass damals vom Teufelskreis der Machtlosigkeit ausgehend die bereits erkrankten fünf Teufelskreise im kollektiven Bewusstsein außer Kontrolle geraten sind, wurden kollektiv Ideologien umarmt und befürwortet, die die Lösung erzwingen sollten. Und diese kollektive Zwangshaltung sorgte dafür, dass die Hochfinanz die definierten „Lösungen" kontrollieren und in ihrem Sinne einsetzen konnte und bis heute immer noch kann.

In diesen Geschehnissen ist klar, dass die neun Ringgeister auf Befehl Saurons ausgezogen sind. Das heißt, die gesamte Orchestrierung linker und rechter Ideologien, durch die politische Gruppierungen, Parteigänger und ganze Gesellschaften gegeneinander ausgespielt werden, wurde von Anfang an von der Hochfinanz dirigiert. Sie hatte von Anfang an den Plan, die Menschheit durch die Schaffung dieser Ideologien in Lager zu spalten, dass sie sich so lange und so intensiv bekämpfen, dass sie selbst schließlich als Schlichter und Retter auftreten kann und zum Wohle aller jene Neue Weltordnung (=Weltdiktatur) herbeiführen kann, die sie von Anfang an anstrebte.

Frodo macht sich Vorwürfe wegen seiner Dummheit und Schwäche. Er fragt sich, ob er verkrüppelt bleiben wird und ist extrem schwach.

Nach dem Abebben der schlimmsten Negativität mögen viele erkannt haben, dass sie sich zu sehr in Hass gesteigert haben. Viele haben möglicherweise bedauert, dem Sog der Wut nicht erfolgreich widerstanden zu haben. Dennoch, trotz dieses Bedauerns, hatten viele die linken und rechten Ideologien angenommen, so dass sie auch heute noch millionenfach hoch gehalten werden. Also war dem kollektiven Verstand das Gift, den politischen Gegner zwingen zu wollen, erfolgreich verpasst worden und das wirtschaftspolitische Denken ist seither und bis heute stark von den linken und rechten Konzepten belastet. Beide Konzepte dienen der Hochfinanz, weil diese sowohl den Staat als auch die Wirtschaft kontrolliert. Frodo wird noch fast bis zum Ende seiner Reise weiter vom Gift des Königs der Ringgeister beeinträchtigt, das heißt, die damals erfolgte chronische Erkrankung des Gemüts, Gerechtigkeit durch politische Parteienbildung erzwingen zu wollen, beeinträchtigt auch heute noch die kollektive Denkfähigkeit, und zwar so lange, bis diese 6. Schale des kollektiven Gemüts wieder ausheilt, was heute (2017) noch nicht geschehen ist. Immer noch glauben die Menschen, durch das Wählen einer Partei etwas verbessern zu können oder am Demokratieprozess teilzunehmen.

Die linken Ideologien und Parteien sind ein wesentliches Werkzeug der Vermögensumverteilung von unten nach oben. Durch eine hohe Besteuerung der Reichen kann sich die Hochfinanz das Geld von allen holen, die nicht zum Club gehören. Der Eine Ring dient Sauron, sonst niemandem. Durch die linken Parteien wird klar, dass das Zinsgeldsystem am Ende tatsächlich nur den Reichsten dient, sonst niemandem. Wenn die Reichen dies tatsächlich einmal verstehen, sollte ihnen das helfen, einem gerechten Geldsystem mit neutraler Gerechtverteilung des Vermögens zuzustimmen, am besten, bevor es zu spät ist. Die linken Ideologien sind die effizientesten Werkzeuge zur Schaffung einer weltweiten Klasse recht- und besitzloser Arbeiter mit der Hochfinanz an der Spitze.

Dass die Hochfinanz alle rechten Ideologien für ihre Zwecke nutzen kann, dürfte klar sein.

Letztlich nutzt sie die politische Rechte, um einen gewaltbereiten Nationalismus zu entfachen, der die Menschen so erschreckt, dass sie der Entmachtung und Auslöschung der Nationalstaaten zugunsten zentraler Regierungen (wie in Brüssel) unter der Kontrolle der Hochfinanz zustimmen. Heute sind die europäischen Nationalstaaten gegenüber der diktatorischen Zentralgewalt aus Brüssel ja bereits nahezu machtlos.

Grob gesehen sieht die Zusammenarbeit zwischen sagen wir konservativen und linken Regierungen auf wirtschaftlicher Ebene wie folgt aus: *Schritt eins:* Die konservativen Regierungen tun alles nötige, um den normalen Automatismus der Umverteilung auch normal ablaufen zu lassen. Das Zinsgeldsystem darf ungestört seine Arbeit machen und das Vermögen der arbeitenden Bevölkerung kontinuierlich zur Hochfinanz umverteilen. Dazu braucht es keiner speziellen Gesetze, weil das System das von sich aus macht. Natürlich nutzt die Hochfinanz die Parlamente trotzdem dazu, keine Steuern zu zahlen.

Die Vermögensaufteilung des Volkes sieht dann in etwa aus wie bei einer mathematischen Kurve 1/x, die auf der x-Achse etwa von 0 bis 10 geht. Bei 1 (also 10% der Bevölkerung) ist etwa die Schnittstelle zwischen den Systemgewinnern und den Systemverlierern.

Die 10% links davon profitieren vom System bis hin zu der kleinen Gruppe der Hochfinanz, die mit großem Abstand am meisten profitiert. Die 90% rechts der Schnittstelle zahlen zunehmend drauf, weil die Umverteilung niemals aufhört. Wer einmal rechts von der Schnittstelle ist, zahlt im Laufe der Zeit durch steigende Steuern, steigende Produktpreise, möglicherweise persönliche Schulden, schlechter werdende Bezahlung und unsicherer werdende Jobs und Arbeiten sowie schließlich durch Arbeitslosigkeit immer mehr drauf.

Schritt zwei: Durch Meinungsmache gegen die Reichen können sozialistische Regierungen an die Macht gebracht werden. Diese eignen sich dann hervorragend, um die Reichen hoch zu besteuern, und auch das Geld der Reichen zur Hochfinanz, die für den Normalbürger unsichtbar ist, umzuverteilen. Das wirkt dann auch noch so, als geschähe soziale Gerechtigkeit. Kaum einer wundert sich, dass es keinen nennenswerten Unterschied zwischen links und rechts gibt, außer dass „links" das Vermögen noch besser zur Hochfinanz umverteilt.

Natürlich kann die Hochfinanz daher prima damit umgehen, wenn immer wieder zwischen Schritt eins und Schritt zwei hin und her gewechselt wird.

So kann der Wechsel zwischen „linken" und „rechten" Regierungen hervorragend als Teamplay für die beschleunigte Umverteilung des Vermögens zur Hochfinanz genutzt werden. Und an der kontinuierlichen Verschlechterung der Lebensumstände für das Gros der Gesellschaft, die unabhängig von der politischen Regierung stattfindet, ist natürlich immer der politische Gegner schuld. So wird die Masse der Menschen von den Kontroversen von Parteien hypnotisiert, die alle nur scheinbar für ihre Interessen und in Wirklichkeiten gegen ihre Interessen und für die Interessen der Hochfinanz arbeiten.

Dass Frodo am Ende kurz vor dem Erreichen des Bruchtals von allen 9 Ringgeistern gejagt wird, symbolisiert, dass durch die Erkrankung der 6. Schale des kollektiven Gemüts das Tor für die Erkrankung auch der drei innersten Schalen des kollektiven Gemüts geöffnet wurde.

Dass diese 9 hinweggespült werden, symbolisiert einen nur sehr kurzfristigen Stopp der weiteren Erkrankung durch ein kurzes spirituelles Aufblühen gegen Ende des 19. Jahrhunderts. Verursacht wurde dies von einer Beruhigung des kollektiven Gemüts, das sich einer weiteren tieferen Erkrankung für kurze Zeit durch die Aktivierung eines gewissen Mitgefühls mit den dramatischen Ereignissen der politischen Polarisierung widersetzte, symbolisiert durch den Aufenthalt der Ringgemeinschaft in Bruchtal.

Viele Begegnungen – Kurze Blüte zur Jahrhundertwende

In diesem ersten Kapitel des zweiten Buchs des Herrn der Ringe werden viele Begegnungen und Personen beschrieben, die ein Bild von der Qualität der Eigenschaften geben, für die Elben, Menschen, Zwerge und Hobbits stehen.

Als die Menschheit (oder vielmehr die westliche Gesellschaft) zur Jahrhundertwende damals ihren ersten spirituellen Durchbruch erzielte, wurden dadurch die Ansätze einer kurzen spirituellen Blüte ausgelöst, die dann durch den sich anbahnenden 1. Weltkrieg wieder verlosch. Es war in dieser kurzen Phase, als Silvio Gesell die Lösung, für die vielen vom Zinsgeld erzeugten Probleme fand und darstellte. Diese wird im nächsten Kapitel zu Elronds Rat beschrieben. Gehen wir zunächst auf einige der Aussagen im Kapitel zu den vielen Begegnungen ein.

Gandalf erklärt Frodo, dass Elrond ein Meister der Heilkunst ist, der Feind aber über tödliche Waffen verfügt. Gandalf hatte tatsächlich wenig Hoffnung, dass sich Frodo wieder erholt, aber am Ende hat Elrond den Splitter der Klinge gefunden und entfernt.

Hier wird noch einmal die Giftigkeit des Ego-Teufelskreises des Zwanges für den menschlichen Verstand beschrieben, die damals schon beinahe zu einem bösen Ende geführt hätte. Am Ende war es damals alleine das erwachende Mitgefühl (Elrond) mit den Menschen, gegen die sich die Emotionen richteten, das die Negativität im kollektiven Bewusstsein stoppen konnte. Wie man in der Welt heute sehen kann, wirkt das Gift des Parteiendenkens immer noch. Auch die Linken verstehen immer noch nicht, dass sie von der Hochfinanz nur benutzt werden, um das System zu erhalten und stärker zu machen.

Sie verstehen nicht, dass sie die Probleme verschlimmern, wenn sie eine Lösung erzwingen wollen, die die tatsächliche Problemursache bestehen lässt, und dass sie dadurch ein Teil des Problems sind, das sie bekämpfen. Die Verlockung, eine Lösung herbeizwingen zu wollen (der 6. Teufelskreis), ist immer noch zu stark. So wie die Teufelskreise stärker werden, wenn wir gegen das von unserer Schuldprojektion erzeugte grundlegende Egoproblem ankämpfen, so werden auch die Zinsautomatismen durch den Kampf gegen sie stärker, wenn wir das ursächliche Zinsgeld weiter allein alles Wirtschaften regeln lassen.

Frodo fragt Gandalf, warum die Gewänder und die Pferde der Ringgeister sichtbar waren, obwohl die Ringgeister selber unsichtbar sind. Gandalf meint, dass beide echt sind.

Die Ego-Teufelskreise beruhen allein auf der Täuschung und Illusion unseres Normalegos, die Egoprobleme lösen zu können, indem wir sie als echt annehmen und dagegen ankämpfen. Da die Egoprobleme selbst jedoch nur eine Täuschung sind, macht das Ankämpfen dagegen sie nur teufelskreisartig stärker. Obwohl die Teufelskreise selbst nun jedoch eine reine Täuschung unseres Bewusstseins sind, ist das von ihnen in uns ausgelöste Leid real. Die negative Kraft, die die Teufelskreise gegen uns richten (die Pferde der Ringgeister), ist real. Das Erleben der Teufelskreise in unserem Bewusstsein (ihre Kleider) ist real, auch wenn ihr Inhalt auf einer Täuschung beruht.

Tolkien schreibt, dass allein der Aufenthalt in Bruchteil heilsam ist. Die Fähigkeit, das Herzchakra, also die sanften Gefühle des Herzens aktivieren zu können, hat eine große Kraft, uns von unserer Negativität zu heilen.

Sam begeistert sich Frodo gegenüber über die vielen Elben, die teils schön und würdevoll, teils albern wie Kinder sind.

Diese beiden Wirkungen hat die Verankerung in der Liebe des Herzens für unser Bewusstsein vor allem: Sie schenkt uns eine ernste Würde im

Angesicht der Probleme der Welt und sie macht uns verspielt wie Kinder, wenn wir einfach nur unserer Seele nahe sind und ihre Verspieltheit zum Ausdruck bringen.

Insgesamt symbolisiert der Aufenthalt der Ringgemeinschaft in Bruchtal eine kurze spirituelle Blüte, die die Menschheit um die Jahrhundertwende erlebte. In dieser kurzen Phase gab es viele Durchbrüche, die den Eindruck erwecken konnten, ein Goldenes Zeitalter sei für die Menschheit nur noch wenige Jahrzehnte entfernt.

ELRONDS RAT – FORTSCHRITTE IN VIELEN BEREICHEN

Der Eine Ring schien im Innen und Außen vernichtbar zu sein. Die Homöopathie legte trotz einer bereits jahrhundertealten Behinderung und versuchten Unterdrückung einen Siegeszug hin, der für die ganze Menschheit körperliche und psychische Heilung und Gesundheit versprach.

Aleksandar Stefanovic listet in seinem Buch „Das kann die Homöopathie" eine ganze Reihe der historischen Leistungen der Homöopathie auf, von denen wir hier einige wenige ab Kapitel 12, Seite 125, des Buches zitieren: Die Homöopathie wurde von Hahnemann zum ersten Mal 1799 bei einer Epidemie eingesetzt. Die Sterblichkeit lag bei Scharlach bei den nicht homöopathisch Behandelten bei bis zu 40%, meistens bei 6-16%. Hahnemann behandelte eine Reihe der Erkrankten homöopathisch, von denen alle gesund wurden.

Aufgrund der eindeutigen Erfolge der Homöopathie forderte die preußische Regierung 1838 die Ärzte des Landes auf, bei den damals stark verbreiteten Scharlachepidemien das homöopathische Arzneimittel Belladonna anzuwenden.

Während einer verheerenden Fleckfieberepidemie 1813 in Leipzig starben 30-40% der nicht homöopathisch Behandelten. Die Gefährlichkeit des Fleckfiebers wird noch deutlicher, wenn man erfährt, dass Napoleon beim Russlandfeldzug 60.000 Soldaten bei Kampfhandlung und 220.000 Soldaten durch Fleckfieber verlor. Bei anderen Fleckfieberepidemien starben 70% der Erkrankten. Im europäischen Russland gab es zwischen 1918 und 1922 ca. 3 Millionen Tote durch Fleckfieber. Während des 2. Weltkriegs starben bei jedem Ausbruch der Fleckfieberepidemie mindestens 50% der Erkrankten und weitere 20% behielten schwere Schäden zurück. Zurück zur Leipziger Epidemie: Hahnemann behandelte 183 Fleckfieberpatienten homöopathisch, von denen 182 geheilt wurden. Eine sensationelle Heilungsquote, die ohne Homöopathie unmöglich war.

Die Nachfolger Hahnemanns waren mit ihren homöopathischen Behandlungen von Typhus und Fleckfieber im 19. Jahrhundert ähnlich erfolgreich. Die Heilungsquoten lagen bei 93-99%. Dies zeigt: Die Homöopathie kann auch lebensbedrohliche Infektionskrankheiten wie Typhus mit einer hohen Wahrscheinlichkeit heilen.

Im Verlauf des 19. Jahrhunderts gab es mehrere Choleraepidemien in mehreren Ländern Europas. Allein in Preußen starben 300.000 Menschen an Cholera. Die Sterblichkeitsrate bei Cholera lag im Durchschnitt bei 60%. Anders bei den homöopathisch Behandelten: Dr. Quinn aus London berichtet, dass die Sterblichkeitsrate in den 10 homöopathischen Krankenhäusern Londons bei 9% lag. Dr. Roth, Hofarzt des Königs von Bayern, berichtete, dass die Sterblichkeitsrate unter homöopathischer Behandlung bei nur 7% lag. Dr. Barkody aus Raab, Ungarn, erzielte mit der Homöopathie eine Heilungsquote von 95%. Dr. Gerstel aus Brünn, Tschechei, erzielte bei 631 Cholerakranken eine Heilungsquote von 96%.

Für die europäischen Choleraepidemien des 19. Jahrhunderts ergeben sich folgende Vergleichsdaten zur Schulmedizin:
Schulmedizinische Behandlung: Sterblichkeitsrate 50-60%
Homöopathische Behandlung: Sterblichkeitsrate 4-9%.

In den USA war der Siegeszug der Homöopathie fast noch größer. Beispiel: Bei der Choleraepidemie 1849 in Cincinnati, Ohio, behandelten 2 homöopathische Ärzte 1116 Cholerakranke, von denen nur 35 starben. Dies entspricht einer Heilungsquote von 97%, während von den schulmedizinisch behandelten Kranken 50% starben.

Ähnliche Erfolge gab es bei Ruhrepidemien. Die Homöopathie konnte auch diese lebensgefährliche Darminfektion heilen.

Die Daten für Gelbfieber am Beispiel von New Orleans 1848:
Sterblichkeit bei schulmedizinischer Behandlung: 50%
Sterblichkeit bei homöopathischer Behandlung: 5,6%.

Insgesamt lag die Heilungsquote der Homöopathie bei den erfassten Gelbfieberepidemien bei 93-97%.

Diphtherie: Unter den Aufzeichnungen über Diphtherie in Broone County, New York (1862-64) gibt es einen Bericht, der von einer Sterblichkeitsrate von 83,3% bei den schulmedizinisch Behandelten spricht. Bei den homöopathisch Behandelten war es anders herum: Hier betrug die Heilungsquote 83,6%.

Noch überzeugender sind die Erfolge der Homöopathie im Vergleich zur Schulmedizin bei Pockenepidemien und Grippeepidemien.

Jedoch, je größer die Erfolge der Homöopathie, desto intensiver formierten sich die Gegnerschaft aus Ärzten und Apothekern, die immer mehr um ihre Vormachtstellung bangten. Der gesamte Siegeszug der Homöopathie wurde fast von Anfang an begleitet von einer zunehmenden Kampagne aus Intrigen und Desinformation, um der Homöopathie zu schaden. Heilerfolge wurden verschwiegen und geleugnet. Es gibt Vorstöße zum Verbot der Homöopathie.

Dennoch setzte sich ihr Siegeszug bis ins 20. Jahrhundert fort. 1900 wurde in Washington ein Hahnemann-Denkmal enthüllt. Der damalige Justizminister, John W. Griggs, sagte bei seiner Ansprache unter anderem: „Man muss Hahnemann zugestehen, dass er Täuschungen [über die Wirkung von Arzneistoffen] aufgedeckt und die Wahrheit ans Licht gebracht hat. Er hat die Dinge gezeigt, wie sie waren, nicht wie man es von ihnen glaubt. Er hat Fehler [im System schulmedizinischer Arzneibehandlung] entlarvt und der Natur ihre Geheimnisse entlockt […] wofür er angefeindet wurde. Nicht nur in Jerusalem steinigte man seine Propheten. Und so erduldete auch dieser Mann seine Verfolgung um der Wahrheit willen."

Ende des 19. Jahrhunderts gab es in Nordamerika 22 homöopathische Universitäten und 140 homöopathische Krankenhäuser. Es gab 15.000 niedergelassene homöopathische Ärzte. Die Anzahl der schulmedizinischen Ärzte in Nordamerika betrug nur 1/7 davon.

Auf die dann folgende perfide Niederschlagung der Homöopathie kommen wir dann etwas später in diesem Buch.

Die Physik machte große Fortschritte im Bereich der Elektrizität und Energiegewinnung. Um die Jahrhundertwende schien es nur noch eine Frage weniger Jahrzehnte, bis die ganze Menschheit vollkommen kostenlos mit Strom und Energie versorgt werden konnte. Zu verdanken war dies vor allem Nicola Tesla und seinen Entdeckungen zur kostenlosen Gewinnung von Energie für alle. Wären diese Entwicklungen nicht rigoros von der Hochfinanz der Allgemeinheit vorenthalten und nur für ihre Geheimprojekte missbraucht worden, wäre die Menschheit jetzt schon fast 100 Jahre unabhängig vom Öl und die extrem gefährliche Kernkraft hätte nie entwickelt werden müssen.

Der wichtigste Durchbruch zu dieser Zeit wurde jedoch von Silvio Gesell erzielt. Dieser zeigte die Lösung all der vom Zinsgeld in der Welt und im menschlichen Geist erzeugten Probleme auf. Die Funktionsweise eines zinsfrei fließenden Geldes und seine unmittelbare Macht, durch eine sich verbreitende Zirkulation dieses Geldes in relativ kurzer Frist ein Goldenes

Zeitalter für die ganze Menschheit herbeizuführen, sind in Band 2 dieser Reihe ausführlich dargestellt.

Das Bild des Ringwurfs in die Abgründe des Schicksalsbergs, das bei Elronds Rat als einzige vernünftige Lösung herausgearbeitet wird, symbolisiert, dass eine Umlaufsicherung auf Geld (in Höhe von etwa 6%/Jahr) den Zins gegen null laufen lässt. Das heißt, wenn man den Zins nicht dem Kreditnehmer aufbürdet, sondern sozusagen dem Geld selbst, so dass immer der Inhaber des Geldes den Zins zahlen muss, wird das Geld zinsfrei verliehen, um der mit dem Geld direkt verbundenen Zinszahlung zu entgehen. Damit ertrinkt der Zins (der Eine Ring) in der Schuld (in den Abgründen des Schicksalsbergs) und führt diese auf null (der Eine Ring löst sich in der Glut auf).

Damit hat Silvio Gesell eine vollständig ausreichende Lösung für die geldbedingten Probleme der Menschheit aufgezeigt. Das eigentliche Problem besteht nur darin, den Einen Ring an Sauron vorbei in den Schicksalsberg zu bekommen. Das heißt, das eigentliche Problem besteht nur darin, das zinsfrei fließende Geld auch gegen den Egoismus im kollektiven Bewusstsein und gegen den Willen der Hochfinanz flächendeckend zu zirkulieren, damit seine Verbreitung die milliardenschweren Zinseinnahmen der Hochfinanz auf null fährt, ihre Macht vollständig beendet und das ganze Geld und die ganze Macht den Menschen gibt, die das Geld erarbeitet haben. Tolkien hat gegen Ende des Herrn der Ringe verschlüsselt, wie genau uns dies gelingen kann. Dazu kommen wir dann.

Der Rat beschliesst die Ringvernichtung – Leben ohne Zinsgeld

Die Ringvernichtung ist DIE zentrale Botschaft des Herrn der Ringe überhaupt. Gehen wir in Bezug auf Elronds Rat also gründlicher auf die Symbolik der Ringvernichtung ein und beleuchten, wie unser Geldsystem genau analog unseren kollektiven Bewusstseinsprozessen funktioniert, um die Alternativlosigkeit der ausgearbeiteten Lösung nachzuvollziehen.

Wenn wir unsere Schuldgefühle (Klüfte des Schicksalsbergs) unbewusst, instinkthaft und reflexhaft auf andere projizieren (der Eine Ring), um selber als die Guten dazustehen, ohne Schuld und im Recht, werfen wir den Schatten, der sich auf uns gelegt hat, auch auf andere, so dass der Schatten in uns und in anderen stärker wird. Wenn wir unser Vorgehen nicht nur rechtfertigen, sondern sogar zu einem geheiligten Konzept machen, sperren wir uns so in das Gefängnis unseres Egos (Sauron) ein und streben auch noch danach, andere mit in dieses Gefängnis hineinzuziehen und ihr Denken zu beherrschen. Wir müssen erkennen, dass wir den Schatten nicht loswerden können, indem wir ihn auch auf andere werfen. Auch wenn wir in dem Kampf, anderen Schuld zuzuweisen und selbst Recht zu behalten, siegreich bleiben, werden wir den Schatten in uns nicht los, sondern machen ihn nur stärker und werfen ihn auch über andere. Aber wenn wir andere dazu bewegen können, dass sie ihre vermeintliche Schuld an uns abtragen, hat das Ego des Schuldprojizierenden kein Interesse, seine Schuldprojektion wieder zurückzunehmen, auch wenn er dadurch selbst unter einem Schatten bleibt.

Wenn wir Fehler gemacht haben, auch wenn wir sie als Reaktion auf die Fehler von anderen gemacht haben, können wir versuchen, uns durch Wiedergutmachung und Versöhnung von dieser Schuld und von unseren Schuldgefühlen zu befreien. Wenn wir unter unerklärlichen Schuldgefühlen leiden, können wir versuchen, sie bei uns zu behalten und durch Selbstvergebung und Vergebung aufzulösen (Wurf des Ringes in die Klüfte des Schicksalsbergs). In jedem Fall ist es wichtig, uns unserer Schuldgefühle bewusst zu werden, sie bei uns zu behalten und sie durch Wiedergutmachung, Versöhnung, Selbstvergebung und Vergebung aufzulösen. Durch die Auflösung von Schuldgefühlen lösen wir den Schatten auf, den die Schuld auf uns wirft und bringen so Licht in uns selbst, so dass wir uns selbst als die kindliche Unschuld und Liebe erkennen können, die wir in Wahrheit sind. Wir versetzen uns so auch in die Lage, nicht mehr mitzuspielen, wenn andere ihre Schuldgefühle auf uns projizieren. Durch Vergebung lösen wir den Schatten, der sich auf uns gelegt hat, auf und gelangen zur Selbsterkenntnis. So befreien wir uns selbst, holen uns unsere Macht zurück und geben andere frei, denen wir dadurch die Tür öffnen, sich ebenfalls zu befreien.

Die von Tolkien dargestellten symbolischen Prozesse sind analog genauso auf unsere Außenwelt, auf unser Geldsystem anwendbar.

In einer arbeitsteiligen Gesellschaft wird jeder Mensch in den verschiedenen Bereichen seines Lebens von der Arbeit anderer Menschen versorgt. Eine solche Arbeitsteilung kann nur funktionieren, wenn jeder Einzelne in der Pflicht steht, einen entsprechenden Arbeitsbeitrag für die Gemeinschaft zu leisten. Das heißt, in einer arbeitsteiligen Gesellschaft kann jeder seine Versorgung einfordern und steht im Gegenzug der Forderung gegenüber, dass er selbst einen Beitrag für die Versorgung anderer leistet. Gibt man diesen gegenseitigen Forderungen ein definiertes Maß und schreibt sie auf Papier (oder als Zahlen in ein Konto), so nennen sich diese

Forderungen Geld. Manchmal wird eine Forderung auch als Schuld bezeichnet, weil jeder der Gesellschaft einen Beitrag dafür schuldet, von dieser versorgt zu werden. Daran ist erst einmal nichts falsch. Geld kann vom Grundgedanken her eine sehr praktische und auch gerechte Sache sein, weil es einen ansonsten extrem mühseligen und zeitaufwendigen Tauschhandel dramatisch beschleunigt.

Der Austausch von Geld und Leistungen ist also ein Austausch von Forderungen. Wenn wir Geld geben, fordern wir dafür eine vereinbarte Leistung ein. Wenn wir Geld nehmen, müssen wir dafür eine vereinbarte geforderte Leistung erbringen. Eine Forderung (wenn man so will eine Bringschuld), die man an uns stellen kann, quittieren wir also durch die Weitergabe von Geld. In gewissem Sinne halte ich also die Schuld eines anderen in meinen Händen, die ich einfordern kann, eine Schuld, die greift, sobald ein entsprechender Vertrag zustande kommt. Die Welt ist im Gleichgewicht, solange die Forderungen, die auf diese Weise den Besitzer wechseln, in einem angemessenen Gleichgewicht sind. Wenn ich die Einforderungsmöglichkeit einer solchen Schuld einem anderen verleihe (also Geld verleihe), kann ich das Gleichgewicht von Geben und Nehmen wahren, wenn ich mir zusätzlich zur Rückerstattung der Schuld die eventuell durch das Ausleihen entstehenden Kosten erstatten lasse.

Wenn ich aber zusätzlich zur Rückerstattung der Schuld und der angemessenen Verleihkosten einen Zins dafür fordere, der meine bloßen Kosten weit übersteigt, bürde ich eine größere Schuld auf als ich überlasse. Genau dieser Vorgang ist der Eine Ring in der Welt und zerstört das Gleichgewicht in der Gemeinschaft.

Normalerweise muss jeder für die Forderung, die er stellen kann, eine Leistung erbringen. Durch einen Zins, der zu einem Zinseszins führen kann, kann ich meine eigene Pflicht, einen Beitrag zu leisten und eine Forderung zu erfüllen, einem anderen aufbürden. Das heißt, ich gebe meine Schuldigkeit, einen Beitrag zu leisten, einem anderen, so dass dieser andere meine Schuld begleichen muss.

Das Zinsgeld macht damit genau das gleiche wie die Schuldprojektion. Ich bürde meine Schuld (meine Pflicht, einen Beitrag zur Gesellschaft zu leisten) anderen auf. Diese anderen müssen dadurch meine Arbeit mitleisten. Durch den Zinseszins wächst dieses Aufbürden von Schuld immer weiter an, so dass die einen nur noch fordern (Schuld aufbürden) können und die anderen nur noch Forderungen erfüllen (Schuld abtragen) müssen. Durch dieses gestörte Gleichgewicht liegt am Ende das ganze Geld (das heißt alle Möglichkeiten zu fordern) bei den Vermögendsten und alle Schuld (alle Pflicht, Forderungen zu erfüllen) bei den Menschen mit vergleichsweise wenig oder keinem Vermögen.

Wenn wir als Gesellschaft ein Geldsystem einrichten, müssen wir darauf achten, dass der Kreditgeber später sein Geld zurückbekommt und zusätzlich nur die ihm durch das Verleihen anfallenden Kosten erstattet bekommt, mehr nicht.

Wenn wir Geld gegen Zinsen verleihen und dadurch unangemessen viel Geld zurückfordern können, bürden wir unsere Schuld, also unsere Pflicht, der Gesellschaft Leistungen zu erbringen, dem Kreditnehmer auf. Wir müssen uns der eigenen Schuld, also unserer Pflicht, der Gesellschaft angemessene Leistungen zu erbringen, bewusst werden, diese annehmen und auf unangemessene Forderungen verzichten, um die Welt wieder in ein Gleichgewicht von Nehmen und Geben bringen zu können.

In uns brauchen wir das Bewusstsein, dass wir dem Leben, Gott gegenüber in einer Schuld stehen für das Leben, das uns gegeben ist. Kein Mensch hat das Recht, sich gegenüber anderen Menschen an die Stelle Gottes zu setzen und eine grundsätzliche Schuld einzufordern. Unsere Schuldigkeit gegenüber Gott können wir abtragen, indem wir unsere Pflichten erfüllen und auch denen, die sich selbst nicht versorgen können, den Armen und Unterprivilegierten, selbstlos dienen.

Wenn wir darüber hinaus Schuld auf uns laden, müssen wir diese wiedergutmachen, um uns versöhnen zu können. Wenn wir darüber hinaus unter unbegründeten Schuldgefühlen leiden, müssen wir diese bei uns behalten, um sie durch Selbstvergebung auflösen zu können.

Wenn wir unsere – egal ob berechtigten oder unberechtigten – Schuldgefühle auf andere projizieren, findet in unserem Bewusstsein eine Abspaltung statt, die wir nach außen übertragen, weil wir durch unsere Projektion fordern, dass andere unsere Schuldgefühle abtragen müssen. Wenn unsere Projektion nicht endet, endet auch die anderen auferlegte Pflicht nicht, Schuld an uns abzutragen. Durch unsere Schuldprojektion stellen wir uns dauerhaft über andere, urteilen über andere, schaffen ein oben und unten, setzen uns an die Stelle Gottes und fordern, dass andere eine grundsätzliche Schuld an uns abtragen müssen. Wenn andere unsere Schuldprojektion mitspielen und Schuld an uns abtragen, hat unser Ego kein Interesse, das Spiel zu beenden.

Genau analog müssen wir beim Geld (das ja eine Forderung darstellt) berücksichtigen, dass eine Schuld für das Zurverfügungstellen von Geld nur gegenüber der Gemeinschaft besteht, die das Geldsystem als öffentliche Einrichtung zur Verfügung stellt. Im Anschluss an das Verleihen des Geldes von der Gemeinschaft an die einzelnen Menschen kann es der Gemeinschaft egal sein, wer wem Geld weiterverleiht, wenn die mit dem von der Gemeinschaft ausgegebenen Geld verbundene Schuld (der Kostenaufwand der Gemeinschaft) mit dem jeweiligen Geld (Geldschein oder Girobetrag) mitwandert. Wenn die Zinsschuld mit dem Geld mitwandert, kann niemand, der Geld in Händen hält, seiner Schuldigkeit gegenüber der Gemeinschaft, die das Geld bereitgestellt hat, entgehen. Kein Mensch hat das Recht, sich an die Stelle der Gemeinschaft zu stellen und als Geldschöpfer aufzutreten, der die Schuld für das Verleihen von Geld einfordert, das ursprünglich die Gemeinschaft bereitgestellt hat.

Diese gerechte Ordnung, dass die Zinsschuld für den Geldverleih ausschließlich der Gemeinschaft gilt, die das Geld an die Einzelnen verleiht, wird zerstört, wenn die Zinsschuld beim Weiterverleihen von Kreditgeber zu Kreditnehmer vom Geld auf den Kreditnehmer übertragen wird. Durch diese Übertragung der Schuld des Kreditgebers gegenüber der Gemeinschaft auf den Kreditnehmer, usurpiert der Kreditgeber den Platz der Gemeinschaft. Er beansprucht eine Zahlung des Kreditnehmers für sich, die dieser eigentlich nur der Gemeinschaft schuldet.

Durch die Abschaffung der Zinsschuld gegenüber der Gemeinschaft und die Schaffung einer Zinsschuld gegenüber einem privaten Kreditgeber, der das von der Gemeinschaft bereitgestellte Geld weiterverleiht, setzt dieser sich also selbst an die Stelle der Gemeinschaft, gegenüber der die Schuld eigentlich rechtmäßig abgetragen werden müsste. Wenn wir uns als Gesellschaft diese Usurpation des Platzes der Gemeinschaft durch private Kreditgeber (Banken) einfach gefallen lassen, hat das Ego dieser privaten Kreditgeber auch kein Interesse mehr daran, auf die Schuld zu verzichten, die wir ständig an sie abtragen. Sie haben kein Interesse mehr an einem gerechten System, bei dem der Gemeinschaft der Platz zurückgegeben wird, der ihr gebührt.

Das ist dasselbe wie sich an die Stelle Gottes zu setzen und sich über alle anderen Menschen zu stellen. Wenn diese anderen sich das gefallen lassen, hat das Ego der Schuld projizierenden kein Interesse, einen Verzicht auf das Privileg zu leisten, das ihnen eigentlich gar nicht zusteht, die anderen ihnen aber überlassen haben.

In gewissem Sinne ist das Problem in den Religionen, dass es Priester gibt, die sich selbst zwischen den Einzelnen und Gott zwischenschalten.

Dadurch übernehmen sie die Deutungshoheit, setzen sich an die Stelle Gottes und üben Macht über die Einzelnen aus. Dasselbe passiert beim Geld. Im Grunde darf sich niemand in die direkte Verbindung zwischen dem Einzelnen und der Gemeinschaft zwischenschalten. Der Zins für die Zurverfügungstellung von Geld sollte immer direkt vom Individuum, der das Geld in Händen hält, an die Gemeinschaftsinstitution fließen. Eine Geschäftsbank, die sich zwischenschaltet und selbst keinen Zins für das Geld in ihren Händen an die Gemeinschaft zahlt, einen solchen aber von ihren Kreditnehmern erhebt, setzt sich an die Stelle der Gemeinschaft und übt damit Macht über alle anderen Einzelnen aus.

So wie wir uns als Menschheit nur retten können, wenn jeder Einzelne sich von Schuldgefühlen befreit, über die er steuerbar ist, und seine persönliche direkte Verbindung zu Gott wiederaufnimmt und persönlich Verantwortung für eine bessere Welt übernimmt, genauso können wir die Welt um uns herum nur ins Gleichgewicht von Nehmen und Geben rücken, wenn jeder Einzelne seine Zinsen für das ihm zur Nutzung zur Verfügung gestellte Geld direkt an eine Gemeinschaftsinstitution zahlt und keine Geschäftsbank zwischengeschaltet ist, die selbst keine Zinsen für das Geld in ihren Händen an die Gemeinschaft zahlt, aber solche von jedem erheben kann, der sich ihr Geld leiht.

Die Welt kann nur in Ordnung sein, wenn die Zinspflicht beim Geldinhaber liegt, nicht beim Kreditnehmer. Der jeweilige Inhaber des Geldes kann das geliehene Geld entweder ausgeben oder weiterverleihen, so dass auch hier die Zinsschuld mit dem Geld mitwandert, so dass auch der jeweils nächste Inhaber des Geldes selbst in der Pflicht gegenüber der Gemeinschaft steht. Auf diese Weise kann niemand seine Pflicht, der Gesellschaft eine Leistung zu erbringen, einem Kreditnehmer aufbürden, da diese immer beim Geldinhaber bleibt. Der Kreditnehmer muss nur den geliehenen Betrag plus die Kosten des Kreditgebers zurückerstatten und den mit dem Geld, das er in Händen behält, verbundenen Schuldzins gegenüber der Gemeinschaft bezahlen. Somit können wir niemandem unsere Schuld (unsere Pflicht zum Erbringen eines Beitrags für die Gesellschaft) einem anderen aufbürden und andere können uns keine solche Schuld aufbürden. Durch Vergebung lösen wir den Schatten, der sich auf uns gelegt hat, auf und gelangen zur Selbsterkenntnis, so dass sowohl wir als auch unsere Mitmenschen frei sind.

Durch ein mit einem Wanderzins behaftetes Geld stehen alle auf gleiche Weise in der Pflicht, für die Gesellschaft zu arbeiten, um an das benötigte

Geld zu kommen. Kein Geldverleiher kann den Arbeitenden den Lohn für ihre Arbeit wegnehmen. Es legt sich kein Schatten zwischen die Menschen, es findet keine Spaltung in arm und reich statt.

Während Zinsgeld immer zu einer ausufernden Bereicherung der Reichsten auf Kosten der Arbeitenden führt, führt ein mit einem Wanderzins behaftetes Geld immer in die Richtung eines Ausgleichs, egal wie ungleich vermögend die Gesellschaft zum Zeitpunkt der Einführung eines solchen Geldes ist.

Solange Sauron den Einen Ring nicht in seine Hände bekommt, bleibt es möglich, ihn im Schicksalsberg zu vernichten.

Das heißt, solange es keine völlige Entmachtung des Volkes gibt, bleibt diese Lösungsmöglichkeit stets bestehen. Sie wartet gewissermaßen ständig darauf, dass wir durch ihre Umsetzung aus dem Albtraum erwachen, in den wir uns durch das Zinsgeldsystem fortlaufend versetzen.

Durch den von der Gemeinschaft eingerichteten Wanderzins gerät das Geld in einen raschen Fluss. Es wird von privater Seite, also auch von den privaten Banken, zinsfrei – nur mit den tatsächlichen Kosten der Bank behaftet – weiterverliehen, um der Zahlung des Wanderzinses an die Gemeinschaft zu entgehen. Somit ist ein mit einem Wanderzins an die Gemeinschaft zu zahlendes Geld ein in der Wirtschaft zinsfrei fließendes Geld.

Der Wanderzins an die Gemeinschaft ändert die Richtung, in die das Geld fließt:

Zinsgeld (also Geld ohne Wanderzins an die Gemeinschaft) fließt grundsätzlich von den Arbeitenden zu den Vermögenden.

Zinsfrei fließendes Geld fließt grundsätzlich von den Vermögenden zu den Arbeitenden.

Der Zins macht aus dem Geld ein Kapital, das mit dem Zins anwächst.

Der an die Gemeinschaft zahlbare Wanderzins macht aus dem Geld ein zinsfrei fließendes Geld, das eine Reserve und Rücklage ist, die schmilzt, wenn wir selber keine Arbeit leisten. Vermögen ermöglicht nur vorübergehend, bis es aufgebraucht ist, uns vor Arbeit zu drücken. Es ist augenscheinlich, dass Zinsgeld ungerecht und zinsfrei fließendes Geld gerecht ist. Es dürfte dabei klar sein, dass ein solches gerechtes Geld erst eingeführt werden kann, wenn das kollektive Verlangen (Gollum), Schuld zuweisen und Zinsen fordern zu können, ausreichend transformiert und abgemildert ist. Ansonsten wird das kollektive Ego alle Einführungen eines zinsfrei fließenden Geldes durchkreuzen und scheitern lassen.

Dann können die, die gerne Schuld zuweisen möchten, behaupten, das zinsfrei fließende Geld würde ja in der Praxis nicht funktionieren. Das heißt, die Vernichtung des Einen Ringes muss erst innen vollzogen werden, bevor sie im Außen Erfolg haben kann. Erst ein ausreichend transformiertes kollektives Bewusstsein wird die erfolgreiche Einführung eines zinsfrei fließendes Geldes möglich machen.

Man darf also nicht den Fehler machen zu glauben, Silvio Gesells Theorien seinen illusorisch, weil ihre Umsetzung bisher nicht funktioniert hat. Vielmehr ist das Scheitern bei der Umsetzung ein untrüglicher Indikator für zu viel Egoismus im kollektiven Bewusstsein. Außerdem stimmt es nicht, dass sie bisher nicht funktioniert haben. Sie haben bereits in der Frühzeit der Menschheit, im Mittelalter – wie wir gesehen haben – und auch einmal in unserer Zeit sehr gut funktioniert, wozu wir im 4. Kapitel noch kommen werden. Es waren am Ende jeweils nur Egointeressen, die diese sehr gut funktionierenden Systeme kollabieren ließen.

Zusammenfassend:

Die Gesetzmäßigkeiten in unserem Bewusstsein:

- Für das uns geschenkte Leben haben wir eine Schuldigkeit gegenüber Gott.
- Diese Schuldigkeit tragen wir ab, indem wir unsere Pflichten erfüllen und uns auch um die Armen und Unterprivilegierten kümmern.
- Wenn wir eine echte Schuld auf uns laden, müssen wir diese wenn möglich wiedergutmachen, um uns versöhnen zu können.
- Wenn wir an unbegründeten Schuldgefühlen leiden, sind diese nur durch Selbstvergebung zu lösen.
- Durch Schuldprojektion setzen wir uns selbst an die Stelle Gottes, bürden anderen unsere Schuldgefühle auf und zwingen sie, diese an uns abzutragen.
- Wenn diese Schuldprojektion nicht endet, setzen wir uns damit an die Stelle Gottes, so dass andere dauerhaft eine grundsätzliche Schuld an uns abtragen müssen. Wenn andere die Schuldzuweisung annehmen und die Schuld an uns abtragen, hat unser Ego kein Interesse, unsere Schuldprojektion zurückzunehmen.

Genau analog die Gesetzmäßigkeiten im Geld:

- Für das von der Gemeinschaft zur Verfügung gestellte Geld schulden wir der Gemeinschaft einen Schuldzins.
- Diesen Schuldzins bezahlen wir für das Geld, das wir in unserem Besitz haben, nicht für irgendwelche Kredite.

- Wenn wir einen Kredit von anderen Menschen oder Organisationen nehmen, müssen wir diesen sowie die real für den Kreditgeber angefallenen Kosten zurückzahlen. Mit der Rückzahlung endet diese Schuld. Die Schuld gegenüber der Gemeinschaft endet nicht, da sie immer mit dem Geld mitwandert.
- Ein privater Kreditgeber steht selbst für das Geld in seinen Händen in einer Schuld gegenüber der Gemeinschaft und muss den Schuldzins dafür zahlen, wenn er den Kredit nicht vergibt. Dadurch steht er unter Kostendruck, sein Geld auch zu verleihen und es entsteht ein echter Wettbewerb zwischen den Kreditgebern. Kein Kreditgeber kann für die Kreditvergabe mehr Geld einfordern, als ihm tatsächlich an Kosten anfällt. Wie alle anderen Menschen auch, bekommt er nur seine Arbeit bezahlt.
- Durch Abschaffung des Schuldzinses gegenüber der Gemeinschaft setzen Kreditgeber sich selbst an die Stelle der Gemeinschaft, bürden ihre eigene Pflicht zur Zahlung des Schuldzinses an die Gemeinschaft dem Kreditnehmer auf und kassieren diesen Schuldzins für sich. Dadurch zwingen die Kreditgeber die Kreditnehmer, ihre eigentlich der Gemeinschaft geltende Schuldigkeit an die Kreditgeber abzutragen, und sorgen so dafür, dass außer ihnen selbst auch niemand sonst seiner Schuldigkeit gegenüber der Gemeinschaft nachkommt.
- Wenn diese Art der Geldzirkulation nicht endet, setzen sich die Kreditgeber damit dauerhaft an die Stelle der Gemeinschaft, so dass die große Gemeinschaft der Kreditnehmer dauerhaft eine grundsätzliche Schuld an die Kreditgeber abtragen muss. Damit usurpieren die größten Kreditgeber den Platz der Gemeinschaft, die das Geld herausgibt, nehmen den Platz ein, der nur der Gemeinschaft gebührt, stellen sich damit über die Gemeinschaft und damit über alle Menschen, so dass sie am Ende die öffentlichen Kassen, die Wirtschaft und die Gesellschaft beherrschen können.

Wenn der mit dem Geld mitwandernde Schuldzins an die Gemeinschaft, die das Geld herausgibt, abgeschafft wird, usurpieren private Kreditgeber den Platz der Gemeinschaft. Dann gilt für solche Kreditgeber: „Gebt mir die Kontrolle über das Geldsystem und es ist egal, wer die Gesetze macht." Sie haben dann eine Macht wie ein Gott. Eine Macht, die eine Gesellschaft, die frei sein möchte, ihnen niemals geben dürfte. Eine Macht, die sie sich wieder zurückholen muss, um frei sein zu können.

Zur Präzision: Es geht nicht nur darum, dass eine öffentliche Zentralbank das Geld herausgibt. Das ist zu wenig. Es geht darum, dass alles öffentlich herausgegebene Geld direkt selbst mit einem Schuldzins belastet ist, damit die Zinsen an die Gemeinschaft fließen, nicht an die privaten Kreditgeber.

Die Symbolik des Ringwurfs in den Schicksalsberg meint damit: Es geht um die Rücknahme der Schuldprojektion. Es geht darum, die Schuldigkeit, die jeder Mensch gegenüber Gott und der Gemeinschaft hat, selbst zu begleichen und nicht anderen aufzubürden. Damit geht es natürlich auch darum, dass wir uns keine Schuld mehr von anderen aufbürden lassen. Dies bezieht sich auch auf das Geld. Die Schuld für die Nutzung des Geldes muss an die Gemeinschaft fließen, die das Geld herausgibt, nicht an private Kreditgeber. Diese haben natürlich kein Interesse, den der Gemeinschaft zustehenden Schuldzins, den sie für sich kassieren, wieder rechtmäßig der Gemeinschaft zu überlassen. Auf dieses Ego dürfen wir aber keine Rücksicht nehmen. Wenn wir uns als Gesellschaft befreien und frei bleiben wollen, müssen wir uns um der Gerechtigkeit, des Friedens und der Freiheit willen am Ende als Gemeinschaft durchsetzen, und dafür sorgen, dass der Schuldzins auch an die Gemeinschaft gezahlt wird.

Aufgrund unserer kollektiven Schuld projizierenden Konzepte und des Zinsgeldsystems haben wir Hierarchien gebildet und uns daran gewöhnt, dass das gesellschaftliche Leben nur über Hierarchien erfolgreich ablaufen kann. Regierung muss immer von oben nach unten sein.

Dieses generelle Denken von oben nach unten muss einem Denken von unten nach oben weichen.

Um zu einer echten Demokratie zu kommen, brauchen wir eine Rückbesinnung auf die natürliche, gerechte Ordnung. Wir brauchen Gemeinden, die den Status des Souveräns (des Volkes) innehaben. Das heißt, die Gemeinde hat immer das letzte Wort in Bezug auf ALLE Gesetze, die in dieser Gemeinde gelten. Das heißt, alle zentralen Volksvertretungen haben lediglich eine koordinierende und Gesetze vorschlagende Funktion. Es gibt keine Mehrheiten außerhalb einer Gemeinde, die die Macht hätten, der Gemeinde ein Gesetz aufzuzwingen, das sie nicht will. Das ist die natürliche demokratische Ordnung.

Das erforderliche Umschalten des Denkens von oben nach unten zu einem Denken von unten nach oben ist weder einfach, noch ohne Gefahren. Wenn wir zentrale Machtinstitutionen, wie z.B. nationale Regierungen zu schnell entmachten, um die Gemeinden stärker und souverän zu machen, kann die Hochfinanz eine solche Schwäche nationaler Regierungen nutzen, um Chaos zu stiften und die vom Volk gewünschte Ordnung dann mit Gewalt von oben aufzuzwingen. Dann hätten wir statt echter Demokratie dann eine Diktatur. Der Prozess, die Macht an das Volk, an die Basis, also auf die Gemeinden zu verlagern, ist also abhängig von einem kollektiven Bewusstseinswandel. Dieser Wandel gibt auf natürlichem Wege vor, wann das Umschalten auf ein Denken von unten nach oben so weit stattgefunden hat, dass die Basis die Macht ohne die Gefahr der Bildung einer Diktatur übernehmen kann. Es ist wie bei der Umwandlung einer Raupe in einen Schmetterling. Sie muss auf natürlichem Wege zu ihrer eigenen Zeit in ihrem eigenen Rhythmus stattfinden.

Wenn sich das kollektive Bewusstsein ausreichend gewandelt hat, wird das alte System einem Kollaps entgegensteuern. Und dieser anlaufende Kollaps wird dann das Zeichen sein, dass ein natürlicher Wandel ohne eine zu große Gefahr der Entstehung einer Diktatur stattfinden kann. Das heißt, es wird eine Krise kommen. Und um diese Krise zu bewältigen, brauchen wir dann die Einführung zinsfrei fließender Geldsysteme. Dies wird der natürliche Übergang sein, den Tolkien auch noch genauer und detaillierter verschlüsselt hat. Damit werden wir uns dann gegen Ende des Buches beschäftigen.

Isildurs Fluch – Karma der keltisch-germanischen Welt

Es würde zu viel, die Aussagen in Elronds Rat alle durchzugehen. Eine wichtige Aussage Elronds noch:

„Nannte ich den Sieg des Letzten Bündnisses fruchtlos? Nicht ganz und gar, doch das Ziel war nicht erreicht. Sauron war geschwächt, aber nicht vernichtet. Sein Ring war ihm genommen, aber nicht zerstört. Der Dunkle Turm ward zertrümmert, doch seine Grundmauern standen noch. Denn sie waren mit der Macht des Ringes erbaut und werden dauern, solange er dauert."

Und schuld daran war Isildur. Das bedeutet, Jesu Prophezeihung hin oder her, es scheint das Karma der keltisch-germanischen westlichen Welt zu sein, das Dunkle Zeitalter zu beenden. Es waren die Germanen, die es nicht geschafft haben, das römische Schuld projizierende Denken nach dem Untergang Roms wieder aufzulösen. Daher musste am Ende auch das Zinsgeld wieder an Macht gewinnen und eine neue Hochfinanz hervorbringen. Jetzt ist es also die Aufgabe der keltisch-germanischen Welt (westliche Hälfte Europa & Nordamerika) zu schaffen, was den Germanen am Ende der Antike nicht gelungen ist. Es war ein Deutscher (Samuel Hahnemann), der die Möglichkeit der Vernichtung des Einen Ringes im Bewusstsein durch das Mittel der klassischen Homöopathie aufgezeigt hat. Es war ein Deutscher (Silvio Gesell), der die Möglichkeit der Vernichtung des Einen

Ringes im Außen (des Zinsgeldes) durch ein zinsfrei fließendes Geld aufgezeigt hat. Und es scheint die Aufgabe der keltisch-germanischen westlichen Welt zu sein, am Ende Innen und Außen zusammenzubringen und ein Gesellschaftsmodell einer parteilosen Demokratie geeinter Menschen in den einzelnen Gemeinden und neutraler Vermögensverteilung auch in der Praxis in der Welt zu manifestieren. Wenn es andere Völker schaffen sollten, umso besser. Es wäre großartig, wenn sich alle Völker dieser Erde daran versuchen, nicht nur die westlichen.

Weg nach Moria – Zunehmende Feindseligkeit in Europa

Der Weg nach Moria symbolisiert die im 2. Jahrzehnt des 20. Jahrhunderts in Europa zunehmende Feindseligkeit, die durch den immer mehr zunehmenden feindlichen Wettbewerb zwischen den europäischen Nationen angefeuert wurde. Diese zunehmende Feindseligkeit wurde von der Hochfinanz genutzt, ein Dominosystem internationaler Verträge aufzubauen, in dem Deutschland und Österreich isoliert und umzingelt wurden. Als die Verträge standen, wurde der 1. Dominostein in der Form der Ermordung des österreichischen Thronfolgers umgestoßen und die Welt von den Machenschaften der Hochfinanz in den 1. Weltkrieg gestürzt.

Bei der Reise, die die Ringgemeinschaft durch Hulsten macht, um nach Moria zu gelangen, ist diese zunehmende Feindseligkeit spürbar. Nun hat die Ringgemeinschaft im Wesentlichen drei Möglichkeiten, um mit dem Einen Ring auf die östliche Seite des Nebelgebirges zu kommen.
1. Sie kann an der Westseite des Nebelgebirges bis zur Pforte von Rohan gehen und das Gebirge somit umwandern. 2. Sie kann über das Gebirge hinwegsteigen und den Rothornpass passieren. 3. Sie kann unter dem Gebirge hindurchgehen, indem sie vom Westtor bis zum Osttor Moria durchschreitet.
1. Die Ringgemeinschaft entscheidet sich gegen die Pforte von Rohan. Diese liegt zu nahe an Sarumans Orthanc. Es bestünde die Gefahr, dass der Eine Ring in Sarumans Hände fällt. Dies symbolisiert, dass sich die kollektiven Transformationsbemühungen von den nationalistischen Ideen und Strömungen fernhalten mussten, um nicht unter deren Bann zu fallen und von diesen missbraucht zu werden.
2. Die Ringgemeinschaft versucht, das Gebirge zu überschreiten und den Rothornpass zu passieren. Dieser Weg erweist sich als zu schwierig. Alle Bemühungen führen zu einer Verschlimmerung der Lage, so dass die Ringgemeinschaft umkehren muss.

Gandalf zeigt auf die Berge über Moria, den grausamen Caradhras, dahinter Celebdil und Fanuidhol.

Diese drei Berge befinden sich über dem Zwergenreich Moria und symbolisieren die drei Themen des energetischen Geists, während Moria selbst für das 3. Thema steht. Das Nebelgebirge als Ganzes symbolisiert den energetischen Geist, der die Aufgabe hat, uns individuell und auch als Teil der gesamten Gesellschaft und damit die Gesellschaft als Ganzes gut und gerecht mit allem zu versorgen, was wir zum Leben brauchen.

Der Reihenfolge von Tolkiens Aufzählung nach, die von Westen nach Osten geht, steht der Caradhras für das 3. Thema, die Celebdil für das 2. Thema und der Fanuidhol für das 1. Thema. Das Adjektiv „grausam" verweist auf den 3. Teufelskreis, bei dem Benachteiligungsgefühle zu Neid, Eifersucht, Feindseligkeit, Gewalt und Krieg verarbeitet werden. Das Ankämpfen gegen Benachteiligung erzeugt zunehmende Benachteiligungsgefühle. Diese führen letztlich zu Grausamkeit gegenüber anderen Menschen, um den eigenen Benachteiligungsgefühlen zu entkommen. Wenn sich alle Seiten eines Konflikts benachteiligt fühlen, führt dies zu grausamen Auseinandersetzungen im Kampf um mehr Gleichheit.

Boromir äußert das Gefühl, dass die Gewalten des Caradhras gegen die Gemeinschaft gerichtet sind.

Bei einem akut aktivierten Teufelskreis der Benachteiligung richten Menschen ihre Feindseligkeiten unmittelbar gegeneinander, so dass sich alle persönlich angegriffen fühlen und persönlich angegriffen werden.

Schließlich gibt die Gemeinschaft auf und akzeptiert die Niederlage. Die Passage des erfolglosen Versuchs, den Caradhras zu übersteigen, symbolisiert die erfolglosen Bemühungen im Kampf gegen die Benachteiligungsgefühle, die ursächlich für die zunehmenden internationalen Spannungen waren, indem man im Außen für eine bessere und gerechtere Versorgung der Menschen in den jeweiligen Gesellschaften kämpft. Der Versuch, das Nebelgebirge zu überschreiten, war der Versuch, durch Anstrengungen für eine bessere und gerechtere Versorgung der eigenen Gesellschaft die Spannungen zwischen den Gesellschaftsschichten herauszunehmen und für Frieden zu sorgen.

Das Scheitern der Gemeinschaft bei dem Versuch, das Nebelgebirge zu überschreiten, symbolisiert, dass es damals unmöglich war – und generell im Zinsgeldsystem und mit den Mitteln des Zinsgeldsystems auch unmöglich ist – die ganze Gesellschaft gut mit allem zu versorgen, egal wie sehr wir uns anstrengen. Alle in das Zinsgeldsystem investierte Energie führt letztlich immer nur zu einer weiteren Entfaltung der im Zinsgeld enthaltenen Programmierung, vor allem zu einer zunehmenden Arm-Reich-Spaltung und mehr Feindseligkeiten. Das Zinsgeld kann nichts anderes hervorbringen als das, was in es hineinprogrammiert ist.

Denn auf der wirtschaftlichen Ebene erzeugt Zinsgeld den 3. Automatismus des Vernichtungswettbewerbs. Durch die laufende Umverteilung des Vermögens von unten nach oben, entsteht in allen Volkswirtschaften und Nationen eine Arm-Reich-Spaltung, die automatisch 90% jeder Gesellschaft benachteiligt. Eine Nation kann durch das Erzielen von Exportüberschüssen, die vom Zinsgeld programmierte Verarmung der eigenen arbeitenden Bevölkerung verlangsamen. Wenn aber alle Nationen auf diesem Weg versuchen, der Verarmung entgegenzuwirken, entstehen automatisch Nationen mit einem Exportdefizit, bei denen sich die Lage noch rasanter verschlimmert als so schon. Dieses Kämpfen um Exportüberschüsse erzeugt also so massive Benachteiligungsgefühle bei den Verlierern dieses Kampfes, dass die Emotionen in den Gesellschaften der Verlierernationen noch dramatischer mit Missgunst, Feindseligkeiten und Gewalt aufgeladen werden. Je erfolgreicher wir durch Exportüberschüsse die Situation der eigenen arbeitenden Bevölkerung erleichtern, desto mehr verschlimmern wir sie dadurch bei der arbeitenden Bevölkerung anderer Nationen, die noch mehr benachteiligt werden als sowieso schon.

Die von diesen Benachteiligungen profitierende Hochfinanz kann die sich aufladende Gewalt leicht nutzen, um Verschwörungen und Kriege gegen die Exportweltmeister anzuzetteln, in denen sich die Gewalt entlädt. Die Menschen erkennen nicht, dass nicht die Exportweltmeister, sondern die Vermögensumverteilung zur Hochfinanz die Probleme der Arbeitenden verursachen.

Der Kampf um Exportüberschüsse ist von der subjektiven Wahrnehmung her ein Ankämpfen gegen die eigene Benachteiligung und um mehr wirtschaftliche Gerechtigkeit. Von der objektiven Auswirkung auf eine andere Volkswirtschaft her ist er jedoch eine aggressive, feindselige Handlung gegen diese Volkswirtschaft. Ein Kampf aller Volkswirtschaften um Exportüberschüsse ist ein Krieg auf wirtschaftlicher Ebene. Denn Exportüberschüsse gehen immer auf Kosten derer, die zwangsläufig ein Handelsdefizit erzielen. Die Hochfinanz kann die durch das Zinsgeld entstehende reale Benachteiligung der arbeitenden Bevölkerung also nutzen, die Lösungsstrategie in Richtung einer Verschlimmerung der Lage durch das Anstreben von Exportüberschüssen zu lenken, so dass der 3. Teufelskreis so außer Kontrolle gerät, dass nur noch Krieg zur Entladung der Feinseligkeiten bleibt.

Dass die Ringgemeinschaft zunächst den Weg über den Caradhras wählt, symbolisiert, dass die um Transformation bemühten Kräfte in der Menschheit diese internationalen Auswirkungen des Zinsgeldsystems nicht begriffen. Sie waren sich der Sinnlosigkeit und Kontraproduktivität der Bemühungen um Exportüberschüsse zum Unterstützen des sozialen Friedens in der eigenen Nation nicht bewusst und mussten desillusioniert aufgeben.

Schließlich wird das Lager der Gemeinschaft von einer wütenden Armee von Wargen angegriffen.

Warge stehen für die Impulse der Feindseligkeit, die vom 3. Teufelskreis erzeugt werden. Es handelt sich weniger um negative Gedanken (Orks) als vielmehr um negative Triebkräfte, die Feindseligkeit zum Ausdruck bringen. Wie im vorhergehenden Absatz dargestellt, war diese zunehmende triebhafte Feindseligkeit zwischen den europäischen Nationen die unausweichliche Auswirkung der sich durch das Kämpfen um Exportüberschüsse beim Ankämpfen gegen die Benachteiligung der arbeitenden Bevölkerung entstehenden Feindseligkeiten und Gewalt. Das Scheitern am Caradhras und der Überfall der Warge gehören unmittelbar zusammen. Dies zeigt plastisch den Wirkmechanismus der 3. Ego-Teufelskreises und des 3. Zinsgeld-Automatismus'.

3. Die Ringgemeinschaft entscheidet sich für den Weg durch Moria
Nachdem der Versuch, den Caradhras zu übersteigen, fehlschlägt, entscheidet sich die Ringgemeinschaft, den Weg durch Moria zu nehmen.

Nachdem die Probleme innerhalb der einzelnen Nationen mit den Mitteln des Kampfes um Exportüberschüsse nicht beseitigt werden konnten und stattdessen nur die internationalen Feindseligkeiten im kollektiven Bewusstsein der europäischen Nationen angefeuert wurden, gehen die transformativen Bemühungen mehr dahin, die durch den Kampf um Exportüberschüsse angefeuerte nationalistische Feindschaft zu beschwichtigen und Freundschaft zu stiften. Dass alle anderen Wege außer dem Weg durch Moria versperrt sind, bedeutet, dass die um Transformation bemühten Menschen jener Zeit keine andere Wahl hatten, als sich der Feindseligkeit im Kollektiv zu stellen und zu versuchen, freundliche Gefühle für die verhassten europäischen Nachbarn zu wecken. Diese gesamte, hier von Tolkien gezeichnete Atmosphäre zeigt deutlich internationale Spannungen, die auf einen Krieg zusteuern. Wir befinden uns hier in den Jahren 1912/1913, den Jahren unmittelbar vor dem Ausbruch des 1. Weltkriegs.

Gandalf grübelt lange über das Losungswort für den Zutritt zu Moria „sprich Freund und trete ein" und kommt schließlich darauf, dass er das elbische Wort ‚mellon', was Freund heißt, aussprechen soll.

Der 3. Teufelskreis ist die Feindseligkeit. Die 3. Selbstheilkraft ist die Gewaltlosigkeit, Freundlichkeit oder Freundschaft, also die Disziplin, andere Menschen ungeachtet ihres Verhaltens grundsätzlich nicht als Feinde zu sehen, um die Möglichkeit von Freundschaft aufrechtzuerhalten. Moria symbolisiert das 3. Thema und seine Zwerge die 3. Selbstheilkraft. Daher verschafft das elbische Wort „mellon" für „Freund" den Zutritt zu Moria. Durch das Bemühen, Freundlichkeit und Freundschaft zu entwickeln, wird der Zutritt zur 3. Selbstheilkraft gefunden. Das elbische Wort „mellon" bedeutet, dass das Bemühen um Freundlichkeit und Gewaltlosigkeit spirituell motiviert war, also auf einen Bewusstseinswandel abzielte.

Schließlich zieht die Kreatur aus den Tiefen des stinkenden Pfuhls vor Moria die Eingangstür krachend zu, so dass die Gemeinschaft in Moria gefangen ist.

Der stinkende Pfuhl vor dem Tor von Moria symbolisiert die negativen Emotionen, die das 3. Thema beherrschen. Das vielarmige Ungeheuer aus der Tiefe symbolisiert die Gefährlichkeit dieser Emotionen. Das Zuschmettern der Tür zeigt, dass das kollektive Bewusstsein ganz in den Emotionen der Feindseligkeit gefangen war.

Der Versuch, im kollektiven Bewusstsein der Europäer Freundlichkeit gegenüber einer anderen verhassten Nation zu wecken, war heikel und gefährlich.

PIPPIN WIRFT EINEN STEIN IN EINEN BRUNNEN – GRÜNDUNG DER FED

In Moria fühlt sich Pippin sonderbar von einem Brunnen angezogen, bei dem die Gemeinschaft rastet. Er ist so leichtsinnig, einfach einen Stein in den Brunnen zu werfen. Nach langer Zeit fällt er in der Tiefe ins Wasser. Das Geräusch weckt Gandalf auf, der sich furchtbar über Pippin aufregt.

Ein Wasserschacht in Moria symbolisiert eine Einrichtung zur Versorgung der Gemeinschaft (Moria). Ein Stein symbolisiert dauerhaft geltende Regeln. Der Steinwurf in den Wasserschacht von Moria durch Pippin, der nicht greifbares und definierbares Übel nach sich zog, symbolisiert eine leichtsinnige Änderung der Regeln für die Geldversorgung der Menschheit, die nicht gleich greifbares und definierbares Übel nach sich zog.

Von der Zeitachse her befinden wir uns immer noch vor dem Ausbruch des 1. Weltkriegs. Schaut man sich die an dieser Stelle in Frage kommenden, richtig leichtsinnigen Ereignisse von damals an, die zunächst kaum wahrnehmbare, langfristig aber allerübelste, negative Auswirkungen auf den weiteren Verlauf der Geschichte hatten, denke ich, kann es sich hier nur um die Gründung der Federal Reserve Bank, der privaten Zentralbank der U.S.A. handeln.

Trotz zahlreicher Warnungen früherer Präsidenten in Bezug auf die Gefährlichkeit einer privaten Zentralbank für das Wohlergehen und die Freiheit des amerikanischen Volkes, unterzeichnete Woodrow Wilson 1913 den Federal Reserve Act zur Gründung der privaten Zentralbank der U.S.A. Wenige Jahre später schrieb er selbst: *"Ich bin ein höchst unglücklicher Mensch. Ich habe unwissentlich mein Land ruiniert. Eine große Industrienation wird von ihrem Kreditgebungssystem gelenkt. Unser Kreditsystem ist konzentriert. Daher liegen das Wachstum der Nation und alle unsere Aktivitäten in den Händen weniger Männer. Wir sind zu einer der am schlechtesten regierten, umfassendst kontrollierten und dominierten Regierungen der zivilisierten Welt geworden. Unsere Regierung hat keine freie Meinung mehr, unsere Regierung folgt nicht mehr ihren Überzeugungen und dem Willen ihrer Wähler. Unsere Regierung folgt der Meinung und dem Zwang einer kleinen Gruppe dominanter Männer."* – Woodrow Wilson

Sobald das Unterscheidungsvermögen des Präsidenten in Bezug auf seinen Anteil an der Gründung der privaten amerikanischen Zentralbank einsetzte, war das Kind (Pippins Stein) bereits in den Brunnen gefallen und seine Aufregung über sich selbst aus der unterscheidenden Erkenntnis heraus, wie leichtsinnig er gehandelt hatte (Gandalfs Aufregung über Pippin), half nichts mehr. Leichtsinnig war die Tat des Präsidenten, weil er sich nur mit einer Reihe entsprechender Aussagen seiner Vorgänger hätte beschäftigen und überlegen müssen, wie sich eine private Zentralbank auf die amerikanische Wirtschaft und Gesellschaft auswirken würde. Das hat er offensichtlich nicht getan oder nicht danach gehandelt. Die Auswirkungen haben wir seit 1913 weltweit zu spüren bekommen. Dass der Stein erst nach schier endloser Fallzeit aufschlägt, symbolisiert die fast unermessliche Tiefe und Größe der durch die Fed erzeugten nationalen und globalen Probleme. Die Aussage des Präsidenten in Bezug auf die Fremdbestimmtheit und Unfreiheit der amerikanischen Regierung gilt natürlich für alle amerikanischen Regierungen seither. Die U.S.A. sind 1913 ganz unter die Herrschaft der Hochfinanz gefallen.

Weg durch das tote Moria – Zeit vor Kriegsausbruch

Die Ringgemeinschaft erfährt, dass alle Zwerge von Moria tot sind. Schließlich wird deutlich, dass alle Selbstheilungskräfte zum Erzielen von Gewaltlosigkeit und Verständigungsbereitschaft erloschen sind.

Schließlich hören sie die Trommeln der Orks von Moria, das Blasen vieler Hörner, rauhes Gebrüll und eiliges Getrappel von vielen Füßen. Die Gemeinschaft stellt fest, dass sie in der Falle sitzt.

Die internationale Feindseligkeit in Europa wird so stark, dass es unmöglich wird, im kollektiven Bewusstsein Gefühle von Freundlichkeit gegenüber den europäischen Nachbarn zu wecken. Das kollektive Bewusstsein ist in Feindseligkeit gefangen.

Ein großer Orkhäuptling stürmt in die Kammer der Gemeinschaft und trifft Frodo mit einem mächtigen Speerstoß, der ihn an die Wand wirft.

Die durch den sich anbahnenden 1. Weltkrieg ausbrechende Negativität griff den gesunden Menschenverstand im Kollektiv an. Das normale kritische, gesunde Denken hatte einen schweren Stand.

Aragorn freut sich, dass Frodo den Stoß gut übersteht und konstatiert, dass er einen Eber aufgespießt hätte.

Dass Frodo das schützende Hemd in Bruchtal bekommen hat, bedeutet Folgendes: Der kritische gesunde Menschenverstand im kollektiven Bewusstsein der Europäer gewann durch den ersten kollektiven spirituellen Durchbruch einen gewissen Schutz. Gegen Ende des 19. Jahrhunderts erlag das kollektive Bewusstsein der von den aufkommenden linken und rechten Ideologien erzeugten Negativität nicht. Dem Denken der Europäer verlieh dieser spirituelle Durchbruch eine gewisse Widerstandfähigkeit gegen negative Gedanken und gegen die Teufelskreise im Bewusstsein. Das kollektive Gedächtnis vergisst diese Erfahrung nicht. Dass Frodo das Hemd viel später in Minas Morgul verliert, bedeutet, dass wir diesen Schutz so mittlerweile nicht mehr brauchen. Später mehr.

Gandalfs Sturz in den Abgrund – Aussetzen des Unterscheidungsvermögens durch den ausbrechenden Ersten Weltkrieg

Gandalf deckt den Rückzug und wird von einer furchtbaren Kraft die Treppe hinuntergeschleudert.

Durch den Ausbruch des Krieges schließlich drohen Wut und Hass im kollektiven Bewusstsein überzukochen ...

Aus den Reihen der Orks, die beiseite getreten waren, tritt ein Balrog hervor, der Macht und Schrecken ausstrahlt. Er ist von Feuer umringt und mit einer Klinge wie eine Stichflamme und einer Peitsche mit vielen Riemen bewaffnet. Legolas und Gandalf erschrecken, als sie erkennen, dass es sich um einen Balrog handelt.

… und kochten dann über. Der Balrog ist das Ur-Symbol für Wut und Hass.

Gandalf bedeutet allen, dass sie fliehen sollen und nur er selbst den Engpass versperren will.

Wenn wir Gefahr laufen, einen Wutanfall zu bekommen, gibt es außer dem Unterscheidungsvermögen keine Kraft, die etwas gegen die Wut unternehmen könnte.

Gandalf bezeichnet sich als Walter der Flamme Anors und bedeutet dem Balrog, dass er nicht durchkommt und in die Schatten zurückgehen soll, aus denen er gekommen ist.

Vor dem Ausbruch von Wut können wir uns daran erinnern, dass lodernde Wut immer aus dem Ego kommt und dass es wichtig ist, Wut zu kontrollieren. „Walter der Flamme Anors" heißt, dass unser Unterscheidungsvermögen über das Licht unseres wahren Selbst (Anor heißt Sonne; die Sonne ist ein Symbol für unser wahres Selbst) waltet. Um Wut unter Kontrolle zu halten, kann es hilfreich sein, uns mit Macht zu erinnern, dass wir das wahre Selbst sind, nicht die Wut des Egos. Wenn Wut einmal unter Kontrolle ist, lässt sich im nächsten Schritt vielleicht unterscheiden, welche Schuld wir uns zu vergeben haben und für welches Seelenbedürfnis wir eintreten müssen. Aber zunächst muss Wut kontrolliert werden, weil die Kräfte des Egos und die eigene Dunkelheit durch einen Wutanfall massiv verstärkt würden. Daher muss der aufkommenden Wut die Stirn geboten werden, indem wir uns mit Unterscheidungskraft daran erinnern, dass die Wut nicht wahr sein kann, dass sie nicht richtig sein kann, dass sie nicht Recht haben kann, dass sie mit Sicherheit keine Lösung darstellt.

Aragorn und Boromir wollen Gandalf zu Hilfe eilen.

Da aufkommende Wut jedoch übermächtig sein kann, regen sich weitere Kräfte im Bewusstsein. Unser Gewissen (Aragorn) und unser Respekt (Boromir) gegenüber den Geboten der Versöhnlichkeit mögen sich ebenfalls gegen die Wut stemmen, obwohl beide wenig ausrichten können.

Gandalf errichtet mit seinem Stab eine Flammenwand vor dem Balrog. Durch das Aufeinanderprallen der Macht Gandalfs und des Balrogs bricht die Brücke ein, der Balrog stürzt, schwingt im letzten Moment seine Peitsche, die Gandalf Knöchel erwischt und ihn mit in die Tiefe zieht. Er bedeutet der Gemeinschaft, dass sie Narren sind und fliehen sollen.

Häufig ist es jedoch so, dass auch unser Unterscheidungsvermögen der Wut nachgibt und wir explodieren quasi vor Wut. Dies ist zu Beginn des Ersten Weltkriegs jedenfalls kollektiv geschehen. Die Kriegshysterie beim Ausbruch des Krieges hat Wut und Hass im europäischen Kollektiv überkochen lassen, so dass das Unterscheidungsvermögen im kollektiven Bewusstsein auf viele Jahre hinaus ausgeschaltet wurde.

Mit Gandalfs Sturz in die Tiefe sind wir also im September 1914 angekommen.

Lothlorien – Innerstes Bewusstsein und tiefster Frieden

In diesem Kapitel beschreibt Tolkien umfassend, wie schön Lorien (unser innerstes Bewusstsein) ist und wie gut es tut, im tiefsten Frieden zu sein.

Frodo lässt sich vom kalten Wasser des Nimrodel erfrischen und den Schmutz der Reise abwaschen.

Die reinigende Kraft in unserem innersten Bewusstsein ist das Gefühl der Vergebung, das Frieden schenkt. Der Nimrodel symbolisiert diese Vergebung. Vergebung reinigt (die nach Lorien eindringenden Orks werden getötet) und schenkt Kraft und Energie.

Weiter gehen wir auf dieses Kapitel nicht ein. Die geschichtlich interessanten Informationen folgen im nächsten Kapitel.

Galadriels Spiegel – Eine Seelen- und Weltenschau

Dieser Abschnitt ist sehr interessant und voller Informationen. In diesem Fall wählen wir als Vorgehensweise zunächst eine allgemeine Entschlüsselung und stellen erst im Anschluss Gedanken zur äußeren geschichtlichen Bedeutung an.

Galadriel berichtet, dass zuerst sie den Weißen Rat zusammenrief. Sie wollte Gandalf als Führer des Rats, nicht Saruman. Doch obwohl daher alles schlimm gekommen ist, besteht immer noch Hoffnung. Sie mag keinen Rat erteilen. Sie warnt, dass die Fahrt auf des Messers Schneide steht und der kleinste Fehltritt zum Scheitern und damit zum Verderben aller führen kann. Hoffnung bleibt durch die Treue der Gefährten.

Die Sammlung der spirituellen Kräfte unseres innersten Bewusstseins geht vom Seelenchakra aus (Galadriel in Lorien). Im Bestreben nach Transformation arbeitet das Seelenchakra eng mit dem Weisheitschakra zusammen. Nur sind die ersten in der westlichen Welt erwachenden spirituellen Kräfte zunächst zu sehr unter nationalistische Einflüsse geraten, so dass das Unterscheidungsvermögen zu wenig zum Einsatz kam (Sarumans

Dominanz über Gandalf). Es ist nicht die Aufgabe des Seelenchakras zu unterscheiden und den spirituellen Weg zu finden. Jedoch ist es so, dass alles Wissen über Vergangenheit und Gegenwart und einiges an Wissen über die Zukunft, alle Heilung und alle Seelennahrung, die wir brauchen, in unserer Seele vorhanden sind und den direkten Zugang zu unserer Seele und zum Wissen unserer Seele finden wir über unser Seelenchakra. Wer damals – wir befinden uns auf der Zeitachse noch im 1. Weltkrieg – Zugang zum umfassenden Wissen seiner Seele fand, konnte spüren, dass die kollektive Transformationsreise der Menschheit auf Messers Schneide stand.

Galadriel findet kaum tröstliche Worte und wünscht allen eine friedvolle Nacht. Alle fühlten sich erschöpft, obwohl kein Wort gefallen war.

Mit unserem Seelenchakra können wir nach Innen schauen, die verschiedenen Elemente unseres Bewusstseins kritisch durchleuchten und uns selbst erkennen, ohne dass wir hierzu unserer Sprache bedürften.

Galadriel führt Frodo und Sam zu einem Becken, das sie mit Wasser befüllt. Sie meint, dies sei Galadriels Spiegel und bietet beiden an hineinzuschauen.

Sam schaut zuerst in den Spiegel und sieht die Zerstörung des Auenlands. Hier ist etwas verschlüsselt, was am Ende des Herrn der Ringe stattfindet und uns gegen Ende dieses Buches beschäftigen wird.

Frodo fragt Galadriel, ob sie ihm rät, in den Spiegel zu schauen. Sie antwortet, dass sie keine Ratgeberin ist. Sie erklärt, dass ein Blick in den Spiegel hilfreich sein kann oder nicht. Sie glaubt, dass Frodo Mut und Verstand genug hat, es zu wagen.

Seelenschaue können mächtig und überwältigend sein und es bedarf sowohl spiritueller Stärke und Standhaftigkeit als auch kritischen und gesunden Menschenverstands, um mit solchen Visionen richtig umzugehen. In dem Dunklen Zeitalter, in dem wir immer noch leben, kann es sehr bedrückend und deprimierend sein, den Zustand der Welt auf Seelenebene zu erkennen. Es ist nicht ratsam, nach solchen Visionen zu streben, und es ist besser, es Gott zu überlassen, ob wir solche Visionen haben oder nicht.

Frodo schaut in den Spiegel und sieht von weither eine Gestalt daherkommen. Die Gestalt ist in weiß, nicht in grau, so dass Frodo nicht weiß, ob es Saruman oder Gandalf ist.

Nun kommen wir zu dem, was Frodo gezeigt bekommt:

Die Hochfinanz strebt eine zentrale Weltregierung an. Zu diesem Zweck versucht sie, nationale, ethnische und religiöse Identitäten zu zerstören. Während die Wahrung der nationalen Identität wichtig ist, dient ihre nationalistische Übertreibung der Verfeindung zwischen Nationen und damit letztlich der Zerstörung der nationalen Identität. Nationalismus ist eine Falle, die uns letztlich dahin bringt, den wichtigen Wert der nationalen Identität abzulehnen.

Die nationalistischen Übertreibungen der 1. Hälfte des 20. Jahrhunderts dienten der Hochfinanz letztlich dazu, das Unterscheidungsvermögen im Kollektiv zu verwirren, die Treue zum Vaterland und unsere nationale Identität in Verruf zu bringen und schließlich die nationalen Identitäten aufzulösen. Der Konflikt, dass Frodo nicht erkennen kann, ob es sich um Saruman oder Gandalf handelt, stellt eine Zwickmühle dar, in der auch die um Transformation bemühten Menschen von damals steckten: Das Unterscheidungsvermögen weiß, dass es wichtig ist, nationale Identitäten und Werte und nationale Kultur hochzuhalten. Es weiß aber auch, dass Nationalismus letztlich nur ein Werkzeug ist, nationale Identitäten und Werte zu zerstören. Da Gandalf in dieser Phase der Geschichte abwesend war, war die spirituell richtige Einstellung zur Frage nationaler Identität damals schwer zu finden.

Frodo sieht einige Szenen aus der Zukunft rund um die Schlacht um Minas Tirith mit der Ankunft Aragorns auf einem Segelschiff der Korsaren.

Die Entschlüsselung dieser Szenen wird Gegenstand des 5. Kapitels über die Schlacht um Minas Tirith. Hier wird deutlich eine Schau in die ferne Zukunft gewährt.

Schließlich wird der Spiegel ganz dunkel, Frodo blickt ins Leere und aus dieser heraus tritt ein einzelnes Auge auf, das schließlich den ganzen Spiegel einnimmt. Das Auge ist furchtbar, von Flammen umrandet, selbst aber glasig und gelb wie ein Katzenauge. Es ist wachsam und lauernd und ein Abgrund.

Es kann völlig überwältigend sein zu erkennen, wie die Kräfte des Egos im kollektiven Bewusstsein immer mehr zunehmen und die Menschheit dadurch immer manipulierbarer, fremdbestimmbarer und kontrollierbarer wird. Je stärker der kollektive Verstand kontrolliert wird, desto schwieriger und angstbesetzter ist es für den Einzelnen, sich dem kollektiven Denken zu entziehen und selbstständiges kritisches Denken zu entwickeln.

Frodo erkennt, dass das Auge nach ihm sucht. Der Ring an seinem Hals wird schwer wie ein Mühlstein. Frodo erschrickt und beendet die Schau am ganzen Leib zitternd.

Wer sich der kollektiven Gedankenkontrolle entzogen hat, kann leicht wahrnehmen, dass die Hochfinanz darauf abzielt, die Menschheit fernzusteuern und zu beherrschen. Und diese Erkenntnis macht Angst, vor allem, wenn man dann noch zu hören bekommt, man solle sich nicht mit solchen „Verschwörungstheorien" beschäftigen.

Ich denke, dass wir uns bei diesen Geschehnissen auf der Zeitachse im Jahre 1917 befinden. Und diese Zeit werden wir im Folgenden doppelt beleuchten, einmal in Bezug auf die Person, die diese Visionen hatte und anschließend in Bezug auf die Geschichte der Gedankenkontrolle, die ihren Ursprung im 1. Weltkrieg hatte.

FRODOS VISIONEN – TOLKIENS SEELEN- UND WELTENSCHAU

Es gab damals einen Menschen, der in einer plötzlichen Seelenvision, Seelenschau erkannte, dass hinter den Ereignissen des 1. Weltkriegs, dem zunehmenden Nationalismus in Europa, der Oktoberrevolution 1917 in Russland und dem Eintritt der USA in den 1. Weltkrieg 1917 zur Umsetzung des langfristigen Planes zur völligen Zerstörung Deutschlands und des Westens ein zentraler Plan zur Schaffung einer Weltherrschaft durch eine kleine Gruppe von Menschen steckte. Aufgrund verschiedener Überlegungen vermute ich, dass der Name dieses Menschen John Ronald Reuel Tolkien war.

Während Tolkiens Aufenthalt im Offizierskrankenhaus in Kingston upon Hull, am 16. November 1917, gebar Tolkiens Frau Edith ihren ersten Sohn. Die Zeit nach der Geburt ist für die Familie sehr glücklich: Bei Landausflügen in die Wälder sang und tanzte Edith für ihn – daraus entstand einerseits die Geschichte der großen Liebe zwischen dem sterblichen Menschen Beren und der wunderschönen, unsterblichen Elbin Lúthien im Silmarillion. Andererseits hat Tolkien die Schönheit dieser Zeit, die für ihn ein Auftanken seiner Seelenkräfte bedeutete, im Aufenthalt der Ringgemeinschaft in Lorien wiedergegeben.

Lorien steht für unser innerstes Bewusstsein und den hier erlebbaren tiefen Frieden und ist Aufenthaltsort von Galadriels Ring, unseres Seelenchakras. Mitten in dieser Zeit des Auftankens und Entspannens muss Tolkien eine Art „Erleuchtung", eine Art „Welten-, Zeiten- und Seelenschau" gehabt haben, in der ihm gezeigt wurde, was in der Menschheit los ist, in welcher Gefahr sich die Menschheit befindet, worin die Aufgabe besteht, die die Menschheit zu lösen hat, was in der Zukunft geschehen würde und was Tolkien selbst dazu würde beitragen können, trotz aller globalen Schwierigkeiten und Probleme ein glückliches Ende für die Menschheit herbeizuführen.

Tolkien war 1917 25 Jahre alt. Ich denke, er war als Mensch sehr viel intelligenter, bewusster und wissender als dies irgendein Zeitgenosse je erfasst hat. Er wusste natürlich, dass es keine Möglichkeit für ihn gab, irgendjemandem verstehen zu geben, was ihm gezeigt worden war und was er erkannt hatte. Ich denke, dass er es aufgrund dessen als seine Aufgabe verstanden hat oder jedenfalls beschlossen hat, sein ganzes Wissen in die Schriften von Silmarillion, Hobbit und Herrn der Ringe zu verschlüsseln, um so in einer nur für die Seele verständlichen Sprache sein Wissen an die Menschheit zu geben, wissend dass sich die Menschheit in einem spirituellen Wachstums- und Aufwachprozess befindet und seine Botschaften irgendwann auch mit dem Verstand verstehen würde. Sein ganzes Leben lang hat Tolkien vor allem an diesen drei Schriften gearbeitet, als hätte er eine Skulptur zu erschaffen, deren Aussehen er stets vor Augen hatte. Wenn ein Werk diesem inneren Bild nicht nahe genug kam, hat er es vernichtet, wie diverse Versionen der letzten Passagen des Silmarillion. Ich vermute, es war diese Seelenschau von 1917, die Tolkien Zeit Lebens vor Augen hatte – falls er später nicht auch weitere hatte – und unermüdlich in der von ihm gewählten Symbolsprache der Seele zum Ausdruck brachte.

Das vermute ich. In den veröffentlichten Briefen Tolkiens aus dieser Zeit habe ich keine Hinweise auf ein solches Ereignis gefunden. Vielleicht gibt es einen unveröffentlichten Brief mit einem Hinweis. Ich denke jedoch, dass Tolkien es wahrscheinlich vorgezogen hat, nicht darüber zu reden oder zu schreiben. Ich hätte an seiner Stelle jedenfalls nichts gesagt und auch nichts Konkretes geschrieben. Die Tiefe und Weite seiner Schau hätte damals sowieso niemand auch nur ansatzweise begriffen, auch seine eigene Frau nicht. Besser, das Wissen symbolisch zu verschlüsseln und alle Welt glauben zu machen, er sei ein Fantasy-Autor. Besser auch zu seinem eigenen Schutz und zum Schutz seiner Familie. Und besser daher, sich vehement gegen alle Deutungsversuche zur Wehr zu setzen.

Wenn die Hauptschriften Tolkiens (Silmarillion, Hobbit, Herr der Ringe) eine Darstellung der Geschichte des kollektiven Bewusstseins der Menschheit sind, kann er all dieses Wissen nur von einer Ebene der Seelenerkenntnis geschöpft haben. Und wenn Tolkien eine solche umfassende Seelenerkenntnis hatte, ist es auch wahrscheinlich, dass er im Zuge seiner Adoleszenz eine Seelenschau hatte, in der er Vergangenheit, Gegenwart und praktisch alles Wesentliche aus der Zukunft der Menschheit bis ins 22. Jahrhundert hinein „sehen" konnte. Wenn er eine Seelenschau hatte und diese verschlüsselt hat, dann kann er sie 1917 gehabt und später in der

Form der Ereignisse um Galadriels Spiegel Eingang in die Geschichte des Herrn der Ringe aufgenommen haben. Er hat sich hier also womöglich selbst, die wahrscheinlich überwältigendste Erfahrung seines Lebens, in die Erzählung des Herrn der Ringe eingebaut.

SAURONS AUGE SUCHT FRODO – HOCHFINANZ WILL GEDANKENKONTROLLE

Insgesamt war der 1. Weltkrieg die Zeit, in der die Hochfinanz ihren Krieg gegen die Menschheit (und insbesondere gegen Deutschland) mit aller Kraft in Gang setzte, um die Voraussage Jesu zu verhindern. Ab dieser Zeit hat die Menschheit keine Ruhe, kein Verschnaufen mehr gefunden. Die ausgelegte Schlinge wurde einfach immer weiter und weiter und weiter zugezogen.

Die klassische Homöopathie wurde nun auf breiter Front und mit sehr großem Aufwand diffamiert und durch eine massive Werbekampagne für allopathische Wunder-Allheilmittel sehr effizient aus dem Weg geräumt. Folgende Inhalte sind wieder dem Buch von Aleksandar Stefanovic, *Das kann die Homöopathie*, entnommen (ab Seite 193).

Mit Beginn des 20. Jahrhunderts erklärte der amerikanische Ärzteverband unverhohlen, dass der Wettbewerb mit der Homöopathie die Einkommensmöglichkeiten der Schulmediziner ruiniere. Damit wurde der Umstand formuliert, dass die Patienten zu den Homöopathen, aber nicht zu den Schulmedizinern in die Praxen gingen. Hier schaltete sich nun aktiv der „große Bruder" der Schulmedizin in die Auseinandersetzung ein – die Pharmaindustrie [in Händen der Hochfinanz]. In groß angelegten Werbekampagnen wurde nun aggressiv für neue „Wunder-Arzneimittel" der immer lauter und mächtiger werdenden Pharma-Industrie geworben. Hinzu kam, dass den homöopathischen Ausbildungszentren die Finanzmittel gestrichen wurden. Auch John D. Rockefeller zog sein Geld aus den homöopathischen Colleges zurück, obwohl er die Homöopathie als „fortschrittlichen, nach vorne weisenden Schritt in der Medizin" bezeichnete und sich im Alter ausschließlich homöopathisch behandeln ließ.

Aber der Gesellschaft sollte die Homöopathie vorenthalten werden. So macht die Hochfinanz das: Sie behält die Wahrheit für sich vor und drückt allen anderen die Lüge auf. Die Wahrheit, die gesund und frei machen würde, wird zu Lüge und Betrügerei erklärt, als wären die Erfolge der Homöopathie durch Placeboeffekte bedingt. Lüge und Betrügerei, die die Menschen krank und abhängig macht, wird zur Wahrheit erklärt. Die Werte werden einfach verdreht und so macht sie es seither.

Die propagierten, auf alle Krankheiten anzuwendenden Wundermittel waren nacheinander „Aspirin" und als nächstes „Heroin". Heroin wurde in einer massiven Werbekampagne in 12 Sprachen als ein oral einzunehmendes Schmerz- und Hustenmittel vermarktet. Es fand auch Anwendung bei etwa 40 weiteren Indikationen. Heroin sollte angeblich alle Vorteile von Morphin, aber keine Nachteile haben. „Das sicherste aller Hustenmittel", es entfalte eine „zauberhafte Wirkung", zeigten sich […] Ärzte von Heroin beeindruckt.

Die weltweite Vermarktung von Heroin erfolgte „mittels einem stark und straff organisierten Propagandaapparat" und den auch heute noch üblichen Branchen- und Marketingtricks. Weltweit, so auch in den USA, wurden enorme Gewinne mit dieser neuen „Wunderdroge" erzielt, die eine Vielzahl anderer Medikamente und Therapien – so auch die Homöopathie – verdrängte. Heroin war „das Mittel der Wahl für jede Beschwerde" geworden und entwickelte sich zum internationalen Bestseller. Heroin wurde mehrere Jahrzehnte lang als „besonders unschädliches Arzneimittel" vermarktet. Die Ärzte der Schulmedizin willigten kritiklos ein in dieses Getöse der Werbetrommel. Hatten sie doch endlich ein „unschädliches Arzneimittel" für fast jede Beschwerde vorzuweisen – wie sie gerne glauben wollten. Bis in die dreißiger Jahre hinein verkaufte Bayer weltweit hochreines Markenheroin. Überall wurde das Mittel gefeiert und als Arznei an Millionen verabreicht. Säuglinge, Schulkinder, Gebärende, Polizisten, Alte und Gebrechliche konsumierten Heroin.

Es handelte sich bei diesem massenhaft an die Patienten jeglicher Altersgruppe verordneten Heroin nicht etwa um eine Namensverwechslung, sondern tatsächlich um die Droge Heroin, die heute als gefährlichste Droge der Welt eingestuft ist. Die Auseinandersetzung zwischen Homöopathie und Schulmedizin und die Sichtweise der Pharmaindustrie und der allopathischen Ärzte brachte die New York Times in einem Leitartikel (Kaufman 1971) wie folgt auf den Punkt: *„Es ist immer noch besser, dass ein Patient unter schulmedizinischer Behandlung verstirbt, als dass er unter homöopathischer Behandlung gesund wird."*

Das ist halt die Denk- und Sichtweise der Hochfinanz, hier ganz offen zugegeben. Im Krieg, zumal im Krieg gegen die Menschheit, muss so etwas wohl erlaubt sein.

Im Laufe der Heroinkampagne wurde es still um die Homöopathie. Es gab noch weitere spektakuläre Heilungen, wie gehabt, die aber bei Ärzteschaft und Massenmedien auf Ablehnung und Desinteresse stießen.

Die Propagandawalze hatte die Homöopathie ganz einfach platt gemacht, in Nordamerika und Europa.

In Europa kam die Homöopathie noch einmal bei der Virusgrippe von 1918-1920 groß zum Einsatz. „Von den 26.795 homöopathisch behandelten Grippepatienten sind nur 273 verstorben, eine Sterblichkeitsrate von 1%. Von den 24.000 schulmedizinisch behandelten Grippepatienten sind 6.768 verstorben, eine Sterblichkeitsrate von 28%." (A.S. Seite 152) „In Nordamerika erzielte die Homöopathie bei 59.560 homöopathisch behandelt Grippefällen eine Heilungsquote von 99,3%, während die Todesrate bei der Schulmedizin weiter um die 30% lag." (A.S. Seite 156) Aber aus den oben genannten Gründen war es das dann weitgehend mit der Homöopathie, zumindest in der westlichen Welt. In anderen Teilen der Welt, wo die Pharmaindustrie nicht so viel Geld verdienen kann, zum Beispiel Argentinien und Indien, wurde die Homöopathie gelegentlich auch weiterhin auch bei Epidemien erfolgreich eingesetzt. Im Westen zählten weit überlegene Heilerfolge einfach nicht. Ein weiterer Aspekt der Eliminierung der Homöopathie folgt etwas weiter unten.

Die Erfindungen auf dem Gebiet der Physik, die die Menschheit schon vor etwa hundert Jahren von einer zentralen Energieversorgung hätten unabhängig machen können, wurden und werden auch seit der Zeit des 1. Weltkriegs systematisch usurpiert und nur in den Konzernen der Hochfinanz und in Projekten zum Einsatz gebracht, die vor der Menschheit geheim gehalten werden. Alleine Nikola Tesla hat das konkrete Wissen bereitgestellt, um die Menschheit mit kostenloser Energie zu versorgen, und hat auch eine Autotechnologie bereitgestellt, die alle Menschen mit Raumenergie, also kostenloser Energie Auto fahren lässt. Nicht viel später wurde die Flugscheiben entwickelt, mit denen die Menschheit schon seit 70 Jahren ohne Bedarf an Autos, Eisenbahnen oder Flugzeugen frei durch die Welt reisen könnte. Die meisten der UFOs, die in den letzten 70 Jahren gesichtet wurden, stammen aus den Geheimprojekten der Hochfinanz (sind keine Außerirdischen). Warum uns kostenlos rumfliegen lassen, wenn die Hochfinanz uns auch Autos fahren lassen kann, für deren Energieaufwand die Menschheit ständig Billionen bezahlt? Der Energiesektor ist für die Hochfinanz ein wichtiger Teil des Einen Ringes, der uns im Dunkeln hält und versklavt.

Hierzu nur folgende Aussage eines Nobelpreisträgers der Physik:

„Man kann auf der ganzen Welt an keiner Universität Physik studieren. Denn alles, was dort unterrichtet wird, ist zur einen Hälfte widerlegt, und zur

anderen Hälfte irrelevant. – Die relevante Physik findet nur hinter den verschlossenen Türen der Labors der Rüstung und der Industrie statt. Die Forscher, die dort arbeiten, verwenden Naturgesetze, die den Universitätsprofessoren nicht bekannt sind."

Robert Betts Laughlin, US-amerikanischer Physiker und Nobelpreisträger von 1998

Wie kann es sein, dass die akademische Elite dieser Welt sich solche Zustände gefallen lässt? Nun, sie ist unwissend, weil sie nicht informiert wird. Die Hochfinanz hat im Zuge ihres Krieges gegen die Menschheit auch den Bildungssektor, Schulen und Universitäten, unter ihre volle Kontrolle gebracht.

Dieser Punkt soll hier nicht zu weit ausgerollt werden. Als Beispiel dafür, wie die Hochfinanz den gesamten Bildungssektor übernommen hat, um sicherzustellen, dass die Schüler und Studenten dieser Welt nur noch lernen, was den Interessen der Hochfinanz genehm ist, hier der Auszug einer Rede G. Edward Griffins, Autor des Buches „A world without cancer". Dieses Beispiel bezieht sich auf die Übernahme zur Kontrolle der medizinischen Bildungsinstitute in den USA und zeigt damit einen weiteren Aspekt, wie und warum auch die klassische Homöopathie in so kurzer Zeit trotz all ihrer Erfolge eliminiert werden konnte. G. Edward Griffin: *„Die Übernahme der Medizinbranche wurde durch die Übernahme der medizinischen Bildungsinstitute erreicht. Die Leute, über die wir hier reden, insbesondere Rockefeller und Carnegie, traten auf den Plan und erklärten, sehr viel Geld in die Bildungsinstitute zu investieren. Sie boten den Bildungsinstituten, die bereit waren, mit ihnen zu kooperieren, sehr viel Geld an. Die Spender sagten den Instituten: ‚Wir geben Euch all dieses Geld. Wäre es zu viel, darum zu bitten, dass Sie einen unserer Leute in Ihren Vorstand aufnehmen, damit wir sicherstellen können, dass unser Geld sinnvoll ausgegeben wird?' Fast über Nacht erhielten fast alle größeren Universitäten große Subventionen von diesen Leuten und akzeptierten auch 1, 2 oder 3 Vertreter dieser Leute in ihren Vorständen. Die Bildungsinstitute wurden buchstäblich von den Leuten übernommen, die die Subventionen gewährt hatten. Im Ergebnis erhielten die Bildungsinstitute ihre Finanzspritzen. Sie konnten neue Gebäude errichten. Sie konnten ihre Laboratorien mit teuren Geräten ausstatten. Sie konnten die besten Dozenten einstellen. Aber gleichzeitig mit alledem haben die neuen Vorstände alles in Richtung pharmazeutischer Medikamente verdreht. Das war die effiziente Gewährleistung, dass die künftigen Ärzte in pharmazeutischen Medikamenten ausgebildet wurden. Alle großen Bildungsinstitute in den USA wurden auf diese Weise von den Interessen der*

Pharmaindustrie vereinnahmt. Das Erstaunlichste daran ist, wie wenig Geld die Übernahme gekostet hat."

Zuletzt die Massenmedien. Um die Entwicklung der Massenmedien zu jenen Werkzeugen der Geisteskontrolle zu verstehen, die sie seit dem Erster Weltkrieg genommen hat, empfehle ich dem Leser die Lektüre von Noam Chomskys „Warum die Mainstreammedien Mainstream sind" aus dem Jahre 1997. (War in den letzten Jahren stets im Internet zu finden.) Chomsky beschreibt, dass die Entwicklung der Massenmedien hin zu einem Kontrollwerkzeug der öffentlichen Meinung auf einen Propagandafeldzug der Briten während des 1. Weltkriegs zurückgeht. Als die Briten dabei waren, den Krieg zu verlieren, startete das Propagandaministerium eine gezielte Kampagne in den amerikanischen Massenmedien, mit dem Ziel, Amerika in den Krieg gegen die Deutschen hineinzuziehen. Zielgruppe waren die amerikanischen Intellektuellen. Es wurden so lange erfundene Gräueltaten durch die Deutschen berichtet, bis eine antideutsche Kriegshysterie entstand und Amerika in den Krieg eintreten konnte. Woodrow Wilson, der damalige Präsident, war 1916 mit starken Friedensversprechungen ins Amt gewählt worden, weil die Amerikaner keinen Krieg wollten. Durch die antideutsche Propaganda hat es dann kein Jahr gedauert, bis die Stimmung der Amerikaner 180° gedreht war. In der Folge erkannten sowohl die amerikanischen als auch die britischen Eliten, dass die öffentliche Meinung ein Produkt ist, das sich mit den richtigen Mitteln stets in die gewünschte Richtung lenken lässt. Diese Erkenntnisse zur Steuerung der öffentlichen Meinung wurden dann rasch auch in der Werbung der Großkonzerne eingesetzt und fortlaufend perfektioniert, so dass die Menschen nicht wissen, dass ihnen ihre Meinung anmanipuliert wurde und wird. Journalisten werden so ausgefiltert, dass nur die in Lohn und Brot kommen, die aus voller Überzeugung die von der Hochfinanz gewünschten Meinungen vertreten. Diese Leute empören sich, wenn man ihnen sagt, dass die Presse nicht frei ist. Außerdem wurde und wird die Meinungssteuerung vor allem eingesetzt, wann immer die Hochfinanz Kriege wünscht(e). Chomsky legt des Weiteren an Hand von Aussagen von Mitgliedern der Elite dar, dass die Massenmedien die Aufgabe haben, die Meinung der Massen nach den Wünschen der Eliten zu formen und dafür zu sorgen, dass sie sich nicht mit wirklich wichtigen Dingen beschäftigen und diese willig den Eliten überlassen. Für die nächsten circa 90 Jahre nach dem 1. Weltkrieg hat sich die öffentliche Meinung dann als ein tatsächlich nach Belieben steuerbares Produkt der Massenmedien erwiesen, bis diese

Strategie dann einerseits durch das einsetzende Erwachen der Menschheit, andererseits durch eine Spaltung der globalen Eliten zunehmend nicht mehr funktionierte. Auch das ist im Herrn der Ringe verschlüsselt, wozu wir dann kommen.

In etwas variierter Form bestätigt wird Chomskys Darstellung zum Beispiel durch den amerikanischen Juden Benjamin Freedman, der den Kontext noch stärker herausgearbeitet und dargelegt hat, dass hinter dem Kriegseintritt der Amerikaner eine zionistische Gruppe steckte, die die antideutsche Propaganda in den USA für die Engländer übernahm, weil die Engländer ihnen im Gegenzug Palästina versprachen. So oder so war es ein reiner Propagandafeldzug, der aus hetzerischen, rassistischen, antideutschen Lügen bestand. Interessant für die Entschlüsselung des Herrn der Ringe ist jedenfalls, dass die zionistische Gruppe, die Freedman erwähnt, ein unmittelbarer Kreis ist, der sozusagen der Hochfinanz angeschlossen ist, dessen sich die Hochfinanz bedient. Wenn man die alten Pläne zu den 3 Weltkriegen kennt, ist leicht zu erkennen, dass diese Gruppe die Ereignisse in Europa und Amerika exakt gemäß diesen Weltkriegsplänen steuerte. Sie müssen sie also gekannt haben: Machtübernahme in Russland, Zerstörung Deutschlands in 2 Weltkriegen. Zerstückelung Deutschlands im 2. WK. Schaffung des Staates Israel als Folge des 2. WK. Orchestrierung des 3. WK rund um die Konflikte wegen Israel in Nahost. Genau darauf zielte das von Benjamin Freedman in seinem Interview im Willard Hotel 1961 beschriebene Verhalten der Zionisten ab. Benjamin Freedman berichtet auch, wie die Zionisten Deutschland schon 1933 den Krieg erklärten und erneut die Weichen in Richtung einer Zerstörung Deutschlands stellten (dieses Interview ist seit Jahren im Internet zu finden.)

Auch hier sieht man, dass der eigentliche Beginn des Krieges der Hochfinanz gegen die Menschheit und das eigenständige Denken (Frodo) im Allgemeinen (und die Deutschen im Besonderen) im 1. Weltkrieg lag und dieser dann systematisch fortgesetzt wurde. Und diesen Zeitpunkt, diesen eigentlichen Beginn des Krieges der Hochfinanz gegen die Menschheit hat Tolkien durch seine Vision mitbekommen. Noch detaillierter arbeitet Christopher Jon Bjerknes die Inszenierung der beiden Weltkriege in Adolf Hitler: Bolshevik und Zionist heraus. Später mehr.

Weiterführend: Seit dem 1. Weltkrieg ist bekannt, wie die Massenmedien das Denken der Menschen steuern können, so dass wir glauben, was wir glauben sollen und gleichzeitig denken, wir wären kritisch denkende Bürger. Dazu gehört, dass wir uns über die Ansicht, die Massenmedien üben eine Gedankenkontrolle aus, a priori empören und sie natürlich für unsinnig oder verschwörungstheoretisch halten. Denn Gedankenkontrolle funktioniert natürlich nur so lange, wie wir denken, wir hätten unsere eigene freie Meinung. Aus demselben Grunde ist es jedoch auch unsinnig, mit Menschen zu diskutieren, die diese Meinung über die Massenmedien für Verschwörungstheorie halten. Ein Mensch wacht nicht durch Diskussionen aus, bei denen er seine Position verteidigt. Ein Mensch kann nur in entspannter Sicht auf sein eigenes Bewusstsein aufwachen, also nur allein, unbedrängt, aus freiem Willen und aus sich heraus.

Die oben dargestellte Kontrolle gilt selbstredend auch für politische Parteien. Wer in einer Partei politische Ideen hat, die der von der Hochfinanz kontrollierten Parteispitze nicht passen, wird aussortiert, bevor sich eine Gruppierung Gleichgesinnter bilden kann, die eine Chance hätte, eine Partei zu einem Gesinnungswandel zu bewegen, der der Hochfinanz nicht passt. So ist es ein Kinderspiel, eine Mainstream-Partei so zu steuern, dass sie ausschließlich die Ziele der Hochfinanz verfolgt.

Möglich wurde diese gigantische Gedankenkontrolle, erstens weil ein gemeinsamer Faktor von Bildungs-, Wissenschafts- und Medienbetrieb in der Abhängigkeit vom Geld besteht. Wer das Geld gibt, kann die Richtlinien für die Arbeit und damit für das Denken vorgeben. Zweitens jedoch war der Hauptfaktor, ohne den eine subtile Manipulation in einem solchen Ausmaß nicht funktionieren kann: Die kollektive Angststeuerung und Schuldprojektion. Die bereits erfolgte und abgeschlossene (und wieder unbewusst gewordene) Schuldprojektion aufgrund der Angst vor einem Jobverlust, vor dem sozialen Absturz sowie vor einem Außenseiterdasein, lächerlich gemacht und ausgelacht zu werden, bewirkt, dass die Vertreter des Systems ihre systemkonforme Meinung mit voller Überzeugung vertreten. Und hier ist genau der Punkt, warum dieses System seit einigen Jahren immer weniger funktioniert. Es wachen immer mehr Menschen aus ihrem Schuld projizierenden Denken auf und trauen sich, ohne Angst selbstständig und politisch unkorrekt nachzudenken. Egal wie professionell dieses Kontroll- und Manipulationssystem aufgebaut ist: Ohne ausreichend wirksames Schuld projizierendes Denken im kollektiven Bewusstsein ist es zum Zusammenbruch verdammt – und unsere Befreiung als Menschheit garantiert, auch wenn es jetzt noch Jahre dauern sollte.

Während des 1. Weltkriegs jedoch war eine kritische Schwelle der Angst im kollektiven Bewusstsein überschritten worden. Das kollektive Bewusstsein war von nun an in einem Maße angstgestört, das eine so umfassende Schuld projizierende Manipulation und Gedankenkontrolle ermöglichte. Wissenschaftlich gesehen war es in den Augen der Hochfinanz vielleicht ein Fortschritt, das kollektive Bewusstsein so umfassend manipulieren zu können, dass Menschen die Überzeugungen vertreten, die sie nach dem Willen der Hochfinanz vertreten sollen. Aber mit dem gesunden Menschenverstand betrachtet, war es natürlich ein weiterer brutaler Rückschritt, eine zunehmende Erkrankung des kollektiven Gemüts, das nun zunehmend Angststörungen entwickelte.

Bei Tolkien ist das unter anderem dadurch symbolisiert, dass die Ringgeister von nun an nur noch auf fliegenden Drachen reiten. Drachen = Angst und Schrecken, die von nun an quasi überall lauern und über den Geist herfallen.

Chomsky zitiert in seinem Artikel unter anderem auch James Madison, der oben schon mal zitiert wurde. Madison hat sich einmal dahingehend geäußert, dass die Führung des Staates den Eliten vorbehalten bleiben sollte und diese dafür Sorge tragen müssten. Dieses Zitat zeigt einen weiteren Aspekt auf, warum es den Gründern der Vereinigten Staaten auf Dauer nicht gelungen ist, die Vereinigten Staaten der Kontrolle durch die Hochfinanz zu entziehen. Wer auch immer einen hierarchischen Staat aufbauen will, der bestimmte Bevölkerungsteile privilegiert, macht sich zu einem Teil jener Egokräfte, die am Ende nur der Macht der Hochfinanz dienen, egal wie sehr er sich selbst über die Hochfinanz aufregen mag. Und James Madison hat sich sehr über die Banken seiner Zeit aufgeregt. In ähnlicher Weise kenne ich genug vermögende Leute, die sich einerseits über die unverschämte Selbstbereicherung der Hochfinanz und die Verlogenheit der Politiker aufregen, andererseits aber niemals bereit wären, auf das System zu verzichten, das ihnen ihren Reichtum beschert hat. Sie können nicht erkennen, dass sie nicht grundsätzlich anders sind als jene, die sie anprangern. Sie prangern das Ego der Hochfinanz an, wollen aber die gleichartigen Interessen ihres eigenen Egos weitervertreten. Nur wer ohne egoistische Vorbehalte eine wirklich gerechte Gesellschaft anstrebt, kann in der Gesellschaft auf jene Einheit hinwirken, die zum Erfolg führt. Alle anderen arbeiten der Hochfinanz zu. Wir können uns keine Egointeressen (Sauron in uns) vorbehalten, ohne dass dies der Hochfinanz (Sauron im Außen) dient.

Wir können auf ein Auflösen der konditionierten Egostrukturen in anderen Menschen überhaupt nur hinwirken, wenn wir jedem Menschen die Zeit, die er für seinen Weg braucht, lassen und zuerst und jederzeit die

Schuld projizierenden Konzepte und Egostrukturen in uns auflösen. Es gibt keinen anderen Weg. – Anderen Menschen unsere Schuld projizierenden Konzepte aufzudrängen, damit sie die Dinge so sehen, wie nach unserer Meinung die Welt besser wird, heißt die Schuld projizierenden Konzepte (den „Einen Ring") für Gutes benutzen zu wollen, was nicht geht. Wenn wir unsere Konzepte auf andere übertragen, machen wir uns nur selbst zu einem Teil des Problems, das wir vorgeben, lösen zu wollen. Wir hindern sie daran, von sich aus aufzuwachen.

Galadriels Versuchung – Tolkiens Versuchung?

Gleich nach Frodos Vision in Galadriels Spiegel ist auch dies verschlüsselt:
Frodo bietet Galadriel den Einen Ring an. Galadriel bescheinigt Frodo, dass er beginnt, hellsichtig zu werden. Sie hatte schon überlegt, was sie täte, wenn ihr der große Ring in die Hände fiele. Sie weiß, auch sie würde durch den Ring zu einem Schrecken werden. Frodo sieht ihren Elbenring an ihrer Hand. Sie strahlt eine gewaltige Macht aus, lässt dann ihre Hand sinken und wird wieder die Elbin in schlichtem Gewand. Galadriel meint, sie hat die Prüfung bestanden, wird schließlich schwinden und gen Westen fahren und Galadriel bleiben.

Was, wenn wir ganz aus Liebe und aus der Seele heraus anderen unsere Konzepte aufdrängen? Sie würden sich immer noch schuldig fühlen, ihnen nicht zu entsprechen, da wir sie nicht frei lassen. Das Seelenchakra, eine Person mit offenem Seelenchakra, würde andere so manipulieren, dass sie äußerlich gesehen der Seele ähnlicher würden und die Welt damit zunächst besser würde. Eine offene Seele lässt sich aber nicht auf der Basis der Vermeidung von Schuldgefühlen erreichen. Es würden nur jene Ego-Teufelskreise erzeugt, die von Schuldgefühlen und den Konzepten auf der Grundlage ihrer Projektion (dem Einen Ring) immer erzeugt werden. Und die beteiligten Personen würden völlig von den Kräften ihres Egos überwältigt und durchdrungen werden. Jede Version des Einen Ringes versucht, die Blüte (des Guten) mit Gewalt zu öffnen und zerstört sie dadurch. Diese Öffnung geht nur von sich aus, freiwillig.

Ein wenig erinnert diese Szene an die Versuchung Jesu Christi durch Satan.

Unsere Schuld projizierenden Konzepte auf andere übertragen zu können, wie die Hochfinanz, die mit den Massenmedien die öffentliche Meinung lenkt, verleiht große Macht. Aber das Schuld projizierende Denken selbst schafft eine Welt des Egos, also am Ende eine Welt des Leids und der Verzweiflung. Unsere Schuld projizierenden Konzepte übertragen zu wollen, beinhaltet den Glauben, einen Menschen besser machen zu können, als er aus sicher heraus, aus seiner Seele heraus sein würde. Da die Seele von Gott ist, bedeutet unser Wunsch, unsere Schuld projizierenden Konzepte auf anderen übertragen zu wollen, letztlich zu glauben, wir könnten die Dinge besser machen als Gott. Und diese Anmaßung kann nur eine Welt des Egos und Leids erzeugen.

Die Lösung heißt natürlich nicht, unsere Schuld projizierenden Konzepte auf andere zu übertragen, damit solche Menschen besser werden oder besser funktionieren. Die Lösung besteht in der Rücknahme der Schuldprojektion, damit die Selbstheilungskräfte mehr zum Vorschein kommen. Wenn wir unsere Selbstheilungskräfte so entfalten können, dass wir unsere Psyche immer mehr von Ego und Schuldprojektionen befreien, können wir schließlich unsere Seele als unser wahres Selbst erfahren und verwirklichen. Selbstverwirklichung gleich Seelenverwirklichung. Wir können jene Verkörperung selbstloser Liebe manifestieren, als die Gott uns gemeint hat. Vielleicht hat Tolkien in diesem Abschnitt eine Versuchung verschlüsselt, in die er nach seiner Seelenschau geführt wurde. Wenn, dann hat er die Versuchung jedenfalls abgewiesen, die Prüfung bestanden und ist sein Leben lang ein bescheidener, ja sogar unerkannter Bote und Diener des Göttlichen geblieben.

Abschied von Lorien – kollektiver Seelenzustand nach dem Ersten Weltkrieg

In diesem Kapitel ist nun einiges über den Zustand der Menschheit um 1920 herum sowie über die anstehenden Aufgaben und Herausforderungen verschlüsselt.

Bei der Abreise aus Lorien ist die Ringgemeinschaft in einem Zwiespalt. Boromir und Aragorn wollen nach Minas Tirith. Die meisten anderen auch lieber. Frodo zögert und Aragorn ist in einem Zwiespalt, ob er nach Minas Tirith gehen oder Frodo auf dem Weg nach Mordor beistehen soll.

Der Zwiespalt in der Ringgemeinschaft hat folgende Bedeutung: An diesem Punkt der Geschichte (etwas 1920) hat die Menschheit die Aufgabe, einerseits für Rechtschaffenheit auf Erden zu sorgen (für Gondor zu kämpfen) sowie andererseits die Schuldprojektionen zurückzunehmen und im Außen das Zinsgeldsystem durch ein gerechtes System zinsfrei fließenden Geldes zu ersetzen (den Einen Ring zu vernichten). Beide Aufgaben sind gigantisch und wichtig.

Die Ringgemeinschaft wird für die Reise mit Lembas und Elben-Kleidung eingedeckt. Galadriel hat die Kleidung für die Ringgemeinschaft angefertigt.

Die Aktivität des Seelenchakras (die Begegnung mit Galadriel) stärkt die spirituelle Aura und den spirituellen Schutz des Einzelnen. – Offensichtlich wuchs die spirituelle Kraft im kollektiven Bewusstsein, während das kollektive Bewusstsein gleichzeitig zunehmend verdunkelte. Dies ist kein Widerspruch: Je stärker das spirituelle Bewusstsein wird, desto intensiver und schmerzhafter wirkt auch die Dunkelheit, jene Aspekte, die noch im Dunkeln des Egos und unseres Schuld projizierenden Denkens liegen, auf unser Bewusstsein. Im Grunde ist diese Intensivierung von Licht und Dunkel seit 1920 bis heute immer so weiter gegangen. Auf der einen Seite kämpft die von Gott geschaffene Seele und auf der anderen Seite das von uns selbst geschaffene Ego im kollektiven Bewusstsein darum, die Oberhand zu behalten.

Die Ringgemeinschaft feiert zum Abschied aus Lorien ein Fest mit ihren Gastgebern. Frodo ist ganz gefangen von der Schönheit Galadriels und sieht sie schon so gegenwärtig und doch entrückt wie die Menschen späterer Tage.

Die Verwirklichung spiritueller Eigenschaften macht den Einzelnen sowohl präsenter und geerdeter als auch ein wenig wie von dieser Erde entrückt. Wir bringen die Wahrheit, nicht von dieser Welt zu sein, zunehmend in die Wirklichkeit, können zunehmend gleichzeitig präsent und geerdet und losgelöst sein. Offensichtlich war diese spirituelle Präsenz um 1920 bereits im kollektiven Bewusstsein spürbar, weil es schon Menschen gab, die diese Präsenz entwickelten.

Aragorn sagt Galadriel, dass sie seinen einzigen Wunsch nicht erfüllen kann.

Hier spricht Aragorn von seiner Liebe zu Arwen. Das höchste Ziel der Menschheit besteht gewissermaßen darin, das Gewissen auf der einen Seite (Aragorn) und die selbstlose Liebe auf der anderen Seite (Arwen) zusammen zu bringen und als höchste Pflicht selbstlose Liebe zu entwickeln. Soweit war die Menschheit um 1920 noch lange nicht.

Galadriel bittet Gimli, ein Geschenk zu wählen. Gimli verzichtet auf alle Geschenke. Da lobt Galadriel ihn vor allen Elben und fordert ihn auf, sich dennoch etwas zu wünschen.

Gimli, der für den Verzicht steht, verzichtet natürlich auf jegliches Geschenk. Der Verzicht hat eine große Kraft, spirituelle Energie aufzubauen.

Wer Verzicht übt, fühlt sich durch die Erfahrung spiritueller Präsenz mehr als ausreichend belohnt.

Gimli würde sich, wenn er schon muss, eine Flechte aus Galadriels Haar wünschen. Galadriel gewährt ihm diese. Sie weissagt Gimli, dass er im Golde baden und das Gold keine Macht über ihn haben wird.

Am Ende, wenn der Verzicht tatsächlich trotz geringer Hoffnung zum spirituellen Ziel der Befreiung von unseren Schuld projizierenden Konzepten und vom Ego führt, ist es gerade der Verzicht, der dazu führt, dass alle unsere Wünsche erfüllt werden und gleichzeitig zu einer Losgelöstheit geführt hat, durch die weder Besitz noch Ansehen Macht über uns haben. Wir bleiben dann frei von Anhaftung an Äußerlichkeiten und dem von der Anhaftung erzeugten Leid. Auch hiervon war die Menschheit 1920 natürlich noch weit entfernt. Die Kraft des Verzichts war im kollektiven Bewusstsein jedoch geweckt worden.

Galadriel schenkt Frodo eine Phiole, in der Licht aus Earendils Stern enthalten ist. Sie soll ihm Licht spenden, wenn alle Lichter erloschen sind.

Earendil symbolisiert die Sehnsucht der Seele nach der Befreiung vom Ego. Sobald diese Sehnsucht stärker wird als unser instinktiver Dienst an unserem Ego, besteht die verstärkte Möglichkeit, uns von unserem Ego zu befreien. Bedingt durch den 1. Weltkrieg nahm die Dunkelheit im Bewusstsein der Menschheit so zu, dass als Gegenkraft in den Seelen der Menschen dieser Erde eine kritische Masse in der Sehnsucht nach Gott, nach der Befreiung vom Ego erwacht ist, die uns seither hilft, auch durch die dunkelste Zeit hindurch auf unser spirituelles Ziel ausgerichtet zu bleiben und es zu erreichen. Während das Verlassen des Auenlandes das spirituelle Erwachen symbolisiert, steht die Phiole Earendils in Händen Frodos für das zusätzliche Erwachen einer förderlichen und schützenden Sehnsucht nach Gott zur Befreiung vom Ego.

Fahrt auf dem Anduin – Stürmische, unruhige 20er Jahre

In Band 2 dieser Reihe wird detailliert erläutert, wie die Hochfinanz den Wechsel von Inflation und Deflation zu ihrer Selbstbereicherung mit Sachvermögen steuert. Sie macht Geld billig, um die Verschuldung zu schüren (Inflation) und macht Geld dann teuer, um ihre Kreditnehmer in Geldnot zu bringen, so dass sehr viele Kreditnehmer ihr Sachvermögen verkaufen müssen, um den Kredit zurückzuzahlen. Dadurch entsteht ein Überangebot an Sachvermögen auf dem Markt, während niemand die Kredite nehmen kann, es zu kaufen, so dass die Hochfinanz das Sachvermögen und die

Unternehmen ihrer Kreditnehmer für einen Bruchteil ihres Wertes aufkaufen können (Deflation).

Nach der Gründung der Federal Reserve Bank in den U.S.A. und dem darauffolgenden 1. Weltkrieg holte die Hochfinanz zum ersten Mal in großem Stil global aus, um sich einen Großteil des Vermögens der Menschheit anzueignen. In den 20er Jahren machten sie ein ganzes Jahrzehnt lang das Geld billig und schürten durch die vom billigen Geld ausgelöste Überhitzung der Börsen die Gier nach schnellen Profiten. Die Profite an der Börse waren jahrelang höher als die Zinsen für die Kredite, also verschuldeten sich die Menschen was das Zeug hielt und überhitzten die Börse völlig.

Dieses auf der Oberfläche angenehme und mühelos dahinfließende Leben der 1920er Jahre, das jedoch trügerisch und nur eine Falle war, die ja dann auch zuschnappte, wird durch die scheinbar mühelose, jedoch irgendwie trügerisch einfache Fahrt der Ringgemeinschaft über den Anduin symbolisiert. Gleichzeitig erlebten die 1920er Jahre den Aufstieg des Faschismus'. Bei den Ereignissen auf Parth Galen befinden wir uns etwa in den Jahren 1930-33, als die rechtsradikalen Parteien in Europa auch durch die Weltwirtschaftskrise immer mehr Zulauf gewannen. Von diesem Moment an wurde der weitere Verlauf der Geschichte erheblich beschleunigt und komplexer, symbolisiert vom beschleunigten Handlungsverlauf in Rohan und Gondor.

Tod Boromirs – Durch die Machtergreifung der Nazis verliert der Respekt seinen Rang als Wert

Boromir entwickelt ein Verlangen nach dem Einen Ring. Er folgt Frodo, als dieser sich zurückzieht um eine Entscheidung über den einzuschlagenden Weg zu treffen. Boromir redet auf Frodo ein und versucht, den Ring mit Gewalt an sich zu bringen. Frodo zieht den Ring auf und verschwindet. Sofort bereut Boromir seine Tat und kehrt zurück ins Lager der Gefährten. Hier findet er Merry und Pippin vor, die von den Orks Sarumans angegriffen werden. Boromir kämpft gegen die Orks, um Merry und Pippin zu beschützen. Die Orks erschlagen Boromir und verschleppen Merry und Pippin.

Das Land, von dem das Verhängnis „Boromirs" ausging, ist Deutschland. Das deutsche Volk war bis in die Zeit des Faschismus ein Volk, das Respekt als kulturellen Wert sehr hochhielt.

Die Neigung der Deutschen zu einem übertriebenen Respekt gegenüber Obrigkeiten und ihr Glaube, ihre kulturellen Werte würden auch anderen

Völkern gut zu Gesichte stehen und ihnen einen Respekt für die richtigen Werte beibringen, konnten vom Nationalsozialismus geschickt zum Gewinnen von Wählern und schließlich für seine Machtergreifung benutzt werden.

Der in Deutschland kollektiv verbreitete Glaube, die Rigorosität nationalistischer Ansichten könnte zur Ausbreitung deutscher Tugenden und Werte führen und sich zum Wohl der Rechtschaffenheit in der Welt auswirken, wird symbolisiert von Boromirs Glauben, er könne den Herrscherring an sich nehmen und zum Wohle Gondors gegen Mordor einsetzen.

Natürlich haben die meisten Deutschen nie begriffen, dass diese Haltung massenpsychologisch gemäß der Dialektik These – Antithese – Synthese absichtlich verstärkt worden war, um sie dann als Waffe gegen die Deutschen einsetzen zu können. Deutschland wurde nach dem 1. Weltkrieg absichtlich übermäßig und überzogen „für seine Kriegsschuld" bestraft. Die offensichtliche Ungerechtigkeit und das Durchsickern des Betrugs der jüdischen Vereinigung an Deutschland während des 1. Weltkriegs sollte die Empörung anfachen und die Neigung maximieren, mit Gewalt gegen das offensichtliche Unrecht, das den Deutschen widerfuhr, vorzugehen. Und diese Dialektik hat nach Plan der Hochfinanz ausreichend gut funktioniert.

Als diese Haltung vieler Deutscher daher schließlich zur Machtergreifung der Nationalsozialisten führte und diese sofort brutal gegen jegliche Opposition im Lande vorgingen, kam für viele erst der Zeitpunkt des Erwachens aus ihrer Empörung über die Ungerechtigkeiten gegen Deutschland. Erwachen als es zu spät war. (Symbolisiert von Boromirs Erwachen als es zu spät war.)

Die zunehmende politische Polarisierung in den Jahren vor der Machtergreifung der Nationalsozialisten und die damit verbundene Verhärtung der Fronten erzeugten im kollektiven Bewusstsein ein immer stärkeres Verlangen, die eigenen Vorstellung endlich durchsetzen zu können, und brachte eine immer weiter zunehmende Respektlosigkeit gegenüber politisch Andersdenkenden hervor. Diese Respektlosigkeit gegenüber dem politischen Gegner hat sich auch in den Jahrzehnten nach dem Krieg nicht wieder erholt und ist durch die aufeinanderfolgenden Menschenrechtsbewegungen und Freiheitsbewegungen geblieben.

Nachfolgende Generationen Erwachsener leben ihren Kindern seither vor, dass es ihnen primär wichtig ist, für ihre eigenen Rechte einzutreten und diese geltend zu machen. Die Kehrseite davon war dann aber, dass immer weniger Wert darauf gelegt wurde, sich in die Lage der Menschen zu versetzen, gegen die die eigenen Rechte durchgesetzt werden. Rücksichtnahme und Respekt wurden immer weniger wichtig im Vergleich zu der Wichtigkeit, die eigenen Rechte durchzusetzen. Und Erwachsene dürfen sich dann nicht wundern, wenn die nachwachsende Generation diesem Beispiel folgt, darauf achtet, ihre Rechte durchzusetzen und immer weniger Respekt vor den Erwachsenen hat. So wichtig Menschenrechte und persönliche Freiheiten sind, so sehr zerstören wir diese kollektiv gleichzeitig, wenn wir unsere Rechte ohne Respekt für andere und ohne Rücksicht auf die Rechte, Bedürfnisse und Gefühle anderer durchsetzen.

Die seit der Zeit des europäischen Faschismus' anhaltende Respektlosigkeit im Verhalten und die Ansicht, dass Respekt gegenüber anderen im Vergleich zum Durchsetzen der eigenen Rechte kein wichtiger Wert ist, hatte die Folge, dass der Respekt im gesellschaftlichen Verhalten und auch gegenüber der eigenen Kultur seinen Status als Wert und Tugend verlor. In der Respektlosigkeit im kollektiven Bewusstsein der Nachkriegsgenerationen lebt der Faschismus in gewissem Sinne weiter, denn Faschismus heißt vom Wort her: „Durchsetzen der eigenen Vorstellungen und Ziele ohne Rücksicht auf andere." Dieser Statusverlust des Wertes des Respekts hat sich von Deutschland und den anderen faschistischen Ländern ausgehend praktisch auf alle anderen Länder westlicher Kultur ausgebreitet, da diese vor Augen hatten, wie schrecklich sich der Respekt der Deutschen gegenüber der nationalsozialistischen Führung ausgewirkt hatte. Als wäre nur die Bereitschaft zum Respekt gegenüber Vorgesetzten und Autoritäten schuld gewesen an der Machtergreifung der Nationalsozialisten.

In dem Bemühen, eine Wiederholung faschistischer Machtstrukturen zu vermeiden, ist „Boromir" in der Folge des Faschismus in der gesamten westlichen Kultur gestorben. An seine Stelle ist das kritische Hinterfragen von Autoritäten und eine gewisse Ablehnung gegenüber den Werten und Traditionen der eigenen Kultur getreten. Das heißt, auch der Respekt gegenüber der von den Vorfahren übernommenen eigenen Kultur ging verloren. Kaum etwas anderes hat uns so schmerzhaft getroffen und so stark zum aktuell drohenden Untergang der westlichen Kultur beigetragen wie dieser Verlust. Die nach dem 2. Weltkrieg folgenden Generationen der westlichen Jugendlichen halten den Respekt gegenüber Erwachsenen zunehmend weniger für erforderlich. Die dem Beispiel der Erwachsenen folgende, immer weniger gebremste egoistische Aufsässigkeit der Jugendlichen gegenüber Eltern und Lehrern hat seither einen großen Anteil gehabt an den zunehmenden Konflikten zwischen den Generationen und an der zunehmenden Zerrüttung der Familien. An verschiedenen Stellen vor und während der Schlacht um Minas Tirith (welche auf der Zeitschiene etwa 1970 begann und noch bis in unsere Zeit anhält) wird darauf hingewiesen, wie schmerzhaft Boromir vermisst wird. Wie viele Eltern und Lehrer leiden heute unter dem Egoismus und der Rücksichtslosigkeit so vieler Jugendlicher, die Respekt und Rücksichtnahme gar nicht mehr einsehen wollen und Erwachsenengenerationen gegenüberstehen, die – mit der unbewussten oder bewussten Erinnerung an den Faschismus – ratlos sind, weil sie es auch nicht für richtig halten, sich mit strengen Maßnahmen Respekt zu verschaffen.

Ist es nicht seltsam, dass der Versuch, ein Aufkommen faschistischer Machtstrukturen zu vermeiden, indem man Autoritäten hinterfragt und auf die eigenen Rechte pocht, genau jene Rücksichtslosigkeit hervorbringt, die das Wesen des Faschismus' ausmacht?

Es sind also 2 Punkte, die den Respekt als Wert zerstört haben:

1. Der Glaube, die Ideen eines politischen Gegners oder Andersdenkenden zu fördern, wenn ich dem politischen Gegner oder Andersdenkenden Respekt entgegenbringe. Der Glaube, seine Ideen nur stoppen zu können, wenn ich ihn respektlos behandle.

2. Der Glaube, der Respekt gegenüber der älteren Generation und gegenüber Autoritäten hätte den Faschismus begünstigt. Der Glaube, ein systematisch kritisches Hinterfragen der Elterngeneration und von Autoritäten und Respektlosigkeit ihnen gegenüber würde die Gefahr des Faschismus' bannen.

In Wirklichkeit begünstigen und fördern beide Haltungen den zwischenmenschlichen Faschismus nur.

Wenn wir den Faschismus und seine Folgen heute wirklich beenden wollen, müssen wir wieder lernen, das richtige Gleichgewicht zwischen dem Eintreten für die eigenen Rechte und Freiheiten und dem Respekt und der Rücksicht vor den Rechten, Gefühlen und Bedürfnissen anderer zu finden. In dem Maße, in dem die Erwachsenengeneration dies lernt und mit gutem Beispiel vorangeht, werden auch die Jugendlichen nachziehen und wieder mehr Respekt haben und mehr Rücksicht nehmen.

Dummerweise ist das Wertevakuum, das der Statusverlust des Respekts mit sich brachte, in den Nachkriegsgenerationen im Westen von materialistischen Werten aufgefüllt worden. Und in Bezug auf die materialistischen Werte ihrer Elterngeneration ist es eigentlich gut, wenn Jugendliche diese ablehnen und nach echten Werten verlangen. Spirituelle (auf Miteinander, Rücksichtnahme, Fürsorge, Mitgefühl, Verständnis, selbstlosen Dienst etc. ausgerichtete) Werte und materialistische Werte (dafür zu leben, sich immer mehr leisten zu können und wenn möglich Vermögen anzuhäufen) passen nur nicht zueinander.

Und wenn die Elterngeneration spirituelle Werte eher als Lippenbekenntnis vertritt und materialistische Werte lebt, können sich die Jugendlichen aussuchen, welche Werte sie ablehnen und welche sie übernehmen. Ohne gelebtes Vorbild herrscht zumeist die Tendenz vor, dass Jugendlich die spirituellen, ethischen Werte ihrer Eltern ablehnen (zumal sie sie oft zurecht als fadenscheinig empfinden) und nur die materialistischen Werte übernehmen.

Nach der Machtergreifung durch die Nationalsozialisten verschwanden Fröhlichkeit (Merry) und Leichtigkeit (Pippin) durch die Negativität des Faschismus nicht nur in Deutschland, sondern mehr oder weniger in ganz Europa und darüber hinaus. So wurden Merry und Pippin gefangen genommen von Sarumans Orks, also von der vom Faschismus erzeugten Negativität.

Die Angst Frodos, den erforderlichen Weg zur Vernichtung des Einen Ringes zu gehen, hat nun auch einen Aspekt in Bezug auf die Außenwelt. Es gibt seit Silvio Gesell vor allem im deutschsprachigen Raum in Mitteleuropa viele Menschen, die um die Möglichkeiten und die Wichtigkeit wissen, ein zinsfrei fließendes Geld einzuführen.

Diesen Menschen ist zu Beginn der 1930er Jahre jedoch bewusst, wie massiv die Widerstände im kollektiven Bewusstsein gegen ein solches Bestreben sind und wie gefährlich es werden kann, ein zinsfreies Geld einzuführen.

Daher ist die Angst vor diesem Schritt groß. Frodos und Sams Trennung von der Ringgemeinschaft symbolisiert hier, dass es zu einer kritischen Masse von Menschen kam – und zwar sowohl in Deutschland, als auch in Österreich, als auch in der Schweiz – die Anfang der 30er Jahre Projekte mit zinsfreiem Geld in Angriff nahmen, wozu wir bei Frodos und Sams Reise noch kommen werden.

Boromirs Verblendung symbolisiert den Zeitpunkt der Machtergreifung der Nationalsozialisten in Deutschland im Januar 1933. Die Deutschen erkennen erst knapp zu spät, dass der Wunsch, Rechte und Gerechtigkeit herbeizwingen zu wollen, die Ungerechtigkeiten in der Welt nur noch mehr verschlimmert.

Dass sich Frodo dem Zugriff Boromirs entzieht, indem der den Einen Ring aufsetzt, heißt, die Menschen passten sich äußerlich an die erwarteten nationalsozialistischen Schuldkonzepte an, um sich dadurch unsichtbar zu machen.

Gleichzeitig mussten sie jedoch auch aufpassen, dass es dabei blieb, das Schuld projizierende Verhalten nur äußerlich und nur zum Schein anzunehmen, sonst wären sie ebenfalls von der faschistischen Hysterie erfasst und zu einem Spielball der Hochfinanz geworden.

In dem Moment, in dem sie sich dem faschistischen Sog, den faschistischen, Schuld projizierenden Konzepte ganz entzogen haben, war ihr Verstand und ihr Denken wieder klar und rein. Es sind die Personen, die es schaffen, sich ihr klares, freies, kritisches Denken zu bewahren, die gewissermaßen die Hoffnungen der Menschheit tragen und dafür sorgen, dass die Hoffnung auf die Transformation einer von Schuld projizierenden Konzepten bestimmten Welt weiterlebt.

Kapitel 4 – Von Saruman bis Minas Morgul

Dieses Kapitel deckt mit den Ereignissen in Rohan einen Zeitraum von 1933 bis 1950, bzw. mit Frodos und Sams Reise bis zum Entkommen aus Minas Morgul einen Zeitraum von 1930 bis zu einem mittlerweile bevorstehenden Zeitpunkt (ca. 2020) ab. Anders als in den 2 Türmen gehen wir mit Frodo und Sam also noch etwas weiter. Die Trennung der Ringgemeinschaft zu Beginn des 2. Bandes des Herrn der Ringe bedeutet nun, dass der Bereich des energetischen Geists und der Bereich des mentalen Geists im kollektiven Bewusstsein von nun an von Tolkien separat betrachtet werden. Beide Bereiche enthalten wichtige Lektionen, die die Menschheit lernen muss. Frodos, Sams und Gollums Reise gilt der Transformation vor allem des 2. Teufelskreises, dem suchthaften Verlangen Recht zu behalten (Gollum innen) und dem suchthaften Verlangen nach Geld und Vermögen (Gollum außen). All dies, um ganz am Ende ein gerechtes, zinsfrei fließendes Geld einführen zu können. Ab dem Beginn der 1930er Jahre betrachtet Tolkien die Entwicklung des kollektiven Bewusstseins also einmal mit Fokus auf den energetischen Geist (Frodo, Sam, Gollum) und einmal mit Fokus auf den mentalen Geist (das Geschehen in Rohan und Gondor).

Wir verfolgen zunächst das weitere Geschehen in Rohan, also die Entwicklung im kollektiven mentalen Geist. Später verfolgen wir dann Frodos, Sams und Gollums Reise bis Frodo und Sam Minas Morgul überwunden haben und in Mordor angekommen sind.

Aragorn findet den sterbenden Boromir – Die Deutschen sind der Versuchung aufgesessen, aber nicht erlegen

Aragorn findet den von Pfeilen von Sarumans Orks getöteten Boromir. Die Orks Sarumans stehen für die vom Faschismus erzeugte Negativität. Seit der faschistischen Herrschaft ist der Wert des Respekts für die Menschen der westlichen Welt kein Wert mehr, sondern eher ein Makel. Die Menschen in der westlichen Welt fürchten, dass übertriebener Respekt gegenüber Autoritäten die Gefahr einer rücksichtslosen politischen Führung birgt, während es in Wirklichkeit der Mangel an zwischenmenschlichem Respekt im kollektiven Bewusstsein ist, der eine rücksichtslose politische Führung begünstigt. Boromir bittet Aragorn um Vergebung, weil er versagt hat. Aragorn küsst ihn auf die Stirn, sagt ihm, dass er einen Sieg errungen hat wie wenige und verspricht ihm, dass Minas Tirith nicht fallen soll.

Dass Aragorn Boromir bestätigt, dass er einen Sieg errungen hat, den wenige je errungen haben, bezieht sich auf den Umstand, dass die Deutschen als es zu spät war, mehrheitlich eher versucht haben, den Nationalsozialismus noch abzuwenden, weil sie nicht mehr gewaltsam Respekt einfordern wollten. Da der Nationalsozialismus aber mit grober, einschüchternder und oft auch mörderischer Gewalt aufgetreten ist, da er schon vor der Machtergreifung mit Milliardenbeiträgen aus den USA, GB und der Schweiz von der Hochfinanz massiv angeschoben wurde und die Gelder außer für Propaganda und Beifallklatscher für Hitlers Reden auch für die nationalsozialistischen Schlägertrupps eingesetzt wurden, war er nicht mehr zu stoppen, sobald er ein Drittel der deutschen Wähler gewonnen hatte. Mehr waren es in wirklich freien Wahlen auch nie. Mit großer Mehrheit hatten die Deutschen der Versuchung widerstanden, sich mit faschistischer Gewalt Respekt zu verschaffen (den Einen Ring an sich zu reißen). Das war der Sieg leider nur im Bewusstsein, nicht mehr in der Außenwelt. Seitdem Respekt als Wert im kollektiven Bewusstsein „tot" ist, ist es noch dringlicher geworden, dass das Gewissen im kollektiven Bewusstsein (Aragorn) erwacht und lebendig bleibt. Das heißt, das spirituelle Erwachen der Menschen in der westlichen Welt ist noch wichtiger geworden.

Unser Gewissen weiß, dass der Respekt eigentlich ein wichtiger Wert ist, den vor allem Kinder und Jugendliche brauchen, um kein zu großes Ego zu entwickeln. Dennoch hilft dieses Wissen alleine nicht, diesen Wert wiederzuerwecken. Die Befürchtung, Kindern Schaden zuzufügen, wenn man sie zum Respekt gegenüber ihren Eltern, anderen Erwachsenen und Lehrern erzieht, wurde zu groß. Für Kinder, die keinen vertrauensvollen Respekt gegenüber ihren Eltern und Lehrern entwickeln, wird es in ihrem Leben dann aber schwierig, den nötigen Gehorsam gegenüber Gott, gegenüber dem eigenen Gewissen zu erlernen. In der Folge war es unvermeidlich, dass die Kinder und Jugendlichen im Westen ein zu großes Ego entwickelten. Mit diesem massiven, massiv negativen Problem müssen wir seither in der westlichen Kultur leben. Und es steckt mittlerweile auch die asiatischen Nationen an, in denen der Gehorsam gegenüber den Eltern und der Respekt gegenüber Älteren bisher noch als Werte hochgehalten werden.

Aragorn blieb noch bei Boromir knien und weinte. Die Erinnerung an den Faschismus ist so stark, dass der Respekt in der westlichen Welt auch heute noch nicht in die richtige zwischenmenschliche Perspektive gerückt werden und den Status eines wichtigen Wertes annehmen kann. Zu sehen, wie schlimm sich der Mangel an Respekt in den westlichen Kulturen seit damals ausgewirkt hat, ist wirklich zum Weinen.

Aragorn, Legolas und Gimli jagen gemeinsam nach den Orks, um Merry und Pippin zu befreien. Das heißt, nach der nationalsozialistischen Machtergreifung formieren sich auch die spirituellen Kräfte im Bewusstsein und bemühen sich, die durch die Machtergreifung verloren gegangene Fröhlichkeit und Leichtigkeit zurückzugewinnen.

Aragorn ist unsicher, wie die Rohirrim zu Saruman und Sauron stehen.

Das heißt, der europäische Faschismus hat versucht, den Bereich der Wertschätzung (4. Selbstheilkraft = Rohan) umzudefinieren und an Volkszugehörigkeit und blinden Gehorsam zu binden. Da viele dieser nationalistischen Sichtweise folgten, war im kollektiven Bewusstsein lange nicht klar, wie sich das Ehrgefühl der Menschen letztlich entwickeln würde. Würde sich das Ehrgefühl behaupten oder den faschistischen Verdrehungen zum Opfer fallen?

Éomer berichtet Aragorn über die großen Probleme mit Saruman, mit dem schwer fertig zu werden ist. Er ist ein gerissener und wandlungsfähiger Zauberer, der in vielen Gestalten erscheint.

Das heißt, der Faschismus forderte die Herrschaft darüber, was als ehrenhaft und anerkennenswert (Rohan) zu gelten hatte. Er betrieb die von Nietzsche vorformulierte Umwandlung aller Werte. Er bediente sich dabei esoterischer, literarischer, religiöser und traditioneller Ideen und Werte, was ihn sehr wandlungsfähig und gerissen machte. Es war in jener Zeit schwierig, den faschistischen Ideen zu entgehen und sich echtes Ehrgefühl und echte Bescheidenheit zu bewahren.

ORKS UND URUK-HAI – NEGATIVITÄT DER FASCHISTISCHEN ZEIT

Merry und Pippin werden von Orks Saurons, Orks aus Moria und Orks Sarumans gefangen genommen und verschleppt.

Das heißt, Fröhlichkeit und Leichtigkeit gehen im kollektiven Bewusstsein verloren, weil sowohl die vom Geldsystem angestachelte Negativität (Saurons Orks), als auch die kollektive Feindseligkeit (Orks aus Moria), als auch die vom Faschismus erzeugte Negativität (Sarumans Orks) solche Regungen nicht aufkommen lassen.

Saruman wollte Frodo mit dem Ring gefangen nehmen, erwischte stattdessen jedoch nur Merry und Pippin heißt, der Faschismus wollte Macht über das Denken der Menschen gewinnen, raubte ihnen für einige Jahre jedoch nur ihre Fröhlichkeit und Leichtigkeit.

Die Orks zerstreiten sich wiederholt. Der Führer der Uruk-hai, Ugluk, hält die Orks zusammen. Es war Ugluk gewesen, der Boromir getötet hatte. Schließlich werden sie von den Reitern Éomers umzingelt und getötet.

Das heißt, egoistisches Verhalten wurde im Faschismus nicht geduldet, wenn es nicht zum Nutzen der faschistischen Führer war. Dasselbe gilt für alle Formen der Feindseligkeit, die nur geduldet wird, wenn sie im Sinne der faschistischen Führer artikuliert wird. Der Uruk-hai Ugluk steht für das Machtgebahren der Faschisten, die Ungehorsam nicht duldeten und alle negativen Verhaltensformen unter Kontrolle hielten und nur zu ihrem Nutzen einsetzten. Es war vor allem das nationalistische Machtgebahren, das blinden Gehorsam einforderte, das dafür sorgte, dass der Respekt seinen Status als wichtigen Wert für die soziale Ordnung verlor. (Es waren Sarumans Orks gewesen, die Boromir getötet hatten.)

Das Überhandnehmen der vom Faschismus erzeugten Negativität weckt schließlich in vielen Menschen eine gewisse Bescheidenheit (Éomer), die der politisch gelenkten Negativität im Denken der Mehrheit ein Ende bereitet. Während die Machthaber bleiben, steht das Volk in seiner großen Mehrheit nicht mehr hinter ihnen. Es war dann allein die Schreckensherrschaft und die Angst des Volkes, die die Faschisten an der Macht hielten.

Adolf Hitler hat auf eine entsprechende Anmerkung eines Weggefährten, dass die große Mehrheit des deutschen Volkes seine nationalsozialistische Führung nicht mag, geantwortet: „Sie müssen uns nicht gut finden. Es genügt, wenn sie Angst haben."

Im Kampfesgetümmel, bei dem Éomers Truppen die Orks auslöschen, können Merry und Pippin den Orks entkommen und in den Fangorn-Wald fliehen.

Schließlich löst sich die große Mehrheit von der negativen Angaberei des Faschismus, die Bescheidenheit siegt im kollektiven Bewusstsein und befreit die Fröhlichkeit und Leichtigkeit ein wenig.

Geschichte der Ents – spirituelle Wiederbelebung im Faschismus

Im Kontext der Verschlüsselung der Ereignisse während des europäischen Faschismus' gibt Tolkien ausgiebige Erläuterungen zur Meditation. Es gibt den Spruch Goethes: „Ich bin ein Teil von jener Kraft, die stets das Böse will und doch das Gute schafft."

Kollektiv traumatisierende Erfahrungen, wie der Nationalsozialismus und der Zweite Weltkrieg eine war, bringen viele Menschen an den Punkt, sich in Anbetracht der Schrecken der äußeren Welt nach innen, hin zu ihrer Seele und zu Gott zu wenden. Während die Wahrnehmung der faschistischen Ära auf den von der faschistischen Propaganda erzeugten Lärm und seine Arroganz gerichtet war, fand unter der Oberfläche im kollektiven Bewusstsein vor allem der Deutschen etwas ganz anderes statt. Da Gott auf intensive Gebete immer antwortet und unsere Seele Heilung erfährt, wenn wir intensiv an Gott denken, wirkt sich diese Hinwendung zu Gott immer positiv und heilsam auf unser Bewusstsein aus. Genau das ist während der Zeit des Faschismus' kollektiv geschehen und wurde von Tolkien mit den Ereignissen rund um die Ents verschlüsselt.

Merry und Pippin erholen sich im Fangorn-Wald erstaunlich schnell von den Wunden ihrer Gefangenschaft.

Die Entspannung, die wir in innerer, meditativer Stille finden, hat eine erstaunlich große Heilkraft.

Baumbart fragt sich, was er wegen Saruman machen soll.

Das Nationalego war in der Zeit des Nationalismus vom etwa 19. Jahrhundert bis zum Ende des 2. Weltkriegs sehr geneigt, Lärm zu machen und die Stille im Geist damit zu stören.

Baumbart weiß, dass Saruman nur nach Macht strebt. Er interessiert sich nicht für Lebendiges.

Er hat Orks zu etwas noch Schlimmerem verwandelt, so dass sie eher wie schlechte Menschen sind. Anders als alle Geschöpfe der Dunkelheit, können sie die Sonne ertragen.

Der Faschismus ist nur an Macht interessiert. Für diese ist ihm jedes Mittel Recht, gerade die Verbreitung negativer Gedanken und Ideen. Das besonders schlimme am Faschismus ist, dass er seine menschenverachtenden Ideen gesellschaftsfähig gemacht hat, als wären sie ethisch vertretbar.

Baumbart bedauert, dass er nichts gegen Saruman unternommen hat und die Zerstörung zugelassen hat. Er erkennt, dass er handeln muss, und die Ents machen sich auf den Weg nach Isengard.

Im Kollektiv erwacht eine Kraft, die sich dem vom Faschismus erzeugten Lärm entgegenstellt und gewillt ist, innere Stille, Entspannung und Frieden wiederherzustellen. Ein siegreicher Faschismus ist eine Bedrohung sowohl für das Selbstwertgefühl und die Wertschätzung, die Menschen sich entgegenbringen (Rohan), als auch für die gesellschaftliche Rechtschaffenheit (Gondor). – In der Summe weckte also ausgerechnet die besonders grobe, menschenverachtende und lärmende Zeit des Faschismus' eine spirituelle Gegenkraft, die viele Menschen in die innere Stille und zu Gott führte.

Tolkien hat bei Pippins und Merrys Aufenthalt bei Baumbart im Fangorn-Wald die Geschichte der Meditationskraft im kollektiven Bewusstsein der Menschheit während der letzten Jahrzehntausende verschlüsselt. Da diese für die im Herrn der Ringe erzählte Geschichte nicht unmittelbar relevant ist, wurde sie in Band 3 aufgenommen.

Weisser Reiter – Erstarktes Wiedererwachen des Unterscheidungsvermögens

Gandalfs Wandel zum weißen Reiter symbolisiert das während der Zeit des europäischen Faschismus' in verschärfter Form erwachende Unterscheidungsvermögen.

Aragorn, Legolas und Gimli begegnen Gandalf und erkennen ihn zuerst nicht wieder, da sie ihn ja für tot halten. Aragorn empfindet die Begegnung wie einen scharfen Windstoß ins Gesicht oder wie einen kalten Regenguss, der einen Schläfer weckt.

Wenn das Unterscheidungsvermögen plötzlich erwacht und wir Dinge, die bis dahin nur an der Oberfläche unseres Bewusstseins gelauert und darauf gewartet haben, ins Bewusstsein zu rücken, plötzlich richtig unterscheiden und erkennen können, ist dies wie ein scharfer Windstoß ins Gesicht oder wie der kalte Regenguss, der einen unruhigen Schläfer weckt.

Gandalf reagiert ruhig und furchtlos auf die Drohung Gimlis, die dieser ausspricht, weil er ihn für Saruman hält.

So groß war die vom Faschismus erzeugte Verwirrung, dass die Menschen nur mit großem Misstrauen vorgehen konnten, wenn sie versuchten, die Verführungen des Faschismus' von dem zu unterscheiden, was im Leben gut und richtig ist. Daher war auch das Misstrauen gegenüber dem eigenen Unterscheidungsvermögen groß, als dieses schließlich erwachte.

Gandalf kann die drei Gefährten mühelos ausschalten.

Wenn Unterscheidungsvermögen jedoch erwacht, hat es eine völlig unwiderstehliche Kraft, die sich nicht unterdrücken oder verschleiern lässt.

Schließlich erkennt Legolas Gandalf wieder und die Gefährten schwanken vor Staunen, Freude und Furcht.

Und dann ist der Moment der Gewissheit da, richtig unterscheiden zu können und richtig erkannt zu haben. Und dies ist ein unmissverständlich kraftvoller und heiliger Moment. Das erwachende Unterscheidungsvermögen rückte die übrigen spirituellen Kräfte an ihren richtigen Platz, schenkt Hoffnung und Zuversicht. Dieser Zeitpunkt, als das Unterscheidungsvermögen bei genug Menschen erwachte, um eine spürbare Kraft im kollektiven Bewusstsein darzustellen, lag nicht lange nach der faschistischen Machtergreifung in Deutschland. Seit jenem Zeitpunkt sind einerseits die schlimmsten Dinge passiert, der 2. Weltkrieg und die langen schweren Jahrzehnte seither, andererseits war dies ein Wendepunkt. Seither trifft die Hochfinanz im kollektiven Bewusstsein nämlich auf einen immer mehr anwachsenden Widerstand gegen ihre Pläne. Die spirituelle Kraft, die damals erwacht ist, ist seither global immer stärker geworden.

Gandalf meint, dass er so ist, wie Saruman hätte sein sollen.

Dass Aragorn, Legolas und Gimli im Fangorn-Wald auf Gandalf treffen, bedeutet, dass die als Antwort auf den Faschismus bewirkte Hinwendung zu Gott auch das zu Beginn des 1. Weltkriegs im kollektiven Bewusstsein verloren gegangene Unterscheidungsvermögen aufweckte, nun in einer gereinigten und damit viel stärker gewordenen Form. Gandalf ist nun kein grauer Wanderer mehr, sondern ein weißer Reiter. Das Unterscheidungsvermögen kann für das kollektive Bewusstsein nun bewirken, was der eigentliche Saruman, die Rückbesinnung auf das spirituelle Wissen unserer vor- und frühchristlichen Ahnen hätte bewirken können, wäre es nicht vom Nationalismus verdreht worden.

Gandalf bedauert den Tod Boromirs. Er äußert seine Freude, dass Boromir der Gefahr, in der er geschwebt hat, am Ende entkommen ist.

Gandalf bestätigt hier, dass die Deutschen glücklicherweise zur Besinnung gekommen sind, wenn auch zu spät, um die Machtergreifung der Nationalsozialisten noch zu verhindern.

Gandalf meint, Boromirs Tod sei nicht vergebens gewesen, allein schon um Merry und Pippin in größter Eile zum Fangorn-Wald zu bringen. Er meint, dass Saruman vor dem Grollen des Waldes achtgeben muss.

Des Weiteren hat der Umstand, dass Fröhlichkeit und Leichtigkeit durch die wachsende Zuflucht zu Gott befreit wurden, auch einen heiligen Zorn geweckt, der den Faschismus im Bewusstsein endgültig auslöschte, so dass er nach dem 2. Weltkrieg nirgendwo mehr richtig Fuß fassen konnte.

Gandalf denkt, dass Sauron annimmt, dass die Gemeinschaft nach Minas Tirith geht, was ein schwerer Schlag für ihn wäre. Sauron ist verunsichert, weil er nicht weiß, welche Mächtigen auftreten werden, um den Ring gegen ihn einzusetzen und seinen Platz einzunehmen. Er meint, dass Sauron nicht daran denkt, dass die Gemeinschaft den Ring könnte vernichten wollen. Er sieht darin das Glück und die Hoffnung aller.

In diesen Aussagen klingt eine innere und äußere Bedeutung an: Sauron steht für das Ego im kollektiven Bewusstsein der Menschheit, aber auch für die Hochfinanz. Die Hochfinanz geht davon aus, dass sich jene Menschen, die in der Menschheit Widerstand gegenüber ihren Machtplänen leisten, auch des Mittels Schuld projizierender Konzepte bedienen, um Menschen so zu beeinflussen, dass sie sich den Plänen der Hochfinanz widersetzen. Da sie die Schuld projizierenden religiösen und politischen Bewegungen jedoch leicht kontrollieren können, indem sie sich an deren Spitze setzen, dienen diese ihr auch dann, wenn sie offiziell gegen die Hochfinanz tätig sind (wie Hitler, der ein Mann der Hochfinanz war). Wogegen sie praktisch nichts tun können, ist der Umstand, dass immer mehr Menschen nicht mehr bestrebt sind, ihren Mitmenschen ihre Schuld projizierenden Ansichten aufzudrängen, sondern bestrebt sind, ihre eigenen Schuldprojektionen aufzulösen, um sich zu versöhnen und zu vereinen. Und wenn dies einen kritischen Punkt erreicht und das kollektive Bewusstsein nicht mehr vom Bestreben dominiert wird, Recht zu behalten und die eigenen Ansichten durchzusetzen, wird auch die Macht der Hochfinanz enden.

Gandalf meint weiter, dass Sauron Krieg erwartet und daher gleich selbst entfesselt. In der Hoffnung, dass der erste Schlag hart genug ist, setzt er seine Streitkräfte früher in Marsch als beabsichtigt. Worüber Gandalf sich freut, da er keine Hoffnung sähe, wenn er seine Macht für die Bewachung Mordors gebrauchte, da dann niemand hineinkönnte. Dann könnte weder der Ring noch sein Träger ihm lange entgehen. Stattdessen schweift sein Auge in die Ferne und fasst Minas Tirith ins Auge.

Die Hochfinanz hat den Widerstand gegen ihre Pläne vorweggreifend einen Krieg gegen die Rechtschaffenheit (Gondor) in der Menschheit begonnen, um Anstand und Redlichkeit zu zerstören und Gewalt und Kriminalität zu verbreiten. Hätten sie sich darauf konzentriert, die Identifikation der Menschheit mit ihrer jeweiligen nationalen, religiösen und ideologischen Schuld projizierenden Ansichten (Mordor) zu beschützen, wäre eine kollektive Transformation nicht in dem benötigten Ausmaß möglich gewesen. Da sie aber von Anfang an alles daransetzt, die Rechtschaffenheit in der Menschheit zu zerstören und Korruption, Unredlichkeit und Kriminalität zu verbreiten, haben sich überall auf der Welt Menschen auf den inneren Weg gemacht, sich auf die ewigen spirituellen Werte zu besinnen und trennende Schuld projizierende Konzepte und Glaubensvorstellungen aufzulösen, um eine verbindende Liebe und ein Mitgefühl zu entwickeln, das die Menschheit eint. Das war im Endeffekt zum großen Glück und Segen für die Menschheit der Fehler, der zum Scheitern ihrer Pläne führen wird, auch wenn die Menschheit in den letzten Jahrhunderten und vor allem

Jahrzehnten Schlimmes durchleben musste. Der völlige Verfall menschlicher Werte ist in der Menschheit zum Glück ausgeblieben.

Gandalf sagt, dass es Saruman zu verdanken ist, dass Sauron noch keinen Hobbit in Händen hat. Er bezeichnet Saruman als doppelten Verräter. Während nichts schmerzlicher war als sein Verrat und er Rohan davon abhalten könnte, Gondor im Kampf gegen Sauron zu helfen, haben Sauron und Saruman gemeinsam am Ende nur erreicht, dass Merry und Pippin mit unglaublicher Geschwindigkeit zur rechten Zeit zum Fangorn gebracht wurden.

Frodo, Sam, Merry und Pippin stehen als Gesamtheit symbolisch für die sattvischen Gewohnheiten im kollektiven Bewusstsein.

Aufgrund des Faschismus' ist das sattvische Bestreben im kollektiven Bewusstsein, trennende, Schuld projizierende Konzepte aufzulösen, letztlich verstärkt worden. Saruman steht nicht nur für das Nationalego, sondern auch für das Ego einer bestimmten Religion oder Ideologie anzugehören. Durch den Untergang des Faschismus' hat auch das Ego, einer bestimmten Religion oder Ideologie anzugehören, an Attraktivität verloren und die Bereitschaft erhöht, trennende religiöse und ideologische Konzepte zugunsten universeller verbindender Werte zu transformieren, mit denen sich Menschen religions- und ideologieübergreifend identifizieren.

Ebenfalls hat es eine spirituelle Reaktion auf den Faschismus gegeben, die den Menschen Fröhlichkeit und Leichtigkeit zurückgebracht hat. Das Streben der Hochfinanz nach globaler Macht und der Herrschaftsanspruch des europäischen Faschismus' haben damals im Endeffekt also nur bewirkt, dass die sattvischen Bestrebungen und die spirituelle Kraft im kollektiven Bewusstsein sehr verstärkt wurden.

Gandalf blickt nach Osten und meint, dass der Ring für sie außer Reichweite ist. Darüber können sie froh sein, weil sie nicht mehr in Versuchung kommen können, ihn zu gebrauchen.

Diese Aussage Gandalfs meint Folgendes: Seit der Machtergreifung der Nationalsozialisten ist die im kollektiven Bewusstsein um Transformation bemühte Kraft frei genug von der Versuchung, die Probleme durch das kollektive Streben nach der Macht, die eigenen Schuld projizierenden Konzepte auf andere zu übertragen, zu lösen. Dies wäre die schrecklichste aller Gefahren für das kollektive Bewusstsein gewesen, und diese Gefahr ist seit 1933 vorüber, weil die um Transformation bemühten Menschen dies endgültig nicht mehr wollen.

König der Goldenen Halle – Angriff auf das Ehrgefühl durch den Faschismus

Théoden begegnet Gandalf zunächst ablehnend. Das heißt, wenn das Ehrgefühl in einer ehrlosen Situation schläft, sind Mahnungen aus dem Unterscheidungsvermögen unerwünscht. Wir möchten dann nicht aufwachen und die unschönen Dinge, die wir zugelassen haben, wahrnehmen.

Schlangenzunges arroganter Empfang für die Gemeinschaft symbolisiert die Arroganz des Faschismus' gegenüber wirklich edlen Regungen, wie denen aus dem Gewissen, aus wahrem Gleichmut, wahrem Verzicht. Am meisten verhöhnte der Faschismus jene Menschen, die ihn mit klarem unterscheidungsfähigen Denken in Frage stellten.

Gandalf ist von Schlangenzunge jedoch nicht zu stoppen heißt, genau mitten in der größten Arroganz der faschistischen Propaganda erwacht das Unterscheidungsvermögen und durchschaut die Hässlichkeit dieser Arroganz.

Dass Gandalf Théoden zu Hilfe eilt, heißt, das Ehrgefühl konnte keine bessere Hilfe finden als die, sich vom Unterscheidungsvermögen aufwecken zu lassen und die Lügen der faschistischen Propaganda zu durchschauen.

Nach Théodens Erwachen wird zuerst nach Éomer geschickt heißt, die faschistische Propaganda hatte die Bescheidenheit aussortiert und grölendes Machtgehabe gegenüber geringgeschätzten Nationen und Volksgruppen praktiziert. Erst mit dem Erwachen des Unterscheidungsvermögens erwacht auch wieder eine gewisse Bescheidenheit im kollektiven Bewusstsein. Bescheidene Menschen, die sich der Propaganda verweigerten, hielten ihr Ehrgefühl reiner als die anderen.

Gandalf erklärt mit Bezug auf Frodo, dass die größte Hoffnung da liegt, wo die größte Gefahr ist, und dass ihr Schicksal an einem Faden hängt. Er sieht Hoffnung, falls sie für kurze Zeit unbesiegt standhalten können.

Die Transformation unserer Schuld projizierenden Konzepte (und damit die Schwächung der Ego-Teufelskreise im kollektiven Bewusstsein) ist die einzige Hoffnung. Und eine große Hoffnung, wenn Rechtschaffenheit und Ehrenhaftigkeit im kollektiven Bewusstsein noch ein wenig mehr (aus damaliger Sicht grob gerechnet noch etwa 100 Jahre +/-, historisch gesehen; wir sind noch nicht am Ziel) aufrechterhalten werden können.

Gandalf sagt Éomer, dass er Schlangenzunges Absichten falsch verstanden hat und dass dieser von Saruman Éowyn als Lohn für seine Tätigkeit verlangt.

Die faschistische Propaganda wollte selbst gerne als selbstloser Dienst an der Menschheit durchgehen. Das erwachende Unterscheidungsvermögen durchschaut natürlich die Lächerlichkeit dieses Ansinnens.

Gandalf weiß nicht, wie weit Sarumans Verrat zurückreicht. Er meint, er sei früher ein Guter gewesen. Aber jetzt hat er schon lange auf Rohans Untergang hingearbeitet und Théoden hatte Schlangenzunges Einflüsterungen im Ohr. Er erkältete Théodens Herz und schwächte seine Glieder.

Die Rückbesinnung auf die spirituellen Werte der Altvorderen hatte ursprünglich natürlich keine negative Auswirkung auf den Bereich der Wertschätzung. Durch die Vereinnahmung durch den Nationalismus galt Wertschätzung dann natürlich nur noch dem eigenen Volk und andere Völker und fremde Volksgruppen wurden geringgeschätzt. Die von der Verführung zum nationalistischen Denken ausgehenden Ideen haben die Wertschätzung zwischen den Völkern schließlich vergiftet und das kollektive Ehrgefühl wurde von der verführerischen Kraft des nationalistischen Denkens gelenkt.

Gandalf berichtet weiter, dass Sarumans Maske für jeden, der Augen im Kopf hat, zerrissen war, nachdem er ihm entkommen war. Obwohl das Spiel für Schlangenzunge dann schwieriger wurde, hatte er es geschafft Théoden einzuschläfern. Zum Glück hatte Éomer Théoden nicht gehorcht und verhindert, dass Saruman die Hobbits in die Hände bekam.

Noch im 19. Jahrhundert hatte sich das Unterscheidungsvermögen vieler Menschen von den nationalistischen Ideen gelöst und nationalistische Propaganda hatte zunächst kein leichtes Spiel. Jedoch arbeitete die Propaganda geschickt mit Schmeicheleien und Ängsten. Vor allem hat sie versucht, die Bescheidenheit aus dem kollektiven Bewusstsein zu beseitigen, damit ihr arrogantes Gehabe auch ihren Machtbestrebungen nützte. Ohne ausreichende Bescheidenheit im kollektiven Bewusstsein hätten sich Fröhlichkeit und Leichtigkeit nicht befreien können. Und ohne Fröhlichkeit und Leichtigkeit wären die Transformationsbemühungen viel schwerer geworden.

Aragorn meint zu Éowyn, dass das Schicksal sie nicht im Westen, sondern im Osten erwartet.

Westen heißt hier Saruman. Osten heißt hier Sauron. Nicht der Faschismus ist das wirkliche Problem, sondern der kollektive Egoismus, durch den die Energie, die wir unserem Ego geben, an das stärkste Ego hochverteilt wird, das dadurch bedingte Zinsgeldsystem, das alle Macht nach oben verteilt, und die durch beides bedingte Macht der Hochfinanz.

Schlacht um Helms Klamm – Innere Emigration während Zweiten Weltkriegs

Gandalf rät Théoden, mit all seinen Leuten nach Helms Klamm zu reiten, anstatt zu den Isenfurten. Er rät zur Eile und verabschiedet sich.

Das heißt, das Erwachen des Ehrgefühls nahm der menschenverachtenden Propaganda zwar ihre Wirkung auf das Bewusstsein. Aber nicht lange nach diesem Erwachen begann der 2. Weltkrieg, der das Ehrgefühl der Menschen durch die Verwicklungen in die Brutalität des Krieges weiter belagerte. Nun war es nicht mehr nur Propaganda, die auf die Menschen einstürmte, sondern Kriegspropaganda begleitet von den real bedrohlichen Ereignissen des Krieges. Jedes Wort, das in den faschistisch besetzten Gebieten gegen den Faschismus gerichtet wurde, konnte als Landesverrat ausgelegt und mit dem Tode bestraft werden. Den Menschen, die dem Faschismus Widerstand entgegenbringen wollten, blieb kollektiv nur die innere Emigration. Nicht Feigheit, sondern das klare Erkennen der Brutalität der Nationalsozialisten führt in die innere Emigration als weiseste Möglichkeit. In dieser Situation brauchte es viel Unterscheidungsvermögen, um das Bewusstsein richtig zu sammeln. (Gandalf reitet los, um die versprengten Soldaten Erkenbrands einzusammeln.) Erkenbrand symbolisiert das Einstehen für die Werte der Menschlichkeit. Der Fluss Isen kommt vom Orthanc, symbolisiert also den Strom des menschlichen Willens. Erkenbrands Scheitern an der Isenfurt und die Versprengung seiner Leute symbolisieren also, dass der Wille, im Angesicht der Menschenverachtung und Brutalität des Faschismus' für die Werte der Menschlichkeit einzustehen, nicht zum Ziel führen konnte. Ein offenes Einstehen für Menschlichkeit hätte die Brutalität weiter angestachelt, also den gegenteiligen Effekt gehabt. Gandalf sammelte Erkenbrand und seine Leute ein, heißt also, dass die Weisheit gebot, mit dem Wunsch, für Menschlichkeit einzutreten, in die innere Emigration zu gehen. Dort wurden die Werte der Menschlichkeit bewahrt.

Als Sarumans Orkarmee Helms Klamm dann angriff, kam zunächst keine Reaktion von drinnen.

Nicht lange nachdem sich die europäischen Völker, vor allem die Deutschen, innerlich vom Faschismus abgewendet hatten, begann also der 2. Weltkrieg, bei dem es den Faschisten außer um ihre Macht vor allem darum ging, das Ehrgefühl im kollektiven Bewusstsein wieder zu verdrehen und auszulöschen. Macht lässt sich letztlich nur aufrechterhalten, wenn das Denken der Menschen kollektiv erfolgreich kontrolliert wird. Und dies ist dem Faschismus trotz aller Anstrengungen nicht mehr gelungen. Letztlich war die Kriegspropaganda in allen Ländern faschistisch und die Alliierten waren nicht weniger faschistisch als die Nazis. Denn der Feind wurde als „unmenschlich" oder „minderwertig" dargestellt, also als ein Feind, den zu töten eine gute Tat war. Man könnte durchaus die Meinung vertreten, dass die Propaganda der Alliierten faschistischer war als die der Nazis, da die Deutschen als Unmenschen dargestellt wurden, die man ruhig töten konnte oder sollte. Sie haben das Ehrgefühl der alliierten Soldaten erfolgreicher verdreht als die Nazis und es mit Erfolg als eine Ehre erscheinen lassen, nicht nur deutsche Soldaten, sondern Deutsche überhaupt zu töten, so dass viele alliierte Soldaten sich auch nicht weigerten, Massenmord an den Flüchtlingen zu begehen, an wehrlosen Frauen, Kindern, alten Menschen, Verletzten usw. Mit Bezug auf die in den 1860er Jahren der Hochfinanz bekannt gewordene Voraussage Jesu darf man auch nicht vergessen, dass der Hauptgrund für die Orchestrierung des 2. Weltkriegs durch die Hochfinanz die Vernichtung der Deutschen war.

Gerade während der Weltkriege und gerade während des 2. Weltkriegs tat die Propaganda der deutschen Kriegsgegner alles, um Deutsche als Monster darzustellen, die unbedingt ausgelöscht werden mussten. Damals waren die Völker außerhalb des deutschsprachigen Raums auch sehr gerne gewillt, alle diese Horrorgeschichten zu glauben. Da die Hochfinanz alle Kriegsparteien kontrollierte, konnten sie ihren Faschismus auch in alle Kriegsparteien einimpfen. Der eigentliche Faschismus war ein Faschismus der Hochfinanz, angetrieben von ihrem Hass auf die und Krieg gegen die Menschheit und vor allem gegen die keltisch-germanischen Völker, die sich der Planung gemäß zu vielen Millionen gegenseitig umbringen sollten und dies auch in beiden Weltkriegen gehorsam taten. Die Weltkriege waren vordergründig Kriege irgendwelcher Nationen gegen irgendwelche anderen Nationen. Sie waren von der Steuerung und Planung der Kriege durch die Hochfinanz her aber eigentlich ein durchgeplantes Bühnenstück zur millionenfachen Ermordung der weißen Rasse und vor allem der Deutschen, sowie der assimilierten Juden.

Christopher Jon Bjerknes legt in den Büchern „Adolf Hitler: Bolshevik and Zionist" zahllose historische Quellen vor, die zeigen, dass Hitler als Frontmann an der kommunistischen Revolution nach dem 1. Weltkrieg in München teilnahm. Nach dem Scheitern der von Freimaurern – also der Hochfinanz – angeführten kommunistischen Revolution wurde beschlossen, die Taktik zu ändern. Es sollte ein Frontmann der kommunistischen

Revolution ausgewählt werden, der eine patriotische Partei unterwandern und für die Ziele der Kommunisten, also der Hochfinanz, instrumentalisieren sollte. Als Partei wurde die Deutsche Arbeiterpartei ausgewählt und als Kuckucksei Adolf Hitler (das Kommunistenei im Nationalistennest). Er hat die bestehende Parteiführung verdrängt, die Führung übernommen und die Partei in NSDAP umbenannt. Er sollte sich auf antijüdische Hetzreden fokussieren, für die viele Beifallklatscher bezahlt wurden, und mit Hilfe der NSDAP zum Diktator Deutschlands werden, um dadurch am Ende drei Ziele der Hochfinanz zu erreichen:

1. Die Hochfinanz hatte jahrzehntelang die Juden Europas in zwei Kategorien unterteilen lassen. Die erste Kategorie waren die assimilierten Juden, die unter keinen Umständen bereit sein würden, nach Israel auszuwandern. Und die zweite Kategorie waren die Juden, die mit entsprechender Einschüchterung bereit sein würden, nach Israel umzusiedeln. Hitlers Auftrag war, die Menschen der Kategorie 1 zu ermorden, damit die Menschen der Kategorie 2 bereit sind, nach Israel auszuwandern.

2. Der Sowjetarmee helfen, die Sowjetunion bis zum Atlantik auszudehnen und Deutschland vollständig unter die kommunistische Herrschaft zu bringen.

3. Als dieser Plan abgewandelt werden musste, sollte er sicherstellen, dass außer den Juden der Kategorie 1 maximal viele Deutsche ermordet werden.

Diesen Plan musste man dann aufgrund von „Sarumans Verrat", zu dem wir noch kommen, abwandeln. Dennoch war die Hochfinanz mit dem Ergebnis insgesamt sehr zufrieden.

Kommen wir zu Helm Klamm zurück. *Außer den Orks griffen auch wilde Menschen aus den dunländischen Steppen und Hügeln an.* Die wilden Menschen aus Dunland symbolisieren die unmittelbare, unreflektierte Verarbeitung unseres Minderwertigkeitsgefühls in Wichtigtuerei und Großspurigkeit. Die Kriegspropaganda ging auf allen Seiten der Kriegsbeteiligten mit verteufelnder Darstellung des Feindes und mit Wichtigtuerei und Großspurigkeit in Bezug auf die eigene Sache gegen das Ehrgefühl vor, damit die Soldaten möglichst viele gegnerische Soldaten töten sollten. Die Alliierten haben in Deutschland durch ihre Bomben ja auch Millionen unschuldiger Zivilisten getötet. Sie wussten z.B., dass Hunderttausende wehrloser Flüchtlinge in Dresden waren, haben Schonung zugesagt, und die Stadt dann erbarmungslos zerbombt. Wurden sie je für diesen Massenmord angeklagt?

Aragorn kann sein neu geschmiedetes Schwert Anduril zum ersten Mal in der Schlacht einsetzen.

Durch die Schrecken des 2. Weltkriegs war das Gewissen der Menschen bei allen Kriegsparteien also in besonderer Weise gefordert, um die eigene Menschlichkeit zu bewahren. Durch die starke Herausforderung hat der Krieg das Gewissen im kollektiven Bewusstsein in besonderer Weise aktiviert und gestärkt.

Die Orks weichen vor der Wucht Aragorns und Andurils zurück. Durch die Aktivierung des Gewissens lösten sich die vom Faschismus und von der Kriegspropaganda der Kriegsparteien erzeugten herabwürdigenden und geringschätzigen Gedanken über die Kriegsgegner auf, so dass viele Soldaten nicht mehr glauben, dass es eine gute Tat ist, einen Kriegsgegner zu töten.

Die Orkarmee griff jedoch erneut mit verdoppelten Kräften an. Jedoch war der Propaganda-Aufwand der Kriegsparteien enorm und der Angriff auf das Ehrgefühl der Menschen war massiv. Es sollte unbedingt ehrenvoll sein, die Gegner zu töten, die unbedingt als so schlecht hingestellt werden sollten wie möglich.

Éomer sagt, dass er das Gebrüll der Orks hört, es für sein Ohr jedoch nur Vogelgekreisch und viehisches Gebrüll ist. Die Dunländer höhnen und sind sich sicher, die Schlacht zu gewinnen.

Mit den Ohren der Bescheidenheit gehört, war die hochtrabende Propaganda aller Kriegsparteien nur viehisches Gebrüll. Vor allem konnte die Großspurigkeit keiner genaueren Untersuchung standhalten, da sie nur darauf abzielte, Bescheidenheit und Ehrgefühl im eigenen Volk auszulöschen.

Aragorn meint, dass es schlecht um die Verteidigung steht, was Legolas bestätigt. Legolas meint jedoch, dass Hoffnung besteht, solange Aragorn mitkämpft.

In der menschenverachtenden Zeit lag die größte Hoffnung im erwachenden Gewissen der Menschheit.

Théoden sagt, die Hornburg sei noch nie gestürmt worden. Ihm kommen jedoch Zweifel, weil alles anders und unsicher geworden ist. Was tun gegen solchen Hass?

Die Propaganda der damaligen Zeit war auf allen Seiten (auch bei den Alliierten) so übel, dass selbst der Rückzug in das eigene Innere das Denken kaum vor den menschenverachtenden, rassistischen Ideen schützen konnte. Die Hochfinanz tobte in dieser Propaganda auf beiden Seiten ungebremst ihren ganzen Hass auf die Menschen, spezieller die keltisch-germanischen Völker und ganz speziell die Deutschen aus.

Dann erschallt Helms Horn. Die Kämpfer Rohans freuen sich und glauben, Helm selbst komme in die Schlacht.

Irgendwann im Laufe des 2. Weltkrieges kam jedoch der Punkt, an dem die Propaganda kein Gehör mehr fand. Auch viele der alliierten Soldaten sahen, dass die Deutschen nicht die Monster waren, als die die Propaganda sie dargestellt hatte. Während viele führende Köpfe der Alliierten, wie z.B. General Eisenhower, die Ermordung sämtlicher Deutschen forderten, waren die allermeisten alliierten Soldaten nicht bereit, diese Forderung wirklich umzusetzen.

Dann ritten Théoden, Aragorn und die Fürsten Rohans in die Schlacht, so dass der Himmel erhellte und die Nacht verging. Und das Ehrgefühl und die Gewissenhaftigkeit setzte sich deutlich durch.

Gemeinsam verjagen sie die Feinde. Von nun an stieß die Propaganda im kollektiven Bewusstsein nur noch auf taube Ohren, ihr wurde nicht mehr geglaubt. Und stattdessen folgten die Menschen ihrem eigenen Ehrgefühl und Gewissen.

Sie erkämpfen sich den Weg vor das Tor und erkennen die Landschaft nicht wieder. Alles scheint plötzlich voller Bäume. Sarumans Heer ist eingekeilt zwischen Bäumen und der Armee Rohans.

Der Sieg des Ehrgefühls wurde begleitet und ermöglicht durch die während des Krieges zunehmenden Gebete und die dadurch bewirkte meditative Haltung vieler Menschen. Das stark werdende Ehrgefühl und Gewissen und die von den Gebeten erzeugte meditative Haltung und Nähe zu Gott machten der menschenverachtenden Propaganda endgültig und für alle Zeiten nachhaltig den Garaus. Zwar initiierte die Hochfinanz auch nach dem 2. Weltkrieg noch zahlreiche Kriege.

Zwar wurden diese stets von wirkungsvoller Propaganda begleitet. Es ist ihr aber nie wieder gelungen, die Kriegshysterie wie für den 1. Weltkrieg auszulösen. Schon den 2. Weltkrieg hatten die Völker trotz aller Propaganda eigentlich nicht mehr gewollt.

Von nun an musste sie die Völker immer raffinierter in Kriege hineinmanipulieren oder wie in neuerer Zeit die Öffentlichkeit einfach von den Kriegen ablenken oder diese so undurchsichtig machen, dass keiner weiß, was eigentlich los ist. Wollen tut diese Kriege fast niemand mehr außer der profitierenden Hochfinanz und ihren Lakaien in der Politik. Das war die Hauptwirkung des Zweiten Weltkriegs auf das Ehrgefühl der Menschheit.

Die Haltung ist seither: „Nein, es ist nicht ehrenhaft, Völker zu töten, die das falsche Regime an der Spitze haben."

Die Armee Sarumans gerät in Panik und Chaos. Aus dem Schatten der Bäume kam keiner wieder lebend heraus.

Schließlich, als der Zweite Weltkrieg zu Ende ging, kommen die verschiedenen Selbstheilungskräfte im kollektiven Bewusstsein zusammen und erzielen den endgültigen Durchbruch. Auch wenn es heute noch menschenverachtende Parteien gibt: Eine gezielt menschenverachtende Politik hatte schon während des Zweiten Weltkriegs endgültig ausgedient. Es gibt seit damals kein Volk mehr auf Erden, das geneigt ist, sich willentlich selbst eine faschistische Ordnung zu geben, auch wenn es kleinere Gruppen gibt, die versuchen, eine faschistische Ordnung herbeizuführen, und auch wenn die Hochfinanz versucht, faschistische Strömungen anzufachen, um sich ihrer zu bedienen.

Und auch wenn sie versucht, die patriotischen Strömungen, die versuchen die Auslöschung ihrer nationalen Identität durch einen ungebremsten Zuwandererstrom zu stoppen, in faschistische Strömungen umzuwandeln. Gelingen tut ihr das nicht.

Sarumans Stimme – Nürnberger Prozesse

Gandalfs Konfrontation mit Saruman symbolisiert einen Prozess im Kopf jener Faschisten, die sich nach dem 2. Weltkrieg in ihr Ego-Inneres zurückzogen.

Sie wollten sich selbst immer noch weismachen, wie edel und ehrenvoll der Faschismus ist und als wie niederträchtig, harsch und hochfahrend jegliche Kritik am Faschismus daher zu beurteilen ist. Bei den Alliierten Kriegsherren musste dieser Prozess nicht stattfinden, da sie ja gewonnen hatten, und niemand sie für den Massenmord an den Wehrlosen in Deutschland je zur Verantwortung gezogen hat.

Gimli meint, dass die Worte Sarumans Kopf stehen und alles verdreht ist. Von außen wahrgenommen ist deutlich, wie sehr die Faschisten alles verdreht haben und wie sehr die Uneinsichtigen immer noch alles verdrehen.

Saruman bietet noch mal alle Überredungskunst auf, alles zu verdrehen. Hier kommt die Pathologie des 4. Teufelskreises zum Ausdruck: Wer sich einmal dem Größenwahn und der Ruhmsucht hingegeben hat, kommt aus dieser Pathologie kaum mehr heraus, auch wenn die Realität alles weggenommen hat, was eine solche Haltung rechtfertigen könnte. Es gab damals wohl einige, die sich in diese größenwahnsinnige, ruhmsüchtige Haltung verrannt hatten. Selbst die Niederlage im Krieg führte nicht zur Transformation und Heilung dieser Pathologie. Die bezwingende Redegewalt Sarumans verweist darauf, dass die Pathologie des 4. Teufelskreises eine zwingende Macht aufbringen kann, weil die Konfrontation mit den eigenen Minderwertigkeitsgefühlen, die der Pathologie zugrunde liegen, zu schmerzhaft wäre.

Gandalf lacht Saruman jedoch aus. Das heißt, ein erwachtes Unterscheidungsvermögen lässt sich davon jedoch natürlich nicht mehr blenden. Mit klarer Unterscheidung gesehen, sind größenwahnsinnige Diktatoren nicht mehr als irrwitzige Clowns, egal wie groß ihre Verführungsmacht sein mag.

Man könnte eigentlich nur über sie lachen, wenn sie zu Zeiten ihrer Macht nur nicht so gefährlich wären und so viele Menschen in den Tod schicken würden. Das kollektive Bewusstsein hatte den lachhaften Charakter der Faschisten nach dem 2. Weltkrieg jedenfalls erkannt.

Die letzte Chance, die Gandalf Saruman anbietet, symbolisiert, dass es wichtig ist, Menschen, die sich in Größenwahn verrannt haben, eine Chance zur Reue zu geben, indem ihnen ein mildes Urteil in Aussicht gestellt wird und dass sie nicht ausgelacht werden.

Als Saruman ablehnt, zerbricht Gandalf seinen Stab und verstößt ihn aus dem Orden. Das heißt, wenn sie diese Chance jedoch nicht ergreifen, muss sichergestellt werden, dass ihnen alle Macht genommen ist und sie keinen Schaden anrichten können.

Schlangenzunge wirft den Palantír nach Gandalf. Das heißt, während den Faschisten alle Macht genommen wurde, wendete sich der Zorn der ehemaligen Anhänger des Faschismus' über die Wendung des Schicksals gegen sich und gegen alles und jeden, auch gegen die unausweichlichen Schlüsse des Unterscheidungsvermögens, die keine Ausflucht mehr zuließen.

Der Palantír von Orthanc, auf den später noch genauer eingegangen wird, symbolisiert die Hingabe des Willens. In der Zeit des Faschismus bediente dieser sich der Hingabe seiner Anhänger. Als die faschistische Sache verloren war, warfen sie auch diese Hingabe zornig von sich. In ihrer Ernüchterung wollten sie von dieser Hingabe an den Faschismus nichts mehr wissen.

Damit traten solche Menschen in einen gefährlichen, sehr für ungebremste Schuldgefühle anfälligen Zustand.

Gandalf konstatiert, dass nicht Saruman, sondern Schlangenzunge die Kugel geworfen hat.

Die Leugnung und Ablehnung der ehemaligen Hingabe war ziellos, aus einer Mischung aus Zorn auf das eigene Ego, das sich hatte verführen lassen, und auf das klare unterscheidende Denken, das die eigene Verirrung und Verführung offenlegte. – Dass Schlangenzunge den Palantír auf Gandalf zielte, heißt, dass die Erklärungen der nationalsozialistischen Führer für ihr Tun so offensichtlich versuchten, jegliches Unterscheidungsvermögen zu zerstören, und so vollkommen unglaubwürdig waren, dass sie dem Faschismus damit endgültig die Möglichkeit genommen haben, je wieder kollektive Hingabe zu erzeugen. Der Faschismus ist von nun an nirgendwo in der Welt mehr in der Lage, im kollektiven Bewusstsein die Mehrheit zu einer Hingabe an faschistische Ziele zu bewegen. (Sarumans Verlust des Palantírs)

Pippin greift den Palantír auf und Gandalf nimmt ihm diesen ab. Der Versuch, das Problem der ehemaligen Hingabe an den Faschismus (Palantír Orthancs) leicht zu nehmen, war gefährlich.

Es blieben nämlich noch die unaufgelösten Schuldgefühle wegen der erlittenen Traumatisierungen und der Schrecken und Gräuel des 2. Weltkriegs, die dann auch zu einem großen Problem wurden. Es war nicht möglich, diese Schuldgefühle leicht zu nehmen und einfach abzuschütteln. Dazu kommen wir etwas weiter unten.

Palantír von Orthanc – Versinken der Deutschen in Schuld

Der Palantír von Orthanc symbolisiert hier wie gesagt die Hingabe eines Teils der Deutschen an den Nationalsozialismus.

Gandalf erklärt Pippin, dass eine Verbindung zwischen Isengard und Mordor bestand, über die er sich noch nicht klar war.

In der Verbindung zwischen Isengard und Mordor ist wie schon erwähnt verschlüsselt, dass Adolf Hitler im Auftrag der Hochfinanz handelte, worauf wir weiter unten noch eingehen.

Pippin fühlt sich unwiderstehlich vom Palantír von Orthanc angezogen und stiehlt ihn Gandalf. Das heißt, während niemand an der Heilung der Weltkriegstraumatisierungen der Deutschen arbeitete und mit Unterscheidungskraft die frühere Hingabe der Deutschen an den Faschismus untersuchte, da diese davon nun einfach nichts mehr wissen wollten (Schlangenzunge hatte den Palantír weggeworfen), blieben vor allem die massiven Schuldgefühle der Deutschen ohne lösende oder heilende Zuwendung. Es gab keine Vergebung den Deutschen gegenüber und keine Selbstvergebung bei den Deutschen.

Das schwebende Problem der Hingabe an den Faschismus wurde durch die massiven kollektiven Schuldgefühle in eine neue Richtung gelenkt.

Obwohl durchaus ein Bewusstsein da war, dass eine solche Hingabe nicht richtig ist, führte der Druck der kollektiven Schuldgefühle dazu, sich diesen Schuldgefühlen hinzugeben, um durch Selbstanklage von den Schuldgefühlen befreit zu werden. Die Faszination und Getriebenheit von den Schuldgefühlen war äußerst zwanghaft und sogar begleitet von einem bewussten Ausschalten des eigenen Unterscheidungsvermögens (die Missachtung Gandalfs).

Pippin beugt sich über die Kugel. Diese war dunkel. Dann entstanden Glimmen und Bewegung, die Pippins Blick fesselte, so dass er sich nicht mehr abwenden konnte. Er wird fast hineingezogen und löst sich schließlich mit einem durchdringenden Schrei, der das ganze Lager aufweckt.

Durch die kollektive Versenkung in diese Schuldgefühle drohte das kollektive Bewusstsein der Deutschen nach dem 2. Weltkrieg ganz an Ego verloren zu gehen, denn unaufgelöste Schuldgefühle können nichts anderes tun, als durch Schuldprojektion die Ego-Teufelskreise im Bewusstsein anzufeuern.

Schließlich wurden diese Schuldgefühle so unerträglich, dass genug Deutsche die Kraft aufbrachten, sich zumindest von ihrer Faszination von der eigenen Schuld loszureißen und aufzuhören, sich willentlich selbst mit ihrer Schuld zu quälen. Dadurch wurde im kollektiven Bewusstsein das Schlimmste verhindert.

Im äußeren Verhalten der Deutschen führte dieser kollektive Bewusstseinsprozess dazu, sich zunächst ganz dem Willen der Hochfinanz hinter den Alliierten, vor allem den Amerikanern zu überlassen.

Gandalf schnappt sich Pippin und wirft seinen Mantel über die Kugel. Gandalf ist besorgt, welches Unheil Pippin angerichtet hat.

Schließlich setzte im kollektiven Bewusstsein der Deutschen jedoch auch das Unterscheidungsvermögen ein und es wurde nicht mehr alles blind übernommen, was aus Amerika kam. Wie groß der Schaden war, den die Deutschen durch ihre Versenkung in ihre Schuldgefühle genommen haben, war nicht gleich ersichtlich.

Pippin berichtet noch unter dem Bann der Kugel, was Sauron ihm durch den Palantír gesagt hat. Sauron glaubte erst, es sei Saruman. Als er begriff, dass er einen Hobbit vor sich hatte, richtete er Pippin aus, er solle Saruman sagen, er sei nicht für ihn und Sauron lasse nach dem Hobbit schicken.

Die Hochfinanz hat diese massiven Schuldgefühle der Deutschen für sich genutzt, um auch das Bewusstsein der Deutschen maximal unter ihre Kontrolle zu bekommen. Sie hat aber verkannt, dass die kollektive Versenkung in die Schuldgefühle mit einem großen Leichtsinn einherging.

Gandalf ruft Pippin zu sich. Pippin bittet um Verzeihung. Er berichtet, dass er vor Sauron davonlaufen wollte, aber nicht konnte. Dann hat Sauron Pippin verhört. Und mehr wusste er nicht mehr. Gandalf will unbedingt wissen, was Pippin noch gesagt hat.

Ein gewisses Aufwachen war erst möglich, als eine gewisse Selbstbeobachtung einsetzte, dass man sich willentlich in Schuldgefühle versenkt hatte. Durch ungebremste, entfesselte Schuldgefühle kommt schließlich die ungefilterte Grausamkeit des Egos zum Vorschein, das seine Grausamkeit gegen sich selbst und andere richtet.

Um sich diesem Griff zu entziehen, ist es unerlässlich, unsere Schuldgefühle mit Unterscheidungskraft anzuschauen, uns ihnen zu stellen, Schuld im Außen da wo möglich wieder gut zu machen und uns die übrigen Schuldgefühle zu vergeben.

Dann berichtet Pippin, dass er hohe Mauern gesehen hat und dass alles weit weg war. Dann kamen Biester mit Flügeln, neun an der Zahl. Eines davon kam direkt auf ihn zugeflogen, wurde immer größer. Es war zu entsetzlich für ihn.

Die Biester mit Flügeln symbolisieren die massiv von den Schuldgefühlen aktivierten Ego-Teufelskreise und damit auch verbundene Angst. Der entsetzlichste der neun Teufelskreise ist der der Schuld. Schuldgefühle können unser Bewusstsein völlig verschlucken.

Pippin wollte vor diesem Ringgeist fliehen. Aber als er die ganze Kugel einnahm, verschwand er. Dann kam Sauron und fragte, warum er sich so lange nicht gemeldet hat. Als Pippin nicht sprach, tat Sauron ihm weh und er sagte, er sei ein Hobbit. Dann hat Sauron Pippin ausgelacht. Sauron befahl Pippin sich zu gedulden und dass er ihn holen lassen wird. Er sollte Saruman sagen, dass der Leckerbissen nicht für ihn ist.

Uns schuldig zu fühlen, ist so unerträglich, dass wir nur noch weglaufen wollen, weg von dieser Schuld. Durch ihre Traumatisierungen fühlten sich die Deutschen bereits sehr schuldig. Als sie nach dem Krieg von den Gräueltaten der Nazis erfuhren, waren ihre Schuldgefühle über jedes Maß hinaus unerträglich. Wenn die Schuld allen Raum einnimmt, sind wir schutzlos an die Kräfte des Egos ausgeliefert. Ego kann seinen Willen unmittelbar und ohne Sprache ausdrücken. Egal, welche egoistischen

Forderungen an uns herangetragen werden, wenn wir uns maximal schuldig fühlen, werden wir diesen Forderungen nachgeben, um unsere Schuld abzutragen. So machen unsere Schuldgefühle das Ego unserer Mitmenschen immer größer. Unaufgelöste Schuldgefühle von Eltern führen z.B. dazu, dass ihre Kinder lernen, diese Schuldgefühle für ihre egoistischen Wünsche zu nutzen. Das heißt, die Schuldgefühle von Eltern erziehen ihre Kinder zu Egoisten, wenn Eltern bestrebt sind, sich weniger schuldig zu fühlen, indem sie die Wünsche der Kinder erfüllen, damit sie ja keinen Frust erleiden und keinen Schaden nehmen sollen. Und genau das schadet der Charakterbildung der Kinder dann aber, weil die „Schuld" der Eltern das Ego der Kinder aufbaut.

Was nach dem 2. Weltkrieg kollektiv passiert ist: Durch ihre Schuldgefühle hatten sich die Deutschen in ihrem Bewusstsein der unmittelbaren Grausamkeit des Egos ausgeliefert, was dann regelrecht danach verlangt hat, durch Übervorteilung und harte Strafen benachteiligt zu werden. Durch Versinken in Schuldgefühle hat man keiner noch so schmerzhaften Schmähung oder Beleidigung etwas entgegenzusetzen.

Die Hochfinanz glaubte, die Deutschen durch diese Schuldgefühle ein für alle Male in ihre Tasche stecken und damit die spirituelle Kraft des deutschen Volkes auslöschen zu können. Zum Glück war die Versenkung in die Schuldgefühle von einem gewissermaßen unschuldigen Leichtsinn (Pippin) begleitet (die allermeisten Deutschen hatten mit den Gräueln des 2. Weltkriegs ja nichts zu tun). Als genug Deutsche aus diesem Leichtsinn erwachten, konnten sie sich auch der übermäßigen Faszination ihrer Schuld entziehen.

Dadurch konnte die Hochfinanz die Schuldgefühle der Deutschen zwar immer noch massiv und weitreichend für ihre Zwecke nutzen, aber nicht so bedingungslos und nachhaltig wie sie dies gewünscht und erwartet hat. Die teufelsanbeterische Hochfinanz ernährt sich – wie allen Dämonen – von den Schuldgefühlen und Ängsten der Menschen. Wären die Deutschen ganz an ihre Schuld verloren gegangen, wären sie zu einer furchtbaren Waffe in den Händen der Hochfinanz geworden, die sie nach Belieben hätte steuern und einsetzen können.

Sauron hatte Pippin so unverschämt angeblickt, dass Pippin es kaum ertragen konnte. Mehr wusste er nicht mehr und Gandalf entspannte sich, nachdem er Pippin tief in die Augen geblickt hatte.

Schließlich hätte das Aufwachen aus der Versenkung in die Schuldgefühle auch einer kritischen Untersuchung standgehalten.

Gandalf ist zufrieden, weil er sieht, dass Pippin nicht lügt. Er schilt ihn einen Narren, aber einen ehrlichen Narren. Zum Glück hatte Sauron nicht gleich alles aus Pippin herausgeholt. Dadurch ist alles noch einmal glimpflich ausgegangen.

Zum Glück war die Schuldtrance der Deutschen nicht so lang, dass ihr Bewusstsein irreparablen Schaden genommen hätte. Der Charakter der meisten Deutschen ist so grundanständig geblieben wie er es immer war. Dennoch sind die Schuldgefühle der Deutschen bis heute ein Problem geblieben. Sie werden bis heute von der Hochfinanz auf vielerlei Weise benutzt, z.B. um sie willig riesige Reparationen zahlen zu lassen und ihnen auf vielerlei Wegen ihr Geld und ihre Energie zu nehmen, z.B. als Finanzierer der EU, von „Rettungsmaßnahmen" etc. (was sie sich letztlich auch nur wegen Ihrer Weltkriegsschuld gefallen lassen.) Auch die willige Preisgabe ihres Landes an immer mehr Migranten lässt sich letztlich nur dadurch erklären, dass die Deutschen jene Schuldgefühle vermeiden wollen, mit denen sie konfrontiert würden, wenn sie eine Grenze zögen und für ihre Heimat kämpften.

Gandalf glaubt, dass sich Pippin rasch erholen wird. Er fordert Aragorn auf, den Orthanc-Stein an sich zu nehmen.

Kollektiv gesehen, wurde der Aspekt der Hingabe nun zu einer Frage des Gewissens. Wenn es eine Kraft gibt, die unsere Hingabe richtig steuern kann, dann unser Gewissen. Natürlich ist Hingabe eine gefährliche Last, da sie nur eine positive Kraft ist, wenn sie ganz auf Gott ausgerichtet ist, vom Gewissen gesteuert wird, von Ego frei bleibt und nicht dem Ego anderer Menschen gilt.

Aragorn akzeptiert den Stein, weil er der rechtmäßige Besitzer ist. Und „rechtmäßig" gehört die Hingabe zum Gewissen, da es die Hingabe vor Missbrauch durch egoistische Interessen schützt.

Das Ende des 2. Weltkriegs hat im kollektiven Bewusstsein deutlich gemacht, dass das Thema Hingabe wichtig geworden ist, und dass es eine Aufgabe für das kollektive Bewusstsein ist, dieses Thema richtig, gewissenhaft zu meistern. Hingabe an Gott – als die bedingungslose, selbstlose Liebe, die Gott ist – befreit uns, weil uns diese Hingabe dem ähnlicher macht, dem sie gilt, nämlich der Liebe. Hingabe an irgendwelche Egos zerstört uns, weil sie uns auch dem ähnlicher macht, dem sie gilt, also egoistisch, und uns der Grausamkeit anderer Egos ausliefert.

Zur Überraschung aller gibt Gandalf Aragorn den Stein tatsächlich mit einer Verbeugung. Er fordert ihn aber auf, vorsichtig damit umzugehen.

Natürlich kann das Unterscheidungsvermögen erkennen, woran wir Hingabe entwickeln sollten. Es ist jedoch vor allem unser Gewissen, das darauf zu achten hat, dass unsere Hingabe dem Göttlichen gilt und dient. Es ist wichtig, die eigene Hingabe von Schuldgefühlen freizuhalten. Unaufgelöste Schuldgefühle können immer von egoistischen Interessen missbraucht werden. Wenn wir einmal zugelassen haben, uns aufgrund unserer Schuldgefühle manipulieren und dominieren zu lassen, wissen wir, dass wir vorsichtig sein müssen, unsere Schuldgefühle durch Selbstvergebung aufzulösen, um nicht zum Spielball anderer Egos zu werden. Für die Deutschen ist die Selbstvergebung heute immer noch die wichtigste Aufgabe, die zu erfüllen ist, um sich als Volk zu befreien und einen wertvollen Beitrag zu einer freien Menschheit zu leisten. Es ist die wichtigste und wie es aussieht immer noch schwierigste Aufgabe für die Deutschen, gerade wenn die Interessen der Mächtigen die Schuldgefühle der Deutschen gerne noch weiter am Köcheln halten wollen.

Gandalf fragt sich, ob Pippin ihn nicht vor dem Fehler bewahrt hat, selbst in den Stein zu blicken. Dann hätte Sauron ihn vielleicht überwältigt.

Die zwischenmenschliche Bedeutung ist: Der Herrschaftsanspruch unseres Egos ist gleichzeitig auch die größte Schwäche unseres Egos. Ein sich auf starken Schuldgefühlen anderer gründender Machtanspruch kann zu gierig machen, so dass die zu große Gier ein Erwachen der Fremdbestimmten aus ihren Schuldgefühlen fördert.

Die innere Bedeutung ist: Wenn wir zu früh zu emsig die Transformation unseres Egos anstreben, macht unser Ego zu und es geht nichts mehr.

Auf damals bezogen: Es war wichtig, dass die Hochfinanz nach dem Krieg eine Weile nicht begriff, dass die Schuldgefühle der Deutschen nicht so irreparabel waren, wie sie es glaubten. Hätten die Deutschen damals die Wahrheit aufgedeckt und die Hochfinanz konfrontiert, wären sie nicht stark genug gewesen, noch brutaleren Maßnahmen der Hochfinanz standzuhalten. Von solchen hat sie erst mal abgesehen, da sie der Meinung waren, die Deutschen vollkommen und endgültig über ihre Schuldkomplexe im Sack zu haben und als Waffe und Werkzeug für ihre Zwecke einsetzen zu können.

Später sagt Pippin Gandalf, er hätte keine Ahnung gehabt, was er da tut. Gandalf meint, er hätte schon eine Ahnung gehabt, hat aber nicht auf sie gehört. Gandalf hatte nichts gesagt, weil er es noch nicht wusste, und selbst wenn, wäre Pippins Verlangen dadurch nicht schwächer gewesen. Er meint, wer sich die Finger verbrennt, weiß, dass Feuer heiß ist.

Häufig ist spirituelles Wissen, dem keine persönliche Erfahrung zugrunde liegt, nicht geeignet, uns vor Fehlern zu schützen. Erst der Schmerz aus den Fehlern schafft wirkliche Erkenntnis. Oft wissen wir, dass wir etwas tun, das nicht richtig ist.

Da der Sog zu diesem Tun jedoch stark ist, und eine schmerzhafte Erfahrung fehlt, tun wir es entgegen besseren Wissens. Erst die schmerzhafte Erfahrung verankert das Wissen sozusagen in uns.

In Bezug auf die Deutschen der Nachkriegszeit und danach: Obwohl sie damals ahnten, dass eine Versenkung in ihre Schuldgefühle nicht richtig ist, war es ein Stück weit erforderlich, die Grenze des Erträglichen auszutesten, um eine innere Schranke für diese Schuldgefühle einrichten zu können.

Denn auch heute noch sind die Schuldgefühle aufgrund des Zweiten Weltkriegs immer noch aktiv, immer noch nicht durch Selbstvergebung und Vergebung aufgelöst.

Gandalf kann sich nun leicht ausrechnen, wie Saruman unter die Kontrolle Saurons geraten ist.

Durch den Faschismus wurde der kollektive Wille darauf ausgerichtet, sich einem fremden egoistischen Willen hinzugeben. Und dies konnte sich die Hochfinanz von Anfang an zunutze machen.

Diese Art der Hingabe des eigenen Willens kann süchtig machen, da es eine Simulation der Hingabe zu Gott ist und eine Illusion von Einssein und Auflösung des eigenen Egos im göttlichen Willen erschafft. In dieser Hingabe wurden die Anhänger des Nationalsozialismus' gefangen. Durch die Hingabe vieler Deutscher an den Nationalsozialismus, brauchte die Hochfinanz nur ihre Leute an dessen Spitze zu setzen, um die Deutschen wie einen ferngesteuerten Körper für ihre Zwecke zu nutzen. Hitler war ihr Mann und hat die Deutschen von Anfang an wie geplant und von oben vorgegeben in den geplanten Untergang gesteuert.

Wer sich in Hingabe an Gott üben will, wird von dem kollektiven Mentalfeld beeinflusst, sich einem anderen Ego zu unterwerfen. Um Hingabe zu Gott zu entwickeln, müssen wir zuerst einmal sicherstellen, dass wir die Impulse unterscheiden, damit wir uns nicht dem Egowillen anderer Menschen unterordnen.

Sobald unsere Hingabe nur noch Gott gilt, ist sie eine starke Kraft, um unsere ursprüngliche Einheit mit Gott, angetrieben von unserer Sehnsucht zu Gott, wiederzuerlangen. Daher ist und bleibt unsere Hingabe an Gott immer ein wichtiges Ziel im Leben.

Sarumans Nützlichkeit für Sauron – Nützlichkeit des Nationalsozialismus' für die Hochfinanz

Es gibt eine spezielle äußere Bedeutung der Ereignisse um Saruman. Es geht um die Verbindung zwischen Saruman und Sauron. Saruman war für Sauron ein nützlicher Idiot. Das bedeutet, dass der Faschismus von der Hochfinanz für ihre Zwecke benutzt wurde, um die Voraussage Jesu zu verhindern und dafür ihre Weltkriegspläne weiter umzusetzen, also möglichst viele Deutsche zu töten, die spirituelle Kraft der Deutschen auszulöschen, die assimilierten Juden loszuwerden und Israel zu gründen.

Wenn Menschen einen völlig rücksichtslosen, egoistischen Plan auf Kosten des Rests verfolgen, gehen sie dabei strategisch gemäß der Hegelschen Dialektik aus These, Antithese, Synthese vor.

These: Sie setzen ihren Plan in die Welt und verfolgen ihn.

Antithese: Wenn sich Menschen formieren und ihrem Plan Widerstand entgegensetzen, setzen sie ihre Leute an die Spitze dieses Widerstands und übertreiben, militarisieren und/oder entmenschlichen ihn so weit wie nur irgend möglich.

Synthese: Durch diese Strategie sorgen sie dafür, dass das Heer der normal fühlenden Menschen erschrickt, diese Gewalt und Entmenschlichung ablehnt und den ursprünglichen Plan gewähren lässt. Ziel erreicht.

Für dieses Vorgehen gibt es zahllose Beispiele:

These: Die Hochfinanz will eine kommunistische Weltdiktatur.

Antithese: Den sich dem widersetzenden Menschen wird ein purer Kapitalismus als Ideologie des freien Marktes propagiert.

Synthese: Die normal fühlenden Menschen dieser Erde lehnen die brutale Ausbeutung, Verarmung und Verelendung der Menschheit durch den Kapitalismus ab und lassen eine immer größere sozialistische Drangsalierung der Bürger durch den Staat gewähren, bis sich fast alle Menschen dem Zustand des besitz- und rechtlosen Proletariats annähern. Schließlich stimmen die Menschen einer zentralistischen Diktatur (z.B. durch UNO oder EU) zu und lassen so die Errichtung einer kommunistischen Weltdiktatur gewähren. Ziel erreicht.

These: (die wir im Kapitel zu den Geschehnissen am Amon Sûl schon hatten): Die Hochfinanz will durch die erfundene Spaltung in links und rechts und deren zunehmende gewaltbereite Radikalisierung die Demokratie auslöschen / also eine Diktatur einführen.

Antithese: Sie fördert und radikalisiert offen oder verdeckt maximal den Kampf gegen links und gleichzeitig auch den Kampf gegen rechts.

Synthese: Beide Seiten sind für „ihren Erfolg" auf die Unterstützung des Geldes der Hochfinanz angewiesen und werden darüber kontrolliert. Alle politischen Lager machen, was die Hochfinanz will. Demokratie ausgeschaltet. Ziel erreicht.

These: Auch unabhängig von den Themen rechts und links will die Hochfinanz alle Strömungen in der Gesellschaft kontrollieren, die ihr entgegenstehen.

Antithese: Sie lässt Parteien gründen, die die entsprechenden Strömungen zum Ausdruck bringen und vertreten, und setzt ihre Leute an deren Spitze. Sie macht sich also zum Anwalt und Sponsor der Menschen, die gegen ihre Ziele sind.

Synthese: Sie kontrolliert die entsprechende Strömung oder Partei und führt sie entweder in den internen Streit und die Selbstzerstörung, so dass sich die Öffentlichkeit davon abwendet (wie in Deutschland z.B. bei den Piraten geschehen), oder sie macht sie zu einem Werkzeug ihrer Ziele (z.B. nutzt sie die Grünen primär, um die nationale, sexuelle und familiäre Identität der Menschen auszulöschen, siehe unten).

Zwischenbemerkung: Da die Hochfinanz diese Dialektik auf alles und alles anwendet, unterstützt sie sämtliche Ansichten, hinter denen genug Meinungsmasse steckt. Entscheidend ist für sie dabei nur, dass sich diese Strömungen und Parteien aneinander aufreiben. Mehr braucht sie nicht. Der einzige Ausweg aus dieser Falle besteht im kollektiven Überwinden des Verlangens, unsere Sicht auf andere übertragen zu wollen, sie quasi nach unserem Gusto zu konditionieren, um stattdessen das Verbindende und Einigende mit anderen zum Vorschein zu bringen. Wenn wir uns einigen und für ein positives Ziel kooperieren, endet die Macht der Hochfinanz. (Einigen auf das, was recht ist und so die Freiheit erzielen: Einigkeit und Recht und Freiheit.) Wenn wir den Einen Ring, die trennenden Schuld projizierenden Konzepte in uns selbst, zerstören können, verschwindet Sauron.

These: Die Hochfinanz will die Völker vermischen, um unlösbare Identitätskonflikte zu schüren, weil Menschen verschiedener Völker sich widersprechenden ethnischen Traditionen verpflichtet sind. Unlösbare, innere Konflikte führen zum Verlust der Identifizierung mit den von den Vorfahren erkämpften Werten und zu äußeren Konflikten. Durch Völkervermischung verlieren wir die Werte, die unsere Vorfahren durch Verzicht und selbstlosen Dienst zum Wohl ihrer Kinder und Nachfahren entwickelt und zu einem Teil unserer spezifischen Erbmasse gemacht haben, die uns als Geschenk für dieses Leben mitgegeben wird. Die sich widersprechenden ethnischen Traditionen löschen die sich widersprechenden Werte und schaffen Desorientierung.

Antithese: Die Hochfinanz übersteigt den tatsächlichen Wert der Treue zum eigenen Volk und seiner ethnischen Bewahrung in die Richtung einer Verachtung anderer Völker. Damit schürt sie Rassismus und lässt den Rassismus entarten, vor allem in der Zeit des Nationalsozialismus.

Synthese: Die normal fühlenden Menschen lehnen einen solchen Rassismus um der Menschlichkeit willen natürlich ab. Sie nehmen die satanische Täuschung an, dass Völkervermischung gleichbedeutend mit Toleranz ist. Multikulti ist gut. Falle zugeschnappt. Ziel erreicht.

These: Die Hochfinanz will die Nationalstaaten entmachten, um zentrale Regierungen und schließlich eine zentrale Weltregierung unter ihrer Kontrolle zu schaffen.

Antithese: Allgemein sorgt die Hochfinanz für eine offensichtlich dumme und inkompetente nationale Politik. Spezieller wird z.B. bei den Treffen, die die Globalisierungsstrategie verfolgen, wie z.B. G7, G8, G9, ein gewalttätiger Widerstand organisiert, der angeblich gegen diese Pläne ist.

Synthese: Die normal fühlenden Menschen ärgern sich über die Inkompetenz ihrer nationalen Regierungen und lassen die Abtretung nationaler Souveränität an Organisationen wie die EU gewähren, in der Hoffnung, dass die EU es besser macht. Sie lehnen die Gewalt gegen die Globalisierungspläne ab und lassen die Globalisierung zur Entmachtung der Nationalstaaten gewähren. Ziel erreicht.

These: Zur völligen Entmachtung der Menschen ist es erforderlich, dass der Staat ein Monopol auf die Ausübung von Gewalt hat. Die Hochfinanz will, dass der Einzelne gegenüber dieser Gewalt völlig wehrlos ist. Daher will sie nicht, dass die normalen Menschen wehrhaft sind und Waffen besitzen.

Antithese: Sie organisiert Gräueltaten Verrückter, die in einem einzigen Blutbad viele unschuldige Menschen umbringen.

Synthese: Normal fühlende Menschen erschrecken vor einer solchen Gewalt und glauben den Massenmedien, dass diese Gräueltaten verhindert werden könnten, wenn niemand Waffen besitzen darf. Ziel erreicht.

Die Hochfinanz sind Teufelsanbeter, die den Menschen alle ihre natürlichen Identitäten nehmen wollen:

These 1 hierzu (partiell wie oben): Sie will ihnen die nationale Identität nehmen und die Völker auslöschen und propagiert zu diesem Zweck eine

Multi-Kulti-Gesellschaft als hohen Wert. Zum selben Zweck will sie die Länder vor allem in Europa mit kulturfremden Ausländern überfluten.

Antithese: Der Widerstand dagegen wird so rechtsradikal und ausländerfeindlich wie nur möglich aufgeladen. Außerdem werden alle Hinweise, dass dem Volk eines Landes sein eigenes Land auch gehört und dass es über die Regeln in seinem eigenen Land auch selbst bestimmen kann und dass sich alle Gäste an die Regeln halten müssen, die bei ihren Gastgebern gelten, was eigentlich selbstverständlich ist, als rechtsradikal und ausländerfeindlich abgestempelt.

Synthese: Die normal fühlenden Menschen lehnen die rechtsradikale, ausländerfeindliche Gewalt ab und wollen nicht als Befürworter solcher Gewalt dastehen, lassen Multi-Kulti gewähren, begrüßen die Überflutung ihres Landes mit kulturfremden Ausländern und stimmen damit der Auslöschung ihres Volkes zu. Ziel erreicht.

These 2 hierzu: Sie will den Menschen im keltisch-germanischen Westen ihre sexuelle Identität als Mann oder Frau nehmen und propagiert zu diesem Zweck die Homosexualität, einen männerhassenden Feminismus und eine Transgender-Kultur, um auf diesem Weg die keltisch-germanischen Völker auszulöschen.

Antithese: Gleichzeitig formiert und schürt sie Hass und Verachtung gegenüber Homosexuellen und feiert völlig übertriebenes und irreales Machoverhalten von Männern gegenüber Frauen.

Synthese: Die normal fühlenden Menschen lehnen die menschenfeindliche Homophobie und das Machoverhalten gegenüber Frauen ab. Natürlich tun sie das. Frauen legen immer mehr männliches Konkurrenzverhalten an den Tag, weil die Massenmedien ihnen vermitteln, dass männliches Verhalten cool und weibliches Verhalten unerwünscht ist. Sie sollen sich wie Männer über Erfolg im Beruf definieren und nicht über ein profanes und „minderwertiges" Glück als Hausfrau und Mutter.

Die meisten Männer entwickeln im Angesicht der Vermännlichung der Frauen um des Friedens zwischen Männern und Frauen willen immer mehr weibliche Nachgiebigkeit, weil die Frauen ihnen nicht gestatten, Mann zu sein. So verschwinden die natürlichen Unterschiede zwischen Männern und Frauen.

Männer und Frauen begrüßen nun offen jegliche Homosexualität und das Transgendertum in der Gesellschaft, so dass in der Summe dieser Strategien Männer ihre natürliche sexuelle Identität als Mann und Frauen ihre natürliche sexuelle Identität als Frau verlieren. In der Summe führt dies dann auch zum Aussterben der keltisch-germanischen, freiheitlich-westlichen Völker und Kultur durch ein Totschrumpfen der Geburtenzahlen im Westen. Ziel erreicht.

These 3 hierzu: Sie will die aus einer intakten Familie bezogene familiäre Identität zerstören, dazu die Familien zerbrechen und ihren Massenmedien die Deutungshoheit über das Denken der Menschen geben. Zum Zweck der Zerstörung der Familien will sie alle Menschen zu sexueller Freizügigkeit und Untreue verleiten. Zudem fördert sie egoistisches Anspruchsdenken.

Antithese: Möglichst langweilige, zwanghafte und unglaubwürdige konservative Kirchen und andere Organisationen propagieren starre Vorstellung in Bezug auf die Familie, Sexualität und soziales Verhalten.

Synthese: Normal fühlende Menschen lehnen die Seelenlosigkeit, Zwanghaftigkeit und Unglaubwürdigkeit der propagierten Vorstellungen über Familie, Sexualität und Sozialverhalten ab. Sie lassen sich zu Freizügigkeit, Untreue und einer egoistischen Verfolgung ihrer Bedürfnisse verleiten. Die Beziehungen und Familien zerbrechen an der Untreue und am Egoismus in den Beziehungen. Kinder erleben ihre zerstrittenen und egoistischen Eltern als unglaubwürdig. Sie suchen Zuflucht bei den Massen- und Unterhaltungsmedien und können nun nach Gusto der Hochfinanz gesteuert werden. Falle zugeschnappt. Ziel erreicht.

Der übergeordnete Plan zur Durchkreuzung der Voraussage Jesu folgt nun demselben Muster: These, Antithese, Synthese. Mit jedem dieser drei Schritte geht ein Weltkrieg einher. Daher mussten es drei Weltkriege sein.

These – 1. Weltkrieg: Die Hochfinanz will außer der Verfolgung all der oben genannten Thesen speziell das deutsche Volk und die keltisch-germanischen weißen Völker vernichten und auslöschen, um ihre Weltherrschaft zu begründen. Zusätzlich will sie auch das jüdische Volk auslöschen. Außerdem wird in den beiden Weltkriegen vor der Auslöschung von Deutschen und Juden die generelle Möglichkeit von Frieden in der Welt durch eine Versöhnung zwischen Deutschen und Juden zerstört. Zu diesem Zweck wird zunächst der 1. Weltkrieg orchestriert und Deutschland hineingezogen. Als diese den Krieg nicht verlieren wollen, werden auf Betreiben der Hochfinanz die USA mit einer Lügenpropaganda über die Gräueltaten der Deutschen in den Krieg gezogen. (Siehe die Aussagen Benjamin Freedmans im Willard Hotel.)

Antithese – 2. Weltkrieg: Die Hochfinanz lässt die Deutschen wissen, dass sie von den Juden betrogen wurden. So entsteht in Deutschland ein großer verständlicher Zorn auf die Juden. Dieser Zorn auf die Juden und dieser Widerstand gegen den Plan der Hochfinanz, Deutschland zu zerstören, wird nun formiert zu einer antijüdischen Bewegung, die die Hochfinanz mit milliardenschwerer finanzieller Unterstützung mit so viel Hass und Gewalt auflädt, wie sie nur vermag: Hitlers Nationalsozialismus. Dieser von der Hochfinanz formierte Pseudo-Widerstand gegen ihre Pläne erreicht nie zuvor erlebte Grausamkeit und Gräuel. In der Folge wird Deutschland und Europa geteilt, die Deutschen sind in der Welt verhasst und der Staat Israel wird gegründet, ausgestattet mit einer gewissen Immunität wegen ihrer Opferrolle im 2. Weltkrieg, um einen nicht endenden Unruheherd in Nahost zu schaffen.

Synthese – 3. Weltkrieg: Hier ist es wichtig, die innere Logik der Weltkriegsplanung zu verstehen. Ziel ist die Verhinderung des von Jesus noch für unsere Zeit prophezeihten Goldenen Zeitalters. Nach den Schrecken der ersten beiden Weltkriege will die Menschheit eigentlich keinen Krieg mehr. Für die Möglichkeit eines 3. Weltkriegs braucht die Hochfinanz einen Staat Israel, der so viel Unruhe schafft, dass von dort aus der Krieg eskaliert werden kann. In den ersten Jahrzehnten des 20. Jahrhunderts muss die Hochfinanz feststellen, dass die Juden in Europa sich in ihren jeweiligen Ländern so wohl fühlen, dass sie nicht weg wollen. Vor allem die Juden in Deutschland sind respektierte Bürger, die in Wohlstand leben können. Sie wollen nicht weg. Also nutzen sie den 1. Weltkrieg unter anderem, um die Voraussetzungen für einen Staat Israel zu schaffen. Die Zionisten handeln den Engländern das Versprechen ab, den Juden Israel zu geben, wenn die USA in den Krieg gezogen werden. Dass die Engländer das Recht, den Juden Israel zu geben, völkerrechtlich nicht haben, stört sie nicht. Die Hochfinanz braucht einen Massenmord an den assimilierten Juden, damit die Überlebenden bereit sind, nach Israel auszuwandern. Als „Mörder" sind die Deutschen vorgesehen, um ihr Ansehen in der Welt zu zerstören und ihnen jede Möglichkeit zu nehmen, in der für später geplanten Eskalation des Nahostkonflikts effektiv auf Israel einwirken zu können, Frieden zu wahren. Durch den Massenmord der Nationalsozialisten an den Juden entsteht eine Wunde zwischen den Völkern, die auf ewig unheilbar bleiben soll. Das hat soweit bis hierher gemäß Planung der Hochfinanz funktioniert. Dieser bis dato größte Sieg in den Plänen der Hochfinanz ist gleichzeitig aber auch eine große Gefahr.

Denn sie konnte den Zorn der Deutschen auf die Juden nur erwirken, indem sie in Deutschland nach dem 1. Weltkrieg durchsickern ließ, dass

Deutschland im 1. Weltkrieg schändlich von den Juden hintergangen und ans Messer geliefert worden war. Die Empörung vieler Deutschen über die Juden ist dann zwar wie geplant eingetreten, aber das war mit dem Nachteil verbunden, dass es auch heute noch genug Menschen gibt, die genau wissen, dass die beiden Weltkriege von zionistischer Seite gegen die Deutschen geplant und organisiert waren. Es gibt genug Leute, die wissen, dass sowohl die Weltkriege als auch die Ermordung der Juden von der Hochfinanz organisiert wurden. Daher besteht für die Hochfinanz die Gefahr, dass irgendwann zu viele Juden erfahren, wem sie den Massenmord an ihrem Volk wirklich zu verdanken haben. Und das ist dann mit der Gefahr verbunden, dass Juden den Deutschen die Hand reichen und eine Versöhnung stattfindet. Und genau dieses Ereignis ist es, das die Hochfinanz in die denkbar größte Angst versetzt: Eine von den Juden ausgehende Versöhnungsbereitschaft zwischen Juden und Deutschen.

Solange die Juden den Deutschen wegen des Massenmords grollen und in Anklage, Vorwurf und Schuldzuweisung verharren, ist für die Hochfinanz alles gut, weil die Front gegen die Deutschen stehen bleibt.

Solange die Deutschen in ihren Schuldgefühlen bleiben oder, falls ihnen der Betrug ruchbar wird, ebenfalls im Groll auf die Juden verharren, ist für die Hochfinanz alles gut. Weil es dann unversöhnliche Fronten gibt.

Was aber, wenn es zur Versöhnung kommt?

Wenn Juden, denen klar wird, dass die Deutschen als Gesamtvolk zu Unrecht so lange angeklagt wurden, eine Hand reichen, wenn sie sagen, es tut uns leid. Lasst uns uns versöhnen.

Wenn die Deutschen, die die Wahrheit erfahren, als Antwort dann sagen, uns tut auch leid, was passiert ist. Lasst uns uns versöhnen.

Eine solche kollektive Versöhnung, die die wahrscheinlich tiefste Wunde unserer Zeit heilt, würde eine so starke Welle von Versöhnung in das kollektive Bewusstsein der ganzen Menschheit senden, dass dieses Ereignis allein das Goldene Zeitalter auslösen könnte, weil die ganze Wahrheit ans Licht kommt und Frieden und Versöhnung in der Menschheit dann siegen.

Um genau dieses Szenarium zu verhindern, ist in den 3. Weltkrieg-Szenarien der Hochfinanz die Auslöschung sowohl Israels als auch Deutschlands vorgesehen. Kein deutsches und jüdisches Volk mehr, keine Aussöhnung. Keine Aussöhnung, kein Ende der Kriege außer zu den Bedingungen der Hochfinanz.

Wenn die Parteien im Groll sind, kann die Hochfinanz diesen für ihre Zwecke wie gehabt nutzen. Wenn sich diese beiden Seiten aber versöhnlich zeigen und in einer Bewegung Frieden und Aussöhnung anstreben, wie sollte die Hochfinanz diese stoppen? Hier greift kein Antisemitismusvorwurf mehr. Kein Nazivorwurf. Was sollte sie dagegen unternehmen?

Wir haben zuvor schon angedeutet, dass der Nationalsozialismus eine Erfindung der Hochfinanz war, um mit seiner Hilfe das Sowjetreich auszudehnen, die assimilierten Juden zu ermorden, um Israel gründen zu können und maximal viele Vertreter der keltisch-germanischen Völker zu töten, vor allem Deutsche. Zu diesem Zweck wurde nach dem gescheiterten kommunistischen Putsch in München der Kommunist Adolf Hitler ausgewählt, die DAP zu unterwandern und Diktator Deutschlands zu werden. Die Hochfinanz hat alles für ihn bezahlt, die Beifallklatscher, die Schlägertrupps und weitere Propaganda und Unterstützung. Siehe die Werke Christopher Jon Bjerknes'. All dies zeigt, dass die europäischen Völker, vor allem die Deutschen und die assimilierten Juden kaum eine Chance hatten, dem Horror, der für sie geplant war, zu entkommen.

Während die ersten beiden Weltkriege bereits ziemlich nach Plan gelaufen sind, außer dass die Deutschen sich ihre Würde bewahrt haben (Pippin sich vom Palantír losreißen konnte) und als Nation fortbestehen konnten und der Plan zur Ausdehnung des Sowjetreichs bis zum Atlantik abgewandelt werden musste, fehlt jetzt also nur noch die Erklärung, warum die Hochfinanz ihren anfänglichen Plan, mit Hilfe von Hitler und Stalin das Sowjetreich bis zum Atlantik auszudehnen, fallengelassen und stattdessen eine Teilung Europas in zwei Hälften vorgezogen hat, eine Erklärung, die sich bei Tolkien findet.

SARUMANS VERRAT AN SAURON – HITLER UND STALIN

Dieses Unterkapitel wurde für die dritte Druckauflage umgeschrieben. Es stellt eine historische Theorie vor, die am Ende entsprechender jahrelanger Überlegungen steht, und die alleine letztlich die Symbolik der Saruman-Passage des Herrn der Ringe ohne logischen Widerspruch erklären kann. Sollte ein solcher Widerspruch doch noch auftreten und sich auch diese Theorie als falsch erweisen, wird diese Passage für künftige Auflagen entsprechend geändert oder gelöscht. Es ist also nur eine Arbeitstheorie, bei der ich selbst schauen muss, wie weit sie tragen kann. Eigentlich sind solche personenbezogenen historischen Betrachtungen für mich nur von sekundärer Bedeutung. Da ich in diesem Buch aber eine schlüssige Interpretation des Herrn der Ringe darlegen und die von Tolkien verschlüsselten Bewusstseinsprozesse so weit wie möglich historischen Ereignissen zuordnen will, musste ich mich damit beschäftigen.

Während die Hochfinanz über einen Zeitraum von Jahrhunderten hinweg plant und agiert und dabei ein genaues Ziel verfolgt – Weltherrschaft – so ist der Weg zu diesem Ziel jedoch nicht genau vorgegeben, sondern lässt sich an die auftretenden Hindernisse anpassen. Die globale Steuerung durch die Hochfinanz ist recht flexibel und eine systematische Unterwanderung jedweden Widerstands gehört dazu. Jeder gewaltsame Widerstand gegen die Hochfinanz dient ihr. Jede gewaltsame Revolution gegen ihre Herrschaft dient ihr und macht sie stärker, weil Gewalt die Egokräfte – vor allem Ängste und Schuldgefühle – stärker macht, mit denen die Hochfinanz Menschen und Völker gegeneinander ausspielen und ihre Macht ausbauen kann.

Auf der anderen Seite sind es die Seelenkräfte in den Seelen der Menschheit, die ebenfalls ein genaues Ziel verfolgen, nämlich die Befreiung aus den Illusionen des eigenen Egos und damit die Verwirklichung des eigenen wahren Selbst als die bedingungslose Liebe, die unsere Seele ist.

Vereinfacht könnte man also formulieren, dass die Menschheitsgeschichte eine Art Schachspiel zwischen Gott und dem Teufel im Menschen ist. Gott in uns versucht uns in die Befreiung und ins Glück zu führen und der Teufel in uns in Sklaverei und Elend.

Dabei ist der „Teufel" im Großen gesehen nichts anderes als eine kollektive Projektion der vielen Egos der Menschen. Wenn wir selbst ohne Ego sind, leiden wir unter dem Ego der anderen nicht. Wenn wir unter dem Ego der anderen leiden, dann, weil wir in ihnen ablehnen, was wir in uns selbst nicht wahrhaben, nicht sehen wollen. Hätten wir ein entsprechendes Ego nicht, könnten wir uns mühelos abgrenzen und schützen und alle anderen Menschen so lassen wie sie sind und ihr Ego würde uns nicht besonders tangieren. Nur das, was in uns selbst ist, kann uns so aufregen und tangieren, dass wir darüber aus dem Gleichgewicht kommen.

Wenn die kollektiven Egokräfte stark werden, beauftragen wir gerne andere mit dem Kampf gegen das von uns projizierte Böse. Dadurch bewirken wir kollektiv im Außen, dass rücksichtslose Menschen und Organisationen auf den Plan treten können, die uns rigoros ihren egoistischen Interessen unterwerfen. Sie benutzen zu diesem Zweck unsere egoistischen Wünsche, das Ego in anderen zu bekämpfen, damit wir ihren Plänen zustimmen. Da wir unser Ego nach außen projizieren und es im Außen loswerden wollen, werben diese rücksichtslosen Menschen und Organisationen also um unsere Zustimmung zu einem Kampf gegen „die bösen Kräfte im Außen", die für das Übel verantwortlich sind, unter dem wir leiden, um uns so mit unserer Zustimmung versklaven zu können. So arbeitet auch heute der 2019 noch existierende Tiefenstaat, der unsere Regierungen und Parteien kontrolliert und zum Zweck der Erreichung seiner Ziele steuert.

All dies findet nur statt, weil wir unsere Verantwortung für unser Leben und für den Zustand der Welt durch Schuldprojektion ablehnen und ihr dadurch nicht gerecht werden.

Die Menschen, die die Menschheit versklaven wollen, brauchen letztlich nichts anderes von uns, als unser Beharren, die Schuld für unsere Probleme bei anderen zu suchen, weil wir selbst ja die Guten sind.

Und wenn wir gemeinschaftlich lernen, auf unsere Schuldprojektion zu verzichten und selbst konstruktive Verantwortung für die Lösungen zu übernehmen, die wir in der Welt sehen wollen, kommen die Mächtigen, die sich unserer Schuldprojektion für unsere Versklavung bedienen, zu Fall und wir in die Befreiung. Das ist letztlich der Kern dessen, was die „Vernichtung des Einen Ringes" bedeutet.

Je rigoroser und gewalttätiger das Vorgehen der Mächtigen bei ihrem Kampf „gegen das Böse" ist, desto stärker führen sie uns in die Sklaverei, wenn wir diesem Kampf gegen das Böse zustimmen. Die heftigste Verdunkelung unseres kollektiven Gemüts kann also dann stattfinden, wenn es Diktatoren und Tyrannen sind, die von uns mit dem Kampf gegen das Böse beauftragt werden.

Wenn die globale Hochfinanz Diktatoren einsetzt, um durch diese die Dunkelheit auf Erden stark zu vertiefen und dem Ziel ihrer Weltherrschaft rasch näher zu kommen, birgt dies für sie nur die eine – allerdings nicht so tragische – Gefahr, dass solche Diktatoren durch ihre Machtfülle auf die Idee kommen könnten, sich von der auftraggebenden Hochfinanz unabhängig zu machen.

Diese Problematik trat während des 2. Weltkriegs für die Hochfinanz gleich doppelt ein und ist in der Symbolik Sarumans verschlüsselt, der selbst anstelle von Sauron herrschen will.

Während Saruman einerseits ein Symbol für den Faschismus ist, so symbolisiert er im Kontext der entsprechenden Passage des Herrn der Ringe zwei europäische Diktatoren, die gemeinsam und in Kooperation den europäischen Faschismus benutzten, um sich zusammen von der globalen Hochfinanz unabhängig zu machen und selber die Weltherrschaft zu übernehmen, indem sie zunächst die Kontrolle über ganz Europa gewinnen. Die Rede ist hier von Stalin und Hitler, die während der gesamten Zeit, in der sie miteinander zu tun hatten, als Team zusammenarbeiteten und glaubten, sie könnten die globale Hochfinanz austricksen, was natürlich nicht funktioniert hat.

Dass Saruman für Sauron letztlich nur ein nützlicher Idiot war, zeigt die Anpassungsfähigkeit der globalen Hochfinanz auf ihrem Weg zur Versklavung der Menschheit, die einfach ihre Pläne so anpasste, dass sowohl Hitler als auch Stalin ihren Plänen letztlich enorm weiterhalfen, obwohl sie sich selbständig machen wollten. Es gibt zahlreiche Historiker, die seit dem 2. Weltkrieg versucht haben herauszufinden, wer wirklich die Fäden dieses Krieges gezogen hat und was im Hintergrund wirklich passiert ist.

In letzter Zeit habe ich mich mit den Aussagen des bereits erwähnten amerikanischen Historikers Christopher Jon Bjerknes und des russischen Analytikers Valeriy Pyakin beschäftigt und versucht, ihre sehr erhellenden, in manchen Punkten jedoch auch stark abweichenden und sogar konträren Aussagen zu einem einheitlichen Bild zu verarbeiten, das zudem auch noch zur Symbolik Tolkiens passt.

Bis einige Wochen vor der 3. Auflage dieses Buches enthielten alle Perspektiven, die ich versuchte einzunehmen, den einen oder anderen Widerspruch. Das Bild ist sehr komplex und ich versuche im Folgenden, die Kernpunkte herauszuarbeiten, die letztlich den Verrat Sarumans an Sauron und die unangenehme Lage Sarumans nach seiner Niederlage bei Helms Klamm widerspruchsfrei interpretieren können.

Neu unter den Aussagen Valeriy Pyakins waren für mich die Hinweise, dass sich Stalin von der globalen Hochfinanz unabhängig gemacht hatte, um sein eigenes Ding durchzuziehen. Zumindest während des 2. Weltkriegs und bis zu Stalins Tod hat die Hochfinanz versucht, Stalin zu töten oder wegzuputschen. Da Stalin genau wusste, mit welch mächtigem Gegner er es zu tun hatte, war er angemessenerweise und vernünftigerweise extrem paranoid und vermutete überall die Agenten der Hochfinanz, um ihn zur Strecke zu bringen. Das erklärt seine ständigen Säuberungsmaßnahmen. Stalin wollte sein eigenes Ding machen.

Ebenfalls hat Valeriy Pyakin erläutert, dass der ursprüngliche Plan der Hochfinanz war, dass der Sowjetkommunismus im Zuge des 2. Weltkriegs bis zum Atlantik ausgedehnt werden sollte.

Diesen Plan wollten Hitler und Stalin gemeinsam nutzen, um ihre Macht in Kooperation über ganz Europa auszudehnen.

Die Hinweise auf die enge Kollaboration zwischen Hitler und Stalin hat nun Christopher Jon Bjerknes vorgelegt und herausgearbeitet. Ja, Hitler hat sich von der globalen Hochfinanz unabhängig gemacht, aber nicht, damit Deutschland über die Welt herrscht, sondern der Sowjetkommunismus unter der Führung Stalins.

Bjerknes legt diese Zusammenhänge in seiner Buchreihe „Adolf Hitler: Bolshevik and Zionist" dar. Hitler und Stalin hatten sich der Weisung der globalen Hochfinanz gemäß Polen untereinander aufgeteilt, damit der polnische Patriotismus, der den Sowjet-Kommunismus gründlich ablehnte, noch vor der geplanten Ausweitung des Sowjetkommunismus von diesen beiden kommunistischen Diktatoren maximal unterdrückt werden konnte.

Für den Russlandfeldzug Hitlers gibt es verschiedene Aussagen von Zeugen, die beobachtet haben, dass Hitlers enge Vertraute regelmäßige Funkbotschaften an die Sowjets sendeten, damit Stalin zu jedem Zeitpunkt über die Bewegungen der deutschen Armee informiert war. Hitler wusste, dass die russische Armee in 2 Reihen auf ihn wartete und dass der deutsche Feldzug dadurch von Anfang an zum Scheitern verurteilt war. Seine Absicht war von Anfang an, in Absprache mit Stalin bis Russland vorzudringen, damit Stalin dann die kollabierende deutsche Armee vor sich hertreiben und Europa der ursprünglichen Planung der Hochfinanz gemäß bis zum Atlantik erobern kann.

Als Canaris Hitler auf die Schliche kam, hat er diesem kurzerhand die Schuld für den Angriff auf die Sowjetunion gegeben, den er nie gemacht hätte, wenn er gewusst hätte, dass die Sowjetarmee in 2 Reihen auf ihn wartete. So hat er Canaris als britischen Spion hinrichten lassen, obwohl dies eine Lüge und er selbst der Hochverräter war, obwohl nicht britisch, sondern sowjetisch. Wenn man die Deutungshoheit hat, kann man eben alles verdrehen.

Hitler war nach dem 1. Weltkrieg in führender Position an der kommunistischen Revolution in München beteiligt. Die Weggenossen aus der Zeit, die ihn hätten verraten können, hat er später umbringen lassen. Als die Kommunisten unter der Führung General Erich Ludendorffs sahen, dass die Deutschen keine kommunistische Revolution wollten, beschlossen sie, einen der ihren an die Spitze einer patriotischen Partei zu bringen und die patriotischen Kräfte in Deutschland so unwissentlich für den Kommunismus zu instrumentalisieren. So wurde der Kommunist Hitler ausgewählt, die Unterwanderung der Deutschen Arbeiterpartei anzuführen. Der Rest dürfte bekannt sein. – Man muss dies nur unter dem

Licht betrachten, dass Hitler von Anfang an mit dem Sowjetkommunismus kooperieren sollte, um das Sowjetreich bis zum Atlantik auszudehnen.

Mit der Herrschaft über ganz Europa und einem abgekoppelten Geldsystem (Sarumans Besitz des Einen Ringes), wäre das Sowjetreich unter Stalins Führung ein ernsthafter Konkurrent der globalen Hochfinanz gewesen. Das war ein gewaltiger geplanter Verrat gegenüber der globalen Hochfinanz.

Wer weiß, ob die Hochfinanz Hitler und Stalin wegen der Abkopplung Deutschlands vom Geldsystem der Hochfinanz oder aus anderem Grund auf die Schliche kamen, aber sie fanden heraus, was die beiden planten.

Nach Aussage Churchills war es diese Abkopplung, die die Einbeziehung der USA in den Krieg gegen Deutschland für die Hochfinanz zwingend machte. Nicht weil sie die Einnahmen aus Deutschland verloren, sondern vermutlich weil sie sich denken konnten, was Hitler dann wirklich vorhatte. Die Abkoppelung entsprach vielleicht nicht dem Skript, das sie Hitler mitgegeben hatte.

Als die Ostfront kollabierte, hat Hitler den Rückzug so organisiert, dass die Heeresverbände (wie in Stalingrad) möglichst so isoliert wurden, dass möglichst viele deutsche Soldaten sterben sollten, damit Stalin möglichst rasch vorankommen konnte. Hitlers Verhalten war nicht Wahn oder Dummheit, wie viele Historiker es einschätzen, sondern gezielte und sehr erfolgreiche hochverräterische Absicht zur maximalen Tötung der Deutschen.

Hitlers Friedensbemühungen gegenüber England und den USA dienten vor allem dem Zweck, die USA fernzuhalten. Den Krieg hat er der USA erst erklärt als klar war, dass die globale Hochfinanz ihm und Stalin auf die Schliche gekommen war und dass sie eingreifen würden, um eine Ausdehnung der Sowjetunion bis zum Atlantik dann doch zu unterbinden. Sie wollten diese Ausdehnung ursprünglich, hätten sie aber nur mit einem Sowjetführer unter ihrer Kontrolle durchgezogen. Der Plan wurde also abgeändert, um Hitlers und Stalins Pläne zu durchkreuzen und stattdessen Europa in zwei Teile zu spalten, was der Hochfinanz auch recht war.

Dass Hitler die Kommunisten in Spanien bekämpfte, entsprach seiner Rolle als Faschist, die er glaubwürdig spielen musste. Der spanische Faschismus hätte für die Sowjetarmee kein ernstes Hindernis bedeutet. Die Hochfinanz brauchte Hitlers Unterstützung für ein faschistisches Spanien, um alle nationalen Interessen in Frankreich und Großbritannien, sich mit Deutschland gegen die Sowjets zusammenzutun, im Keim zu ersticken.

Sie brauchte Hitlers Kontrolle über Westeuropa, damit dieses der Sowjetarmee keinen Widerstand leisten kann.

Hitler hat bis zum Schluss auf eine Wunderwaffe gehofft, die alle Feinde tötet. Diese wollte er Richtung Westen richten, nicht Richtung Osten. So wie die V1-Raketen Richtung Westen gerichtet waren, nicht Richtung Osten. Hitler wollte nicht Deutschland retten, sondern nur die westlichen Alliierten aufhalten, damit Stalin doch noch bis zum Atlantik käme.

In der Wirkung für die globale Hochfinanz ist es nun letztlich egal, ob Hitler und Stalin Verräter an der Hochfinanz waren oder nicht.

Im Herrn der Ringe waren Gandalfs Bemerkungen über die Schwierigkeiten, in die Saruman sich gegenüber Sauron gebracht hatte, jene Passage, über die ich am längsten überhaupt nachdenken musste, weil sie für mich überhaupt keinen Sinn ergaben. Gandalf bemerkt zur Lage Sarumans, dass ihm eine sehr unangenehme Befragung durch Sauron droht, er sich gegen die Belagerung durch einige Ringgeister vermutlich jedoch eine ganze Weile wird halten können. Nach dem Krieg war Hitler weg (tot oder geflohen). Die Aussagen Gandalfs können sich letztlich also nur auf Stalin beziehen. Stalin musste nach dem 2. Weltkrieg, der für ihn nur teilerfolgreich war, in ständiger Angst vor einem Attentat seitens der Hochfinanz leben. Die Hochfinanz war nicht amüsiert über seinen Verrat. Aber Stalin hatte genug Macht und gesunde Paranoia, um sich die Hochfinanz vom Leib und sich selbst bis zum Tod an der Macht zu halten.

Die Ungnade, in die Stalin nach seinem Tod fiel, und seine schlechte internationale Reputation seither hatte er nicht dem Umstand zu verdanken, dass er so viele Millionen Menschen umgebracht hat, sondern seinem Verrat an der Hochfinanz. Alle anderen Sowjetführer kommen ganz gut weg, nur Stalin nicht. Auch kommt er in der internationalen Darstellung viel schlechter weg als Mao, obwohl Mao viel, viel mehr Menschen umgebracht hat. Mao ist halt nicht von der auftraggebenden Hochfinanz abtrünnig geworden. Das ist der Unterschied.

Heute baut man das Ansehen Stalins in Russland wieder auf, weil man seinen Alleingang als „russischen Patriotismus" deutet, was in Anbetracht der vielen Millionen Russen, die er hat umbringen lassen, schon auch dreist ist. Und das nur, um den Kommunismus unter Putin mit einem patriotischen Gewand wiederaufleben zu lassen. Aber dazu kommen wir gegen Ende des Buches noch.

Dass Sarumans Verrat im Endeffekt für Sauron halb so wild war, heißt, dass Hitlers und Stalins Verrat für die globale Hochfinanz im Endeffekt zwar ärgerlich, aber dann doch kaum der Rede wert war. Sie hatten wie geplant einen viel mächtigeren Sowjetkommunismus als vor dem 2. Weltkrieg. Stalin war gezwungen, so paranoid vorzugehen, dass er keinen Nachfolger aufbauen konnte, der seinen Alleingang gegenüber der Hochfinanz hätte fortsetzen können. Er konnte und wollte niemandem so vertrauen, dass er ihn hätte zum Nachfolger aufbauen können. Die Gefahr, von einem angelernten Nachfolger ermordet zu werden, war zu groß. Sobald Stalin tot war, konnte die Hochfinanz also wieder ihre Leute an die Spitze der Sowjetunion bringen. Statt eines kommunistischen Europas hatten sie ein in Angst gespaltenes Europa und überzogen den Westen nach dem 2. Weltkrieg dann mit ihrem Feldzug des ,Kulturmarxismus', der die Kultur der keltisch-germanischen Völker Westeuropas genauso auflöste und für eine dann folgende Komplettzerstörung durch Massenmigration anfällig machte wie eine kommunistische Diktatur es getan hätte, worauf wir in der Entschlüsselung der Schlacht um Minas Tirith dann zurückkommen.

So waren die beiden Superdiktatoren für die globale Hochfinanz am Ende nur nützliche Idioten, die sie zwangen, ihren Plan etwas anzupassen.

Wer mit egoistischen Absichten versucht, die Hochfinanz zu besiegen, wird verlieren, weil niemand das Spiel, die Egos anderer für ihre Zwecke zu instrumentalisieren, so gut beherrscht wie die Hochfinanz. Niemand hat ihre Kontrolle über das Geldsystem, durch die sie die Ereignisse im Außen so lenken kann, dass ihre Figuren im Spiel die ihnen zugewiesene Rolle erfüllen und die Figuren, die gegen ihre Interessen handeln, ausgespielt, neutralisiert und irrelevant gemacht werden. Egal wie genial Hitlers und Stalins Ego war, die Hochfinanz war besser darin, sie als Schachfiguren für ihre Ziele zu benutzen, als sie es waren, die Hochfinanz für ihre Zwecke zu nutzen. Daher waren sie Narren zu glauben, die Hochfinanz besiegen zu können, symbolisiert davon, dass Saruman ein Narr war zu glauben, er könne Sauron austricksen und besiegen.

Auch die getreue Ausführung der anderen Aufträge der globalen Hochfinanz hat Hitler nicht geholfen, mit seinem Verrat durchzukommen.

Denn seine Aufträge hießen: Der Sowjetunion helfen, sich über ganz Europa auszudehnen, bei der Gründung Israels zu helfen, indem er die umzugsunwilligen Juden umbringt, und Deutschland auf allen Ebenen so zu zerstören, dass es dauerhaft zum Schuldigen für alles erklärt und zum Feind der Welt gemacht wird, dass möglichst viele Deutsche sterben, die Deutschen an sich selber verzweifeln und ihr eigenes Deutschsein ablehnen. Fast wäre der deutsche Spirit, der stets Genies hervorgebracht hat, gebrochen worden, aber zum Glück nur fast. Zum Glück hat sich Pippin noch vom Palantír losreißen können.

Sarumans Entmachtung nach der Niederlage bei Helms Klamm symbolisiert, dass die Strategie, in der westlichen Welt faschistische Diktatoren an die Macht zu bringen, für die Hochfinanz von da an nicht mehr nutzbar war. Die Menschen im Westen wissen seither, dass ein Diktator, den sie mit einem Kampf gegen das Böse beauftragen, nur in ihren Untergang führt. Diese Versuchung greift seither nicht mehr und Sarumans Entmachtung symbolisiert den Tod dieser Strategiemöglichkeit.

Es gibt vielleicht keine andere historische Persönlichkeit, die bis heute so viele kontroverse Meinungen und so viel Verwirrung und manchmal auch Ratlosigkeit in der Beurteilung erzeugt, wie Adolf Hitler. Das liegt daran, dass Hitler ein Kuckucksei war, ein Doppelagent, ein Hochverräter, der die ihm aufgetragene Rolle mit dämonischer Perfektion und Präzision erfüllte. Hitler hatte den Auftrag, das psychopathischste Monster der Menschheitsgeschichte zu spielen. Er wusste, dass alles, was er zu Lebzeiten tat, in der Nachwirkung den gegenteiligen Effekt haben würde und hat sich genau danach verhalten. Niemand hat je die Hegelsche Dialektik aus These-Antithese-Synthese so ins Extrem getrieben wie er. Hitler hat mit großer Überzeugungskraft den deutschen Patrioten gespielt, was den nachhaltigen Effekt hat, den deutschen Patriotismus so in Verruf zu bringen, dass die Deutschen es bis heute nicht mehr wagen, auf ihr Land und auf ihr Volk stolz zu sein. Genau das war die Absicht. Hitler hat viele geniale und kreative Ideen des deutschen Volkes aufgegriffen und gutgeheißen, so dass sie seither mit dem Hinweis diskreditiert werden konnten, dass die Nazis ja dafür waren. Genau das war die Absicht. Hitler hat mit äußerster Brutalität Juden verfolgt, um den Begriff des „Antisemitismus" alleine schon zu einem Totschlagargument zu machen, das jegliche Kritik an Israel erstickt. Genau das war die Absicht. Hitler hat die Freimaurer verbieten lassen, um ihr Ansehen aufzuwerten. Genau das war die Absicht. Hitler hat die deutsche und weiße Rasse überhöht, um die von der Hochfinanz langfristig geplante Auslöschung der weißen und vor allem keltogermanischen Völker logisch und notwendig erscheinen zu lassen. Genau das war die Absicht. Hitlers Kampf, die Deutschen zu einer Herrenrasse zu machen, hat das ganze deutsche Volk in kaum aufzulösende Schuldgefühle und Selbstablehnung geführt, so dass die meisten Deutschen heute ihr Volk und ihre Kultur bereitwillig durch Vermischung mit anderen Völkern auflösen und auslöschen. Genau das war die Absicht.

All dies und einiges mehr war klinisch präzise geplante Absicht. Trotz Hitlers vorübergehendem Verrat an der Hochfinanz ist er wieder auf Spur zurückgeschwenkt, sobald er wusste, dass er mit dem Verrat nicht durchkommen würde und hat den Amerikanern brav den Krieg erklärt, um die Welt zur totalen Zerstörung Deutschlands einzuladen und den Deutschen alle Schuld dafür aufzubürden. Keine historische Persönlichkeit hat mit so brutaler Absicht Deutschland einen solchen Schaden zugefügt und dennoch wird dies von vielen deutschen Patrioten bis heute nicht erkannt, die immer noch von der Hegelschen Dialektik in Hitlers Vorgehen verwirrt sind und entweder lieber glauben wollen, Hitler wäre ein Guter gewesen, der getäuscht und verraten wurde, oder der nur durch seinen Misserfolg abgedreht ist. Sie können sich nicht vorstellen, dass auch Hitlers Ausraster nur Schauspielerei von ihm waren.

Von Sméagol bis Palantír von Orthanc – Zunehmende Erkrankung des Gemüts der Menschheit

Bei der letzten großen Besprechung Gandalfs mit Frodo, bevor Frodo das Auenland verlässt, hat Gandalf erklärt, dass ein Sterblicher, der den Ring oft benutzt, mit der Zeit schwindet, bis er tatsächlich unsichtbar ist und unter dem Auge der dunklen Macht im Zwielicht wandelt. Früher oder später wird die dunkle Macht ihn ganz verschlingen.

Auf diesen Absatz kommen wir jetzt noch einmal zurück.

In diesem Bild ist sowohl die homöopathische Miasmen-Lehre verschlüsselt als auch die Wirkung der Zinsgeld-Automatismen auf unsere Welt und auf das kollektive Gemüt der Menschheit. Wir sind jetzt an den Punkt gekommen, uns mit den Zusammenhängen zwischen den beiden zu beschäftigen.

Mit Pippins Blick in den Palantír von Orthanc sind wir an einem Punkt der Menschheitsgeschichte angekommen, dem eine systematische Entwicklung vorausging, die in dem bisher hier Geschriebenen – und detaillierter auch in den ersten 3 Bänden dieser Buchreihe – enthalten ist und die wir uns jetzt noch einmal als zusammenhängendes Gesamtbild anschauen, um die höhere Ordnung zu erkennen. Um diesen Gesamtzusammenhang der geschichtlichen Entwicklung von 1310 bis 1945 zu verstehen, braucht man das Verständnis der Zinsgeld-Automatismen – also des Einen Ringes im Außen – und das Verständnis der Teufelskreise, bzw. der von Hahnemann unterschiedenen Miasmen, also des Einen Ringes im Innen. Alles zusammengefügt ergibt ein klares Bild.

Auf Seite 83 von Band 1 dieser Reihe (2. Auflage, sonst weiter hinten) ist eine Tabelle angelegt, die die neun Ego-Teufelskreise in drei Spalten ordnet. Die Spalten mit den Ego-Teufelskreisen 2 & 3, 5 & 6, 8 & 9 sind die für das Ego wichtigeren. Es handelt sich um die Ego-Teufelskreise der Unzufriedenheit, Benachteiligung, Machtlosigkeit, des Zwanges, der Angst und der Schuld. In der Tabelle der Selbstheilungskräfte der menschlichen Psyche am Ende von Band 3 sind entsprechend vor allem die Spalten des gesunden Menschenverstandes (Frodo) und der Unterscheidungskraft (Gandalf) relevant für die Auflösung unserer Schuld projizierenden Konzepte und die Rückfindung unseres wahren Selbst.

In der Tabelle der Zinsgeld-Automatismen in Kapitel 3 von Band 3 sind es dieselben Zahlen, hier die Automatismen der Vermögensumverteilung, des Vernichtungswettbewerbs, der Machtkonzentration, der Verdrehung, der Angststeuerung und der Deutungshoheit, die der Hochfinanz vor allem ihre Macht geben.

Im Abschnitt über die klassische Homöopathie in Kapitel 3 oben sind es entsprechend die Miasmen mit denselben Nummern, die für die Erkrankung unserer Psyche von außen immer weiter nach innen, bzw. für deren Heilung von innen bis ganz nach außen besonders relevant sind.

Wenn wir uns die Schalen der menschlichen Psyche bildlich vorstellen, sind die sukzessive Erkrankung der genannten Schalen in den Ereignissen von Sméagol bis zum Palantír von Orthanc von außen nach innen symbolisch dargestellt. Das heißt im Laufe der 635 Jahre von ungefähr 1310 bis 1945 ist das kollektive Gemüt der Menschheit Schritt für Schritt, Schale für Schale immer mehr und immer tiefer erkrankt und die Lebenskraft der Menschen in ein entsprechendes Ungleichgewicht geraten, verursacht einzig und allein vom Einen Ring im Außen, vom Zinsgeldsystem. Schauen wir uns die innere Logik in diesem Ablauf und die Zusammenhänge von innen und außen im Folgenden an.

In der Phase des zinsfrei fließenden Geldes im 12. und 13. Jahrhundert herrschte in Europa ein allgemeiner, relativ gerecht verteilter Wohlstand. Dieser große Wohlstand weckte schließlich jedoch Wünsche nach noch mehr Wohlstand und führte zur Erweckung der Gier nach Geld, nach leistungslosen Einnahmen durch Zinsen. Als hier im kollektiven Bewusstsein die kritische Schwelle erreicht wurde, kollabierte das zinsfrei fließende Geld, das den Wohlstand neutral verteilt hatte, das Zinsgeld übernahm die in den Jahrhunderten des zinsfrei fließenden Geldes beträchtlich gewachsene Wirtschaft und setzte den 2. Automatismus des Zinsgeldes in Gang:

Die Vermögensumverteilung von unten nach oben. Dieser Vorgang wurde wie schon erläutert vom Ringfund durch Déagol und die Ermordung Déagols durch Sméagol symbolisiert, die Beherrschung des Verstandes durch das geweckte Verlangen. Einher mit dem 2. Automatismus des Zinsgeldes wurde nun auch der 2. Ego-Teufelskreis im kollektiven Bewusstsein angefeuert, die Unzufriedenheit und ihre Verarbeitung zu Wünschen, Ansprüchen, Erwartungen und schließlich Gier.

1310, am Beginn des nun einsetzenden Automatismus' der Vermögensumverteilung von unten nach oben, waren die Vermögensunterschiede zwischen den Geldverleihern und der übrigen Gesellschaft noch sehr gering. Da die Vermögensumverteilung einer exponentiellen Kurve folgt, dauerte es Jahrhunderte, bis die kontinuierliche Umverteilung schließlich erneut eine neue und die 1. Hochfinanz seit dem Alten Rom hervorbrachte, markiert von der Gründung der privaten Bank of England 1694 (Sauron nimmt wieder Gestalt an). Sobald es eine Hochfinanz gibt, die das Geldsystem kontrolliert, wird sie selbst zu einem nicht mehr aufzuhaltenden Parasiten, der das Geld über die Schuldzinsströme ansaugt und dadurch in der Wirtschaft einen zunehmenden Durst nach Geld erzeugt. Dadurch, dass sie potentiell alle Unternehmen einer Wirtschaft mit Krediten versorgt, erlegt sie allen einen Wachstumszwang auf, um die Schuldzinsen erwirtschaften zu können. Beteiligungen mit Renditeforderungen haben denselben Effekt. Eine Erwirtschaftung von Zinsen durch alle Unternehmen gleichzeitig ist dauerhaft nicht möglich, da die Produktion die Märkte sättigt und die Kapitalerträge damit automatisch Richtung null bewegt. Wer als Erster seinen Zins nicht mehr erwirtschaften kann, scheidet aus. Wer nicht gefressen werden will, muss seine Wettbewerber vernichten. Dieser Automatismus des Vernichtungswettbewerbs gestattet der Hochfinanz, immer wieder Unternehmen, Unternehmensanteile und die als Sicherheiten gegebenen Sachvermögen der in diesem Wettbewerb automatisch produzierten Verlierer zu übernehmen. So übernimmt die Hochfinanz nach und nach automatisch einen immer größeren Teil der Wirtschaft und des Sachvermögens. Das Entstehen einer Hochfinanz ist also gleichbedeutend mit einer Aktivierung des 3. Automatismus des Zinsgeldes, des Vernichtungswettbewerbs, der wiederum den Ego-Teufelskreis der Benachteiligungsgefühle anfeuert, die im kollektiven Bewusstsein zu Neid, Missgunst, Feindseligkeiten, Gewalt und Krieg führt.

Von 1310 bis 1694 vergingen 384 Jahre. So lange hatte es gedauert, bis das kollektive Gemüt bis in seine 3. Schale hinein erkrankte.

Ab 1694 herrschte der Vernichtungswettbewerb und der Ego-Teufelskreis der Benachteiligung. Durch die kombinierten Automatismen der Vermögensumverteilung und des Vernichtungswettbewerbs konnte die Hochfinanz nun ihren Herrschaftsbereich ausweiten, ganze Volkswirtschaften gegeneinander ausspielen, ein Spiel beginnen, in dem sie alle Seiten von Konflikten finanzierte, konnte auf diese Weise lukrative Kriege führen lassen und sich im Gegenzug für Kredite und finanzielle Unterstützung eine immer größere Kontrolle der Regierungen der verschiedenen Länder sichern. Dies führte schließlich zu dem Punkt, dass sie Macht über alle Regierungen und Volkswirtschaften ihres Einflussbereichs hatte, der fast ganz Europa, den Commonwealth und die Kolonien der Europäer umfasste (die USA konnten sich dieser Kontrolle nur für eine Weile entziehen). Die international operierende, sich keinem Land verbunden fühlende Hochfinanz ist und war die einzige echte Supermacht, die es seither gibt. Die USA, die EU, China etc. sind für diese Leute nur Werkzeuge. Der Zeitpunkt des Entstehens dieser Supermacht war gleich nach der Zerschlagung des Illuminaten-Ordens 1785 (Saurons Vertreibung aus dem Düsterwald), also sagen wir etwa 1786. Dieser Zeitpunkt ist bei Tolkien symbolisiert durch den Umzug Saurons von Dol Guldur nach Mordor, wo er sich in Barad-dhûr einrichtete, und die Umwandlung des Hexenmeisters von Angmar in den König der Ringgeister. Ausdruck dieses Supermachtbewusstseins war das bekannte Zitat Mayer Amschel Rothschilds: „Gebt mir die Kontrolle über das Geldsystem und es ist egal, wer die Gesetze macht." Die Hochfinanz hatte begriffen, dass es keine Macht auf dieser Erde mehr gab, die in der Lage sein würde, sie und ihre Pläne aufzuhalten, solange sie ihr Zinsgeldsystem, in dem sie sich eingerichtet hatte, beibehalten und die Menschheit abhängig davon halten kann. Die Hochfinanz war nun in der Lage, alle Machtkämpfe nicht nur mit Unternehmen, sondern mit ganzen Volkswirtschaften, Staaten und Gesellschaften und sämtlichen aristokratischen Herrschaftshäusern zu gewinnen und allen ihre Macht aufzuzwingen. Die Wirkung dieser Entwicklung auf das kollektive Bewusstsein bestand nun nachvollziehbarerweise in einer Zunahme der Macht- und Hilflosigkeitsgefühle all der Menschen, Volkswirtschaften und Länder, die vergeblich versuchten, Projekte durchzuführen, die der Hochfinanz nicht passten, oder Projekte nicht aufhalten konnten, die die Hochfinanz unbedingt wollte. Somit sind wir 1786 an dem Punkt angekommen, an dem die kollektive Lebenskraft der Menschheit bis zur 5. Schale nach innen erkrankt war.

1786 wurde also schon klar, dass es keine echten Demokratien würde geben können. Der gesamte dann ab 1789 mit der französischen Revolution folgende „Demokratisierungsprozess" der neueren Zeit wurde also von Anfang an von der Hochfinanz initiiert und kontrolliert. Das einzige Land, dessen Demokratisierung in der Neuzeit sie nicht initiiert und von Anfang an kontrolliert hatte, waren die USA. Sie waren die einzigen, die zumindest eine Zeitlang so etwas wie echte Demokratie hatten, die dann aber auch immer mehr zurückgedrängt und den Amerikanern 1913 schließlich ganz genommen wurde. Da die USA das einzige phasenweise freie Land waren, widmete Tolkien ihnen immerhin ein eigenes Buch, den Hobbit.

Ab 1786 konnte sich die Hochfinanz also der Zinsgeld-Automatismen der Vermögensumverteilung, des Vernichtungswettbewerbs und der Machtkonzentration bedienen. Dies führte nun zu einer starken Beschleunigung der Arm-Reich-Spaltung und einem Ausufern der Machtlosigkeitsgefühle der schlecht bezahlten, arbeitenden Bevölkerung. Schließlich formten sich seit den 1860er Jahren die linken Parteien als angebliche Anwälte der Arbeiterschaft, um der Machtlosigkeit und Ausbeutung entgegenzutreten, und als Gegenreaktion etwa 1880 auch die rechten Parteien (daher der Begriff reaktionär) zur Wahrung der Interessen jener, die das System als für sie vorteilhaft empfanden. Wir haben oben schon gesehen, dass die Hochfinanz diese Parteienbildungen in eine gegenseitige Bekämpfung führte und durch ihre großzügige finanzielle Unterstützung aller Parteien die Kontrolle über alle entstehenden Parteien und politischen Strömungen übernahm. Durch ihre Erfindung und Kontrolle des Parteiensystems konnte sie von nun an alle Parlamente nutzen, um die von ihr gewünschten Gesetze verabschieden zu lassen. Sie war von nun an also in der Lage, alle politischen Absichten zuzulassen, scheinbar zu unterstützen und am Ende so zu verdrehen, dass sie wieder ihren Absichten und Zwecken dienten. Dieser Zeitpunkt ist bei Tolkien vom Angriff der Ringgeister an der Wetterspitze auf Frodo symbolisiert. Frodos bleibende Wunde, ist der kollektive Glaube, durch Parteienherrschaft Demokratie und Mitsprache erzielen zu können. Während das: „Gebt mir die Kontrolle über das Geldsystem und es ist egal, wer die Gesetze macht" also schon den Status der Supermacht bedeutete, war es nun praktischerweise auch möglich, die Gesetze jederzeit selbst zu schreiben und von demokratisch gewählten Marionetten verabschieden zu lassen. Somit ist seit etwa 1880 der Zinsgeld-Automatismus der Verdrehung aktiviert. Durch die Möglichkeiten der beliebigen Verdrehung kann die Hochfinanz verhindern, dass sich auf der Grundlage des Rechts ein Widerstand gegen sie formen könnte. Seit 1880 ist es auch normal, dass Menschen im Angesicht der Aktivitäten der Politiker immer wieder an ihrem Verstand zweifeln. In dem Maße, in dem Menschen nun versuchen, diesem Zwang durch Nichtbefolgen der Gesetze, durch Lug und Trug zu entgehen, können sie von Rechts wegen zur Ordnung gezwungen werden. Somit feuert der Zinsgeld-Automatismus der Verdrehung seit 1880 den Ego-Teufelskreis des Zwanges im kollektiven Bewusstsein an und zerrüttet die Redlichkeit der Menschen. Um 1880 war das kollektive Bewusstsein der Menschheit also bis hinab zur 6. Schale ihrer Psyche erkrankt, während die Bildung von Parteien entgegen dieser Wahrheit als Fortschritt der Demokratisierung gefeiert wurde.

Die Erkrankung der 7. Schale der menschlichen Psyche durch das Chronischwerden von Sinnlosigkeitsgefühlen, Zynismus gegenüber dem Leben und zunehmenden Depressionen ist bei Tolkien nicht verschlüsselt. Zu Beginn des 20. Jahrhunderts war es Sigmund Freud, der sich mit den etwa zu dieser Zeit auftretenden Depressionen beschäftigte und zu ihrer Behandlung die Psychoanalyse entwickelte. Aus der Sicht der Wissenschaften mag die Psychoanalyse ein Fortschritt gewesen sein. Aus der Sicht der zunehmenden miasmatischen Erkrankung des kollektiven Bewusstseins war dies einfach ein weiterer Schritt der Erkrankung. Von nun an war die Erkrankung der Lebenskraft bis in die 7. Schale der Psyche eingedrungen und sorgte seither zunehmend für Depressionen in den Gesellschaften dieser Erde.

Etwa ab 1880 bediente sich die Hochfinanz nun also der Zinsgeld-Automatismen Vermögensumverteilung, Vernichtungswettbewerb, Hierarchisierung und Verdrehung. Da Lösungen für die vom Zinsgeldsystem verursachten Probleme nun nicht mehr umgesetzt werden konnten, ohne dass die Hochfinanz sie verdrehte und damit aushebelte, blieben ab diesem Zeitpunkt nur noch die Geisteskrankheiten. Schale 7 folgte wie gesagt Anfang des 20. Jahrhunderts. Damit waren im kollektiven Bewusstsein die Voraussetzungen für die Durchführung des Masterplans der Hochfinanz geschaffen: Die 3 Weltkriege gegen die Menschheit und vor allem gegen die Deutschen und gegen die Juden. Die aktivierten Zinsgeld-Automatismen waren geeignet, die Menschheit in Angst und Schrecken zu versetzen. Die Angststörungen befinden sich in der 8. Schale unserer Psyche (immer von außen gezählt), also der zweitinnersten Schale. Durch den 1. Weltkrieg mit seinen Schrecken und Gefahren drang die kollektive Erkrankung dann in diese 8. Schale ein. Der Zeitpunkt der Erkrankung der 8. Schale war der Zeitpunkt, zu dem der eigentliche Krieg der Hochfinanz gegen die Menschheit einsetzte. Diesen Zeitpunkt bekam Tolkien in seiner Seelenschau kurze Zeit später mit (Galadriels Spiegel). Dies war der Zeitpunkt, an dem die Hochfinanz die Meinungskontrolle erfand und ab da perfektionierte. In ihren Kreisen und den Kreisen ihrer Funktionselite wurde „dieser Fortschritt" in der psychologischen Beeinflussung und Kontrolle der Massen gefeiert. In Wirklichkeit war „dieser Fortschritt" nur ein Ausdruck der Erkrankung des kollektiven Gemüts bis in seine 8. Schale, die die Aktivierung des 8. Zinsgeld-Automatismus der Angststeuerung möglich machte. Die Massenmedien konnten die gesellschaftliche Meinung über eine geschickte Bedienung ihrer Ängste so steuern, dass sie sich nicht mehr von der Realitätswahrnehmung und -darstellung der Massenmedien trennen konnte. Ab etwa 1916 (mit dem Beginn der antideutschen Kriegspropaganda in den USA), als die Erkrankung bis in die 8. Schale eindrang, wurde die öffentliche Meinung zu einem Spielball der Hochfinanz. Mit der Erkrankung der 6. Schale konnte sie das Denken verdrehen, mit der Erkrankung der 8. Schale konnte sie es beliebig steuern. Von nun an traten in den Gesellschaften der Erde zunehmend Angststörungen auf, symbolisiert davon, dass die Ringgeister ab nun auf fliegenden Drachen ritten.

Nun war die Hochfinanz nur noch 2 Schritte von der totalen Versklavung der Menschheit entfernt. 1. Schritt: Sie musste die irreparable Erkrankung auch der innersten Schale herbeiführen, so dass aufgrund der Erkrankung der 9. Schale des kollektiven Gemüts rein massenpsychologisch niemand mehr die Möglichkeit hatte, ihre Deutungshoheit wirkungsvoll in Frage zu stellen, egal was in der Welt passierte. Der neunte Automatismus des Zinsgeldes ist die Deutungshoheit, erworben durch die Erkrankung der 9. Schale des kollektiven Gemüts.

Das Mittel der Wahl zur Erzielung der Erkrankung der 9. Schale und der damit verbundenen absoluten Deutungshoheit für die Hochfinanz war der 2. Weltkrieg. So steuerte sie durch ihre Kontrolle aller beteiligten Staaten die Welt in einen Weltkrieg, verursachte den Tod von 55 Millionen Menschen, einen Massenmord an den Juden, die Vertreibung von 10 Millionen Deutschen, plättete und teilte Deutschland und bürdete die Schuld für all das den Deutschen auf, wodurch die ganze Welt Deutschland hasste und die Deutschen sich selbst. Zur Erinnerung an die Funktionsweise des 9. Ego-Teufelskreises: Das Ego-Problem der Schuldgefühle verarbeitet das Ego zu Rechtfertigungen, dann zur Schuldprojektion über Schuldzuweisungen, dann zur Emotionalisierung der Schulzuweisung in Form von

Ärger, Wut und Hass bis hin zur Schizophrenie im Pathologischen. Alle diese Verarbeitungsformen verstärken die grundlegenden Schuldgefühle jedes Einzelnen. Die Deutschen waren mehr auf der Schuldseite des Teufelskreises gefangen (Pippins Blick in den Palantír), die Alliierten mehr auf der Hassseite. Nach 1945 ging die Menschheit lange Zeit am Abgrund und hat sich erst etwa seit 1980 langsam wieder davon entfernen können. Der direkte Zusammenhang zwischen der Erkrankung der 9. Schale, also der Schuld-Erkrankung, und der Deutungshoheit besteht darin, dass die Hochfinanz durch die grassierenden Schuldgefühle nicht nur festlegen kann, wer die Guten und wer die Bösen sind, sondern auch, was gut und was schlecht ist, weil die Menschen sich nun unterschwellig zu schuldig fühlen, um sich gegen das Schlechte, das ihnen von anderen Menschen angetan wird, effektiv zur Wehr zu setzen. Zum Ausdruck gebracht hat diese Erkrankung nur drei Jahre nach Kriegsende George Orwell mit seinem Spruch: „Krieg ist Frieden. Freiheit ist Sklaverei."

Nach dem 2. Weltkrieg musste die Hochfinanz nur noch einen letzten Schritt gehen: Sie musste die Menschheit dazu bewegen, ihre Mitmenschlichkeit aufzugeben, rücksichtslos ihren eigenen egoistischen Interessen zu dienen, damit sie sich willentlich in unauflösbare Schuld verstrickt, so dass sich die Gesellschaften in einen gefährlichen Dschungel verwandeln, in dem niemand mehr sicher ist. Wenn die Gesellschaften dann an der dadurch entstehenden Kriminalität und Gewalt zu zerbrechen drohen, kann sie als Retter der öffentlichen Ordnung auftreten und durch Errichtung einer Diktatur, die ihre Gesetze rücksichtslos von oben nach unten durchsetzt, der Menschheit ihre persönliche Vorstellung von „Erlösung aus diesem Chaos" aufzwingen. Der so geartete Krieg der Hochfinanz gegen die Menschheit ist in der Schlacht um Minas Tirith verschlüsselt, die in unserer Zeit immer noch in vollem Gange ist.

Die Menschheit war am Ende des 2. Weltkriegs an dem Punkt, kurz davor zu stehen, verloren zu gehen. Seit 1945 gibt es ein heftiges Ringen zwischen den Seelenkräften der Menschheit, also Gott in unserem Herzen einerseits, die Menschheit wieder in Richtung Heilung zu ziehen und die Erkrankung des kollektiven Gemüts Schale für Schale wieder rückgängig zu machen, und der Hochfinanz und den Egokräften in der Menschheit andererseits, diesen letzten Schritt zur endgültigen Versklavung und Zerstörung der Menschheit zu gehen.

Wie man sieht, hat sich die im Zinsgeld enthaltene Negativität von 1310 bis weit ins 20. Jahrhundert immer mehr auf das kollektive Gemüt der

Menschheit übertragen. Die Aspekte von Gollum, Bilbo und Frodo in uns sind dem Einen Ring 700 Jahre lang kontinuierlich ausgeliefert gewesen. Ausgangspunkt war die Erkrankung der 2. Schale einher mit der Aktivierung der automatischen Vermögensumverteilung durch das Zinsgeld. Seit 1310 hat sich die Reich-Arm-Spaltung der Menschheit zuerst herausgebildet und dann immer mehr und mehr verschärft, so dass die global zunehmende Verarmung und Verarmungsgefahr einen immer mehr und mehr zunehmenden Druck auf die Weltbevölkerung ausgeübt hat, unter dem auch die weiteren Schalen des kollektiven Gemüts Schritt für Schritt erkrankt sind. Außer dem Zusammenbruch der Natur wegen ihrer Zerstörung und der Menschheit wegen ihrer Verarmung gibt es keine natürliche Grenze für die Vermögensumverteilung von unten nach oben. Sie geht mit dem Zinsgeld einfach immer noch weiter.

Es ist das Miasmenmodell Hahnemanns, dass die Lebenskraft Schale um Schale von außen nach innen erkrankt und Schale um Schale von innen nach außen ausheilen muss, dass diese Gesamtzusammenhänge verstehbar macht. Hahnemann hatte mit dem Miasmen-Modell der zunehmenden Erkrankung der Lebenskraft von psorisch zu sykotisch zu syphilitisch die entscheidenden Verständnisgrundlagen gelegt. Alle diese übergeordneten Zusammenhänge wären ohne die Miasmenlehre nicht erkennbar geworden, jedenfalls nicht für mich. Daher war Hahnemanns Beitrag für „die Vernichtung des Einen Ringes in der Menschheit" in meinen Augen nicht nur wegen der großen Heilkraft der klassischen Homöopathie so essentiell, sondern auch, um die Zusammenhänge zu verstehen.

Der Unterschied zwischen aktivem Gebrauch vom Ring machen und ihn nur zu besitzen verweist auf die Geschwindigkeit mit der die Zinsgeld-Automatismen die oben genannte Negativität auf den einzelnen Menschen überträgt. Bei Menschen, die ihr Leben lang versuchen, ein Vermögen aufzubauen und ständig an Geld denken, überträgt sich die Negativität weit schneller als bei solchen, die das nicht machen. Wir werden zu dem woran wir ständig denken. Durch ständiges Denken an Geld, das wir haben oder nicht haben, überträgt sich die im Zinsgeld enthaltene Programmierung in der Form der Ego-Teufelskreise auf unser Bewusstsein. Immerhin haben wir die freie Wahl, Geld nicht zu unserem Gott zu machen, an den wir ständig denken.

Mit dem Jahr 1945 ist also auch die 9. Schale der menschlichen Psyche erkrankt und es fehlte der Hochfinanz nur noch ein Schritt zum Ziel. Laut der Symbolik des Herrn der Ringe hat die Menschheit ihre dunkelste Zeit von 1945 bis etwa 1980 durchgemacht, als die weitere Erkrankung zum Stillstand gebracht werden konnte. 2001 konnte die Erkrankung zum 1. Mal rückgängig und auf nur noch bis zur 8. Schale zurückgeführt werden. Dies war der Hauptgrund, warum die Hochfinanz den letzten Schritt zur Versklavung der Menschheit nicht machen konnte und auch nicht mehr wird machen können. Die Erkrankung der 8. Schale wird die Menschheit demnächst, bis etwa grob geschätzt 2020+/- ausheilen können, wenn es wie von Tolkien beschrieben kommt. Im weiteren Sinne währt die kritischste Phase der Menschheitsgeschichte also über hundert Jahre lang, von 1916 – ca. 2020. Nach dem entsprechenden Durchbruch, auf den wir gegen Ende dieses Kapitels noch näher eingehen, wird sich die Menschheit auf der Zielgeraden zu ihrer Befreiung befinden.

Während der zunehmenden Erkrankung der Menschheit wurde parallel ein Aufwachprozess ausgelöst, so dass man davon sprechen kann, dass sich die Erkrankung der kollektiven Psyche der Menschheit immer mehr kristallisiert hat. Durch die Erkrankung bis ins Innerste und den parallelen Aufwachprozess haben wir schließlich auch den Kern des Problems in den Blick bekommen: Wir können so erfahren, dass wir Wut, Schuldgefühle und Ängste konfrontieren und auflösen müssen, um unser Innerstes zu heilen. Ohne die zunehmende Erkrankung der Menschheit hätten wir diese zentralen Probleme nicht im erforderlichen Maße in den Blick bekommen, so dass sie geheilt werden können.

Noch Eins zur dunkelsten Phase der Menschheit von 1945 bis 1980: Gandalf erwähnt gegen Ende der Geschichte, dass höhere Kräfte am Werk waren als er selbst, um alles zu einem guten Ende zu führen. Während dieser gesamten Phase war die Menschheit nur einen kleinen Schritt davon entfernt, der Versklavung durch die Hochfinanz zu erliegen und unterzugehen. Dass dies nicht passiert ist, verdankt sie aus meiner Perspektive am Ende nur dem Umstand, dass Gott seine schützende Hand ununterbrochen über uns gehalten hat. Ohne besondere Göttliche Gnade und den Willen Gottes, uns zu beschützen, wären wir längst nicht mehr.

Das Rückgängigmachen der Erkrankung in den drei spirituellen Schalen im Gemüt der Menschheit ist in den Ereignissen der Reise Frodos und Sams bis zum Zeitpunkt ihres Entkommens aus Minas Morgul verschlüsselt. Dieser Zeitpunkt wird wie gesagt 2020+/- sein. Danach wird es um die Heilung der Erkrankung in den mentalen Schalen des Gemüts der Menschheit gehen, die jetzt (2017) noch in unserer Zukunft liegen und erst durch den Sieg Frodos über Minas Morgul möglich werden.

Daher setzen wir die Entschlüsselung mit Frodo und Sam fort und führen diese (anders als in den Zwei Türmen) bis zum Entkommen Frodos und Sams aus Minas Morgul, bevor wir danach zu den Ereignissen in Gondor kommen.

Reise durch die Totensümpfe – Weltwirtschaftskrise

Nach der Trennung Frodos und Sams von der übrigen Ringgemeinschaft klettern sie drei Tage durch die Emyn Muil. Da der Gang durch die Totensümpfe einen parallelen Prozess zu den Ereignissen davor symbolisiert, geht Tolkien hier drei Jahre in der Zeit zurück, symbolisiert von den drei Tagen klettern.

Der Gang durch die Totensümpfe symbolisiert die depressive Stimmung während der Weltwirtschaftskrise Anfang der 30er Jahre. Die Toten in den Teichen symbolisieren die Aktivierung der alten Resignationsmuster im Unbewussten. Während die Weltwirtschaftskrise eine schreckliche Zeit war, öffnete sie immerhin auch die Tür zur Lösung einen Spalt weit, so dass wir einen Blick darauf erhaschen konnten. Um diesen Blick geht es im nächsten Abschnitt.

Frodos und Sams Scheitern am Schwarzen Tor – Geldprojekt in Wörgl, Tirol

Mit der Ankunft Frodos und Sams am Schwarzen Tor kommen wir im Jahr 1932 an, genauer im Juli 1932. Die innere Transformationsreise der Menschheit benötigt eine Auflösung der Schuld projizierenden Konzepte, die äußere eine Auflösung des Zinsgeldsystems mit den Mitteln eines zinsfrei fließenden Geldes.

Es gab in den 1930er Jahre sowohl in Deutschland (Thüringen und Nordbayern), als auch in Österreich, als auch in der Schweiz Projekte mit zinsfrei fließendem Geld. Die Schweizer schufen ein girales WIR-Geld mit einer Umlaufsicherung, die sie 1948 wieder aufgaben, da die beteiligten Unternehmen einen Kapitalertrag erwirtschaften wollten. So wurde der WIR wieder in Zinsgeld umgewandelt. Die Projekte in Deutschland und Österreich haben gemeinsam, dass sie erfolgreich waren und daher von oben verboten wurden.

Am erfolgreichsten war das österreichische Projekt. Die Gemeinde Wörgl in Tirol zirkulierte ihr zinsfrei fließendes Gemeindegeld ab Juli 1932 über ein Jahr lang erfolgreich. Als es sich ausbreiten wollte, wurde es unter Androhung militärischer Gewalt verboten.

Das Schwarze Tor symbolisiert die Einbahnstraßenkommunikation der Hochfinanz, die nur kommuniziert, um anderen ihre Vorstellungen aufzuzwingen. Da das kollektive Gemüt Anfang der 1930er Jahre bis in die 8. Schale erkrankt war, war es für die Hochfinanz leicht, die Betreiber des Geldes einzuschüchtern und zum Aufgeben zu bewegen.

Frodo und Sam waren dem Schicksalsberg zu diesem Zeitpunkt sehr nahe heißt, ohne die gewaltsame Unterdrückung des Wörgler Geldes hätte es sich auf natürliche Weise ausgedehnt und das Zinsgeld schließlich flächendeckend abgelöst, hätte die Zinsströme zur Hochfinanz geschrumpft und für einen allgemeinen gerechten Wohlstand gesorgt, der die Weltwirtschaftskrise auch gegen den Willen der Hochfinanz einfach beendet.

Da das kollektive Bewusstsein allgemeinen Wohlstand nicht zuließ, bedurfte es für die Hochfinanz nur eines geringen Aufwands, das Projekt zu stoppen. Die notwendige Transformation des kollektiven Bewusstseins musste damals erst noch stattfinden und ist zu einem guten Teil in Frodos, Sams und Gollums Reise verschlüsselt. Machen wir da also weiter.

Weg entlang der Schatten- & Aschenberge – Zur Notwendigkeit der Auflösung unseres Verlangens nach verzinstem Vermögen

Frodo und Sam müssen zur Erfüllung ihres Auftrags nach Mordor hinein. Mordor wird von den Schatten- & Aschenbergen beschützt. Frodo und Sam zähmen Gollum, der sie verfolgt und nehmen ihn als Führer nach Mordor an, da nur er die Wege nach Mordor kennt. Die Beziehung zu Gollum bleibt heikel, da er nur kooperiert, wenn er gewaltfrei behandelt wird. Andererseits dürfen Frodo und Sam nicht zulassen, dass Gollum Gewalt über sie gewinnt.

Zur Auflösung unserer Schuld projizierenden, konditionierten Konzepte müssen wir am Ende unsere unterbewusste Identifikation damit (Mordor) auflösen. Da die Gegenleistung für unsere in die Schuld projizierende Ansicht gesteckte Energie eine Illusion ist, wachsen die unterbewussten Schuldgefühle an und unser Verlangen nach dem „Rechthaben" wird immer suchthafter. Wir brauchen mehr und mehr Bestätigung für dieses „Rechthaben". Dieses wachsende Bedürfnis nach Bestätigung wird durch die Schatten- & Aschenberge symbolisiert. Die Sucht nach dem „Rechthaben" ist unserer Identifikation mit unseren Schuld projizierenden Konzepten vorgeschaltet und schützt sie dadurch.

Wenn wir in unserem Bewusstsein bis zur Ebene unserer unterbewussten Identifikation mit unseren Schuld projizierenden Konzepten vordringen wollen, müssen wir erst unsere Sucht nach dem Rechthaben transformieren. Erst durch Transformieren dieser Sucht können wir bis zu unserer Identifikation mit unseren Schuld projizierenden Konzepten vordringen. Es gilt also, nach innen zu schauen und diese Sucht zu beobachten. Wir können uns von ihr bis zur Ursache der Sucht leiten lassen. Dies kann nur gelingen, wenn wir die Sucht unter Kontrolle behalten, nicht zulassen, dass sie Gewalt über uns gewinnt.

Wir dürfen möglichst keine Energie darin investieren, in einem letztlich imaginären Kontext Recht behalten zu wollen. Gleichzeitig dürfen wir unsere Sucht auch nicht gewaltsam unterdrücken, da sie sonst irgendwann zwangsläufig zurückschlägt und Gewalt über uns gewinnt. Wenn wir diese Disziplin einhalten, kann es uns schließlich gelingen, die Ursache der Sucht ins Auge zu fassen. So verliert die Sucht selbst ihren Griff auf unseren Geist. (Ab dem Überwinden der Berge hat Gollum keinen Zugriff mehr auf Frodo.)

Dies ist der innere kollektive Prozess, um den es am Ende geht, um nach Mordor gelangen zu können. Parallel findet dieser Prozess auch im Außen in unserer kollektiven Beziehung zum Geld statt und wird uns beim Durchgang durch Kankras Höhle beschäftigen.

Frodos und Sams Begegnung mit Faramir – Belebung durch das nach dem Zweiten Weltkrieg gestärkte Pflichtbewusstsein

Nach dem Zweiten Weltkrieg gab es eine kurze Phase des Auflebens der spirituellen Kräfte und kindlicher (nicht konsumbedingter) Lebensfreude, die von Frodos und Sams Aufenthalt bei Faramir symbolisiert wird.

Die Schrecken und Nöte des 2. Weltkriegs haben viele Menschen zu Gott gebracht. Diese spirituelle Wiederbelebung hielt zwar nur bis gegen Ende der 50er Jahre an, sorgte in dieser Zeit aber für ein erstarktes Pflichtbewusstsein der Menschen, das für die Integrität und das soziale Miteinander in den Gesellschaft förderlich war. Viele Menschen haben diese kurze Zeit als so nahrhaft für ihre Seele empfunden, dass sie regelrecht noch einmal auftanken konnten, bevor sie dann durch den einsetzenden Konsumismus und einen gigantischen massenmedialen Einsatz zur Ablenkung vom Wesentlichen (vor allem durch das Fernsehen) in eine zunehmende Dunkelheit und menschliche Entfremdung gelockt wurden. So hat das gestärkte Pflichtbewusstsein in dieser kurzen Phase die Menschen vor der massiven negativen Wirkung des Zinsgeldsystems auf ihren Geist geschützt. Viele Menschen im Westen erinnerten sich später vor allem wegen des noch nicht von Massenmedien und Konsumismus verdorbenen positiven sozialen Klimas gerne an die 50er Jahre zurück.

Faramir überfällt mit seinen Leuten einen Zug wilder Menschen aus dem Süden, die in den Dienst Saurons treten. Sie haben einen Olifanten dabei. Sam ist sehr neugierig auf diesen Olifanten und freut sich, einen zu sehen. Der Olifant entkommt und streift umher.

Ebenfalls in die 50er Jahre fällt der Beginn einer steten Zuwanderung durch Menschen aus fremden Kulturräumen. Die Konfrontation von zu viel Fremdem und Fremden, die unseren Lebensraum dauerhaft einfordern, erzeugt ein Gefühl der Überforderung bei der Wahrung und Aufrechterhaltung der uns von unseren Vorfahren überlieferten kulturellen Werte. Unsere Vorfahren haben über viele Generation und in verschiedenen Lebensbereichen teils äußerste Mühen und Anstrengungen auf sich genommen, damit ihre Kinder und Nachfahren es gut und besser haben sollen als sie es hatten. Es ist unsere Pflicht, die uns von ihnen hinterlassenen Werte zu pflegen, zu wahren und zu beschützen. Die Zuwanderung Fremder, die dauerhaft bleiben, überfordert dieses Pflichtgefühl, erzeugt negative Gedanken und Konflikte.

Der Olifant in Ithilien symbolisiert diese in den 1950er Jahre einsetzende Zuwanderung durch Menschen aus fremden Kulturen. Sams Neugier auf ihn symbolisiert, dass die Westler den Fremden zunächst mit spirituell offener, freundlicher Neugier begegneten. Sie freuten sich, fremde Kulturen kennenzulernen. Dass der Olifant aber zu wilden Menschen im Dienst Saurons gehört, symbolisiert, dass die Zuwanderung von Anfang an Bestandteil des Plans der Hochfinanz war, die westliche Kultur zu verwässern, zu zersetzen und zu zerstören, um ihre Weltdiktatur errichten zu können. Dass Faramir die wilden Menschen besiegt und der Olifant entkommt, symbolisiert, dass die Menschen der 1950er und danach die von der Zuwanderung ausgelöste Negativität noch kontrollieren und ihr inneres Gleichgewicht wahren konnten.

Das Entkommen des Olifanten symbolisiert aber, dass die Fremden hier und weiterhin eine Quelle für die Überforderung unserer Pflicht blieben, unsere überlieferte Kultur zu wahren. Wenn wir in unserem Leben auf Respekt (Boromir) aus sind, stellt die Möglichkeit, uns mit Macht Respekt zu verschaffen, eine Verlockung dar. Aber bei dem Wunsch, unsere Pflichten im Leben richtig zu erfüllen, stellt die Aussicht aufs Rechthaben und Macht ausüben keinerlei Verlockung dar. Das Rechtbehaltenkönnen wird uns nicht helfen, unsere Pflichten zu erfüllen.

Solange das Pflichtbewusstsein in uns stark ist, sorgt es für einen starken Schutz vor Versuchungen und Verlockungen, der für unsere Psyche essentiell wertvoll ist.

Diese unterschiedliche Wirkung der Möglichkeiten, Macht auszuüben, auf die Bereiche von Respekt und Pflichtbewusstsein wird davon symbolisiert, dass Boromir den Verlockungen des Einen Ringes fast erlegen ist, während sie für Faramir keine Versuchung darstellen und er Frodo und Sam durch seine Immunität gegen die Verlockung eine große Hilfe und Unterstützung auf ihrem Weg bietet, sogar die letzte wirkliche Unterstützung, bevor sie das Ziel erreichen.

Durch die Währungsreformen nach dem 2. Weltkrieg, lag die allgemeine Verschuldung für eine Weile auf einem so niedrigen Stand, dass die Zinslasten die Menschen kaum drückten und einen starken wirtschaftlichen Aufschwung begünstigten. Dies war ein zusätzlicher positiver Aspekt der 50er Jahre, der natürlich auch nicht lange anhielt, weil die Verschuldung dann auch wieder rasch wuchs und die automatische Vermögensumverteilung ihre Arbeit wieder beschleunigt aufnahm. Während die finanziellen Lasten für eine Weile reduziert waren, gab es doch bereits eine über die Jahrhunderte entstandene gigantische Umverteilung des Sachvermögens zur Hochfinanz, so dass diese über Mieten, Pachten und Unternehmensgewinne auch wieder rasch alles Geld an sich sogen und zu den Kreditgebern der beschleunigt einsetzenden Verschuldung wurden.

Die nur vorübergehende Erleichterung wird davon symbolisiert, dass Frodo in der Zeit bei Faramir das Gewicht des Einen Ringes kaum wahrnimmt.

Seit den 50er Jahren gibt es immer mehr Menschen, die ihre Süchte und Anhaftungen als ein Problem begreifen können, für das sie eine Lösung finden müssen, um wirklich psychisch gesund und frei sein zu können, vor allem in Bezug auf Geld und Vermögen. Während wir diesen „inneren Schweinehund" (man könnte Gollum auch mit „innerer Schweinehund" übersetzen) manchmal am liebsten abmurksen würden, um davon frei zu kommen, wissen wir doch auch, dass dies nicht möglich ist, sondern es eine unserer Pflichten im Leben ist, dem inneren Schweinehund diszipliniert, geduldig und mit Selbstakzeptanz seine Macht über uns zu nehmen, während wir wissen, dass wir ihm niemals wirklich vertrauen können.

Wir wissen, dass ein suchthaftes Verlangen danach, Recht zu haben und/oder Vermögen anzuhäufen, eine Neigung ist, der man nicht trauen sollte. Es ist gefährlich, dieser Neigung die Führung zu geben. Aber nach dem Zweiten Weltkrieg ist auch das Bewusstsein erwacht, dass wir uns nur innerlich befreien können, wenn wir dieser Neigung auf den Grund gehen, uns bis zur Ursache dieser Neigung führen lassen.

Dieser Zusammenhang wird davon symbolisiert, dass Faramir gegenüber Gollum sehr misstrauisch ist, aber Frodos Wunsch akzeptiert, ihn als Führer nach Mordor zu behalten.

Unser Pflichtbewusstsein hat für sich genommen eine sehr offene Bereitschaft und Fähigkeit zu lernen, was wirklich unsere Pflichten sind, welche Pflichten wir nicht vernachlässigen dürfen und welche Pflichten uns helfen, unser Ziel zu erreichen. Wenn wir Klarheit über unsere Pflichten im Leben gewinnen und diese dann gewissenhaft erfüllen, ist dies eine sehr mächtige und stärkende Kraft auf dem Weg zum spirituellen Ziel.

Diesen enorm hohen Wert des Pflichtbewusstseins für den spirituellen Weg bringt Sam gegenüber Faramir zum Ausdruck, als er ihm sagt, er habe gesagt, sein Chef habe etwas Elbisches an sich, und das stimme. Und er finde, er habe auch etwas Elbisches an sich, das an Gandalf erinnere.

Wenn es uns gelingt, analytisch richtig mit gesundem Menschenverstand zu denken (Frodo), wird dies zu einer starken spirituellen Kraft (Frodo ist elbisch). Aber auch die getreue Erfüllung all unserer Pflichten hat eine Kraft, unser Ego aufzulösen, die an die Kraft unseres Unterscheidungsvermögens erinnert.

Wegscheide – Beginnende sexuelle Revolution und Feminismus

Frodo, Sam und Gollum kommen zur Wegscheide. Hier haben Orks den Kopf von der Statue des Königs abgeschlagen. Die Wegscheide markiert einen Punkt, an dem die Nord-Süd-Straße die Straße kreuzt, die Minas Morgul, das ehemalige Minas Ithil, und Osgiliath miteinander verbindet. In früherer Zeit hatte Gondor den Weg zwischen Minas Ithil und Osgiliath kontrolliert.

Die Verbindung zwischen Minas Ithil, Herzchakra, und Osgiliath, Sexualchakra, symbolisiert das ethische Bewusstsein, die Sexualität durch die Liebe des Herzens zu kontrollieren, so dass die Liebe der Sexualität stets übergeordnet und um der Treue, Liebe und Hingabe in einer verbindlichen Ehe willen stets bereit ist, einerseits auf Sex mit Personen außerhalb der Ehe grundsätzlich zu verzichten und andererseits uns aus der Liebe des Herzens heraus den sexuellen Bedürfnissen des Partners hinzugeben und seine sexuellen Wünsche nicht aus Unlust abzulehnen. Der abgeschlagene Kopf des Königs symbolisiert einerseits die Ende der

1950er Jahre bereits beginnende sexuelle Revolution, in der Menschen – vor allem Männer – zu Sex außerhalb der Ehe und zu einem Single-Dasein mit unverbindlichen, wechselnden Sexpartnern verleitet wurden, und andererseits den Feminismus, der die Hingabe der Ehefrau an die sexuellen Bedürfnisse ihres Ehemannes als Instrument der Versklavung der Frau durch den Mann ächtete und Frauen anleitete, ihre Bedürfnisse über die des Mannes zu stellen und gleichzeitig ihre Benachteiligungsgefühle bestätigte, so dass sie nicht merkten, dass sie sich über den Mann stellten, dessen Bedürfnisse frustrierten und dies für normal hielten. Insgesamt wurde die Sexualität durch sexuelle Revolution und Feminismus aus dem Kontext der Ehe gelöst und damit ein gutes Stück weit aus ihren ethischen Banden der sexuellen Treue und sexuellen Hingabe der Ehepartner zueinander „befreit". Mehr zu Osgiliath später.

Frodos Sog Richtung Minas Morgul – Sogwirkung der Massenmedien auf das Denken

Frodo, Sam und Gollum kommen zum Weg, der kurz vor Minas Morgul in Richtung von Kankras Höhle abweicht, der einzige Weg, um an Minas Morgul vorbei nach Mordor gelangen zu können. Frodo spürt einen Sog in Richtung Minas Morgul. Als er gerade noch rechtzeitig in Deckung geht, öffnet sich das Tor und eine riesige Orkarmee marschiert angeführt vom König der Ringgeister in Richtung Osgiliath.

Nur durch die Transformation unserer kollektiven Sucht nach dem „Rechthaben" und nach Geld und verzinstem Vermögen (das „Rechthaben im Außen") können wir schließlich auf die ursächliche Ebene für unsere Sucht stoßen, so dass die Sucht ihren Griff auf uns verliert. Suchtverhalten führt stets in die Resignation. Daher müssen wir für einen Sieg über die Sucht auch unsere Resignation (Kankra) besiegen. Minas Morgul symbolisiert die Angst im Herzen und die Massenmedien der Hochfinanz, die von der Verbreitung angstmachender Nachrichten lebt. Diese angstmachenden Nachrichten üben einen Sog auf unsere Gedanken aus (Frodos Sog Richtung Minas Morgul).

Überwindung der Schatten- & Aschenberge – Überwindung der Sucht nach verzinstem Vermögen

Frodo, Sam und Gollum machen sich auf den Weg hoch zum Pass und müssen dabei Kankras Höhle durchqueren. Der Durchgang verlangt Frodo und Sam alles ab. Sie überleben nur, weil sich Frodo mit Galadriels

Phiole zur Wehr setzt. Sie schaffen es bis zum Pass, wo Sam von Gollum angefallen wird und Kankra sich auf Frodo stürzt. Es gelingt Sam, Gollum und Kankra zu besiegen.

Dieser ganze Prozess beginnt, als die Armee Mordors von Minas Morgul Richtung Osgiliath aufbricht und endet mit Sams Sieg über Kankra, während Frodo von ihrem Stachel gelähmt ist. Das Ausrücken der Armee findet Mitte der 1960er Jahre statt, nur wenige Jahre nach der kurzen von Frodos Begegnung mit Faramir symbolisierten Blüte nach Kriegsende. Frodos Stich durch und Sams Sieg über Kankra fällt in das Jahr 2001. Der hier verschlüsselte kollektive Transformationsprozess dauerte also dreieinhalb Jahrzehnte.

Während Gollum unsere Sucht nach dem „Rechthaben" im Innen und nach zinstragendem Geld und Vermögen im Außen symbolisiert, stehen die Schatten- & Aschenberge für den dadurch verursachten Steigerungs- und Wachstumszwang. Wir brauchen immer mehr Bestätigung für unser Rechthaben, um unsere Schuldgefühle kontrollieren zu können, und wir brauchen Wirtschaftswachstum, damit die Wirtschaft nicht am Schuldenwachstum zusammenbricht und trotz Schuldwachstum unsere Sucht nach dem Zinsgeld weiterverfolgen zu können. Ohne verewigtes Wirtschaftswachstum kollabiert die Wirtschaft aufgrund der automatischen Vermögensumverteilung von unten nach oben irgendwann zwangsläufig am Geldmangel der arbeitenden Bevölkerung. Das Festhalten am Rechthabenwollen führt uns schließlich in die Resignation, da das Rechthabenwollen die Schuldgefühle nur steigert anstatt sie aufzulösen. Das Festhalten am Wachstumszwang führt schließlich in die Traumatisierung von Menschheit und Umwelt, da jedes erzielte Wirtschaftswachstum nur bewirkt, dass die Schulden noch weiter anwachsen können, so dass die Umwelt zerstört wird und die Menschheit sich noch mehr verschuldet. Die Illusion ist zu glauben, dass unser Rechthaben unsere Schuldgefühle auflöst. Und die Illusion ist zu glauben, dass Wirtschaftswachstum die Schulden abbaut. Das kann es nicht, weil Schuldenabbau in die Deflation und den Wirtschaftszusammenbruch führt. Im Zinsgeldsystem ist ein nachhaltiger Schuldenabbau systemisch unmöglich.

Die Überwindung der Sucht ist kein intellektueller Vorgang. Obwohl es sicher hilft, die Zusammenhänge zu verstehen, geht es hier vor allem um Vergebung. Wir können unsere Schuldgefühle nicht lösen und unsere Schulden nicht abbauen, indem wir Rechthaben oder Wirtschaftswachstum erzielen. Im Innen hilft nur Vergebung. Da Wirtschaftswachstum für unser Unterbewusstsein die Hoffnung auf eine Befreiung von Schuld bedeutet, können wir auch unsere Loskoppelung vom Wachstumszwang nur durch Selbstvergebung und Vergebung erzielen. Durch Vergebung erreichen wir psychisch den Zustand, Wirtschaftswachstum nicht mehr als einen Wert zu sehen, sondern als die Illusion sehen zu können, die es ist. Durch den 9. Automatismus des Zinsgeldes, die Deutungshoheit in Händen der Hochfinanz, sind wir nicht in der Lage, den Wirtschaftswachstumszwang als die Illusion zu sehen, die er ist. Durch die Deutungshoheit in Händen der Hochfinanz glauben wir den Politikern, wenn sie sagen, dass Wirtschaftswachstum die Lösung für alle Probleme ist und dass wir die Schulden dann abbauen können.

Das heißt mit Bezug auf die Erkrankung der 9. Schale unseres kollektiven Gemüts, dass wir die Erkrankung dieser Schale ausheilen müssen, um uns kollektiv dem Griff der Deutungshoheit der Hochfinanz in diesem Punkt entziehen und damit vom Wirtschaftswachstumszwang loslösen zu können. Der Prozess der Selbstvergebung und Vergebung ist in Aragorns Weg auf den Pfaden der Toten verschlüsselt und wird uns dort noch beschäftigen. Deutungshoheit entsteht, wenn die Schuldgefühle über abweichende Sichtweisen zu groß sind. Also lässt sie sich nur durch Vergebung und Selbstvergebung auflösen.

Sams Konfrontation mit Gollum und Kankra – Überwindung von Geldsucht und Resignation

Der Prozess der Loslösung von der Sucht bringt eine Zerreißprobe zwischen unserer positiven Ausrichtung (Sam) einerseits und unserer Sucht (Gollum) und die von der Sucht verursachte Resignation (Kankra) andererseits mit sich. Wir müssen letztlich sowohl die Sucht als auch die Resignation besiegen.

Ziel war letztlich, uns nicht mehr mit unseren suchthaften Wünschen, Ansprüchen und Erwartungen zu identifizieren, um uns selbst keine Frustration zu erzeugen, die die Schuldgefühle aktiviert, die über die reflexartige Projektion der Schuld zu Wut verarbeitet werden. Die Minderung unserer Wünsche, Ansprüche und Erwartungen im Leben erleichtert letztlich den oben genannten Prozess der Selbstvergebung und Vergebung und ermöglicht dadurch die Heilung der 9. Schale unserer kollektiven Psyche. Hier besteht ein enger Zusammenhang zwischen Verzicht und Mäßigung auf der einen Seite und der Fähigkeit zur Vergebung und Selbstvergebung auf der anderen.

Mit Sams Sieg sowohl über Gollum als auch über Kankra, hat Tolkien verschlüsselt, dass die Menschheit diesen Prozess tatsächlich mit einer kritischen Masse von Menschen erfolgreich abschließen konnte. Der Zeitpunkt, als dieser für die Menschheit überlebenswichtige Sieg errungen wurde, war 2001. Seit 2001 gibt es eine kritische Menge von Menschen, die daher auch zwar langsam, aber kontinuierlich anwächst, die die Deutungshoheit der Massenmedien der Hochfinanz nicht mehr akzeptieren. Immer mehr Menschen konnten sich aus der Schuld-Trance des Wirtschaftswachstumszwangs lösen und setzen ihre Hoffnung nicht mehr in das Zinsgeldsystem, sondern in ihr spirituelles Wachstum und ihre Beziehung zu Gott.

Dies war ein großer Sieg, der verhindert hat, dass die Hochfinanz ihre Pläne reibungslos weiter vorantreiben konnten. Im Sinne der Dialektik von These – Antithese – Synthese kann der Dritte Weltkrieg sein Ziel nur erreichen, wenn die durch den Zweiten Weltkrieg bewirkte Erkrankung der 9. Schale des kollektiven Gemüts der Menschheit noch gegeben ist. Das ist sie seither aber nicht mehr.

Allerdings bestand zu diesem Zeitpunkt die Erkrankung der 8. Schale des kollektiven Gemüts der Menschheit noch und die Hochfinanz verfügte noch über den Zinsgeld-Automatismus der Angststeuerung. Die Deutungshoheit war in einer kritischen Masse weg, aber die Angststeuerung existierte noch und wurde von den Eliten nun voll aktiviert und in Anspruch genommen.

Kankra sticht und lähmt Frodo – Terroranschlag vom 11.09.2001

Während die Menschheit in den letzten Jahrzehnten des 20. Jahrhunderts diesen extrem anstrengenden Heilungsprozess durchlief, den wir wie gesehen nur mit Müh und Not erfolgreich abschließen konnten, wuchsen durch unser Zinsgeldsystem bedingt Macht und Reichtum der Eliten immer weiter an. Tatsächlich wäre eine weitere Heilung und Befreiung der Menschheit vermutlich nicht möglich gewesen, wenn es im 1. Jahrzehnt des 20. Jahrhunderts nicht zu einer Spaltung der obersten globalen Eliten in zwei Fraktionen gekommen wäre, die um die Herrschaft über die Menschheit rangeln.

Es kam zu dieser Abspaltung, weil die globale Hochfinanz in den 1990er eine Umformatierung ihrer globalen Steuerung in die Wege leitete, die eine deutliche Entmachtung jenes Teils ihres Apparats bedeutet hätte, der dann aufgrund seines drohenden Verlusts an Macht und Reichtum abtrünnig wurde.

Den Kampf dieses abtrünnigen Teils ihres Tiefenstaats mit den Vertretern der Hochfinanz um die Macht über die Menschheit hat Tolkien durch die Orkkämpfe in Minas Morgul verschlüsselt. Zu den Einzelheiten dieser Spaltung in der Elite kommen wir weiter unten.

2001 startete der zu diesem Zeitpunkt noch nicht gespaltene Tiefenstaat die Endphase zur Errichtung seiner Neuen Weltordnung. Er inszenierte ein Ereignis, das der Startschuss für eine Verkettung von Ereignissen sein sollte, die zum 3. Weltkrieg führen sollten.

Kankras plötzlicher Angriff auf Frodo und der Stich ihres Giftes symbolisiert einen Akt zynischer Arroganz, der den kollektiven Geist der Menschen in der westlichen Welt für eine ganze Weile lähmte.

Bei diesem zynischen Angriff auf den kollektiven Geist kann es sich wohl nur um den New Yorker Terroranschlag auf die World Trade Center vom 11. September 2001 handeln. Während der globale Tiefenstaat diesen Terroranschlag als Startschuss für seinen Griff nach der totalen Macht über die Menschheit plante, fungierte er gleichzeitig als Weckruf für die weitere Heilung des kollektiven Bewusstseins und die Befreiung des Denkens und führte zu einem erbarmungslosen verborgenen Elitenkrieg.

Dass Kankra keine Dienerin Saurons ist, ihm jedoch durchaus nützlich ist, symbolisiert, dass die Hauptwirkung des Terroranschlags aus einer wie resignierten Lähmung des kollektiven Denkens bestand (Frodos Lähmung), die nicht die eigentliche Absicht der Hochfinanz war, ihr aber nutzte. Eigentlich wollte die Hochfinanz die Menschheit vor allem in Angst und Schrecken versetzen und setzt nach dem Terroranschlag dann auch ihren Krieg gegen den Terror in Gang.

Frodo in Minas Morgul – Krieg der Eliten gegeneinander

Als Frodo vergiftet und verletzt wie tot am Boden liegt, kommen zwei Orkbanden und bringen ihn als Gefangenen nach Minas Morgul. In Minas Morgul bemächtigen sich die Orkbanden seines Mithrilhemds und bringen sich dann systematisch gegenseitig um, bis am Ende nur Saurons Ork Schagrat übrig bleibt und Minas Morgul verlässt.

In Bezug auf unser kollektives Bewusstsein, sehen wir hier eine besonders gefährliche Phase in der Transformation der Menschheit. Wenn wir zum ersten Mal die immer tiefer eindringende Erkrankung durch unsere Schuldprojektion um eine Stufe rückgängig machen (Frodos Ankunft am Cirith Ungol), liegt trotz der immensen damit verbundenen Anstrengung der größte Teil der Arbeit immer noch vor uns, der Gang durch Mordor.

Dieser Ausblick auf den schrecklichen Gang durch Mordor kann ein überwältigendes Gefühl der Resignation auslösen, das uns lähmt (Kankras Angriff und Stich).

Nach dem gerade erfolgten Heilungsschritt im kollektiven Bewusstsein spielt diese Lähmung nun wiederum unserem Ego in die Karten, so dass unser Heilungsschritt auf eine harte Probe gestellt wird. Ein Anfall von Resignation und Zynismus verstärkt unsere Schuldgefühle. Mit diesen geht unser Ego wie gehabt in die Projektion (der Ork Schagrat, der gegen Gorbag kämpft) = Gefahr des Rückfalls einer Erkrankung der 9. Schale durch die Abspaltung unserer Schuldgefühle. Jetzt tritt ein gefährlicher Schwebezustand ein: Wir können die Ausheilung der 9. Schale nur dauerhaft machen, wenn wir auch die 8. Schale ausheilen. Wenn wir die Abspaltung nicht integrieren, gehen wir in die Selbstzerstörung und unser Ego kann dann gar keine Ziele mehr anstreben. Unser Ego ist durch unseren Heilungsschritt also letztlich gezwungen, mit unseren Selbstheilungskräften zu kooperieren, um die Abspaltung rückgängig zu machen, um auch seine egoistischen Ziele weiterverfolgen zu können.

Das heißt, wir haben jetzt sogar die Unterstützung unseres Egos, die Schuldprojektion zurückzunehmen und die Abspaltung unseres entsprechenden Egos (der Ork Gorbag) wieder integrieren zu können. Wenn dies gelingt, verliert unser Ego seine unmittelbare Kontrolle über unser Denken und der Weg ist frei, auch die 8. Schale (die Angststörung = Minas Morgul) zu heilen (Frodo kann Minas Morgul verlassen). Wenn wir die Abspaltung nicht integrieren können, erkrankt die 9. Schale wieder und die Heilung wird unmöglich (dann siegt die selbstzerstörerische Seite unseres Egos und alles ist verloren; dann können wir auch von außen versklavt werden). Die Gefährlichkeit dieses Schwebezustands wird von der gefährlichen Lage Frodos und Sams in Minas Morgul symbolisiert, in der die Gefahr besteht, dass Sauron den Ring bekommt und alles verloren ist. Diese Gefahr besteht kollektiv auch heute immer noch.

Sobald diese Abspaltung wieder integriert ist (Gorbag tot ist), können wir den schweren Gang zu unserer weiteren Selbstheilung wiederaufnehmen (Frodo verlässt Minas Morgul). Dabei kann das Gefühl, in unserem Ego festzustecken und nicht entkommen zu können (Frodos Gefangenschaft) durchaus den Vorteil mit sich bringen, ganz am Ende mit göttlicher Gnade loslassen zu können, wenn wir uns diese Gefangenschaft eingestehen und nicht dagegen ankämpfen, so dass wir eine kurze Phase entspannender Befreiung erleben, in der das Ego sich ein Stück weit quasi selbst eliminiert (Schagrat tötet Gorbag) und wir vom Griff unseres Egos und seines Bedürfnisses nach Schuldprojektion frei sind (Schagrat verlässt für kurze Zeit Minas Morgul) und die Abspaltung integriert haben (Gorbags Tod). Entscheidend ist dabei unsere beharrliche Ausrichtung auf das gewünschte Ziel der Befreiung von unserem Ego, die am Ende ermöglicht, dass die Göttliche Gnade wirken kann, dass wir entspannen und unsere Schuldprojektion zurücknehmen können (Frodos Rettung durch Sams Beharrlichkeit und Unverzagtheit).

Wie spiegelt sich dieser Prozess nun im kollektiven Verhalten wider? Welche Realität schafft der äußerst krisenhafte kollektive Prozess in unserer Außenwelt?

Die Abspaltung der Schuldgefühle im kollektiven Bewusstsein läuft wie folgt ab: A) Heilung der äußersten Schale von Schuldgefühlen (Frodos Ankunft am Cirith Ungol; B) Überhandnehmen der Resignation aufgrund eines Rückschlags (Kankras Überfall auf Frodo); C) Aktivierung des Egos durch Reaktivierung von Schuldgefühlen wegen des Rückschlags, die das Ego nun projiziert und durch einen Kampf gegen Feinde in der Außenwelt abspaltet (Schagrats Kampf gegen Gorbag). In diesem kritischen Zustand befindet sich die Menschheit seit September 2001. Die Menschheit steckt seit 2001 in der kollektiven Krise, die entstandene Krise durch Benennung von Schuldigen und deren Bestrafung lösen zu wollen. Zu ihrer Heilung braucht die Menschheit die Überwindung der Abspaltung unserer Schuldgefühle durch Selbstvergebung, also den Tod der abtrünnigen Orks.

Diese Krise macht die Menschheit sehr anfällig für die Manipulation ihres Denkens (Frodos Gefangenschaft in Minas Morgul), da alle wollen, dass die Schuldigen an den schrecklichen Zuständen auf der Erde endlich bestraft werden, was den kollektiven Geist mit steter Unruhe und Angst (Minas Morgul) erfüllt. Alle geben Analysen von sich, die Schuldige benennen, und verlangen deren Bestrafung. Alle haben Angst, was aus diesem kollektiven Schrecken am Ende für sie entstehen wird.

Die Hochfinanz bekommt 2001 mit, dass ihr Ziel zum ersten Mal wieder ein Stück von ihr abgerückt ist (der Heilschritt der Menschheit). Dieser Frust löst auch bei ihr Schuldgefühle aus, für die sie in ihren eigenen Reihen Schuldige braucht, die sie bestrafen kann. Diese „Schuldigen" treten nun in Persona einer abtrünnigen Elite auf, die ihr die Herrschaft streitig machen will und damit als jemand in die Existenz tritt, den die Hochfinanz bekämpfen und (für ihren Frust über den Heilungsschritt der Menschheit) bestrafen kann (Schagrats Kampf gegen Gorbag).

So führt der kollektive Heilschritt der Menschheit im Endeffekt im Außen auch zu einer Spaltung der Eliten, die dazu führt, dass der extrem aufgewühlte, nach Bestrafung von Schuldigen verlangende und von Angst erfüllte Geist der Menschheit nicht so ausgeschlachtet werden kann, dass die Hochfinanz ihrem Ziel wirklich näher kommt.

Entsprechend sind im Abschnitt von Frodos Gefangenschaft in Minas Morgul zwei Kriege verschlüsselt: Ein Krieg der Eliten gegen unsere Denkfähigkeit und ein Krieg der Eliten gegeneinander. Den Eliten ist es bisher gelungen, die Wahrnehmung ihres Krieg gegeneinander durch die Weltöffentlichkeit so zu verdrehen, dass nur der Krieg gegen unser Denken überhaupt wahrgenommen wird, und dies auch nur von den erwachenden Menschen. Um zu verstehen, was in den ersten beiden Jahrzehnten des 21. Jahrhunderts tatsächlich passiert, müssen wir lernen, diese beiden Kriege voneinander zu unterscheiden, um die Vertreter der Hochfinanz zu erkennen, die sich unter die Freiheitskämpfer gemischt haben, die am Ende siegen werden, die diese bereits anführen und auch nach dem Sieg weiter anführen wollen, um dann unsere Wahrnehmung der Wirklichkeit im Sinne der Hochfinanz zu lenken.

Frodo gefangen in Minas Morgul heißt, es geht um einen Kampf der Massenmedien gegen die eigenständige Denkfähigkeit der Menschen (Frodo). Dieser Krieg, der von der Weltöffentlichkeit zunehmend wahrgenommen wird, ist also ein Krieg der Massenmedien der Eliten (Minas Morgul) gegen unsere Fähigkeit, selbst zu denken (Frodo).

Bei dem bisher von uns NICHT wahrgenommenen Krieg handelt es sich um einen Krieg der Eliten gegeneinander. Genauer gesagt, um einen Krieg der Vertreter der globalen Hochfinanz (Schagrat) gegen einen abtrünnigen Teil ihres Tiefenstaats (der abtrünnige Ork Gorbag und seine Orkbande).

Nach dem 11. September 2001 war das kollektive Denken eine Weile schockgelähmt. Diese Schocklähmung wird von Frodos Lähmung nach Kankras Stich symbolisiert. In dieser Phase setzten die Massenmedien global einen Krieg gegen den Terror in Gang, der das kollektive Bedürfnis nach der Bestrafung von Schuldigen für die Zwecke der abtrünnigen Elite instrumentalisieren sollte. Dieser massenmediale Krieg gegen den Terror zwang den wie gelähmten Geist der Menschen in eine Auseinandersetzung mit diesen Massenmedien. Dabei geht es für den Tiefenstaat darum, ihre NWO voranzutreiben, und für die Menschheit darum, die Abspaltung ihrer Schuldgefühle zu integrieren, um aus der Krise wieder zu sich zu kommen, nicht mehr nach der Bestrafung von Schuldigen zu verlangen und stattdessen selbst Verantwortung zu übernehmen und dabei auch ihre Angststörung zu überwinden, um sich der medialen Angststeuerung durch die Eliten zu entziehen. Zum Glück für die Menschheit entstand eine Spaltung der globalen Eliten und die globale Hochfinanz wollte im Gegensatz zur abtrünnigen Elite keinen Weltkrieg. Warum die Hochfinanz den Weltkrieg nicht wollte, werden wir weiter unten noch sehen. Dass die Hochfinanz den 3. Weltkrieg in dieser Phase noch nicht wollte, ist der Hauptgrund dafür, dass er abgewendet wurde.

Bevor wir auf die Hintergründe dieses Kampfes und die Frage, um welche Eliten es sich bei Gorbag und seiner Orkbande nun handelt, näher eingehen, weitere grundsätzliche Gedanken über die Natur des menschlichen Egos:

Vom Bild her bedeutet der Kampf zwischen den beiden Orkgruppen, dass hier zwei unterschiedliche, durch und durch egoistisch motivierte und rücksichtslos agierende Gruppen gegeneinander kämpfen. Das grundsätzliche und logisch nicht lösbare Problem von Menschen, die versuchen, die totale Herrschaft über ein Volk, einen Kontinent oder – wie im Falle der Erde – über einen ganzen Planeten zu erlangen, besteht in der abwegigen Logik des menschlichen Egos: Egos werden von stärkeren Egos beherrschbar, wenn sie Allianzen mit ihnen eingehen, um gegenüber anderen Vorteile zu erlangen. Das Ego, das von der Spitze der auf diese Weise entstehenden Machtpyramide aus alle anderen Egos beherrscht, übt seine Herrschaft ja im Grunde gegen den Egowillen all derer aus, die es beherrscht, denn von der natürlichen Logik her möchte jedes Ego nicht mächtigeren Egos dienen, sondern nur sich selbst. Der Dienst an mächtigeren Egos ergibt sich nur aus Vorteilen, die man dadurch erringt, sowie aus Nachteilen und Strafen, die man dadurch vermeidet.

Sobald Egos eine Möglichkeit oder Notwendigkeit erkennen, den mächtigsten Egos die Gefolgschaft zu kündigen, um nur ihren eigenen Interessen zu dienen, tun sie das. Das liegt so in der Natur des Egos. Diese Natur des Egos kann von den mächtigsten Egos nicht verändert werden.

Ohne diese vom Ego selbst nicht zu korrigierende Natur des Egos wäre das Ego möglicherweise kaum besiegbar. Aber da es diese Natur nicht verändern kann, außer sich selbst durch Hingabe an Gott, Wandel und Weichen aufzulösen, werden Egokräfte wohl immer wieder Abspaltungen bei rivalisierenden Egoeliten produzieren, sobald der Sieg in Reichweite ist. Unterbewusst hat die Hochfinanz das Entstehen einer konkurrierenden

Elite wie gesagt selbst geschaffen, weil sie jemanden brauchte, an dem sie ihren Frust über den Heilschritt der Menschheit auslassen konnte, jemanden, der „Schuld" am Rückschlag hatte und an dem sie ihr Vernichtungsbedürfnis auslassen konnte.

Kommen wir jetzt zur Symbolik des Orkkriegs: Anführer der Orks mit rotem Auge ist Schagrat, Hauptmann des Turms. Schagrat ist nur darauf aus, die Befehle Saurons streng auszuführen. Anführer der Orks mit dem Zeichen des verzerrten Mondes und abscheulichen Totengesichts ist Gorbag. Dieser träumt von einem behaglichen Leben auf eigene Faust fern von Saurons Turm. Die Orks glauben, Frodo fest in der Hand zu haben und streiten sich um das Mithrilhemd. In diesem Streit töten sie sich gegenseitig, bis nur noch Schagrat übrig bleibt, der Meldung machen geht, und Frodo und Sam die Flucht aus Minas Morgul gelingt.

Hier ist also die Spaltung der Eliten symbolisiert, die um die Herrschaft über die Menschheit kämpfen. Welche Elite wurde nun abtrünnig?

Von den verschiedenen Analysen, was hinter den Kulissen der Mächtigen tatsächlich passiert, leuchten mir insgesamt die Erklärungen des russischen Analytikers Valeriy Pyakin („Der große Trick der Globalisten" auf YouTube) am ehesten ein, und passen auch zu dem Prozess, den Tolkien darstellt.

Pyakin zufolge gibt (bzw., bald muss man wohl sagen gab) es einen Zweikampf um die Macht über die Menschheit zwischen der US-Elite und dem, was er den „globalen Prädiktor" nennt. Das ist sein Name für die globale Hochfinanz. Das sind also die Menschen, die die Kontrolle über die BIZ in Basel haben, das globale Geldsystem kontrollieren und die meisten ihrer Machtzentren bisher noch in London und der Schweiz haben (die sie aufgrund des Erwachens der Menschen im Westen jedoch wohl Richtung Asien verlagern).

Die Strategie der Hochfinanz, die USA zu ihrem globalen Steuerungszentrum zu machen (weil die USA global am wenigsten militärisch angreifbar sind), führte dazu, dass die U.S.-Elite der mit großem Abstand mächtigste Teil des globalen Tiefenstaats der Hochfinanz wurde. Als die Hochfinanz aufgrund des für sie bereits absehbaren Erwachens der Menschen in der westlichen Welt in den 1990er Jahren dann begannen, ihr globales Steuerungszentrum von den USA nach China zu verlagern (weil sich die Chinesen viel leichter unterdrücken und ausbeuten lassen), bekam die US-Elite diesen Strategiewechsel mit und beschloss, den damit für sie verbundenen Verlust an Macht und Reichtum nicht mitzumachen, sondern eine Abspaltung zu riskieren und auf eigene Faust ihre Existenz als fetter Weltparasit fortzusetzen. Diese U.S.-Elite, die sich selbständig macht und auf eigene Faust handelt, wird also von der Gorbag-Orkfraktion symbolisiert. Die Vertreter der globalen Hochfinanz werden von der Schagrat-Orkfraktion symbolisiert.

Wenn man versucht, diesen verborgenen Krieg der Eliten von außen nachzuvollziehen, stellt man fest, dass es ohne die Analysemethoden, über die Pyakin verfügt, und ohne zusätzliche umfassende Insider-Informationen aus den Kreisen der Mächtigen unmöglich ist zu erkennen, wer in diesem verborgenen Krieg welchen Schachzug macht und mit welcher Absicht und um welchen Vorteil in diesem Krieg zu gewinnen. Nichts in der sichtbaren Politik ist Zufall. Alles ist geplant und Teil einer teuflischen Schachpartie um die Menschheit, die unter Dämonen gespielt wird. Alles entspringt Planungen aus den Hirnen von Menschen, die auf beiden Seiten von Dämonen gesteuert werden.

Der Hauptgrund für den bevorstehenden Sieg der globalen Hochfinanz besteht darin, dass diese sich gezwungen sah und daher entschied, den aufkommenden Patriotismus und Freiheitskampf gegen die Eliten in den westlichen Ländern für sich zu instrumentalisieren, sich selbst an die Spitze dieses Kampfes zu setzen und den Eindruck zu erwecken, es gäbe nur einen Kampf zwischen der patriotischen Menschheit einerseits und den Eliten andererseits, die mit einer linken Politik gegen die Völker vorgehen. So konnte/kann sie die zunehmende Wucht, die vom Volk zu seiner Selbstbefreiung ausgeht, gegen die US-Elite richten, diese wohl demnächst fertigmachen, nach der Niederlage der US-Elite den Eindruck erwecken, die freien Völker hätten endgütlich gegen die Eliten gesiegt und somit selbst unsichtbar bleiben oder als die Guten dastehen und weitermachen. Die globale Hochfinanz hat es durch ihre Steuerungsmittel geschafft, dass das einzige, was für immer mehr Menschen immer sichtbarer wurde, war, dass hinter den Erscheinungen in der Welt Eliten stecken, die versuchen, die Menschheit zu versklaven.

Schließlich wird die US-Elite bald den Kürzeren gegenüber der Hochfinanz ziehen. Dieser Zeitpunkt der Niederlage der US-Elite ist durch den Tod Gorbags in Minas Morgul symbolisiert. Dieser Zeitpunkt kündigte sich durch die Wahl Donald Trumps, des Kandidaten der Hochfinanz gegen die Kandidatin der US-Elite, Hilary Clinton, bereits an. Die sichtbare Angst, die mit der Wahl Donald Trumps durch die Reihen der US-Elite ging, war ihre Angst vor der sicher tödlichen Rache der globalen

Hochfinanz für ihren Verrat. Donald Trump hat(te) die überlegene Intelligenz der globalen Hochfinanz und ihrer Steuerungsmöglichkeiten auf seiner Seite, um gleichzeitig die US-Elite Schachmatt zu setzen und die internationalen Beziehungen zu beruhigen, die die US-Elite in Richtung eines 3. Weltkriegs gesteuert hatte. Kommen wir darauf zurück, dass die Hochfinanz in dieser Phase keinen 3. Weltkrieg will.

Die Gründe sind recht einfach: Die Hochfinanz will einen eskalierenden Krieg nur, wenn sie die Kontrolle über alle Kriegsparteien hat. Wenn ein von der US-Elite eskalierter Krieg und initiierter Weltkrieg zu einem Sieg der NATO geführt hätte, wäre dies gleichbedeutend mit einem Sieg der US-Elite über die Hochfinanz gewesen. Außerdem hätte in der Art der Kriegsführung der US-Elite die Gefahr bestanden, die Menschheit ganz auszulöschen, und damit natürlich auch die Hochfinanz. Daher hatte die Hochfinanz in dieser Phase keine andere Wahl als einem Weltkrieg gegenzusteuern. Sie hätte sonst nicht gegen die US-Elite siegreich bleiben können. Sie brauchte in dieser Phase also starke BRICS-Staaten, die deeskalieren, und erfolgreiche Friedensbemühungen. Wenigstens in den ersten beiden Jahrzehnten des 21. Jahrhunderts hat sich das Zitat der Mutter der Rothschild-Dynastie, der geborenen Gutle Schnaper, als Segen für die Menschheit erwiesen: „Wenn meine Söhne keinen Krieg wollten, würde es keinen geben."

Obschon die Hochfinanz in der Auseinandersetzung, wie fast sicher zu erwarten ist, siegreich bleiben wird und ihren Mann, Donald Trump, an die Macht brachte und zum Sieg führen wird, hatte sie es nun aber durch die Sichtbarwerdung des Krieges der Eliten gegen die Menschheit und den erwachenden Patriotismus mit einer erwachenden Menschheit zu tun, die sich des Krieges der Eliten gegen die Völker bewusst wurde. Die Menschheit nimmt nun immer mehr wahr: „Da oben ist eine Elite, die uns versklaven will, und das ist keine Verschwörungstheorie." Von dieser Erkenntnis wird die Menschheit nicht mehr abzubringen sein, so dass die Hochfinanz für ihren Sieg über die US-Elite einen hohen Preis wird zahlen müssen.

Insgesamt läuft die Strategie des globalen Tiefenstaats der Hochfinanz, sich immer an die Spitze der Opposition zu stellen, hier global vor die Wand, weil beide Seiten des Elitenkriegs diese Strategie einsetzen. Normalerweise schaffen es die herrschenden dunklen Kräfte in einem Dunklen Zeitalter, sich an die Spitze jeder Opposition zu setzen. So gewinnen sie, wenn sie gewinnen. Und so gewinnen sie immer noch, wenn die Opposition gewinnt. Das funktioniert aber nur, solange die Menschen täuschbar und gegeneinander ausspielbar sind. Wenn wir kollektiv aus der Verstrickung in Schuldzuweisungen, Rechthaberei und Feind-Denken erwachen und Andersdenkende und abweichende Meinungen umarmen können, läuft die Strategie der Eliten ins Leere.

Die Beherrschung der Opposition wird zu einer Selbstschwächung, weil sie das Vertrauen in Delegation zerstört. Die Delegierten der Abspaltungen (Parteien) zerstören sich gegenseitig. Wenn die Menschen zur Selbstverantwortung erwachen, gemeinsam am gewünschten Wandel zu arbeiten, und den Parteien nicht mehr vertrauen und sie nicht wählen, wird ein positiver Wandel möglich.

In einem höheren karmischen Sinne herrschen dunkle Egokräfte durch Spaltung, solange Gesellschaften sich spalten lassen. Und sobald Gesellschaften und Völker sich zunehmend nicht mehr spalten und gegeneinander führen lassen, werden die herrschenden Egokräfte selbst vom Karma der Spaltung erfasst. Das zunehmende Licht führt zur Frustrierung der Egokräfte. Ihre Frustrierung führt zu Schuldzuweisung, Bestrafung und Spaltung. Sie werden gezwungen, positive Kräfte zu nutzen, um abgespaltene Egokräfte zu besiegen. Der Kampf von Dunkel gegen Dunkel schwächt dann das Dunkel. Und die Strategie des Dunkels, sich an die Spitze auch des lichtvollen Widerstands zu setzen, um das abgespaltene Dunkel zu bekämpfen, führt damit letztlich insgesamt zur Schwächung und Transformation des Dunkels in Licht.

Die geistige Dunkelheit kann stärker werdendes Licht nicht besiegen, weil das Licht durch Einheit und eine Verbindung der Herzen herrscht und das Dunkel durch Spaltung und Isolierung. Wenn das Licht stärker wird, fehlt dem Dunkel die geschlossene Einheit, weil es keine positive Kraft gibt, die die Kräfte des Dunkels miteinander verbindet. Sie können nicht anders, als sich gegeneinander zu richten und sich dadurch gegenseitig selbst zu zerstören. Nur Gier und Angst schließt dunkle Reihen. Wenn die Kräfte des Dunkels schwächer werden, schwindet sowohl ihre Kraft, ihre Gier zu befriedigen, als auch ihre Kraft, ihre Diener in Angst zu versetzen. So fallen die dunklen Kräfte auseinander und stehen sich nicht bei.

Es gibt Analysen zu den verschiedenen Parteien des Tiefenstaats, die teilweise von 3, 4 oder mehr Akteuren sprechen. Wenn sich der stärkste Bestandteil des Tiefenstaats (hier die US Elite) abspaltet und so zwei Blöcke entstehen, schwächen sich diese Blöcke gegenseitig. Irgendwann geht diese gegenseitige Schwächung so weit, dass sich weitere Parteien des Tiefenstaats trauen, sich selbständig zu machen. So entsteht eine Spaltung in 3, 4 oder mehr Parteien. Entscheidend ist in diesem Prozess, in dem das Licht das Dunkel nach und nach zersetzt, aber die allererste Spaltung, weil diese der Anfang des Zerfalls ist. Daher stellt Tolkien hier auch nur einen Krieg von zwei Orkparteien dar und nicht mehr, obwohl sich in unserer Welt im Laufe des Zerfalls des globalen Tiefenstaats weitere Parteien selbständig machen dürften. Je mehr sich solche Blöcke an die Spitze „guter Bewegungen" setzen, mit denen sie Reklame für sich machen, desto mehr werden sie als „die Guten" wahrgenommen. Allen diesen Blöcken kann man – wenn überhaupt – nur begrenzt vertrauen, solange sie nach Macht und Einfluss streben. Wenn das Licht siegt, werden wir solche Konzentrationen von Macht nicht benötigen. Wir brauchen keine „Guten" die über uns herrschen, sondern niemanden, der über uns herrscht.

Schagrat flieht aus Minas Morgul, um sich neue Anweisungen zu holen. Während seiner Abwesenheit gelingen Frodo und Sam die Flucht.

Sobald die Vertreter der globalen Hochfinanz die US-Elite besiegt haben werden, übernehmen sie wieder die Kontrolle über die Machtstrukturen (vor allem über die Regierungschefs und die Massenmedien). Anschließend passen sie alles an den Willen und die Planung der Hochfinanz an. Da nur wenige Menschen wissen dürfen, was wirklich gespielt wird, wird diese Umstellungsphase Zeit in Anspruch nehmen. Während dieser Umstellungsphase wird es gemäß der symbolischen Vorausschau Tolkiens dem kollektiven Denken der Menschheit dann gelingen, sich aus der Gedankensteuerung durch die Hochfinanz zu befreien, und zwar endgültig (Frodo bleibt von Minas Morgul frei).

Während die US-Elite von der Hochfinanz also in ihre Schranken gewiesen werden wird (Gorbags Tod), wird es nach diesem Sieg nicht mehr möglich sein, das Bewusstsein der Menschheit wie gewünscht zu lenken. Frodos Entkommen aus Minas Morgul ist nicht lange nach Gorbags Tod. Das heißt, die Menschheit wird sich nicht lange nach der kommenden Niederlage der US-Elite gegen die Hochfinanz endgültig aus der Gedankenkontrolle durch die Hochfinanz befreien. Der Krieg gegen die Menschheit wird für zu viele Menschen zu offensichtlich sein. Konkret ist anzunehmen, dass die Niederlage der US-Elite durch Verurteilungen besiegelt werden wird, die sich aktuell durch 10.000e versiegelter Anklageschriften anbahnen. Spätestens die Verurteilung der US-Elite wird dann Gorbags Tod sein. Vielleicht gehört die Verurteilung der US-Elite dann aber auch schon zum von Tolkien vorausgesagten Ende des Tiefenstaats der Hochfinanz, mit dem wir uns im 5. Kapitel beschäftigen werden.

Viele werden jetzt widersprechen, dass Donald Trump kein Mann der Globalisten ist, sondern ein Patriot. Die Globalisten (die Hochfinanz) haben beschlossen, die USA nicht mehr als das Werkzeug zum Aussaugen der Welt zu benutzen und begannen in den 1990er Jahren, diese Aufgabe auf China zu übertragen und die globalen Finanzströme zunehmend an den USA vorbeizulenken. In der Folge werden die USA ärmer werden. Die Schuld für die Verarmung werden die Amerikaner schließlich selbst den Patrioten geben. Dies soll die USA dann bereit machen, die neue Rolle anzunehmen, die die Hochfinanz für sie vorgesehen hat. Trump ist in diesem Prozess ein Mann der Hochfinanz (der Globalisten), dessen Aufgabe es ist, beim Sieg über die US-Elite zu helfen und dann den Patriotismus in Verruf zu bringen. Eines der Hauptziele wird sein, die Amerikaner bereit zu machen, sich der Herrschaft der internationalen Organisationen zu unterwerfen, die – um der Dialektik willen – von Trump so heftig abgelehnt werden, damit die Amerikaner ihre schließliche Verarmung auch mit der Ablehnung der UNO etc. gleichsetzen und die Bereitschaft entwickeln, sich zu unterwerfen. Dabei sind die Pläne der Hochfinanz für Europa nicht viel anders. Auch Europa soll deindustrialisiert werden und verarmen. Insgesamt soll der Westen keinen Wohlstand mehr haben, den er nutzen kann, um konstruktiv die Pläne der Hochfinanz durchkreuzen zu können.

Die USA waren im 1. & 2. Jahrzehnt dieses Jahrhunderts der Hauptkriegsschauplatz des Elitenkriegs. Wäre Donald Trump kein Mann des globalen Tiefenstaats, hätte er sich keinen Tag lang halten können, bzw. wäre gar nicht erst zum Präsidenten gewählt worden. Die Wahrscheinlichkeit, dass Donald Trump tatsächlich ein Guter ist, ist so groß wie die Chance von Getreidekörnern, zwischen zwei Mühlsteinen nicht zermahlen zu werden. Praktisch unmöglich.

Der eigentliche Grund für die globale Umformatierung und Verlegung des globalen Steuerungszentrums von den USA nach China dürfte also sein, dass die Menschen in der westlichen Welt zunehmend aufwachen, während China so stark unter Kontrolle ist, dass die Menschen dort bereits quasi wie Sklaven behandelt werden, ohne sich erfolgreich dagegen wehren zu können. Die Hochfinanz braucht ihr globales Steuerungszentrum an einem Ort, der ihr sicher nicht durch ein Erwachen des Volkes entgleitet. Europa und Nordamerika kontrolliert sie dann primär durch Verarmung und Auflösung durch Migration.

Die Hochfinanz ist vor allen Dingen Weltmeister darin, den kollektiven Willen der Menschen so zu lenken, dass der Befreiungswille des Volkes so zum Scheitern führt, dass die Anführer bei den Bemühungen, uns von der Kontrolle der Hochfinanz zu befreien, vom Volk selbst am Ende abgelehnt werden und das Volk selbst am Ende die Pläne der Hochfinanz gewähren lässt. Die Hochfinanz ist einfach Weltmeister in der Nutzung der Dialektik und damit im Verdrehen aller Dinge in genau die Richtung, die sie wollen. Wie ein Segelweltmeister, der sogar fast gegen den Wind segeln kann. Solange die Hochfinanz existiert und ihre Finger im Spiel hat, ist praktisch nichts so, wie es scheint. Wobei die mit dem Untergang der US-Elite (dem Tod Gorbags) ins Rollen kommenden Ereignisse das Spiel der Hochfinanz erheblich erschweren werden.

Denn an dem Kampf zwischen den Orkgruppen, nachdem Frodo und Sam erfolgreich den Cirith Ungol erreicht haben, wird ein generelles Prinzip der Heilung der Menschheit deutlich: Mit jedem inneren Heilungsschritt werden die Möglichkeiten unseres Egos, über unser Bewusstsein zu herrschen, mehr eingeschränkt. Und dies projiziert sich aus dem kollektiven Bewusstsein dadurch nach außen, dass auch die Möglichkeiten der globalen Hochfinanz, uns zu versklaven, durch unsere zunehmende kollektive Selbstheilung allmählich, Schritt für Schritt zurückgedrängt werden. Letztlich projiziert sich unser kollektives spirituelles Erwachen dadurch Schritt für Schritt durch unsere Befreiung auch gegen den Willen der Hochfinanz in die Außenwelt. Am Ende besteht das A und O der Befreiung der Menschheit in unserem spirituellen Wachstum.

Frodos Mithrilhemd symbolisiert den Schutz, den sich das kollektive Gemüt in der kurzen Blüte zur Wende vom 19. zum 20. Jahrhundert erworben und der also über hundert Jahre lang gewirkt hatte. Durch den 11. September ist die Menschheit aufgefordert, ihr Bewusstsein anzuheben und in ihrer Heilung voranzuschreiten, so dass wir jetzt schon in einer Phase sind, in der wir diesen Schutz so nicht mehr brauchen. Es geht darum, zu uns zu finden, zu unserem wahren Selbst. Da ist es dann erforderlich, den Schutz, der uns vom Himmel vor unserer eigenen Negativität geschenkt wurde, zu entfernen, damit wir unmittelbarer die Auswirkungen unseres Tuns erfahren und schneller daraus lernen können. Je näher wir dem spirituellen Ziel kommen, desto weniger können wir es uns erlauben, auf die Tricks unseres Egos hereinzufallen und desto schneller müssen wir also seine Auswirkungen zu spüren bekommen.

Ergänzung im Februar 2019: Heute ist der bevorstehende Tod Gorbags bereits innen und außen spürbar und sichtbar. Die Rücknahme der Schuldprojektion und die Integration der Abspaltung im kollektiven Bewusstsein lassen sich zum

Beispiel daran erkennen, dass der gesunde Menschenverstand es schafft, die Widersprüchlichkeit der zu Ideologien verarbeiteten Projektionen zu durchschauen. Die weißen Völker und vor allem die Deutschen und in beiden Fällen vor allem die heterosexuellen Männer werden massiv mit verschiedenen Ideologien bekämpft. Wenn den Menschen langsam dämmert, dass eine feministische Ideologie, die gegen männliche Gewalt kämpft und die gleichzeitig die Vergewaltigung deutscher und auch überhaupt westlicher Frauen durch Zuwanderer totschweigt, dass eine solche feministische Ideologie irgendwo eine Macke hat, und wenn sich Muslime und konservative Evangelikale zusammentun, um gegen den Gender-Wahn vorzugehen, dann sind all das Anzeichen, dass die Abspaltung langsam integriert wird (Gorbags Tod in unserem Bewusstsein). Und mit Gorbags Tod in unserem Bewusstsein stirbt dann auch Gorbag in unserer Außenwelt, nämlich die US-Elite, die vor allem die marxistischen, feministischen und öko-diktatorischen Ideologien verbreitet hat, um die westlichen Völker zu zerstören.

Auch das absehbare Scheitern der US-Elite in Venezuela ist ein Anzeichen, dass die propagandistischen Schuldzuweisungen gegen die Regierung Venezuelas scheitern, weil die Weltöffentlichkeit das Spiel durchschaut. Und sie durchschaut das Spiel, weil die Rücknahme der Schuldprojektion im kollektiven Bewusstsein das Denken befreit (Frodos Befreiung nach Gorbags Tod). Auch hier trägt der innere Tod Gorbags (die Integration der Abspaltung) zum äußeren Tod Gorbags (dem Scheitern der US-Elite mit ihren Machenschaften in Venezuela) bei.

Frodos und Sams Entkommen aus Minas Morgul – Befreiung des Denkens aus dem Griff der Massenmedien

Die gegenseitige Behinderung und Bekämpfung von US-Elite und Hochfinanz führte so schließlich in die Zerstörung der Angststeuerung. Die zu vielen Widersprüche in den Massenmedien und auch die vielen Widersprüche in den angeblich alternativen Medien im Internet wecken das eigenständige Denken der Menschen auf und lässt sie Mut schöpfen.

Dieses Aufwecken des eigenständigen Denkens der Menschen wird von Frodos Entkommen aus Minas Morgul symbolisiert, das also nicht lange nach der kommenden Verurteilung der US-Elite erfolgen wird (Gorbags Tod) und während der Abwesenheit Schagrat, also während der Umformatierung des Tiefenstaats der Hochfinanz, zum vorherrschenden Denken werden wird.

Durch dieses Aufwecken des eigenständigen Denkens glauben die Menschen ungeprüft weder den Massenmedien noch den alternativen Medien, lassen sich keine Angst und keine falschen Hoffnungen mehr machen, schöpfen Mut aus dem Austausch mit Gleichgesinnten und denken selbst. Das wird der Zeitpunkt sein, an dem Frodo (das analytische Denken) Minas Morgul (die Kontrolle des Denkens durch die Medien) verlässt und in Mordor anlangt.

Das Entkommen Frodos aus Minas Morgul ist von allem Anfang an einer der wichtigsten Aspekte seiner Reise. Frodos Reise zur Vernichtung des Einen Ringes symbolisiert insgesamt das Entwickeln eigenständigen Denkens. Dieses steht heute vor einem Durchbruch in Richtung unserer Befreiung. Das bedeutet, dass die Menschen jetzt immer mehr selber denken und ihr Denken nicht mehr an Autoritäten und Meinungsmacher abtreten.

Denn wenn wir lernen, selber richtig und korrekt zu denken, fallen uns die vielen Widersprüche in herrschenden Lehrmeinungen, heute vor allem im politisch korrekten Denken auf. Wenn wir kollektiv richtig selber denken können, ist dies eine notwendige Voraussetzung, am Ende auch die Neigung zur Schuldprojektion (den Einen Ring) zurückzunehmen und Verantwortung für unser gesamtes Leben und für die Gesellschaft zu übernehmen.

Die Steuerung der öffentlichen Meinung über die Massenmedien, die mit der antideutschen Kriegspropaganda in den USA 1916 begann, dauert schon über 100 Jahre, in denen die öffentliche Meinung ein Spielball der Hochfinanz war, ist es demnächst nicht mehr und wird es dann gemäß Tolkien nie wieder sein.

Bedenkt man, dass die Erkrankung der 8. Schale die Übernahme des Bildungssektors, des Medizinsektors und der Wissenschaften möglich machte, ist anzunehmen, dass die Ausheilung der 8. Schale die allmähliche Befreiung dieser Bereiche im Laufe der dann folgenden Jahre möglich machen wird.

Frodos und Sams Entkommen aus Minas Morgul markiert einher mit dem Tod des Orks Gorbag die zweite der fünf Stufen der Zeitenwende in unserer Zeit. Die Menschheit wird es kollektiv geschafft haben, die innersten, spirituellen Schalen ihres Bewusstseins in ein ausreichendes Gleichgewicht zu bringen, um damit die Grundlage für die erforderliche Heilung ihres mentalen Geists zu schaffen: Stufe 1 der Zeitenwende war die Ausheilung der 9. Schale, symbolisiert von Frodos und Sams erfolgreicher Ankunft am Cirith Ungol, wodurch der 3. Weltkrieg abgewendet wurde.

Frodos Entkommen aus Minas Morgul wird die Voraussetzung und Ursache für die endlich erwirkte Wendung in der Schlacht um Minas Tirith sein, die wir uns in Kapitel 5 anschauen werden. Es ist die Befreiung unseres Denkens, die den Kampf zur Wiederherstellung unserer Integrität zum Sieg führen wird.

FRODO UND SAM ZIEHEN ORKKLEIDER AN – FÜR DIE ERWACHTEN IST ES GUT, SICH ANZUPASSEN UND NICHT MIT DEN SYSTEMHÖRIGEN ZU DISKUTIEREN
Frodo und Sam ziehen in Minas Morgul Orkkleider an und gehen in diesen durch Mordor. Sie vermeiden die Kleider der Gorbagorks, weil diese in Mordor Schwierigkeiten bereiten könnten.

Es ist für die Menschen, die die Befreiung der Menschheit durch zinsfreie Systeme ansteuern, nicht sinnvoll, mit Menschen zu diskutieren, die mit dem Zinsgeld und seiner grundlegenden Richtigkeit zur Regelung wirtschaftlicher Prozesse identifiziert sind (= Mordor). Mordor symbolisiert diese Identifikation. Diese Identifikation ist nicht rational und durch rationale Diskussionen nicht zu beenden. Mit Mordor kann man nicht diskutieren. Erst wenn auf unterbewusster, psychischer Ebene bereits eine Tür für die Infragestellung des Zinsgeldes aufgegangen ist, lohnt sich ein solches Gespräch. Wenn eine echte Neugier, ein echtes Verstehenwollen da ist, kann eine Diskussion zur Ablösung von der Anhaftung an das Zinsgeld führen. Wenn eine solche Öffnung nicht da ist, wird die Diskussion fruchtlos bleiben und nur Energie verschwenden. Daher ist es besser, sich nach außen an das Denken der Menschen anzupassen, die mit dem Geldsystem identifiziert sind. Auch nach dem Ende des Tiefenstaats, vielleicht gerade dann, werden viele Menschen denken, dass es nun möglich sein wird, mit Hilfe des Zinsgeldsystems eine gerechte Welt zu schaffen. Der nach dem Ende des Tiefenstaats im Westen zu erwartende politische Ruck nach rechts wird auch den Glauben an die positiven Möglichkeiten des Zinsgeldsystems stärken. Sie erkennen nicht, dass auch die US-Elite ein Produkt des Zinsgeldsystems ist (bzw. irgendwann demnächst gewesen sein wird).

Erst durch Frodos Gang durch Mordor mit einem immer schwerer werdenden Ring, also erst durch die trotz Befreiung vom Tiefenstaat immer schwerer werdenden Lebensumstände und durch die zunehmenden finanziellen Lasten werden nicht alle, aber viele allmählich bereit werden, das Zinsgeld als solches in Frage zu stellen und schließlich loszulassen, wozu wir noch kommen.

Dass Frodo und Sam die Kleider der Gorbag-Leute meiden, symbolisiert, dass es für die Vertreter des zinsfrei fließenden Geldes auch nicht ratsam sein wird, die links geprägten Positionen der US-Elite zu vertreten, die zwar mal ein Teil des Apparats der Hochfinanz war, aber von dieser abtrünnig wurden und in Verruf geraten werden. Nach der Niederlage der US-Elite wird das von der US-Elite völlig überreizte, linke Denken selbst eher in Verruf geraten.

Im Bewusstsein bedeuten Frodos Orkkleider: Mordor ist die Identifikation mit der eigenen Ansicht als „die Wahrheit". Das Bewusstsein, das in Mordor lebt, denkt wie folgt: „Ich bin ein guter Mensch. Ich habe die Lösung. Wenn alle so denken würden wie ich, wäre die Welt in Ordnung. Daher werde ich versuchen, andere Menschen im Kampf um die Rettung der Welt dazu zu bewegen, so zu denken wie ich. Andere Meinungen muss ich angreifen, damit sie sich nicht ausbreiten und möglichst verschwinden."

Der größte Teil der Gesellschaft denkt so und ist in diesem Denken von der Masse geprägt und in diesem Denken so gefangen, dass sie ihr Gefängnis energisch „als demokratische Freiheit" verteidigen und den Flüchtigen aus diesem Gefängnis mit Misstrauen und Unverständnis begegnen.

Minas Morgul zu entkommen und nach Mordor zu gelangen und dabei selbst Orkkleider zu tragen, bedeutet also, dass eine kritische Masse von Menschen inzwischen nicht nur nicht mehr glaubt, was die Mehrheit sagt und denkt, sondern auch erkannt hat, dass man mit Menschen, die ihre Schuld projizierenden Konzepte für „die Wahrheit" halten, nicht diskutieren kann. Man kann mit Mordor nicht diskutieren. Es wird nichts bringen und da muss diese Minderheit durch, bis wir die kritische Durchbruchmasse erreicht haben, was erst ganz am Ende – wenn der Eine Ring vernichtet wird – sein wird. Und erst zu diesem Zeitpunkt wird sich die Welt grundlegend wandeln, vorher nicht.

Wir steuern zwar auf ein Goldenes Zeitalter zu, aber dies wird mit dem Ende der US-Elite und den sich daraus ergebenden positiven Entwicklungen noch nicht erreicht sein. Erst wenn wir erkennen, dass wir andere nicht aus ihrem Gefängnis befreien können, haben wir selbst das Gefängnis, anderen unsere Ansichten aufdrängen zu wollen, verlassen. Aus dem Gefängnis, um das es hier geht, kann sich nur jeder selbst befreien. Jeder muss selbst und aus sich selbst heraus aufwachen, sonst ist es kein Aufwachen, sondern nur ein Angestecktwerden von einer anderen Schuld projizierenden Ansicht, genau das, was auch die Hochfinanz ständig mit der Menschheit macht. Also ist es wichtig, anderen ihre Schuld projizierenden Konzepte zu lassen und den eigenen Weg weiterzugehen.

Generell genügt der Hochfinanz zwar der Kampf darum, welche Schuld projizierenden Konzepte nun Recht haben und welche nicht, um sie gegeneinander ausspielen zu können. Aber auch Sauron lebt in Mordor, was bedeutet, dass auch die Hochfinanz selbst so denkt: „Wir sind die Guten. Wir haben die Lösung. Wir bringen einen großen Teil der Menschheit um, weil der Mensch böse ist. Wir sorgen dafür, dass es keine sexuellen, familiären oder ethnischen Unterschiede mehr gibt, deretwegen sich Menschen streiten, weil es dann keine eindeutigen Geschlechter, keine herkömmlichen Familien und keine Nationalvölker mehr gibt. Alle werden unserem Befehl gehorchen, sich zu benehmen, oder aussortiert. So retten wir die Natur und die Erde. Nur unter unserer Führung kann die Erde gerettet werden."

Saurons einzige Chance, Mordor zu entkommen, besteht darin, sein Spiel zu verlieren und dann nicht mehr zu existieren. Das wird am Ende das Schicksal der Hochfinanz sein, wie uns Tolkien vorausgesagt hat.

Damit sind wir bei Kapitel 5 angelangt.

Kapitel 5 – Von Gondor zu den Anfurten

Die verbliebenen Geschehnisse decken einen Zeitraum von 1950 bis ins 22. Jahrhundert ab. Die ersten Abschnitte des dritten Bandes des Herrn der Ringe beziehen sich auf Ereignisse, die davon gekennzeichnet sind, dass das kollektive Gemüt der Menschheit bis in die innerste Schale erkrankt ist. Die Menschheit ist in Schuldmustern gefangen und die Hochfinanz verfügt durch ihre Kontrolle des Geldsystems über den Zins-Automatismus der Deutungshoheit. Seit dem Ende des Zweiten Weltkriegs kann sie Krieg als Frieden und Freiheit als Sklaverei verkaufen.

Was die Massenmedien gleichgeschaltet verbreiten, wird als Wahrheit und Realität akzeptiert. Erst jetzt hat die Hochfinanz die nötigen Bedingungen geschaffen, den Krieg gegen die Menschheit unverhohlener führen zu können, weil der Menschheit das innere Gewahrsein fehlt, diesen Krieg als solches zu durchschauen.

Dieser Krieg wird zügig geführt. Menschen, die auf diesen Krieg hinweisen, werden erfolgreich als „Verschwörungstheoretiker" isoliert, so dass niemand auf sie hört, zumindest etwa 55 Jahre lang und dann finden sie doch immer mehr Gehör. Symbolisiert wird dieser jetzt recht unverhohlene Krieg zur Zersetzung der Familien und der Gesellschaften davon, dass ab dem Ende der Schlacht um Helms Klamm Sauron die neun Ringgeister über den Anduin lässt.

Dass Mordor seinen Einfluss bis über den Anduin ausdehnt, symbolisiert, dass die Menschheit nun akute Gefahr läuft, sich selbst zu zerstören. Man könnte sich fragen, wie die Hochfinanz mitbekommen hat, dass die massenpsychologischen Parameter für ihren Krieg nun gegeben sind. Dies war ja das durch den Zweiten Weltkrieg angestrebte Ziel. Gandalf hat bei seiner Analyse über den Palantír vom Orthanc vermutet, dass Sauron über den Ithil-Stein verfügt. Der Ithil-Stein (von Minas Ithil, später Minas Morgul) symbolisiert die Hellsichtigkeit durch einschätzen der Angst anderer.

Die Hochfinanz ist sehr wohl in der Lage, im kollektiven Bewusstsein abzulesen, wie groß die Angst der Menschen ist, in welchem Maße welche spirituellen Kräfte erwachen und wie weit sie daher gehen kann, ohne gestoppt zu werden.

Sie sah sich nach dem 2. Weltkrieg daher genötigt – wie Gandalf im Fangorn-Wald erklärte – schneller als geplant zuzuschlagen.

Schlacht um Minas Tirith – Krieg der Hochfinanz zur Zerstörung der Integrität der Menschheit

Um den Vor- und Ablauf des geplanten Dritten Weltkriegs zu verstehen, formulieren wir gemäß den bereits oben genannten Beispielen die folgende hauptsächliche Dialektik:

These: Die Hochfinanz will der Menschheit ihre Neue Weltordnung aufzwingen, sie also versklaven.

Antithese: Hierzu muss sie den 6. Funktionsbereich der menschlichen Psyche im kollektiven Bewusstsein nicht nur verdrehen, sondern völlig auf den Kopf stellen: Die Gerechtigkeit, Ethik, das Rechtsempfinden. Sie verdreht also die Wertigkeit dessen, was Freiheit bedeutet. Die Wahrheit ist: Die Gesetze Gottes (des Gewissens) einzuhalten, macht frei. Gegen diese Gesetze zu verstoßen, führt in die Versklavung und Selbstzerstörung. Also propagiert die Hochfinanz die totale Freiheit, die totale Freiheit des Egos, zu tun und zu lassen, was wir wollen, auch auf Kosten anderer. Sie propagiert Zynismus gegenüber allen echten Werten und verbreitet den Glauben, dass der Mensch von Grund auf böse ist und das Böse im Menschen bekämpft werden muss (= Der Eine Ring). Sie propagiert Prostitution, Menschenhandel, Drogen und Glücksspiel. Sie verleitet die Menschen, die Gesetze des Anstands und der Redlichkeit als vernachlässigbar oder unnütz zu betrachten, weil andere Menschen ja sowieso böse sind. Sie propagiert organisierte Kriminalität, Gewalt und Terror.

Synthese: Das resultierende grauenhafte menschenfeindliche und die Mitmenschen verachtende und diese nur benutzende Klima in der Gesellschaft führt zu Chaos und einem immer stärker werdenden Glauben, dass der Mensch böse ist. Wenn dieses Chaos in einer Krisensituation global, also in einem 3. Weltkrieg, zu Gewalt und Terror ausartet, tritt die Hochfinanz selbst als Retter vor dem Bösen auf, der eine sichere Ordnung für alle herbeiführt, eine Neue Weltordnung, sprich Weltdiktatur, unter dem Kommando der Hochfinanz, die die Menschen nun bereitwillig annehmen, weil sie der schrecklichen Zustände in der Gesellschaft müde und überdrüssig sind. Ziel erreicht.

Albert Pike hat die Wichtigkeit betont, dass die Hochfinanz zum Ende des 3. Weltkriegs eine allgemeine Teufelsanbetung einführt. Das Wort Teufel ist verwandt mit den Worten „zwei" oder „dual". Teufelsanbetung bedeutet also, nicht Gott, die 1, das eine Sein, anzubeten, sondern dessen Verneinung und Auslöschung, die 0, also „das Prinzip Ego". Wir haben gesehen, dass in einer Welt des Egos am Ende nur das mächtigste Ego auf Kosten des Rests herrschen kann. Also führt die Teufelsanbetung, die Anbetung des „Prinzips Ego", unweigerlich zu unserer Zerstörung und Auslöschung durch mächtigere Egos als wir es sind, in die 0, also in das, was anzubeten wir uns haben verleiten lassen. Eine Anbetung unseres eigenen Egos dient am Ende also nur dem Ego an der Spitze der Egopyramide. Deswegen entspricht das Ego in jedem Menschen der teufelsanbetenden Hochfinanz im Außen. Beides ist Sauron. Deswegen will das Ego an der Spitze der Egopyramide uns auch dazu verleiten, unser eigenes Ego anzubeten. Der Sauron in uns dient am Ende nur dem Sauron außerhalb von uns, sonst niemandem. Unser Ego füttert die Hochfinanz.

„Der Teufel", „Satan", „Luzifer" ist am Ende nichts anderes als die Summe aller Egos, übertragen auf das mächtigste Ego an der Spitze der Pyramide der Egomacht. Die „Macht des Teufels", „Satans", „Luzifers" in unserer Außenwelt entspricht am Ende der gesammelten Energie, die die Menschen dieser Erde in ihr eigenes Ego investieren.

Die teufelsanbetende Hochfinanz will, dass wir den Teufel anbeten, weil der Prozess der Machtübertragung an das mächtigste Ego dann unumkehrbar wird, weil wir unsere Macht dann freiwillig abgeben.

Die Menschheit gewinnt inzwischen an Fahrt in dem Bestreben, diese Pläne abzuwenden. Wenn wir Gott anbeten, das eine Sein, die Liebe, das Mitgefühl, die Versöhnung, die Fürsorge für die Ärmsten und Schwächsten, die Gesetze des Gewissens einhalten und bereit sind, dafür unser Ego zu opfern, sind wir nur einen Schritt entfernt von einem Goldenen Zeitalter, jenem Goldenen Zeitalter, das Jesus und viele andere uns verheißen haben. Jeder Einzelne, der Gott anbetet und dient, an das Gute im Menschen glaubt und Verantwortung für Lösungen übernimmt, schwächt effektiv die obige Egopyramide.

Schlacht um Minas Tirith – Weitere Unterscheidung

Für das Verständnis der grundsätzlichen Bedeutung der Schlacht um Minas Tirith brauchen wir nun noch eine weitere Unterscheidung. Nach dem 2. Weltkrieg war das kollektive Bewusstsein der Menschheit bis in die 9. Schale hinab erkrankt. 1945 war es der Hochfinanz gelungen, den Zinsgeld-Automatismus der Deutungshoheit zu aktivieren. Die Deutung der Realität durch die Massenmedien der Hochfinanz galt nicht nur als die Realität, sie „war die Realität" für die Menschen. Alles, was sie jetzt noch tun musste, war die Nutzung dieser quasiabsoluten Deutungshoheit, um die Ereignisse in eine Richtung zu lenken, in der die Menschheit ihrer eigenen Versklavung zustimmt. Die Hochfinanz erzeugt die schrecklichsten Zustände auf Erden und die von ihr angebotenen „Lösungen" versklaven die Menschheit. Bisher wurden schon zwei Dinge ausgeführt, die manche Leser vielleicht nicht in Einklang miteinander bringen können, weil sie sich in ihren Augen widersprechen. Daher werden wir diese Dinge jetzt genauer unterscheiden.

1. Zum einen geht es um die Feststellung, dass wir uns als Menschheit nur retten können, wenn wir unsere Schuld projizierenden Konzepte auflösen, über die wir gegeneinander ausspielbar und beherrschbar sind.
2. Zum anderen geht es um die Feststellung, dass die Hochfinanz darauf aus ist, die nationale, religiöse, familiäre und sexuelle Identität der Menschen aufzulösen, um sie beherrschbar zu machen.

Da die nationale, religiöse, familiäre und sexuelle Zugehörigkeit der Menschen nun Aufhängepunkte für viele Schuld projizierenden Konzepte sind, könnte man nun denken, dass es doch gut ist, wenn wir diese Identitäten verlieren, weil es sich im Endeffekt doch sowieso nur um Trennung erzeugende Scheinidentitäten handelt und wir unser wahres Selbst finden müssen. In Wirklichkeit ist es so, dass die Auslöschung dieser Identitäten den Zwecken der Hochfinanz dient und das bedarf nun der Erläuterung.

Es gilt, zwei Schuld projizierenden Konzepte zu unterscheiden:
1. Schuld projizierende Konzepte aufgrund natürlicher Unterschiede
2. vollständig illusorische, Schuld projizierende Konzepte auf der Grundlage einer egoistischen Erfindung

Zu 1.: Wenn man Schuld projizierende Konzepte auf der Grundlage von Volks-, Familien- und Geschlechtszugehörigkeiten auflöst, bleibt anschließend das Volk, die Familie und das Geschlecht weiter auf natürliche Weise bestehen. Die Volks-, Familien- und Geschlechtsidentitäten sind also in der Basis gottgegeben, Gottes Geschenk an uns für dieses Leben.

Zu 1. und zu 2.: Schuld projizierende Konzepte aufgrund der Religionszugehörigkeit können zu beiden obigen Kategorien gehören. Eine Religion besteht zum einen aus den ewigen, spirituellen, göttlichen Werten, die der Religionsstifter verkörpert hat, und zum anderen aus den für die jeweilige Religion spezifischen Glaubensvorstellungen. Wenn die Priorität klar ist, dass der Zweck der Religion darin besteht, die göttlichen Werte zu leben und die Glaubensvorstellungen nur sekundär als Werkzeug zu deren Vermittlung zu nutzen, dann gehört die Religionszugehörigkeit in die 1. Kategorie. Denn die göttlichen Werte bleiben auch nach der Auflösung der Schuld projizierenden Konzepte

(Dogmen), die sich draufgesetzt haben, bestehen und können anhand der so gereinigten Glaubensvorstellungen auch vermittelt werden. Wenn die Priorität jedoch verdreht wird, und die Vertreter einer Religion halten ihre Glaubensvorstellungen für wichtiger als die Werte im Kern der Religion, dann führt dies dazu, dass sich eine Religion über die anderen Religionen stellt und dass sie einen Kampf darum führen wird, die einzig wahre Religion zu sein. Wenn dies die Einstellung ist, wird die Auflösung der Schuld zuweisenden Konzepte dazu führen, dass sich die Religion nach und nach auflöst, damit die spirituellen, göttlichen Werte zum Vorschein kommen und leben können. Diese Problematik ist in der Figur Denethors, des Statthalters von Gondor, verschlüsselt und wird uns etwas weiter unten noch beschäftigen.

Zu 2.: Ideologische, wirtschaftliche, finanzielle und politische Schuld projizierende Konzepte sind nun gänzlich künstlicher Art, zielen nur auf Macht ab und lösen sich durch spirituelle Transformation und eine Auflösung der Schuld projizierenden Konzepte auch ganz auf.

Die künstlichste und dominanteste, weil alle anderen Konzepte überlagernde Schuldprojektion ist nun die des Zinsgeldsystems. Der einzige Aufhängepunkt für diese Schuld projizierende Ansicht ist das menschliche Ego, sich durch Vermögen auf Kosten anderer zu bereichern. Diese Schuld projizierende Ansicht wird sich durch spirituelle Transformation und schließlich durch die Verbreitung eines zinsfrei fließenden Geldes in Nichts auflösen. Wenn die Hochfinanz also hingeht und die Familien-, Volks-, (Religions-) und Geschlechtsidentitäten durch ihre dialektische Hirnwäscheprogrammierung über die Massenmedien auflöst, zerstört sie auch die damit verbundenen gottgegebenen Identitäten und macht Menschen völlig haltlos und gegenüber der Deutungshoheit der Hochfinanz wehrlos. So wehrlos, dass sie vielleicht sogar bereit zur Teufelsanbetung werden, wie es der Plan der Hochfinanz ist.

Wenn die Massenmedien unsere Familien-, Volks-, Religions- und Geschlechtsidentitäten auflösen, überlagern sie die mit der jeweiligen Zugehörigkeit verbundenen Schuld projizierenden Konzepte mit einem stärkeren Schuld projizierenden Konzept der Identitätslosigkeit. Die Überlagerung von Schuld projizierenden Konzepten durch eine noch stärkere Schuldprojektion ist keine Befreiung, sondern eine Verstärkung der Selbstentfremdung, die unserer Entmachtung dient.

Wenn die Menschen ihre Schuld projizierenden Konzepte durch Erkenntnis und Selbsterkenntnis auflösen, entsteht folgender Effekt:

Durch die Auflösung der Schuld projizierenden Konzepte der 1. Kategorie finden und stärken wir unsere natürliche, gottgegebene Identität als Mann oder Frau, als Mitglied unserer Familie und als Angehöriger unseres Volkes, erreichen einen tiefen Frieden mit der irdischen Existenz, die Gott uns geschenkt hat, und stärken unsere menschliche Würde.

Durch die Auflösung der Schuld projizierenden Konzepte der zweiten Kategorie befreien wir uns selbst und bringen unser wahres Selbst zum Vorschein, so dass wir auch die Bereitschaft in uns befreien, unserer Verantwortung für die Gesellschaft und die Welt nachzukommen und mit anderen zur Lösung der gesellschaftlichen und globalen Probleme zu kooperieren.

Wir brauchen unsere natürlichen Identitäten, um unser wahres Selbst zu finden. Daher ist es eine Sünde, Familien zu zerstören.

Daher ist es eine Sünde, die nationale Identität durch Überflutung mit kulturfremden Ausländern mutwillig zu zerstören, anstatt nach Wegen und Friedenslösungen zu suchen, die alle Völker in ihrer Heimat lassen und allen Völkern die Möglichkeit lassen, sich ihre Heimat und ihre Identität zu bewahren, anstatt vermischt zu werden, so dass beide Seiten ihre nationale Identität verlieren.

Daher ist es auch eine Sünde, die natürliche sexuelle Identität von Frauen als Frau und von Männern als Mann durch subtile hinterhältige dialektische Propaganda zu zerstören.

Kommen wir nun zur chronologischen Entschlüsselung der Ereignisse in Gondor. Wir fokussieren uns auf die wesentlichen Abläufe, denn in Kapitel 4 sind wir ja schon bis über unsere Zeit hinaus gekommen.

Denethor, Truchsess von Gondor – Kirchen als Repräsentanten des Ethikbewusstseins

Nach dem Sieg Rohans über Saruman reist Gandalf in höchster Eile nach Gondor, um sich mit Denethor zu besprechen. Er nimmt Pippin mit. Gandalf weiß, dass Sauron ein Heer aus Minas Morgul entsenden wird, um Gondor zu vernichten.

Nach dem 2. Weltkrieg, in dem es den Menschen gelungen ist, ihre Menschlichkeit, ihr Ehrgefühl und ihre Bescheidenheit vor der menschenverachtenden Propaganda der Kriegsparteien ausreichend zu bewahren, ist Menschen mit einem scharfen Unterscheidungsvermögen klar geworden, dass es in der und ausgehend von der westlichen Welt einen mit den Massenmedien geführten Krieg der Hochfinanz gegen das

Ethikbewusstsein der Menschen und gegen die Familien geben wird, um dieses zu zerrütten und den familiären Zusammenhalt auf breiter Front zu zerstören, um ein so brutales zwischenmenschliches Chaos zu erzeugen, dass sie schließlich als Retter auftreten und ihre Neue Weltordnung, sprich globale Diktatur der Hochfinanz errichten kann. Hervorstehender Repräsentant des Ethikbewusstseins im Westen sind die christlichen Kirchen, bei Tolkien symbolisiert von Denethor, dem Statthalter von Gondor. Denethor wird ein wenig wie ein halsstarriger arroganter Bischof oder Kardinal dargestellt, was dieses Ethikbewusstsein wiedergibt, das die Menschen der westlichen Welt nach dem 2. Weltkrieg zu rechtschaffenem Handeln (Gondor) anleitete. Einem Betrachter mit gutem Unterscheidungsvermögen war klar, dass ein so geartetes Ethikbewusstsein dem von den Massenmedien geführten Krieg zur Zerrüttung der Integrität der Menschen nichts würde entgegensetzen können.

Das Problem der christlichen Kirchen war (wie bei den anderen Religionen auch), dass sie den spirituellen Kern der Lehren ihres Religionsstifters verloren haben. Sie streiten um den richtigen Glauben, anstatt die ewigen spirituellen Werte, die Jesus uns vorgelebt hat, hoch zu halten. Sie haben damit die essentielle Priorität umgekehrt, die den Religionen ihre Daseinsberechtigung gibt:

Priorität 1: Die ewigen spirituellen Werte, wie bedingungslose, selbstlose Liebe, Mitgefühl, Versöhnlichkeit, Vergebung, Dankbarkeit, Demut, der Glaube an einen liebevollen Gott, etc.

Priorität 2: Die Glaubensvorstellungen, die den Werten einen Rahmen geben, um sie zu vermitteln.

Die Glaubensvorstellungen sind nur ein Werkzeug, um das, was von wert ist, zu vermitteln. Wenn wir die Glaubensvorstellungen anbeten anstatt die Werte selbst, vergessen wir den Sinn und Zweck des Werkzeugs und vernachlässigen das Kostbarste überhaupt, die in der Praxis gelebten Werte. Die katholische Kirche nennt sich selbst „heilig". Das ist eine Verdrehung und Anmaßung gegenüber Gott. Nur Gott und die uns von Gott gegebenen Werte sind heilig, niemals die Kirche selbst. Wie sollen wir satt werden, wenn wir Messer und Gabel anbeten, anstatt sie zum Essen zu benutzen?

Wenn wir Gott, die göttlichen Werte, an die oberste Stelle setzen, müssen wir im Ernstfall immer bereit sein, unsere Glaubensvorstellungen zu opfern, um die Werte hochhalten zu können, die uns zu Kindern Gottes machen. Wenn wir es umgekehrt machen, und unsere Werte opfern, um unsere Glaubensvorstellungen durchzusetzen, machen wir uns zu einem Werkzeug des Egos: Wir erzeugen Streit um den richtigen Glauben und verurteilen die Menschen, die den falschen Glauben haben. Wir erzeugen Hochmut, Arroganz und Besserwisserei in uns selbst. Damit missachten wir die göttlichen Werte, die unsere Religion angeblich hochhalten soll, und tragen zu Streit, Gewalt und Krieg in der Welt bei. Kurz, wir setzen den Einen Ring ein und dienen Sauron.

Es ist nichts falsch am christlichen Glauben. Echte Christen werden in dieser Welt dringend gebraucht. Was Tolkien hier artikuliert: Echte Christen sind Menschen, die Jesus in dem Sinne nachfolgen, dass sie die Werte, für die Jesus gelebt hat und gestorben ist, dass sie diese Werte ebenfalls leben und sich bewusst sind, dass es diese gelebten Werte sind, die die Welt braucht, und dass die Glaubensvorstellungen, die sie damit verbinden, ein persönliches Gut sind, das sie für sich so gestalten, wie es ihr eigener Glaube sagt, und die jeder andere Mensch dieser Erde für sich so gestalten darf, wie er es für richtig hält, auch wenn in diesen Glaubensvorstellung Allah, Jahwe, Krishna oder irgendein anderer Gott angebetet wird, der die ewigen spirituellen Wahrheiten verkörpert. Ein echter Christ hält das Missionieren für eine Sünde, weil das Missionieren anderen die Botschaft gibt: Mein Glaube ist der wahre Glaube und Dein Glaube ist irrig und falsch. Missionieren ist so, als würden wir sagen: Meine Mutter ist eine Heilige und Deine Mutter ist eine Hure.

Ein echter Christ ist also immer bereit, die Werte Christi an die 1. Stelle zu stellen und die vom Leben Jesu abgeleiteten Glaubensvorstellungen für sich zu behalten, um sich mit allen Menschen anderen Glaubens auf die Werte einigen zu können, die jene Verständigung und Kooperation erzeugen, die die Welt so dringend braucht. Ein Christ, der dem Beispiel Jesu folgt und die christlichen Werte lebt, stärkt damit in der Tat die christlichen Werte auch in Menschen, die einen anderen Glauben haben als den an Jesus Christus. Es sind die gelebten ewigen christlichen Werte, die frei machen, nicht der Glaube, dass Jesus Christus der einzige Sohn Gottes ist und nur Menschen gerettet werden, die daran glauben.

Denethor weist Gandalf ab – Kirchen weisen eine spirituelle Transformation ab – seit den 1950er Jahren

Denethor weist Gandalf ab und wirft ihm vor, dass er heimlich einen anderen, nämlich Aragorn, auf den Thron Gondors setzen will. Er wirft ihm vor, dass er am Tod Boromirs schuld ist.

Also hat das unterscheidende Denken in der westlichen Welt nach dem Zweiten Weltkrieg versucht darauf hinzuwirken, dass die ewigen spirituellen Werte und Wahrheiten (Aragorn) an die erste Stelle und über die Glaubensvorstellungen gesetzt werden, um auf die dringendst in der westlichen Welt notwendige spirituelle Renaissance hinzuwirken. Diese spirituelle Renaissance der Kirchen hätte es gebraucht, um dem Angriff der Massenmedien auf das Ethikbewusstsein standzuhalten. Die Kirchen aber weisen dieses unterscheidende Denken ab und halten es für eine Anmaßung, die christlichen Werte so unbedingt an die 1. Stelle zu setzen, dass man bereit ist, seine Glaubensvorstellung für die Umsetzung der Werte hinten an zu stellen. Sie fordern, dass ihre Glaubens- und Ethikvorstellungen die oberste maßgebende Instanz im Verhalten der Menschen sein müssen. Sie halten die Infragestellung ihrer moralischen Autorität aus dem unterscheidenden Denken heraus für eine anmaßende Respektlosigkeit. Anstatt sich der erforderlichen spirituellen Renaissance zu öffnen, stellen sie das unterscheidende Denken, das auf diese Renaissance hinwirken will, als anmaßende Respektlosigkeit dar. Sie machen dieses Denken, das auf eine Transformation der Kirchen hinwirken will, um die christlichen Werte zu aktivieren, für den allgemeinen Verlust des Respekts in der westlichen Welt (den Tod Boromirs) verantwortlich, so als würde der Respekt gegenüber den Kirchen die Welt retten und der Verlust des Respekts gegenüber den Kirchen, den sie sich durch die Verweigerung der Transformation selbst verursacht haben, zum Verfall des Anstands führen. Durch die Haltung der Kirchen waren die überlieferten kulturellen christlichen Werte so geschwächt, dass die Kirchen im Kampf gegen den Verfall der Rechtschaffenheit in der westlichen Kultur keine positive Rolle spielen (Denethor spielt im Kampf gegen Sauron keine positive Rolle).

Gemäß der von der Hochfinanz betriebenen Dialektik ist es für die Hochfinanz ein Kinderspiel, die Kirchen als Antithese zu ihrem geplanten Verfall der Rechtschaffenheit zu instrumentalisieren, da sich die Menschen in Scharen von der halsstarrigen moralinsauren Glaubenspropaganda der Kirchen abwenden und sich den gefährlichen „Ego-Befreiungsphilosophien" der Hochfinanz zur Befreiung und Verwirklichung egoistischer Bedürfnisse öffnen. Diesen Ego-Befreiungsphilosophien voran gingen vor allem die „sexuelle Revolution" und der „Feminismus", die uns im nächsten Abschnitt beschäftigen werden.

Denethor schickt Faramir aus, um den Angriff der Armee Saurons auf Osgiliath abzuwehren.

Wie in Band 3 gezeigt, symbolisiert Osgiliath das Sexualchakra, das unterste der 7 Chakren. Der Angriff der Massenmedien auf die sexuelle Integrität der Menschen mit Hilfe von „sexueller Revolution" und „Feminismus" fand ab Mitte der 60er Jahre statt. Die zu diesem Zeitpunkt von den Massenmedien mit Hilfe von Spielfilmen, Werbung, Büchern von „Sexualexperten", Zeitschriften etc. gestartete sexuelle Revolution sowie der etwa zeitgleich gestartete Feminismus benötigten nur ein paar Jahre für ihren vollen Erfolg.

OSGILIATH WIRD ÜBERRANNT – RASCHER SIEGESZUG VON SEXUELLER REVOLUTION UND FEMINISMUS – 2. HÄLFTE DER 1960ER JAHRE

Denethor schickt nur Faramir in den Kampf zur Verteidigung Osgiliaths. Faramir wird mit seinen Truppen einfach überrannt und muss sich zurückziehen.

Die Kirchen und das von den Kirchen geschaffene Ethikbewusstsein der Menschen (Denethor) schickten lediglich das Pflichtbewusstsein (Faramir) in das Feld gegen die sexuelle Revolution und den Feminismus. Sie predigten den jungen Menschen, dass es ihre Pflicht ist, jungfräulich in die Ehe zu gehen. Sie predigten den Eheleuten, dass es ihre Pflicht ist, sexuell treu zu sein. Sie predigten den Frauen, dass die sexuelle Hingabe an ihre Männer ihre Pflicht ist. Sie pochten auf die Pflichterfüllung. Alles in allem war das viel zu wenig im Kampf gegen die Zerstörung der sexuellen Integrität durch die sehr perfiden und verlockenden Methoden der Massenmedien zur Verbreitung der „sexuellen Befreiung" sowie der „Befreiung der Frauen". So wurde der Widerstand gegen die sexuelle Revolution und gegen den Feminismus einfach hinweggefegt.

Letztlich beruht die Selbsterhaltungsfähigkeit und Freiheit einer integren Gesellschaft auf der sexuellen Treue und gegenseitigen Hingabe in den Beziehungen zwischen Mann und Frau. Sexuelle Untreue und sexuelle Verweigerung in den Beziehungen führen zu Trennungen. Die Trennungen von Eltern zerbrechen die Familien. Die zerbrechenden Familien führen zum Zerfall der Gesellschaft. Daher beruht die Fähigkeit einer Gesellschaft, ihre Integrität und Freiheit zu erhalten auf der sexuellen Treue und Hingabe in den Beziehungen der Paare, die Kinder in die Welt setzen. Und sexuelle Untreue und sexuelle Verweigerung in den Beziehungen führt letztlich in den Untergang der Gesellschaft.

Bis in die Mitte des 20. Jahrhunderts herrschte in der westlichen Welt das traditionelle Beziehungsmodell vor: Der Mann verdiente das Geld, vertrat die Interessen der Familie nach außen, traf – meist in Absprache mit seiner Frau – die zugehörigen Entscheidungen und beschützte seine Familie. Die Frau kümmerte sich um alles andere, die Kinder, den Haushalt, das Reinigen, die Einkäufe und das Kochen. Dieses Modell schuf eine starke Bindung zwischen Mann und Frau und verlangte von beiden einen selbstlosen Dienst an ihrer Familie. Der Mann musste in den meisten Fällen sein ganzes Geld für die Familie ausgeben und auf Dinge wie Alkohol, Glücksspiel und andere persönliche Vergnügungen verzichten, um ein guter Versorger zu sein. Die Frau musste sich ganz in den Dienst ihrer Familie stellen, um deren Bedürfnisse zu erfüllen. Diese gemeinsame Selbstlosigkeit im Dienst an der Familie schuf für die Kinder integre Vorbilder und sorgte für ein gutes Maß an Integrität in der Gesellschaft. (Minas Tirith wurde da noch nicht belagert.)

Nach dem 2. Weltkrieg nahm die globale Verschuldung und damit einhergehende Arm-Reich-Spaltung bereits ein so großes Ausmaß an, dass es für die Männer zunehmend schwieriger wurde, genug Geld für ihre Familien zu verdienen. Dies war nun der Ausgangspunkt für den Angriff der Hochfinanz auf die Integrität der Gesellschaft. Um die globale Arm-Reich-Spaltung weiter vorantreiben zu können, brauchte die Hochfinanz die Arbeitskraft der Frauen (um die steigenden Zins- und Steuerlasten zu erarbeiten). Gleichzeitig musste sie die Integrität der Gesellschaft zerstören, um sie am Ende dazu bewegen zu können, ihrer Entrechtung und letztendlichen Versklavung zuzustimmen. Um die Integrität der Gesellschaft zu zerstören, musste sie dafür sorgen, dass Mütter und Väter ihren Kindern keine Integrität mehr vorleben, so dass diese dann Zuflucht bei den Massenmedien der Hochfinanz suchen: Sie musste für die Durchsetzung ihres Weltmonopols also die Familien zerstören.

Folglich setzte sie zwei Bewegungen in Gang, die bis heute auf eine Zerstörung der Beziehung zwischen Mann und Frau und damit der Familien hinwirken: Die „sexuelle Revolution" und den „Feminismus". Diese beiden Bewegungen gehören zusammen und arbeiten Hand in Hand mit ihrer Auswirkung, die Familien und damit die Integrität der Gesellschaft zu zerstören. Die sexuelle Revolution hat die sexuellen Hemmungen vor allem der Männer (aber auch vieler Frauen) beseitigt und ihre Treue zu ihren Frauen (bzw. Männern) untergraben. Der Feminismus hat dafür gesorgt, dass Frauen immer mehr wie ein Mann leben wollen, männliches Verhalten kopieren, ein Dasein als Hausfrau und Mutter als minderwertig betrachten und bereitwillig akzeptieren und als Fortschritt betrachten, außer der Versorgung der Kinder auch noch Geld verdienen zu müssen. Die sexuelle Revolution bedient sich des Egos beider Geschlechter, aber vorwiegend des Egos der Männer, der Feminismus des Egos der Frauen. Beide werden in ihrem Rechthaben bestätigt. Durch die Förderung und Rechtfertigung des geschlechtsspezifischen Egos in Männern und Frauen wurde der Egoismus in Männern und Frauen provoziert, rechtfertigt und gestärkt und damit gleichzeitig das negative Bild, das Männern und Frauen jeweils vom anderen Geschlecht präsentiert wurde, bestätigt und eine Front zwischen den Geschlechtern geschaffen, die dann tatsächlich zur Zerstörung der meisten Familien führte. Durch sexuelle Revolution und Feminismus wurden Männer und Frauen programmiert, als eine Quelle des Leids für das andere Geschlecht zu agieren. Der Angriffspunkt für die beiden Bewegungen war jeweils das geschlechtsspezifische Ego in Männern und Frauen. Und es ist die Dominanz des Egos in den Beziehungen, was die Beziehungen und die Familien zerstört.

Was brauchen ein Mann und eine Frau, die eine Familie zusammen gründen – auf der materiellen und körperlichen Ebene gesehen – vom jeweils anderen, damit ihre Beziehung in einem Gleichgewicht der materiellen und körperlichen Interessen ist?

Eine Frau, die ein Kind mit einem Mann bekommt, braucht vor allem zwei Dinge von ihm: a) Dass er ihr sexuell treu bleibt, damit nicht die Gefahr besteht, dass eine andere Frau ein Kind von ihm bekommt, das er versorgen muss, so dass die wirtschaftliche Situation ihrer eigenen Familie geschwächt und bedroht würde. b) Dass der Mann der Familie über die Gesamtdauer der Zeit, bis das Kind flügge ist, mehr Geld bereitstellt als sie, da ihre Erwerbsfähigkeit zumindest in den ersten Lebensjahren der Kinder eingeschränkt ist. Die Frau braucht also vor allem 2 Dinge von ihrem Mann: Seine sexuelle Treue und seine wirtschaftliche Versorgung, sein Geld für ihre Familie.

Ein Mann, der ein Kind mit einer Frau zeugt, braucht auch vor allem zwei Dinge von ihr: a) Dass auch sie ihm sexuell treu bleibt, damit nicht die Gefahr besteht, dass er das Kind eines anderen Mannes großziehen müsste, bzw. seine Beziehung mit der Frau dadurch schon wieder beendet wäre, dass seine Frau das Kind eines anderen erwartet. b) Dass seine Frau ihn sexuell nicht ablehnt und zumindest grundsätzlich bereit ist, aus Liebe die sexuellen Bedürfnisse ihres Mannes über ihre eigene sexuelle Unlust zu stellen und ihm so auch zu helfen, keine sexuellen Wünsche nach anderen Frauen zu entwickeln.

Wenn man die Bedürfnisse abgleicht, sieht man eine Gleichheit im Bedürfnis nach der sexuellen Treue des Partners, sowie einen Ausgleich: Die Frau gibt dem Mann ihre sexuelle Hingabe, der Mann verpflichtet sich gegenüber seiner Frau, der Familie mit seinem Geld zu dienen und wenn irgend möglich genug Geld zu verdienen.

Auf der materiellen, körperlichen Ebene braucht die Frau einen sicheren Versorger, wenn sie ein Kind bekommt. Auf dieser Ebene braucht der Mann eine Frau, deren grundsätzliche Haltung gegenüber dem Mann sanftmütig ist. Eine Frau, die sich darauf fokussiert, ihre Unlust durchzusetzen, entwickelt zu diesem Zweck leicht Kratzbürstigkeit, um den Mann abzuschrecken. Eine Frau, die den Beitrag des Mannes würdigt, indem sie sich aufrichtig um Hingabe an seine Bedürfnisse bemüht, entwickelt dadurch Sanftmut. Es geht bei der Sexualität also um weit mehr als um Sex. Sie ist (in den meisten Fällen) von zentraler Bedeutung für eine entspannte, liebevolle Beziehung.

Eine gegenseitige Erfüllung dieser geschlechtsspezifischen Bedürfnisse auf der materiellen, körperlichen Ebene erzeugt Gleichgewicht. Aber wenn nur einer dieser 4 Faktoren – sexuelle Treue und sexuelle Hingabe der Frau, sowie sexuelle Treue und finanzielles Versorgen seitens des Mannes – vorenthalten wird, besteht bereits eine mehr als akute Gefahr, dass eine Familie zerbricht.

Es ist leicht zu sehen, wie die sexuelle Revolution dieses Gleichgewicht angegriffen und in vielen Fällen zerstört hat.

Aber fast noch schlimmer als die sexuelle Revolution hat sich der Feminismus auf das Gleichgewicht zwischen den Eltern ausgewirkt, weil er politisch instrumentalisiert werden konnte und auch wurde, ein Ungleichgewicht zu Lasten des Mannes im Gesetz zu verankern.

Durch die vom Feminismus bewirkten Gesetze kann eine Frau sich trennen, weil sie mit dem Mann "unzufrieden" ist, z.B. weil seine sexuellen Bedürfnisse ihr lästig sind oder er sie nicht zufriedenstellt. Anschließend kann sie trotzdem die volle finanzielle Zuwendung durch den Mann erzwingen. Der Gesetzgeber schafft ihr die Illusion, dass sie keinen Mann braucht, während es dennoch der Mann ist, der zahlt. Der Mann erfährt keine Wertschätzung mehr für seinen Beitrag. Der Frau wird vermittelt, dass sie mit ihrem Verhalten im Recht ist und der Mann diese Wertschätzung daher auch nicht verdient hat. Die Kinder wachsen dann mit dem Vorbild auf, dass allein die Bedürfnisse der Mutter wichtig sind, sogar wichtiger als ihr kindliches Bedürfnis nach einem Vater.

Töchter und Söhne lernen unterbewusst, dieses Modell später zu wiederholen, was vor allem die Söhne depressiv machen dürfte.

Die sexuelle Revolution hat dazu geführt, dass schon Jugendliche und junge Erwachsene ihre sexuellen Bedürfnisse so weit ausleben, wie es ihnen nur möglich ist. Vor allem viele junge Männer gewöhnen sich daran, dass es normal ist, die Partnerin zu wechseln, um an genug Sex zu kommen. Wenn es in einer Beziehung mal Probleme gibt, die die sexuelle Aktivität einschränken, suchen sie sich halt eine neue. Die Versuchung, sich auch in der Ehe so zu verhalten, ist dann groß. Auf diese Weise bringt die sexuelle Revolution die Männer dazu, die Familien zerbrechen zu lassen, bzw. sich gar nicht erst auf eine Ehe einzulassen oder höchstens kurze Zeit.

Der Feminismus hat die Frauen dazu gebracht, ihre Bedürfnisse an die oberste Stelle zu setzen, über die Liebe zu ihrem Mann, sich ihrem Mann zu verweigern, wenn sie keine Lust haben, und die nötige Kratzbürstigkeit zu entwickeln, um ihre Unlust durchzusetzen. Und den Mann als Schwein zu betrachten, wenn er dann irgendwann aus Frust fremdgeht, oder als sehr lästig, wenn sein Wunsch nach Sex nicht aufhört. So stellen sich die Feministinnen als „bessere Menschen" über die Männer und sehen nicht, wie egoistisch sie durch ihre Kratzbürstigkeit und sexuelle Verweigerung handeln und wie gefährlich diese egoistische Haltung für die Liebe in der Beziehung und damit für die Beziehung selbst und damit auch für den Erhalt der Familie ist.

Bis zur Mitte des 20. Jahrhunderts etwa war die sexuelle Ethik in der westlichen Welt aufgrund der christlichen Traditionen (zumindest im Vergleich zu heute) noch intakt. Es gab vergleichsweise wenig sexuelle Aktivität bei den Ledigen und Unverheirateten, die Menschen gingen vergleichsweise weniger fremd als heute, die Ehemänner bemühten sich fast durchweg nach Kräften um die finanzielle Versorgung ihrer Familien und die Frauen bemühten sich (zumindest weit mehr als heute) noch um Hingabe an die sexuellen Bedürfnisse ihrer Männer. Die erfolgreich verbreiteten Ideologien der sexuellen Revolution und des Feminismus' haben dieses Gleichgewicht zerstört, so dass wir heute vor einem gigantischen Scherbenhaufen zerbrochener Ehen und Familien stehen, nicht nur aus den genannten Gründen, aber sie spielen in den meisten Fällen auch eine Rolle. Frauen wollen sich nicht mehr so gerne auf eine Ehe einlassen, weil die Gefahr, dass ihr Mann irgendwann fremd geht, zu hoch ist. Männer wollen nicht mehr heiraten, weil sie aus eigener Erfahrung oder von anderen Männern wissen, dass eine hohe Wahrscheinlichkeit besteht, dass während der Ehe ihre Frau kaum mehr mit ihnen schlafen wird, wenn sie keine Lust hat, während ihre Anspruchshaltung kein bisschen nachlässt, und sie bei einer Trennung massive Unterhaltszahlungen leisten müssen, die sie ruinieren können. Eine feste Verpflichtung zu sexueller Treue (vor allem der Männer) und zu sexueller Hingabe (vor allem der Frauen) würde dieses Problem lösen. Aber sexuelle Revolution und Feminismus machen diese Lösung schwer umsetzbar, so dass das Auseinanderbrechen der Familien wohl noch eine Weile weitergehen wird. Der Feminismus wirkt sich wie gesagt nicht nur auf die Sexualität aus. Er wird im Wesentlichen instrumentalisiert, es der Frau leicht zu machen, den Vater aus der Familie zu verstoßen und durch den Staat zu ersetzen. Die Liebe des Vaters zu seinen Kindern wurde also durch Geld ersetzt. Während der Mann immer noch zahlen muss, bekommt er keine Dankbarkeit dafür, keine zärtliche Verbundenheit zu seinen Kindern und keine Liebe und Hingabe von der Mutter seiner Kinder. Die Frauen sind höchstens dem Gesetzgeber dankbar, der sie „mit so großzügigen Gesetzen" (auf Kosten des Mannes) versorgt. So wird die wertvolle Vater-Kind-Beziehung zerstört, die Väter vereinsamen und die Kinder wachsen vaterlos auf.

Wenn die Frau alleine bestimmt, was im Bett läuft und was nicht, übt sie damit eine Macht über den Mann aus, die sich dann auch in andere Bereiche ausdehnt. Sie verwehrt dem Mann die Würdigung für seinen Beitrag zur Beziehung und zur Familie, jedenfalls die Würdigung auf der Ebene, auf der er sie gerne hätte. Ohne liebevolle sexuelle Kompromissbereitschaft, wenn sie ihre Hingabe an überzogene Bedingungen knüpft, ist die Frau die Alleinherrscherin. Und der Feminismus sagt ihr, dass dies nicht egoistisch, sondern völlig normal, und dass diese egoistische Dominanz „Gleichberechtigung" ist.

Der Feminismus lehrt die Frauen, Beziehung als einen Wettbewerb zu sehen, bei dem es darum geht, die Trümpfe für sich zu behalten und möglichst viel rauszuschlagen. Das Verständnis, dass Beziehung für beide Seiten Kompromisse und einen Erlernen von Selbstlosigkeit bedeutet, ist nicht mehr da. Ohne das Verständnis für das Ziel, dass es für beide um selbstloses Dienen geht, den anderen glücklich zu machen und sich gegenseitig im Glück des anderen zu erleben, wirken sexuelle Revolution und Feminismus darauf hin, dass Beziehungen entstehen, in denen einer den anderen ausnutzt. Und wenn durch die feministischen Konzepte die Männer die Ausgenutzten sind, wundern sich dominante Frauen, dass die Männer sie verlassen und sie keinen Mann mehr finden.

Sexuelle Freiheit und Feminismus sind in der westlichen Kultur längst wie zerstörerische Parasiten verwurzelt, die ein süchtig machendes Gift absondern, so dass deren Entfernung kaum mehr möglich scheint. Während diese Parasiten die Familien zerstören und das spirituelle Erwachen stark hemmen, können beide am Ende nur durch das kollektive spirituelle Erwachen beseitigt werden.

Die Zerstörung des Gleichgewichts zwischen Ehemann und Ehefrau wird im Herrn der Ringe vom Fall Osgiliaths symbolisiert. Dass Osgiliath von den Truppen Mordors regelrecht überrannt wurde, zeigt, dass der Siegeszug von Feminismus und sexueller Revolution sehr rasch war.

Feministisch denkende Frauen sollten wissen, dass der Feminismus nicht ihrer Befreiung und Gleichberechtigung dient. Er wurde initiiert, um mehr Arbeitskräfte für die Erwirtschaftung der zu zahlenden Zinsen und Steuern zu erschließen, um aus Frauen Waffen im Kampf gegen die Männer zu machen, um Familien zu zerbrechen, um die männliche Widerstandsfähigkeit gegen die Ziele der Hochfinanz zu zerstören und die keltisch-germanischen Völker durch schwindende Geburtenzahlen auszulöschen.

Wenn die westlichen Demokratien auch aufgrund des Kampfes der Frauen gegen die Männer ganz untergehen, werden auch die Frauen einer Diktatur unterworfen werden. Denkt daran.

Als Faramir von den Truppen Mordors geschlagen nach Minas Tirith zurückkehrt, ist Denethor sehr erzürnt und schickt ihn zurück in den Kampf, um Osgiliath zurückzuerobern anstatt zu erkennen, dass Osgiliath fürs Erste verloren ist und Minas Tirith sich für den eigentlichen Kampf rüsten muss.

Nach dem Siegeszug von sexueller Revolution und Feminismus sind die Vertreter der Kirchen so erzürnt über den sexuellen Sittenverfall, dass starr an den strengen Sittenforderungen festgehalten und die Energie in die Forderung zur Wiederherstellung der alten Sitten gesteckt wird. Die Kirchen lenken das Pflichtbewusstsein der Menschen auf den Bereich sexueller Sitten, mahnen zur sexuellen Treue und Hingabe an die Bedürfnisse des Partners, anstatt zu erkennen, dass dieser Kampf aufgrund der sexuellen Revolution und des Feminismus' fürs Erste verloren ist und zunächst ein viel wichtigerer Kampf geführt werden müsste, um die generelle Integrität in der Gesellschaft zu beschützen und die westliche Kultur vor ihrem Untergang zu bewahren.

Faramir wird lebensbedrohlich verletzt – Pflichtgefühl der Menschen wird gefährlich geschwächt – 1960er und 1970er Jahre

Faramir wird in dieser neuen Schlacht lebensbedrohlich verletzt und wird nur durch das Zuhilfeeilen Gandalfs vor dem Tod gerettet. Das von den Kirchen angestachelte Pflichtbewusstsein zur Wiederherstellung der alten Sitten kann nichts mehr ausrichten und wird so über die Maßen zwecklos beansprucht, dass die Menschen kollektiv resignieren, die von den Kirchen eingeforderten Pflichten zunehmend ignorieren und in eine Art Pflichtvakuum geraten, in dem sie unschlüssig sind, was im Leben denn nun ihre Pflicht ist. Für eine ganze Zeit ist das Pflichtbewusstsein wegen Überforderung, Unschlüssigkeit und Desorientierung stark geschwächt. Die Menschen merken, dass das Alte so nicht mehr trägt, und haben für sich selbst noch keine bewusste Neuausrichtung ihres Pflichtbewusstseins gefunden. Schließlich sind es die unterscheidenden Gedanken (Gandalf), die den Menschen bewusst machen, dass es wichtige Pflichten im Leben gibt, die sie erfüllen müssen. So erfüllen die meisten Menschen zumindest ihre wichtigsten Pflichten im Leben. Aber das spirituelle Pflichtbewusstsein bleibt angeschlagen. Viele Menschen haben ein großes Fragezeichen in Richtung der Kirchen in ihrem Geist.

Beginn der Schlacht um Minas Tirith – Krieg gegen die Integrität der Menschheit wird 1970 voll entfesselt

Die eigentliche Schlacht um Minas Tirith begann dann mit einem verletzten Faramir. Und das Heer aus Minas Morgul, das in diese Schlacht geschickt wurde, war gigantisch groß.

Der eigentliche Krieg gegen das Ethikbewusstsein der Menschheit begann dann um das Jahr 1970 herum, als das Pflichtgefühl im kollektiven Bewusstsein durch das Gebaren der Kirchen verwirrt war. Aber die Grundlagen des Krieges blieben sexuelle Revolution und Feminismus. Die Macht, die die Massenmedien auf diesen Grundlagen nun ins Feld warf, war gigantisch.

Gemäß der bereits genannten Dialektik sollten die Familien zerstört werden, damit Eltern ihren aufwachsenden Jugendlichen nicht mehr glaubwürdig echte Werte vermitteln können und die Jugendlichen Zuflucht suchen in den Ego-Befreiungsphilosophien der Massenmedien.

So wurden die Bemühungen zur Auslöschung der nationalen, sexuellen und familiären Identität vervielfacht. Die Gegenbewegungen gegen diese Angriffe wurden ebenfalls unterstützt, übernommen und das darin enthaltene Zwangspotential maximal angefacht, damit die Menschen, die vor dieser Gewalt erschrecken, die Ziele der Hochfinanz gewähren lassen. Insgesamt entstand so durch die von den Massenmedien gestartete Kampagne ein völlig unübersichtliches, von negativen Emotionen aufgeladenes Chaos im Kampf aller möglichen Gruppierungen, Organisationen und Parteien gegeneinander. Jegliches Ego, dass sich in diesen Strömungen zeigte und formierte, wurde von der Hochfinanz unterstützt, aufgeblasen und ausgenutzt, um Spaltung und Wut zu erzeugen und anzufachen. Im Endeffekt hat die Hochfinanz nichts anderes gemacht als die Egokräfte im kollektiven Bewusstsein maximal anzufachen, sich selbst zum Anwalt und Sponsor aller egobehafteten Strömungen gemacht und alle darin bestärkt, ihre Sicht der Dinge unbedingt durchzusetzen und sich Geltung zu verschaffen. Damit war sie für alle „der beste Freund". Alle egobehafteten Befreiungsbewegungen wurden unterstützt und finanziert. Allen wird versichert, dass die anderen schuld sind, und da alle dies gerne glauben wollen, fallen alle darauf rein. Zumindest eine Zeitlang. Zumindest so lange, wie die kollektive Psyche der Menschheit bis zur 9. Schale im Ungleichgewicht ist, wo das Ungleichgewicht von Schuldgefühlen verursacht wird, die man dadurch loswerden kann, dass „andere schuld sind". Wie sollen Konfliktparteien erkennen, dass Menschen, die ihren Glauben bestärken, dass die andere Seite grundsätzlich böse ist, eigentlich ihre Feinde sind, vor allem wenn sie durch diesen Glauben Vorteile auf Kosten der anderen Seite erwerben? Und das dann übertragen in sämtlichen Bereiche menschlicher Gesellschaft?

Dieses unfassbare Chaos negativer Gedanken und Emotionen, die die Menschen in allen denkbaren Bereichen in einen Kampf gegeneinander führten, wird symbolisiert durch das gigantische, unfassbar bedrohliche Chaos der Heere aus Mordor, die Minas Tirith, die Wachsamkeit der Menschen zur Aufrechterhaltung ihrer Integrität angreifen, um sie in ihrem zwischenmenschlichen Verhalten in Fehler zu verstricken, die Schmerzen, Leid und Trennung erzeugen, die unterbewussten Schuldgefühle anfachen und den Glauben an das Böse im Menschen stärker machen, gegen das der Staat dann vorgehen muss, so dass er die Rechtfertigung zur Diktatur über die Menschen bekommt.

In dieser furchtbaren Schlacht ist Boromir tot, Faramir verletzt und Denethor steigert seine eigene Halsstarrigkeit langsam bis zum Wahnsinn.

In diesem globalen Angriff zur Zerstörung der Integrität in der Gesellschaft vor allem über die Zerstörung der Familien und des Friedens zwischen den Geschlechtern und den Generationen hat der Respekt seinen Stellenwert als wichtiger Wert verloren, das Pflichtgefühl wurde von den Kirchen für die falschen Dinge erschöpft und die Kirchen reagierten nur mit wachsender Besserwisserei, Anklage, Vorwürfen über die Austritte aus der Kirche und endlosen Schuldzuweisungen an die Gottesferne der Gesellschaft und den Mangel an Respekt gegenüber ihrer Autorität. Anstatt sich und das eigene Ego zu läutern, steigerten sich die Kirchenführer eher in Selbstmitleid und ohnmächtige Wut über den Verlust ihrer Autorität und ihres Einflusses auf die Gesinnung der Menschen. Da sie im Recht sind, muss die Welt böse und gottlos sein. Vor allem die Familien litten also unter einem Mangel an Respekt der Kinder vor den Eltern, der Eheleute voreinander, einer Desorientierung in Bezug auf die in den jeweiligen Rollen zu erfüllenden Pflichten und einem Mangel an echter spiritueller Hilfestellung, die die Kirchen nicht bereitstellten. Außerdem wurde materialistisches und egoistisches Denken von den Massenmedien massiv angeschoben. Nur eine echte spirituelle Hilfestellung durch die Kirchen hätte den Vormarsch des medial propagierten Materialismus' und Egoismus' abbremsen können. An dieser Situation sind am Ende die meisten Beziehungen und Familien wie von der Hochfinanz gewünscht zerbrochen.

Eine wichtige Waffe für die Zerstörung der Familien war die nach dem Zweiten Weltkrieg über die Frankfurter Schule etablierte Psychologie. Die Hochfinanz hat die Psychologie ihrer satanischen Ideologie gemäß – ohne dass die Menschen im Westen dies wahrgenommen hätten – in eine Schuldpsychologie verdreht, die ein wichtiger Teil unserer Gedankenkontrolle wurde. Anstatt Menschen zu helfen, sich aus ihren Schuld projizierenden Konzepten zu befreien, die zu zwischenmenschlichen Konflikten führen, wurden die Schuldgefühle, die unser Bedürfnis zur Schuldprojektion verstärken, subtil bestätigt und gepflegt. So hielt der Eine Ring auch Einzug in die Psychologie und wurde ihr Gott.

Die Schuld-Psychologie führt die psychischen Probleme Erwachsener auf Traumatisierungen in der Kindheit zurück. Dies erzielt zwei Effekte: 1. Ich bestätige die Haltung des Patienten, dass er der Gute ist und seine Eltern die Bösen. Ich schaffe eine grundsätzliche Vorwurfshaltung der Erwachsenen gegenüber ihren Eltern: Ihr habt Schuld an meinen Problemen. Menschen wird die Heilungsmöglichkeit genommen zu erkennen, dass sie ihr Ego selbst erzeugt haben und für seine Auflösung verantwortlich sind, dass Schuldzuweisungen ihre Probleme nicht lösen, sondern verschlimmern, egal wie viele Traumatisierungen man emotional entlädt, und dass ihr Ego ihre Probleme verursacht.

2. Ich sorge dafür, dass sich die solchermaßen „durch die Schuld-Psychologie aufgeklärten" Eltern, die in Konflikt mit den Egos ihrer Kinder geraten, schuldig für das Ego ihrer Kinder fühlen, so dass bei der Kindergeneration ein größeres Ego erzeugt wird: Kinder erfahren, dass die Eltern sie nicht frustrieren wollen. Sie lernen, die Schuldgefühle ihrer Eltern für ihre Ego-Zwecke zu nutzen und ihren Ego-Willen durchzusetzen. Dies macht sie gleichzeitig egoistisch und unfit für die anspruchsvolle Berufswelt.

Die Wahrheit ist. Wir nehmen unser eigentliches spirituelles Selbst nach dem jeweiligen Tod von Leben zu Leben mit. „Zwischen" unserem spirituellen Geist und unserer ewigen Seele befindet sich auch unser Ego, das mit dem Tod nicht stirbt. Dieses Ego wird im Laufe unserer Kindheit und Jugend aufgrund unseres Wachstums reaktiviert. Es ist nicht primär die Schuld der Eltern oder anderer Erwachsener, wenn wir immer mehr so werden wie die anderen Erwachsenen. Es ist primär unser eigenes Ego, das dies bewirkt.

Mit diesem Ego geraten unsere Eltern im Laufe unserer Kindheit entsprechend in Konflikt, wenn sie versuchen, uns richtig zu erziehen. An diesem Ego tragen unsere Eltern keine Schuld, da wir es uns im Laufe von Äonen selbst erschaffen haben. Zur Erziehung gehört, dem Kind beizubringen, mit seinem Ego so umzugehen, dass es Bewusstsein entwickelt, andere nicht zu verletzen, anderen nicht zu schaden und andere nicht auszunutzen. Eine liebevolle Erziehung fokussiert sich einerseits darauf, dem Kind Liebe zu zeigen, und vermittelt dem Kind andererseits von klein auf Werte, die letztendlich dahin führen, als verantwortungsbewusster Mensch im Leben mehr zu geben als zu nehmen. Zunächst lernt es, anderen etwas für das zurückzugeben, was sie für uns tun, einen Beitrag zur Gemeinschaft zu leisten, entsprechende Pflichten zuverlässig zu übernehmen, und schließlich den eigentlichen Wert des Menschseins: Anderen Menschen Gutes zu tun und andere glücklich zu machen, also mehr zu geben als zu nehmen. Denn nur durch gelebte Selbstlosigkeit können wir die Erfahrung machen, dass wir selbst Liebe sind. Wenn wir wollen, dass sich unsere Kinder selbst als Liebe verstehen, muss die Erziehung die Kinder zu einer von uns vorgelebten Selbstlosigkeit anleiten.

Die von der Hochfinanz seit dem 2. Weltkrieg verbreitete „Schuld-Psychologie", die den Eltern wahrheitswidrig die Schuld für das Ego des Kindes in die Schuhe schiebt, hat somit sowohl gegenüber der Generation vor uns als auch gegenüber der Generation nach uns effektive Keile zwischen die Generationen getrieben und dafür gesorgt, dass die nachwachsende Generation lernt, die Schuldgefühle anderer für ihre Ego-Zwecke zu nutzen. Die Schuld-Psychologie hat somit dafür gesorgt, das Ego der Kinder möglichst nicht zu frustrieren, so dass die nachwachsende Generation lernt, ihren Fokus auf das nehmen und bekommen zu legen, anstatt auf das geben und beitragen.

Allein am Beispiel der Psychologie lässt sich also sehen, wie auch die Wissenschaft für den Krieg gegen die Menschheit, die Zerrüttung der Familien instrumentalisiert wurde.

Schaut man sich die Figuren des Orkheeres an, die von Sauron gegen Gondor ins Feld geführt wurden, fallen zusätzlich zu den Ringgeistern, Orks und wilden Menschen vor allem noch die Trolle und Olifanten auf. Dies sind Belastungen, die den westlichen Gesellschaften zusätzlich zu allem obigen vor allem seit den 1970er Jahren auferlegt wurden, um unsere Integrität zu zerstören.

Die Olifanten symbolisieren wie schon erwähnt die Überflutung der europäischen Kulturen mit kulturfremden Ausländern, die aufgrund ihrer zu großen Zahl die jahrtausendelang gewachsenen kulturellen Werte und Traditionen in Europa allmählich auflösen und damit existentiell bedrohen. Der Krieg spielt in Gondor und Gondor selbst symbolisiert den Bereich der menschlichen ethischen Werte. Dass Sauron diese von wilden Menschen gerittenen Olifanten als Waffe gegen Gondor einsetzt, symbolisiert, dass die Zuwandererströme nach Europa und Nordamerika von der Hochfinanz gezielt herbeigeführt und als Waffe zur Zerrüttung der keltisch-germanischen westlichen Kulturen eingesetzt wurden und werden. Das Ziel ist, den sozialen Frieden in Europa durch die Zuwanderung so zu zerrütten, dass die Ordnung durch staatliche Gewalt herbeigeführt werden muss = die von der Hochfinanz gewünschte Diktatur.

Das viel zu hohe Maß an Zuwanderung zerstört den Frieden der westlichen Gesellschaften auf zweierlei Weise: Erstens zerstreiten sich die Europäer und Nordamerikaner selbst bei der Frage, ob die Zuwanderung unterbunden und rückgängig gemacht oder beibehalten werden sollte. Zweitens entstehen zunehmende Konflikte zwischen den Zuwanderern und den Einheimischen, vor allem, je mehr Zuwanderer sich nicht an die Gesetze ihrer Gastgeber halten, das Gastrecht verletzen, indem sie Anspruch auf einen Daueraufenthalt, also Anspruch auf das Land erheben,

Forderungen stellen und in mit ihrer Anzahl zunehmenden Fällen auch kriminell auftreten. Dass die Olifanten von wilden Menschen geritten werden, symbolisiert also auch, dass die Zuwanderung in den westlichen Kulturen zu offenem, unkontrolliertem und unversöhnlichem Streit zwischen den Befürwortern und Kritikern der Zuwanderung und zwischen Einheimischen und Zuwanderern führt – ein Effekt, der von der Hochfinanz zur Spaltung und Zerrüttung der Gesellschaften also genau so gewünscht ist, da Sauron die wilden Menschen und Olifanten gezielt in den Krieg schickt. Dass die Olifanten in Kombination mit all den anderen Waffen Saurons eingesetzt werden, symbolisiert, dass die Fähigkeit der Europäer und Westler, in der übermäßigen Zuwanderung ihr inneres Gleichgewicht zu wahren zusätzlich massiv dadurch belastet wird, dass die natürlichen Gefühle der Abgrenzung gegenüber einer unberechtigten Zuwanderung als rechtsradikal diffamiert und die Gegner der Zuwanderung verbal als Nazis angegriffen, sozial isoliert und sie dadurch mit voller Absicht rechtsradikalisiert werden sollen.

Die vielen Trolle, die Sauron in die Schlacht schickt, symbolisieren die grassierende Kultur heftiger Beschimpfungen und Beleidigungen Andersdenkender, die von der Hochfinanz über die Massenmedien gezielt etabliert wurde. Und diese groben Angriffe auf Andersdenkende richten sich vor allem gegen Menschen, deren Meinung „politisch inkorrekt" ist, die also mit den Zielen der Hochfinanz nicht einverstanden sind. Die meisten politisch inkorrekt Denkenden müssen sich als Verschwörungstheoretiker oder Rechtsradiale beschimpfen lassen. Passenderweise nennt der Volksmund die Menschen, die im Internet systematisch Andersdenkende beleidigen und niedermachen, Trolle. Insgesamt spielt sich der Krieg um Minas Tirith in Gondor ab. Gondor ist der Bereich der ethischen Ordnung der Gesellschaft. Der Teufelskreis in diesem Bereich ist der des Zwanges. Das Hauptziel der Hochfinanz besteht also in einer menschheitsweiten Etablierung einer Geisteshaltung, bei der Menschen glauben, dass der Mensch böse ist und dass wir den Gesellschaften zur Rettung der Menschheit eine gerechte Ordnung von oben aufzwingen müssen.

Die Strategie der Hochfinanz ist also Aufspalten in unterschiedliche gesellschaftliche und politische Lager, die möglichst unversöhnlich sein sollen, Kontrollieren der Spitzen dieser verschiedenen Lager und Parteien, Führen der Lager und Parteien in einen unversöhnlichen Kampf gegeneinander, vor allem links gegen rechts. Dann werden in einer großen Krise die Gegner der Pläne von U.N.O., E.U. oder dergleichen, die ja nur „heilige Organisationen sind, die den Frieden wollen", nach und nach eingesperrt und über die U.N.O., E.U. usw. eine Diktatur errichtet. Ziel erreicht.

Katalysator der gesellschaftlichen Spaltung ist die Überschwemmung mit Zuwanderern, die der Hochfinanz diverse Vorteile bietet: Überlastung der Steuerzahler, Drücken der Löhne, also insgesamt eine weitere Verarmung der Arbeitenden, so dass sie kein Geld haben, um einen koordinierten Widerstand gegen die Pläne zu organisieren, weitere Spaltung der Gesellschaften, Verlust der nationalen, menschlichen Werte durch die Vermischung der Kulturen, so lange bis der obige Plan der Hochfinanz umgesetzt werden kann. Der AFD in Deutschland ist zunächst die Rolle zugedacht, die Mehrheit zu der Bereitschaft zu bewegen, gewaltsam gegen AFD-Wähler vorzugehen und sie einzusperren. Wenn die Hochfinanz es schafft, AFD-Anhänger wegzusperren, ohne dass der Rest der Gesellschaft sie und das Recht der AFD-Anhänger auf ihre freie Meinung verteidigt, hat sie es quasi geschafft. Dann läuft derselbe Film wie 1933, nur mit umgekehrten Vorzeichen: Damals Errichtung einer Diktatur im Kampf gegen Kommunisten. Heute Errichtung einer Diktatur im Kampf gegen rechts! Sollte die gesellschaftliche Meinung je kippen, dass die AFD und die populistischen Parteien in Europa das Ruder übernehmen, dann wird die Hochfinanz diese für ihre Zwecke nutzen.

Die Befreiung kommt nicht dadurch, dass sich bestimmte Parteien durchsetzen, da die Hochfinanz alle Parteien kontrolliert und steuert. Die Befreiung kann nur dadurch kommen, dass wir das Parteiendenken selbst überwinden. Dadurch dass niemand bereit ist, gewaltsam gegen Andersdenkende vorzugehen oder sie auch nur zu beleidigen. Wenn alle das Recht auf Meinungsfreiheit verteidigen und niemand mehr Schwierigkeiten bekommt, der den Darstellungen in Fernsehen, Radio, Zeitungen und Zeitschriften offen widerspricht – was ja eigentlich unser Recht ist – schlägt der Plan der Hochfinanz fehl. Nicht eine Partei rettet uns, sondern unsere kollektive Geisteshaltung, in der wir die Meinungsfreiheit über die Durchsetzung unserer politischen Ansichten stellen. Nur wenn jeder seine Meinung sagen darf und wir fair die Gründe erwägen, die Menschen zu ihrer Meinung bewegen, nur dann können wir die gesamte, in der Gesellschaft enthaltene Weisheit erschließen und nutzbar machen und durch einen fairen Wettbewerb der Argumente am Ende die beste Lösung finden. Die Hochfinanz will das nicht, weil sie Spaltung will. Wenn wir es aber kollektiv wollen, werden wir dieses Ziel auch erreichen.

Denethor will sich und Faramir schliesslich auslöschen – Kirchen gehen in die Selbstzerstörung – bis in unsere Zeit

Gandalf erfährt schließlich, dass Denethor im Besitz des Palantírs von Minas Tirith ist, der vom Palantír Saurons kontrolliert wird. Dadurch sieht Denethor nur Tod und Untergang.

Der Palantír von Minas Tirith symbolisiert unser Bauchgefühl, das vom Lebenschakra kommende Wissen in unserem Bauch. Wenn wir von Ego gesteuert werden und nur auf Kontrolle aus sind, ist unser Herz voller Angst, wir könnten die Kontrolle verlieren. Diese Angst im Herzen färbt dann auch unser Bauchgefühl so ein, dass wir „Kontrollverlust" mit der Erfahrung von Tod und Untergang gleichsetzen. In dieser Situation befinden sich die Kirchenführer, die an ihrem Ziel, den Glauben in der Gesellschaft zu kontrollieren, festhalten. Da die Kirchen angstvoll bedacht sind, ihre Schäfchen unter der Kontrolle „ihres Glaubens" zu halten, halten sie den Abfall von der Kirche für den Abfall der Menschen von Gott, also für die Katastrophe überhaupt.

Denethor geht dadurch schließlich soweit, seinen Sohn und sich selbst verbrennen zu wollen. Pippin informiert Gandalf, so dass es in letzter Minute gelingt, Faramirs Leben zu retten. Denethor jedoch verbrennt sich selbst.

Bis weit in das 21. Jahrhundert hinein, bis zum Schluss, gelingt den Kirchen keine echte spirituelle Renaissance mit einer klaren Ausrichtung auf die Priorität christlicher Werte gegenüber den christlichen Glaubensvorstellungen. Den Kirchen wird nicht klar, dass nur eine spirituelle Transformation der Kirchen die christliche Identität der Menschen in den westlichen Kulturen bewahren könnte, was eigentlich so wichtig wäre. Sie halten lieber an ihren starren Vorstellungen fest als sich zu wandeln. Sie versuchen so lange sie dies können, die Gesellschaften gemäß ihren Glaubensvorstellungen in die Pflicht zu nehmen. Da dies im Wesentlichen nicht von großem Erfolg gekrönt ist, wollen sie auch keine spirituelle Neuausrichtung der Menschen abseits der Kirchen, verunglimpfen eine solche eher als sektiererisch, versuchen sie dadurch zu unterbinden und gehen damit in die Selbstzerstörung ihrer Glaubwürdigkeit als spirituelle Hirten. Die meisten spirituell veranlagten Menschen, die Gott im Herzen lieben, folgen den Kirchen aber nicht, nehmen den Untergang der Kirchen nicht so tragisch (Pippin) und setzen ihre Unterscheidungsfähigkeit ein, um ihr Pflichtgefühl neu und abseits der Kirchenlehren auf Gott auszurichten und sich ihrer Pflichten im Leben bewusst zu werden.

Die Kirchen freuen sich nicht über das stärker werdende Pflichtbewusstsein gegenüber Gott, da dieses auf Gott ausgerichtet ist, nicht auf die Kirchen. Stattdessen trauern sie nur dem Verlust ihrer Autorität und des Respekts der Menschen gegenüber der Autorität der Kirchen nach. Daher sagt Denethor an einer Stelle auch, dass es ihm lieber wäre, Boromirs und Faramirs Plätze wären vertauscht. Die Kirchen wollen kein Pflichtbewusstsein gegenüber Gott, bei dem sie keine Rolle mehr spielen. Sie wollen Autorität, Respekt und Anerkennung als rechtmäßige Vertreter Gottes auf Erden. Diese Arroganz führt am Ende zu ihrer Selbstzerstörung.

DENETHORS WAHNSINN & SELBSTAUSLÖSCHUNG IST WERK DES FEINDES – HOCHFINANZ HAT DIE KIRCHEN DURCH STÄRKUNG IHRES EGOS ZERSTÖRT

Gandalf sieht in diesen gefährlichen Ereignissen das Werk des Feindes. Wenn man dieses Verhalten der Kirchen analysiert, kann man nur vermuten, dass die starren Glaubensvorstellungen der Kirchen durch ein Festhalten an den Schuld projizierenden, christlichen Konzepten (dem Einen Ring) und egoistische Macht- und Führungsansprüche (Sauron) der Kirchenführer bedingt sind, also durch die Feinde des spirituellen Erwachens. Leider ist die Weigerung der Kirchen gegenüber einer spirituellen Transformation für die Rechtschaffenheit in der Gesellschaft sehr gefährlich. Die Gesellschaft hätte glaubwürdige, spirituell erwachende Kirchen dringend gebraucht, um heilsam auf die schrecklichen Zustände in der Gesellschaft und in den Familien einzuwirken. Gemäß der bereits genannten Taktik der Hochfinanz, alle egobehafteten Strömungen zu unterstützen und anzufeuern, dürfte klar sein, dass sie dasselbe auch mit den Kirchen gemacht hat. Die Hochfinanz hat massiv auf die Kirchen eingewirkt, ihre Sicht der Dinge durchzusetzen, dass sie selbst Gottes Vertreter auf Erden sind, dass ein Widerstand gegen sie ein Widerstand gegen Gott ist und dass ein Abfall von der Kirche ein Abfall von Gott ist, der in die Gottlosigkeit führt. Von dieser Arroganz haben sich die Kirchen nie entscheidend lösen können.

Wer sich von seinen Freunden nur sein Ego und die Richtigkeit seiner egoistischen Ansichten bestätigen lässt, braucht keine Feinde mehr. Wer einen Freund wie die Hochfinanz hat, macht sich selbst zum Feind für andere. Und mehr braucht die Hochfinanz nicht.

Dadurch, dass Gandalf sich um die Rettung Faramirs vor dem Wahnsinn Denethors kümmern musste, fehlte er lange Zeit in der Schlacht um Minas Tirith.

Dadurch dass die Menschen sehr damit beschäftigt sind herauszufinden, zu unterscheiden, was auch unabhängig von den spirituell unbrauchbar gewordenen, kirchlichen Lehrmeinungen ihre tatsächlichen Pflichten im Leben sind, fehlte den Menschen das Unterscheidungsvermögen im Kampf gegen den massiven Angriff auf die Familien und auf ihre Integrität durch die Massenmedien.

Hallen der Heilung – Heilung durch die spirituellen Wahrheiten

Faramir wird in die Hallen der Heilung gebracht. Der eigentliche Herr der Hallen der Heilung ist Aragorn, der dann später dort auch die Verletzten heilt.

Es wird eine Zeitlang dauern, bis sich das Pflichtgefühl der Menschen erholt und sie wieder klare Pflichten gegenüber Gott, der Gesellschaft und ihren Familien verspüren und diesen in dem benötigen Maße nachkommen, dass die Familien und Gesellschaften wieder ganz intakt sind. Die Heilung geschieht letztlich durch die Ausrichtung auf die spirituellen Wahrheiten (Aragorn), welche in einigen Jahren das Pflichtgefühl der Menschen ausheilen und damit die Familien und Gesellschaften wieder in ihre Ordnung bringen wird. Nach der Heilung wird es wieder normal werden, dass Paare ein Leben lang zusammenbleiben und Familien nicht mehr zerbrochen werden.

Damit sind wir in diesem Punkt schon viele, viele Jahre in der Zukunft.

Reiter von Rohan greifen in die Schlacht ein – Erwachen der Fürsorge für Planet und Menschheit um das Jahr 1980 herum

Gehen wir wieder ein wenig in der Zeit zurück. Am Anfang lief die Schlacht um Minas Tirith ganz nach Plan und alles sah nach einem raschen Sieg von Saurons Truppen aus.

Bis Ende der siebziger Jahre lief der Krieg der Massenmedien ganz nach Plan und die Gesellschaften zeigten rasch zunehmende Anzeichen einer verfallenden Rechtschaffenheit.

Dann jedoch geht für Sauron zum ersten Mal etwas nicht nach Plan. Die Truppen Rohans, die sich gesammelt hatten, greifen in die Schlacht ein, so dass dem Orkheer ein erbitterter Kampf geliefert wird. Théoden, Éomer und Éowyn sind in den Schlachtreihen.

Etwa um das Jahr 1980 herum erwachte in den westlichen Gesellschaften ein Bewusstsein, dem zerstörerischen Kurs der Menschheit nicht weiter zuschauen und ihm etwas entgegensetzen zu wollen.

Viele Menschen entwickelten ein zunehmendes Bedürfnis, sich für den Schutz der Umwelt und gegen die Umweltzerstörung einzusetzen. Es erwachte der Wunsch, Nahrung ohne Gifte anzubauen und gesunde, naturverträgliche Nahrung zu verbreiten. Es erwachte der Wunsch, Naturschutzgebiete einzurichten und vom Aussterben bedrohte Tier- und Pflanzenarten zu schützen. Es erwachte ein seither stetig zunehmender Vegetarismus, um so das Mitgefühl mit den Tieren zum Ausdruck zu bringen und die Natur weniger durch den Anbau von Futtermitteln zu belasten. Die ersten Menschen begannen, den Sinn eines Wirtschaftswachstumszwangs in Frage zu stellen. In Anbetracht der laut tönenden Arroganz des Kapitalismus' entwickelten sie wieder eine gewisse Demut gegenüber der Schöpfung (Éomer), fühlten sich im Angesicht der zunehmenden Missstände in der Welt bei der Ehre (Théoden) gepackt und begannen zunehmend einen selbstlosen Dienst (Éowyn) an den Armen und Notleidenden. Diese massive Infragestellung des Sinns und der Angemessenheit des Zinsgeldsystems passte der Hochfinanz gar nicht. Vielen dieser Argumente hatte sie nichts entgegenzusetzen. Die erwachende Selbstlosigkeit und Hilfsbereitschaft der Menschen wirkte dem Zerfall der Integrität in der Gesellschaft stark entgegen.

Tatsächlich war es dieses Erwachen spiritueller Kräfte in den westlichen Gesellschaften, also auch in den USA, das die Hochfinanz bewog, dem weiteren Erwachen vorausgreifend ihr globales Steuerungszentrum von den USA nach China zu verlagern. Dies führte zu der bereits behandelten Spaltung des globalen Tiefenstaats mit der Folge der Befreiung von der Gedankenkontrolle durch die Hochfinanz und einer weiteren Folge, die wir gleich behandeln.

Ohne das Eingreifen der Reiter Rohans wäre der Ringkrieg für die Menschen verloren gewesen, heißt, ohne dieses erste spirituelle Erwachen Anfang der 1980er Jahre wäre die Menschheit verloren gewesen, da es letztlich die erste Ursache für jene Kettenreaktion war, die letztlich zur Befreiung der Menschheit führen kann und dessen nächsten Dominostein wir uns jetzt anschauen.

Hier sehen wir wieder die kausale Verkettung der Ereignisse in Gondor und bei Frodo, die erst durch die Interpretation sichtbar wird, weil Tolkien die Prozesse auf den verschiedenen Bewusstseinsebenen in separaten, parallelen Handlungssträngen verschlüsselt hat, und die Ebenen natürlich in einer Wechselwirkung und gegenseitigen Abhängigkeit für unser Wachstum stehen.

Auslöschung des Königs der Ringgeister – Ende des Tiefenstaats der Hochfinanz

Schließlich steht Théoden dem König der Ringgeister gegenüber. Er stellt sich ihm zum Kampf und wird vernichtend geschlagen. Daraufhin stellt sich Prinzessin Éowyn, unterstützt von Merry, dem König der Ringgeister zum Kampf. Wider alle Hoffnung in diesem ungleichen, aussichtslosen Kampf gelingt es ihr schließlich, den Drachen des Ringgeists und den Ringgeist selbst zu töten.

Der hier verschlüsselte Prozess begann in den 80er Jahren und währt heute (2017) noch fort. Allerdings ist damit zu rechnen, dass er in einigen Jahren endet, da Frodo nicht lange nach dem Entkommen aus Minas Morgul den Tod des Königs der Ringgeister aus der Ferne beobachtet. Und dieses Entkommen ist nicht lange nach Gorbags Tod, der demnächst stattfinden sollte. Die zunehmende Verarmung der Menschheit und die zunehmende Zerstörung der Lebensgrundlagen auf unserem Planeten rührt seit Anfang der 1980er Jahre das Ehrgefühl vieler Menschen. Damit das Ehrgefühl wirklich ehrenhaft ist, müssen wir diesem Gefühl folgen und zur Tat schreiten, um den Ärmsten zu helfen und die Zerstörung der Natur zu stoppen. Das Ehrgefühl (Théoden) muss sozusagen weichen, um der aktiven Tat, dem aktiven selbstlosen Dienst (Éowyn) Platz zu machen.

Daher ist Théodens Tod in der Schlacht ehrenhaft. Éowyns Kampf symbolisiert die jahrzehntelangen Bemühungen vieler Menschen und Organisationen in einem verzweifelten und meist völlig hoffnungslos und aussichtslos erscheinenden Kampf gegen den Tiefenstaat der Hochfinanz (König der Ringgeister), der mit der Brutalität seiner Macht die Lösungen zur Linderung des Schicksals der Menschheit unterdrückt, wenn solche Lösungen die Einnahmenströme der Hochfinanz gefährden.

Éowyn tötet zuerst den fliegenden Drachen und dann mit Merrys Hilfe den König der Ringgeister selbst. Zuerst wird die Angst vor der Macht des Tiefenstaats überwunden und dann der Apparat selbst entmachtet. Parallel zur Tötung des fliegenden Drachen symbolisiert auch Frodos Entkommen aus Minas Morgul kurz vorher das Überwinden von Angst. Minas Morgul und Drachen sind jeweils Symbole der Angst. Merrys Hilfe symbolisiert, dass dieser erschöpfende Kampf gegen einen übermächtigen Gegner nur gewonnen wird, weil es den Menschen, die sich so selbstlos einsetzen, gelingt, sich ihre Fröhlichkeit im Leben zu bewahren.

Nicht lange vor Éowyns Sieg über den König der Ringgeister werden die Reiter Rohans verstärkt mit den Olifanten konfrontiert, was die durch die massivierte Zuwanderung erheblich verschärften Probleme symbolisiert. Die Entmachtung des Tiefenstaats wird also vermutlich noch in die Zeit der anhaltenden Zuwanderungskrise fallen.

Das Ende des Tiefenstaats der Hochfinanz wird 2 Ursachen haben:

1. Ursache: Der Machtkampf zwischen Hochfinanz und US-Elite, der vom Kampf Schagrat gegen Gorbag in Minas Morgul symbolisiert ist. Dieser Machtkampf wird demnächst mit der Niederlage der US-Elite (Gorbags Tod) enden, die sich seit der Wahl Donald Trumps zum US-Präsidenten anbahnt.

2. Ursache: Das Erwachen der Menschheit zur Selbstlosigkeit, vor allem zu selbstlosem Patriotismus zur Befreiung und Bewahrung der eigenen Nation, in dem Bemühen, eine bessere Welt für alle Menschen dieser Erde zu erreichen. Dieses selbstlose Bemühen wird von Prinzessin Éowyn von Rohan symbolisiert.

Die Hochfinanz hat den erwachenden Patriotismus, der die Bereitschaft zum selbstlosen Dienst an der Befreiung der USA aufweckte, genutzt, um ihren Mann, Donald Trump, im Kampf gegen die US-Elite an die Macht zu bringen. In ihrem Schachspiel, sowohl die US-Elite zu besiegen als auch die Versklavung der Menschheit weiter voranzutreiben, wird sie am Ende wohl ihre eigene Dame (ihren Tiefenstaat) opfern müssen, um den König der abtrünnigen, gegnerischen US-Elite schlagen zu können.

Zur Erläuterung des Opfers ihrer Dame spezifizieren wir die beiden Punkte oben: Der Plan zur Unterwerfung der Menschheit sieht vor, die nationalen Grenzen und die geschichtlich gewachsenen westlichen Völker abzuschaffen. Es soll keine weiße Rasse, keine weißen Amerikaner, Kanadier, Deutschen, Franzosen, Engländer etc. mehr geben.

Die Hochfinanz hat es mit zwei globalen Problemen zu tun bekommen, die für sie in der Summe zu viel wurden: 1. Die sich abspaltende US-Elite, die auf eigene Faust die Weltherrschaft erreichen wollte (der Ork Gorbag und seine Orkbande), 2. Der einher mit dem spirituellen Erwachen in der Menschheit erwachende Patriotismus, die Liebe der Menschen zu ihrem gewachsenen Land, ihrer gewachsenen Kultur und ihre erwachende Dankbarkeit für das Gute, das ihre Vorfahren für sie erkämpft und errungen haben. Das spirituelle Erwachen bewirkt, dass die Menschen zunehmend erkennen, dass die gewachsene Kultur einer Nation ein kostbares Gut ist, für dessen Bewahrung zu kämpfen sich lohnt (Éowyns Kampf gegen den König der Ringgeister). Im Schachspiel der Hochfinanz zur Versklavung der Menschheit musste sie am Ende den in den U.S.A. und Europa erwachenden Patriotismus – der ihr überhaupt nicht gefällt – nutzen, um ihren Mann, Donald Trump, an die Spitze dieses Patriotismus' zu setzen, um die US-Elite zu besiegen. Sie war gezwungen, den erwachenden Patriotismus für sich zu instrumentalisieren und damit gewähren zu lassen. Trump ist einerseits zwar nicht echt (kein Patriot, sondern ein Hochfinanz-Globalist), aber dennoch wird sein kommender Sieg über die US-Elite nach Vorausschau Tolkiens auch gleichzeitig eine Niederlage für die Hochfinanz sein, den Patriotismus gewähren zu lassen, den Verlust der Kontrolle über das Denken der Menschen hinzunehmen und in der Folge ihren Tiefenstaat zuerst in den USA, dann weltweit, zu opfern. Sobald Trump seinen Kampf gegen die US-Elite gewonnen hat, wird dies also eine gute Nachricht für die Menschheit bedeuten. Denn Gorbags Tod in Minas Morgul, die Niederlage der US-Elite, wird die Tür sowohl für Frodos Entkommen aus Minas Morgul (die Befreiung des Denkens aus der Kontrolle durch die Massenmedien) als auch für Éowyns Sieg gegen den König der Ringgeister (das Ende des Tiefenstaats der Hochfinanz) öffnen.

Bei Tolkien sind diese Ereignisse nicht kausal miteinander verknüpft. Aber man sieht hier die tatsächlich bestehenden kausalen Zusammenhänge. Der Tod Gorbags ist vielleicht das entscheidende Ereignis im ganzen Herrn der Ringe. Das heißt, die kommende Niederlage der US-Elite ist das vielleicht entscheidende Ereignis der Menschheitsgeschichte hin zu Entwicklungen, die ganz am Ende zur Befreiung aller Menschen führen können, die ihrer Verantwortung nachkommen und diese Prozesse bewusst unterstützen und mitgehen.

Anschließend muss sie ihr Schachspiel zur Versklavung der Menschheit ohne ihre Dame fortsetzen, was ihr natürlich nicht gefallen kann und zum ersten Mal zeigen wird, dass längst nicht alles nach ihrem Willen läuft.

Aufgrund der inhärenten Natur des Egos, nur an sich zu denken, kann die Hochfinanz einerseits zwar Egos gegeneinander ausspielen und am Ende auch die US-Elite besiegen, aber sie kann einen Abfall ihrer Anhänger nicht verhindern, sei dies aus Egoismus, sei dies aufgrund eines erwachenden Gewissens oder erwachender Liebe.

Die US-Elite ist aus dem Tiefenstaat der Hochfinanz hervorgegangen. Sie war selbst zunächst nur eine als solche geschaffene Schachfigur der Hochfinanz (Gorbag ist Saurons Ork). Alle Elemente, die die US-Elite für ihren Kampf um die Macht über die Menschheit nutzte, waren Elemente des Tiefenstaats der Hochfinanz.

Der Sieg der Hochfinanz über die US-Elite war am Ende nur möglich, weil sie die erwachende Bevölkerung der U.S.A. für einen Kampf gegen den Tiefenstaat in den U.S.A. mobilisierte.

Und natürlich ist es auch weiterhin wichtig, die dunklen Machenschaften der Eliten ans Licht zu zerren, damit sie enden. Die Bemühungen, die Verbrecher, die zur US-Elite gehören, vor Gericht zu bringen, sollten nicht enden.

Es ist anzunehmen, dass die Hochfinanz die US-Elite lieber still und heimlich erledigen und Tribunale am liebsten vermeiden würde. Denn solche Tribunale bringen auch die Art der globalen Herrschaft der Hochfinanz ans Tageslicht. Daher wird die Hochfinanz die versiegelten Anklageschriften am Ende vermutlich nur zähneknirschend gewähren lassen, um die US-Elite endgültig aus dem Weg zu räumen, weil die Amerikaner weiter energisch darauf drängen, dass die Verbrecher vor Gericht gebracht werden, was sie hoffentlich tun werden. Hoffentlich werden genug Amerikaner nach dem Sieg über die US-Elite Q und Trump, die in Diensten der Hochfinanz stehen, nicht Folge leisten, wenn sie verlangen, dass 80% der Machenschaften der US-Elite im Dunklen bleiben sollen, damit die Hochfinanz ihren Tiefenstaat weiterführen kann. Wenn die Amerikaner sich nicht darauf einlassen und insistieren, dass alles ans Licht der Öffentlichkeit gebracht wird, wird auch der globale Tiefenstaat bloßgelegt werden, den zu bewahren Trumps und Q's finale Mission ist. Ihre Mission war von Anfang an: 1.) US-Elite eliminieren und 2.) den globalen Tiefenstaat bewahren.

Die Vertreter der Hochfinanz, wie Trump und Q, werden nur zähneknirschend einer vollständigen Offenlegung der Machenschaften der US-Elite zustimmen, weil dies dann bedeutet, dass die gesamte Art der Herrschaft der US-Elite, ihre Erpressungen, ihre Pädophilie, ihre satanischen Menschenopfer und die Orchestrierung all dieser Dinge durch Geheimgesellschaften in das Licht der allgemeinen Öffentlichkeit rücken. Diese Art der Herrschaft wird dann nicht nur in den U.S.A., sondern auch in ganz Europa und weltweit enden. Auf diese Art der Herrschaft, die sich die Hochfinanz vom 14.-18. Jahrhundert nach und nach geschaffen hatte, und mit der sie der Menschheit ihren Willen brutal aufzwang, wird sie demnächst nach Vorausschau Tolkiens und hoffentlich wirklich verzichten müssen, weil das Licht des öffentlichen Bewusstseins darauf fällt.

Dies ist das Opfer der Dame im Schachspiel der Hochfinanz um die Versklavung der Menschheit. Sie kann die Menschheit nur versklaven, wenn sie selbst unsichtbar bleibt. Und sie kann nach der öffentlichen Zerlegung der US-Elite am Ende nur unsichtbar bleiben, wenn sie ihren Tiefenstaat ganz opfert und sich zurückzieht. Sie wird bei denen sein, die mit dem Finger auf die bösen Verbrecher zeigen, und die den von ihrer Herrschaft abtrünnigen Verbrechern den Todesstoß geben. Sie wird selbst an der Spitze der „Guten" stehen.

Es wäre denkbar, dass die Hochfinanz erwägt, in den USA einen Militärputsch zu orchestrieren, um die US-Elite zu beseitigen und gleichzeitig eine Diktatur zu errichten. Sie wird sicher versuchen, das Ende der US-Elite für ihre Agenda zu nutzen. Aber laut Tolkiens Vorausschau wird sie am Ende dennoch ihren Tiefenstaat global opfern müssen.

Wenn die Hochfinanz ihren globalen Tiefenstaat opfern muss, um selbst auf Seiten der Guten stehen zu können, die für die Befreiung der Menschheit arbeiten, bzw. diese auch anführen zu können, werden viele Dinge, die zum Teil viele Jahrzehnte lang unterdrückt wurden, ans Licht kommen und für die Allgemeinheit zugänglich werden. Mit dem Tod des Königs der Ringgeister wird die Hochfinanz daher wahrscheinlich auch ihre Kontrolle des Bildungssektors, der Medizin und des Energiesektors verlieren. Das Denken wird sich zunehmend befreien, tatsächlich heilende medizinische Verfahren werden sich ausbreiten und alternative Energietechnologien werden sich verbreiten, die die bisherigen Technologien ablösen. Dies wird das Ende von Öl, Kohle, Gas, Kernkraft, aber auch von Wind- und Solarkraft einläuten, die alle durch viel effizientere und kostengünstigere umweltfreundliche Energiequellen ersetzt werden. Der als Geschäftsmodell der Eliten dienende Kampf gegen die Erderwärmung wird enden und wir werden uns auf die Lösung der wirklichen Umweltprobleme konzentrieren können und wahrscheinlich auch müssen.

Die Erde ist kein lebloser Klumpen Materie, sondern ein lebendes Wesen, dass in Kommunikation mit der Menschheit steht, die auf ihr lebt. Wenn die Erde sieht, dass sich eine Tür dafür öffnet, dass die Menschheit endlich ihr Herz für das Elend öffnet, das sie ihr antut, kann es gut sein, dass die Natur verstärkte Anzeichen ihrer Schädigung durch den Menschen zeigen wird, um uns in Aktion zu bringen. Wir müssen aufhören, Plastik ins Meer zu kippen und die Meere vom Plastik befreien und dafür sorgen, dass sich das Leben im Meer vom brutalen Missbrauch durch den Menschen erholen kann. Wir müssen die Abholzung/Brandrodung der Wälder zum Stillstand bringen. Wir müssen Bemühungen starten, die Erde im großen Stil wiederaufzuforsten. Gesunde Meere und genug Wald sind die beiden

Dinge, die die Erde vor allem anderen braucht, um sich regenerieren und wieder erholen zu können. Und ich denke, sie wird uns dies auch zeigen, sobald sich die Tür dafür öffnet, also sobald der Tiefenstaat der Hochfinanz entmachtet ist oder sich seine Entmachtung anbahnt. Dann endet unser Gefühl der Machtlosigkeit, dass wir nichts für die Erde tun können und wir werden zu ihrer (und unserer) Rettung aktiv werden können (und müssen).

Mit dem Verlust der Kontrolle des Energiesektors geht der Hochfinanz dann ein großer Pfeiler ihrer globalen Einnahmen verloren. Zeitgleich mit diesem Ereignis sehen Frodo und Sam den Tod des Königs der Ringgeister aus der Ferne, worauf wir noch einmal zurückkommen werden. Sie sehen, dass die teuflische schwarze Energiedecke aufreißt, die Mittelerde so lange bedeckt gehalten und kein Licht durchgelassen hatte.

Diese teuflische schwarze Energiedecke symbolisiert die Summe der Maßnahmen, die die Hochfinanz seit den Nachkriegsjahrzehnten ergriffen hat, um den Geist der Menschen zu verdunkeln und die Gesundheit zu zerrütten: Vergiftung der Nahrung durch Gifte in der Landwirtschaft, durch Chemtrails zur angeblichen Wettermanipulation, Verstrahlung der Umwelt durch Mikrowellen und gefährliche Technologien wie HAARP, als Beispiele. All dies hat Tolkien durch diese schwarze Decke über Mittelerde symbolisiert.

Durch das Ende des Tiefenstaats der Hochfinanz wird sich die Menschheit von diesen Übeln befreien können und „die schwarze Decke über Mittelerde wird aufreißen und weggeweht werden". Auch die Insektenbestände auf der Erde sollten sich erholen, wenn all dies endet.

König der Ringgeister kann nur von einer Frau getötet werden – Machtlosigkeit muss erst in der Aussenwelt beendet werden
Warum ist hier wirklich das Ende des Tiefenstaats (die Außenwelt) und nicht das Ende des Zinsgeldautomatismus' der Machtkonzentration oder das Ende des Teufelskreises der Machtlosigkeit (unsere Innenwelt) gemeint?

Éowyn stellt sich dem König der Ringgeister entschlossen in den Weg und will ihn hindern. Dieser verlacht sie, weil kein lebender Mann ihn hindern kann. Da lacht Éowyn und zeigt, dass sie kein Mann, sondern eine Frau ist.

In diesem Kontext bedeutet „Mann" Bewusstsein und „Frau" materielle Welt. (Der Mann steuert bei der Zeugung nur genetische Informationen bei, während die Frau alles Körperliche erschafft. Daher Mann = nur Information / Geist, Frau = Körper.)

Das heißt, dass der Teufelskreis der Machtlosigkeit in diesem Dunklen Zeitalter für uns durch Bewusstseinsarbeit allein nicht auflösbar und ein Bewusstsein unserer Möglichkeiten durch Bewusstseinsarbeit allein nicht erweckbar ist. Die Egokräfte im kollektiven Bewusstsein sind einfach zu stark und die unterdrückende Macht des Tiefenstaats der Hochfinanz zu heftig dafür. Es ist uns in unserer Zeit lediglich möglich, durch die selbstlosen Bemühungen vieler, vieler Menschen, den Tiefenstaat der Hochfinanz im Außen zu stoppen, so dass sie der Menschheit nicht mehr beliebig ihren Willen aufzwingen und sie in Macht- und Hilflosigkeit versetzen kann.

Großenteils parallel zum Geschehen zwischen Éowyn und dem König der Ringgeister findet in Minas Morgul ein Kampf zwischen zwei Orkparteien statt, der jenen Krieg der Eliten symbolisiert, den wir in Kapitel 4 besprochen haben. Auch dieser Krieg der Eliten findet im Außen statt und wir haben (hatten) keinen Einfluss auf dessen Verlauf. Dennoch ist (war) auch der Verlauf des Elitenkriegs mitentscheidend, dass wir den Tiefenstaat der Hochfinanz als Menschheit am Ende zu Fall bringen können. Diese Dinge müssen (mussten) im Außen stattfinden, um den Weg für unsere weitere Bewusstseinsentwicklung zu ebnen. Sonst würde die Transformationsreise der Menschheit nicht weitergehen.

In den Jahren 1950 bis heute liefen drei Prozesse gleichzeitig ab. Prozess 1, der Durchgang Frodos und Sams durch Kankras Höhle und ihr Entkommen aus Minas Morgul, den wir schon hatten. Prozess 2 Aragorns Weg durch die Pfade der Toten. Und Prozess 3, die Schlacht um Minas Tirith, beginnend mit dem Kampf um Osgiliath. Für den Sieg Gondors in der Schlacht um Minas Tirith war und ist der erfolgreiche Abschluss der beiden anderen Prozesse eine notwendige Bedingung. Prozess 1 wird nach Vorausschau Tolkiens demnächst von der Menschheit abgeschlossen. Um zu verstehen, was letztlich den noch nicht stattgefundenen Sieg zur Wiederherstellung der Integrität der Menschheit möglich machen wird, verlassen wir an dieser Stelle die Schlacht um Minas Tirith und fahren mit Aragorns Reise fort.

Aragorns Weg auf den Pfaden der Toten – Heilung unserer Integrität durch Selbstvergebung

Aragorn blickt in den Palantír von Orthanc. Seine Kraft reicht, um den Stein unter seine Kontrolle zu bringen. Im Stein sieht er eine Gefahr von Süden heranziehen, die Gondors sicheren Untergang bedeutet, wenn sie nicht abgewendet wird. Es ist eine Flotte der Korsaren von Umbar. Die einzige Chance, die Aragorn hat, diese Flotte aufzuhalten und Gondor dadurch vor dem Untergang zu bewahren, besteht darin, den kürzesten Weg zum Anduin zu beschreiten, um noch rechtzeitig dort anzulangen. Dieser kürzeste Weg zum Ziel heißt „die Pfade der Toten". Aragorn beschreitet diesen Pfad der Toten und ruft die Toten zum Stein von Erech. Als Aragorn mit seinen Landsleuten, sowie Legolas und Gimli am Dimhold den Pfad der Toten betritt, verabschiedet er sich noch von Éowyn. Diese will ihn unbedingt begleiten. Sie fühlt sich benachteiligt und eingesperrt. Sie träumt vom Ruhm in der Schlacht.

Beginnen wir die Entschlüsselung mit Éowyn. Sie symbolisiert den selbstlosen Dienst. Dass sie in dieser Szene nicht an den Kämpfen teilnehmen kann und von Ruhm träumt, symbolisiert Folgendes: Nach dem Zweiten Weltkrieg war die Kraft des selbstlosen Dienens im kollektiven Bewusstsein gefangen, weil der Teufelskreis der Minderwertigkeitsgefühle und der daraus resultierende Geltungsdrang der Menschen noch so stark war, dass eine Haltung wirklich selbstlosen Dienens noch nicht erwachen konnte. Es brauchte in den Jahrzehnten nach dem 2. Weltkrieg noch eine Phase, in der einerseits das Dunkel zunahm und parallel dazu die spirituellen Kräfte stärker wurden, bis schließlich eine kritische Masse erreicht wurde, dass das selbstlose Dienen erwachen konnte.

Das Betreten des Pfades der Toten am Dimhold fällt auf einen Zeitpunkt nicht lange nach dem 2. Weltkrieg. Dieser Prozess wird vermutlich nicht lange nach der Überwindung der Kontrollmacht des Tiefenstaats (Tod des Königs der Ringgeister) abgeschlossen sein, weil Aragorn, seine Waldläufer, Legolas und Gimli nicht lange nach dem Tode des Königs der Ringgeister in die Schlacht um Minas Tirith eingreifen. Es handelt sich also um einen Prozess, der zumindest noch einige Jahre weitergehen wird. Die Menschheit ist mit dem und durch den 2. Weltkrieg kollektiv bis in die 9. Schale ihrer Psyche erkrankt, leidet also unter massiven Schuldgefühlen, Rechtfertigungen, Ärger, Wut und Hass, und steht lange am Abgrund.

In den Nachkriegsjahren gelang es wohl nur einer kleinen, aber dennoch kritischen Anzahl von Menschen, ihren Willen ganz – das heißt frei von Ego – an Gott hinzugeben und damit einen entsprechenden Prozess in der westlichen Welt in Gang zu setzen. Dass Aragorn die Kontrolle über den Stein gewinnt und Sauron die Kontrolle über den Stein verliert, symbolisiert den Akt, den eigenen Willen mit dem Willen Gottes in Einklang zu bringen und das Ego ganz aus dem Spiel halten zu können.

Die Gefahr von Süden steht in einem ursächlichen Zusammenhang mit den Toten. Daher klären wir zuerst die Bedeutung der Toten.

Bei den Toten handelt es sich um Verräter und Verbrecher, die in der Zeit Isildurs ihren Eid gegenüber dem König gebrochen haben. Dadurch können sie keinen Frieden finden, belästigen die Lebenden und flößen jedem Furcht ein, der sich ihnen nähert.

Die Toten symbolisieren unsere ins Unterbewusstsein abgewanderten Schuldgefühle aufgrund der Sünden und Fehler, die wir in der Vergangenheit begangen haben. Der Eidbruch symbolisiert diese Sünden und Fehler, mit denen wir gegen unser Gewissen (den König von Gondor) verstoßen haben. Diese meist unterbewussten Schuldgefühle lassen uns keinen Frieden finden. „Belästigen die Lebenden" heißt, dass diese Schuldgefühle unsere Präsenz im Hier und Jetzt stören, so dass wir nicht richtig am Leben teilnehmen. Die Hinwendung zu diesen Schuldgefühlen, um sie aufzuarbeiten und aufzulösen, löst Angst ob einer Strafe für unsere Schuld aus, symbolisiert von der enormen Angst vor den Toten. Dass die Toten aus der Zeit Isildurs stammen, symbolisiert, dass sich diese verborgenen Schuldgefühle seit der Zeit des Untergangs der ethischen Kultur der Germanen immer mehr im kollektiven Unterbewusstsein der westlichen Welt angestaut haben. Für diese Schuldgefühle durch unsere Handlungen gegen unser Gewissen brauchen wir individuell und kollektiv Erlösung.

Beim Eintritt der Schar in den Dimhold hat Gimli mehr Angst als die anderen, obwohl ein Zwerg sonst leichter unter die Erde geht. Das Leben der Zwerge unter der Erde symbolisiert, dass der energetische Geist großenteils im Unbewussten arbeitet. Dass Gimli es fast nicht wagt, unter die Erde zu gehen, symbolisiert, dass die verdrängte und vergessene Schuld wegen alter Ereignisse, um die es bei diesem Durchgang geht, ebenfalls in unserem Unbewussten arbeitet, jedoch im Unbewussten des spirituellen Geists, das sich über viele Jahre, kollektiv über 1,5 Jahrtausende (seit Isildurs Tod), angesammelt hat. Und dieses Unbewusste löst einen viel größeren Schrecken für uns aus als das Unbewusste des energetischen Geists. Daher wagt Gimli es kaum, unter die Erde zu gehen.

Die Toten kommen nur selten hervor. Nur zu Zeiten von Unruhen und wenn viele sterben müssen, tun sie das. Das heißt, die verdrängte Schuld drängt nur selten auch gegen unseren Willen ganz in unser Bewusstsein. Eigentlich nur in Zeiten großer psychischer Belastung, wenn die Selbstheilkräfte überfordert sind. Durch seinen Durchgang auf den Pfaden der Toten hat Aragorn verhindert, dass sie hervorkommen. Das heißt durch die im Folgenden dargestellte Arbeit am eigenen Unbewussten wurden in der westlichen Kultur die schlimmsten psychischen Zustände noch abgewendet. Die Zustände im Westen sind schon schlimm, aber ohne das wäre alles noch viel schlimmer gekommen.

Durch die Hingabe des Willens an Gott wird das Bewusstsein geweckt, dass wir uns von unseren Schuldgefühlen ob der Fehler unserer Vergangenheit befreien müssen. Entweder wir müssen die Menschen aufsuchen, denen unsere Schuldgefühle gelten, und die Vorfälle ausräumen, so dass gegenseitige Vergebung und Frieden entsteht, oder – mit allen anderen Dingen – uns nach innen wenden, uns unserer Schuldgefühle bewusst werden, uns ihnen stellen und sie gezielt durch innere Selbstvergebung und Vergebung gegenüber Menschen, denen gegenüber noch ein gewisses Schuldgefühl oder ein gewisser Ärger oder eine Wut oder ein Vorwurf besteht, auflösen. Diese gezielte Auflösung unserer Schuldgefühle durch Hinwendung nach innen, durch die direkte Konfrontation der Schuldgefühle und ihre bewusste und gezielte Auflösung wird symbolisiert davon, dass Aragorn die Toten am Stein von Erech zusammenruft. Der Stein von Erech symbolisiert die ewige Wahrheit, dass Erlösung und Befreiung von den Fehlern der Vergangenheit nur durch Selbstvergebung und Vergebung erzielt werden kann. Denn die Vergangenheit ist in Wahrheit tot. Sie existiert nicht mehr. Nur durch Selbstvergebung und Vergebung können wir uns von den Ketten der Vergangenheit in unserem Geist befreien.

Wenn wir diese Arbeit der Selbstvergebung und Vergebung nicht leisten, verarbeitet unser Ego Schuldgefühle unbewusst und ungefragt zu Rechtfertigungen, Verstimmungen, Ärger, Groll, Beleidigtsein, Wut, Hass, schizophrenen Erkrankungen und anderen Formen der Projektion unserer Schuldgefühle. Dies führt leicht zu einer Neigung, andere Menschen aggressiv, (ver)-urteilend und vorwurfsvoll anzufahren und anzugreifen. Dieses urteilende, aggressive und vorwurfsvolle Verhalten und die damit einhergehenden Gedanken werden symbolisiert von den Korsaren von Umbar. Dies ist der direkte kausale Zusammenhang zwischen den Toten und den Korsaren von Umbar, weswegen Aragorn die Pfade der Toten beschreiten muss, um das Heer von Süden, die Korsaren von Umbar, aufzuhalten, damit die Schlacht von Minas Tirith, die Rettung der Integrität der Menschheit, gewonnen werden kann. Wir können unsere Integrität nicht herstellen und bewahren, wenn wir unsere von unterbewussten Schuldgefühlen gespeisten urteilenden, anklagenden und vorwurfsvollen Gedanken und daraus resultierenden Verhaltensweisen nicht auflösen.

Schließlich folgen die Toten Aragorn, so dass sie gemeinsam problemlos die Flotte der Korsaren von Umbar besiegen.

Wenn wir unsere verborgenen Schuldgefühle durch Selbstvergebung und Vergebung auflösen, enden auch unsere urteilenden, vorwurfsvollen Gedanken und wir werden zu einer Kraft, die einen mächtigen Beitrag zur Wiederherstellung der Rechtschaffenheit in der Gesellschaft leisten kann.

Dass Aragorn zuerst auf den Pfaden der Toten wandeln muss, bevor er nach Gondor gehen darf, heißt individuell wie kollektiv also: Es gibt keine Integrität, wenn wir unsere verborgenen Schuldgefühle und unsere lauernde, vielleicht auch tief verborgene Neigung, wütend zu werden, nicht zuerst durch Aussöhnung und Wiedergutmachung im Außen und Selbstvergebung ausheilen.

Nachdem die kollektive Lebenskraft der Menschheit mit dem Zweiten Weltkrieg bis in die 9. Schale der menschlichen Psyche erkrankt ist, wurde die Arbeit der Selbstvergebung und Vergebung für die Menschheit zu einer überlebensnotwendigen Angelegenheit. Bis 2001 war diese Arbeit sehr schwer. Zwischen 2001 und 2019? ist sie immer noch sehr schwer, aber schon leichter. Demnächst wird sie im Laufe der nächsten Jahre allmählich noch leichter werden.

Ohne diese Arbeit wäre der von Frodos Durchgang durch Kankras Höhle symbolisierte Prozess nicht erfolgreich gewesen.

Der Bedarf zur Heilung wurde offenbar von vielen erkannt und viele folgten dem Ruf in dem Bemühen, Heilung und Frieden für ihre Psyche zu finden.

Im Endeffekt genügt eine systematische und konsequente Arbeit der Selbstvergebung und Vergebung, um alle psychischen Erkrankungen auszuheilen, unter denen Menschen leiden können, solange der Wille zur Heilung in einem Menschen gegeben ist und stärker ist als die Kräfte des Egos in ihm. Denn das Ego will nur Recht behalten, sucht nach Mitteln, den eigenen Willen durchzusetzen, sich zu beklagen und Vorwürfe zu machen, sich gegen andere zu behaupten und sucht Bestätigung, dass das Problem bei den anderen liegt. Psychotherapien, die diese Haltung bedienen, schaden ihren Klienten.

Bezogen auf unser politisches Denken: Das urteilende Denken, die Korsaren von Umbar, entsteht dadurch, dass wir bei zunehmenden Konflikten streng an unserem Bedürfnis festhalten, dass wir die Guten und die anderen die Bösen sind. Unsere verborgenen, unterbewussten Schuldgefühle erzeugen dieses Bedürfnis in uns. Genau dieses Bedürfnis, über andere zu urteilen, um uns unschuldig fühlen zu können, erzeugt also die „Korsaren von Umbar in uns". Wenn unser Kampf um Integrität (die Schlacht um Minas Tirith) zu sehr von urteilenden Gedanken über andere eingefärbt wird, spaltet dies die ganze Gesellschaft und der Kampf um Integrität geht verloren.

Denn, wenn wir gegenüber anderen, in unseren Beziehungen und in der Welt unsere guten Absichten zum Ausdruck bringen und uns für eine gute Sache einsetzen, übersehen wir dabei leicht unseren eigenen Schatten, unsere eigenen unterbewussten Schuldgefühle hinter unseren positiven Absichten. Für unsere Mitmenschen sind diese aber spürbar. Dies führt dann zu Konflikten. Wenn unsere Konflikte nicht dazu führen, dass wir nach innen schauen und auch unser eigenes Bewusstsein durch Aufrichtigkeit und Selbstvergebung läutern, führen solche Konflikte leicht zu verhärteten Fronten. Wenn es in diesen Frontkriegen wichtiger wird, recht zu behalten, als die Konflikte zu lösen und Frieden herbeizuführen, werden die Egos der Beteiligten stärker. Wenn die Egos der Beteiligten stärker werden, kann immer der Spruch wahr werden: „Wenn zwei sich streiten, freut sich ein Dritter." Wir werden nämlich gegeneinander ausspielbar und geben unsere Macht leicht an Personen ab, die das Spiel, Menschen gegeneinander auszuspielen, perfekt beherrschen. Auf gesellschaftlicher und politischer Ebene wurde dieses Spiel über die Jahrhunderte, vor allem seit und mit der Erfindung politischer Parteien perfektioniert, und zwar von der verborgenen Hochfinanz, die alle Parteien unterstützt und gegeneinander ausspielt.

Durch die erstarrten ideologischen und parteilichen Front-Strukturen, die vorgeben, wer die Guten und wer die Bösen sind, kann die Hochfinanz ihre eigenen Egointeressen und Egoziele in den Mittelpunkt aller politischen Geschehnisse stellen, diese Ziele mit verschiedenen Ideologien und Parteien verknüpfen, so dass Menschen, die sich politisch für ihre gute Sache einsetzen, dabei in Wirklichkeit die politischen Ziele der Hochfinanz vorantreiben und in der Regel völlig ahnungslos sind, welcher Sache sie da in Wirklichkeit dienen, während sie immer vehementer für ihre Sache, z.B. die Erhaltung der Umwelt, Menschenrechte, Solidarität mit Zuwanderern oder Nichtdiskriminierung kämpfen. Sie erkennen nicht, dass dieser Kampf die Zustände verschlimmert, verstärken ihren Kampf dann und wundern sich immer mehr, dass die Welt „immer böser" wird. Da wir selbst ja „für das Gute und Richtige kämpfen", muss die Verschlimmerung an der Bosheit der Menschen mit anderen Ansichten liegen, die dann auch als die Bösen angegriffen werden, z.B. als Rechtsradikale, Nazis oder was sonst gerade politisch besonders inkorrekt ist. Der verzweifelte Kampf dieser Menschen wird von der Hochfinanz (ihren Massenmedien) dann auch gegen all die gelenkt, die aufwachen und das Spiel durchschauen, die dann diese Bösen sind. Zur Bestätigung dieses blinden Kampfes werden dann auch echte Rechtsradikale, Nazis und andere politisch Unkorrekte in jeglichen Widerstand gegen die Pläne der Hochfinanz eingeschleust, so dass die Richtigkeit des Kampfes „der Guten", der die Pläne der Hochfinanz vorantreibt, bestätigt wird.

Aufgrund der vielen Arbeit, die Menschen an ihrem Bewusstsein leisten und Vergebung und Selbstvergebung zu finden, steuern wir heute auf verschiedene Durchbrüche zu, die vom Entkommen Frodos aus Minas Morgul und dem Tod des Königs der Ringgeister symbolisiert werden.

Frodos Entkommen symbolisiert auch das Überwinden der Angst „politisch inkorrekt" zu sein, Aragorns Sieg über die Korsaren von Umbar symbolisiert die Bereitschaft, andere nicht mehr als „die Bösen" zu sehen, und der durch beides erwirkte Wendepunkt in der Schlacht um Minas Tirith symbolisiert die Fähigkeit, uns vor keinen ideologischen, Menschengruppen spaltenden und der Hochfinanz dienenden Karren mehr spannen zu lassen, anderen vorurteilsfrei in der Bereitschaft zur Zusammenarbeit zu begegnen und uns für das tatsächlich Gute und Richtige, Verbindende und Freimachende einzusetzen.

Schauen wir uns die Ziele der Hochfinanz noch einmal an und wer vor ihren Karren gespannt wird. Die Hochfinanz will: Aus der Bevölkerung der Welt eine amorphe Masse machen, die leicht formbar und nach ihrem Willen von einer einzigen zentralen Weltregierung lenkbar ist, dazu die nationalen Grenzen auflösen, die Institutionen zur Bewahrung nationaler Souveränität abschaffen, die Nationen auflösen, dazu in allen Ländern nicht einheimische Mehrheiten schaffen, dazu ein einklagbares Migrationsrecht aller durchsetzen, die Selbstversorgungsmöglichkeiten der Menschen und Kommunen zerstören, so dass sie von zentraler Versorgung abhängig sind, dazu die Menschen maximal vom Land in die Städte bewegen, dazu immer größere „Naturschutzgebiete" schaffen, so dass die Menschen das Recht und die Möglichkeiten verlieren, noch auf dem Land zu wohnen, wo sie unabhängig sein könnten, die Landwirtschaft immer mehr industrialisieren und zentralisieren, so dass einerseits die von den Bauern erzielbaren Lebensmittelpreise immer mehr sinken und sie noch mehr wachsen müssen und andererseits jegliche Bindung zwischen den Bauern und den Menschen in ihrer Gemeinde verloren geht und damit auch der soziale Zusammenhalt und die Bindung zu den wichtigsten Menschen in unserer Gesellschaft, denen, die uns mit Nahrung versorgen.

Es ist leicht zu sehen, welche Parteien und Ideologien für diese Ziele benutzt werden. Wenn ein Mensch zum Beispiel einen immer verzweifelteren Kampf um Nichtdiskriminierung und Fremdenfreundlichkeit führt, ist es leicht, einen solchen Menschen in einen Kampf gegen die Erwachenden zu führen, die sich den Zielen der Hochfinanz zur Auflösung ihrer Nation durch massive Zuwanderung, Abschaffung ihrer Grenzen und nationalen Institutionen entgegenstellen, und diese von Menschen in ihrem „Kampf für das Gute" als Rechtsradikale und Nazis bekämpfen zu lassen. Aber wie es gemäß Herr der Ringe aufgrund des uns vorausgesagten Siegs der Menschen von Rohan und Gondor über das Heer Saurons aussieht, werden wir auch diese Lektion lernen, genug Menschen werden die Pläne der Hochfinanz durchschauen und Frieden anstreben und wir werden das Parteiendenken überwinden, so dass die Hochfinanz schließlich Schritt für Schritt langsam zurückgedrängt und gehindert werden kann, ihre Pläne umzusetzen.

Der Sieg Aragorns in diesem Unterfangen sagt uns, dass die Menschheit den Prozess der Erlösung von ihren Schuldgefühlen durch Aussöhnung, Wiedergutmachung und Selbstvergebung erfolgreich zu Ende führen wird.

Aragorn kommt mit den Schiffen der Korsaren, um endlich in die Schlacht um Minas Tirith einzugreifen.

Sobald dieser Prozess bei einer kritischen Masse an Menschen abgeschlossen ist, wird im kollektiven Bewusstsein eine gewaltige Kraft freigesetzt, um die verlorene Integrität der Menschheit wiederherzustellen.

Dies wird vermutlich also in einigen Jahren so weit sein. Das Eingreifen Aragorns in die Schlacht um Minas Tirith, nachdem er die Toten erlöst hat, bedeutet einen rasanten Anstieg der Wahrheitsliebe und Gewissenhaftigkeit im kollektiven Bewusstsein, der in den Jahren nach dem jetzt anstehenden Durchbruch auf uns zukommen wird. Der Tiefenstaat der Hochfinanz hat diesen Anstieg noch mit Gewalt unterdrückt, aber sobald die Unterdrückung wegfällt, steigt die Wahrheitsliebe an wie ein Tischtennisball, der an die Luft schnellt. Daher greift Aragorn nicht lange nach dem Tod des Königs der Ringgeister ein.

Es gibt eine wichtige Unterscheidung, die aufgrund der urteilenden Gedanken (Korsaren von Umbar) im kollektiven Bewusstsein nicht richtig zum Zug kommt: Wir müssen stets unterscheiden zwischen den bösen Dingen, die von anderen Menschen getan werden, und den Menschen selbst. Für unsere eigene Integrität und für die Integrität in der Gesellschaft ist es wichtig, dass wir unrechte Taten, die von anderen Menschen begangen werden, ansprechen und stoppen. Es ist wichtig, diese Taten zu verurteilen. Genauso wichtig ist es, die Menschen, die diese unrechten Dinge tun, nicht zu verurteilen. Wie können andere Menschen wissen, dass sie Unrechtes tun, wenn ihre Mitmenschen sie nicht energisch darauf hinweisen und sie stoppen? Und um eine solche Zurechtweisung annehmen zu können, ist es wichtig zu spüren, dass die Menschen, die uns zurechtweisen, uns nicht verurteilen. Dann können wir spüren, dass die Zurechtweisung gegen die Tat geht, nicht gegen uns als Mensch.

Wenn wir in unseren Gedanken den Menschen verurteilen, der die unrechten Dinge tut, wissen wir auch, dass es ein Akt der Gewalt wäre, ihn verbal anzugehen. Und ein solcher Akt der Gewalt würde die Dinge eher verschlimmern. So sind es unsere ungelösten Schuldgefühle, die wir zu urteilenden Gedanken verarbeiten, die dazu führen, dass wir gegen das Unrecht, das in der Welt geschieht, keine richtige Stellung beziehen. Dadurch, dass wir nicht eintreten für das, was Recht wäre, machen wir uns mitschuldig. Im Endeffekt machen wir uns also durch unseren Mangel an Selbstvergebung und Vergebung und unsere resultierende Unfähigkeit, richtig gegen das Unrecht in der Welt Stellung zu beziehen, mitschuldig.

Aragorns Eingreifen in die Schlacht um Minas Tirith symbolisiert also, dass wir in einigen Jahren kollektiv gelernt haben werden, gegen unrechte Taten Stellung zu beziehen, ohne die Menschen, die das Unrecht tun, zu verurteilen (Sieg über die Korsaren). Dies wird der Hauptgrund für unsere kollektive Fähigkeit sein, Gerechtigkeit zu schaffen. Natürlich sollten wir nicht warten, bis andere so weit sind, sondern selbst vorangehen.

Schon heute spüren die Menschen in Europa, dass es nicht richtig und für unsere nationale Identität sogar sehr gefährlich ist, dass wir von Zuwanderern überschwemmt werden, von denen die meisten Wirtschaftsmigranten sind, die aufzunehmen wir moralisch nicht verpflichtet sind. Die Fähigkeit, Unrecht anzusprechen ohne die Menschen zu verurteilen, die es tun, wird den europäischen Völkern auch die Fähigkeit geben, sich gegen die unrechte Zuwanderung abzugrenzen, die volksfeindliche Zuwanderungspolitik der EU zu stoppen und vermutlich auch schon einen leicht rückläufigen Prozess in Gang zu setzen – dies alles auf achtsame, würdige und wertschätzende Weise als Maßnahme für die Bewahrung unserer Kultur, nicht als Maßnahme gegen Menschen.

Aragorn und Éomer begegnen sich – unwiderstehliche Kraft, wenn Wahrheitsliebe und Demut zusammenfliessen

Aragorn und Éomer begegnen sich in der Schlacht. Ihrer gemeinsamen Kraft können die Orks nichts entgegensetzen und fliehen in Scharen.

Die Begegnung von Aragorn und Éomer symbolisiert, dass die Menschen die Fähigkeit entwickeln werden, ihre Mitmenschen in aller Demut mit der Wahrheit zu konfrontieren. Eine in Demut gesprochene Wahrheit kann unangenehm sein und dennoch angenommen werden, weil der Wert des Adressaten als Mensch nicht in Frage gestellt wird. Vor dieser in Demut gesprochenen Wahrheit müssen die Lügen in der Gesellschaft weichen, weil sie dieser Kraft nichts entgegenzusetzen haben. – Es gibt Menschen, die auf aggressive Art anderen Menschen die Wahrheit ins Gesicht sagen. Solche Menschen sind eher wie die Korsaren von Umbar, da sie aus Ego sprechen und in ihren Mitmenschen Ego provozieren. Die Wahrheit ist dann eine unwiderstehliche Kraft, wenn sie in echter Demut und aus einem Bewusstsein tiefer Selbstvergebung und Vergebung, also aus einem tiefen inneren Frieden heraus gesprochen wird.

Vorbedingungen für den Sieg in der Schlacht um Minas Tirith

Am Ende ist es die Summe der folgenden Punkte, die zum Sieg in der Schlacht um Minas Tirith, der 4. Stufe der Zeitenwende, führt. Bei all diesen Punkten handelt es sich um notwendige Bedingungen, die eintreten mussten, bzw. heute, 2017, noch eintreten müssen, um den Sieg möglich zu machen:

1. Frodos Vordringen bis zum Cirith Ungol mit Sams Sieg über Kankra, gleichbedeutend mit der Ausheilung der 9. Schale des kollektiven Bewusstseins.
Dieser 1. Punkt ist 2001 eingetreten.
2. Frodos Entkommen aus Minas Morgul, gleichbedeutend mit der Ausheilung der 8. Schale des kollektiven Bewusstseins, was nicht lange nach der kommenden Niederlage der US-Elite gegen die Hochfinanz passieren sollte.
3. Éowyns Sieg über den König der Ringgeister, also das Ende des globalen Tiefenstaats der Hochfinanz, was seinerseits nicht zu lange nach Punkt 2 passieren sollte (schwer zu sagen, wie viele Jahre das sein werden).
4. Der Sieg Aragorns über die Korsaren von Umbar mit Hilfe der Toten, die ihm gefolgt sind. Dieser Prozess muss noch erfolgreich weitergeführt werden.

5. Aragorns und Éomers Verbindung in der Schlacht, gleichbedeutend mit der Verankerung von gewissenhafter Wahrheitsliebe und Demut im kollektiven Bewusstsein, so dass die zwischenmenschliche Konfrontation mit Wahrheiten in echter Demut erfolgt, so dass die Wahrheiten auch angenommen werden können. Die Stufen 2-5 müssen noch eintreten und sind uns gemäß der Symbolik Tolkiens in Aussicht gestellt.

Der Sieg in der Schlacht um Minas Tirith wird gleichbedeutend sein mit der Ausheilung der 6., 5. und 4. Schale im kollektiven Gemüt der Menschheit.

Und wenn auch diese letzten Punkte erfüllt und die mentalen Schalen des kollektiven Gemüts ausgeheilt sind, kann sich das Angesicht der Erde verwandeln. Wir werden diese Welt gegenüber jetzt kaum wiedererkennen, obwohl sich diese Punkte im Außen erst nach der Vernichtung des Einen Ringes, nach dem Ende des Zinsgeldsystem, voll entfalten werden, was u.U. noch einige Jahrzehnte weg sein kann. Das Folgende wird sich allmählich entfalten:

Das Parteiendenken wird enden und echte Demokratie möglich werden. Die Bedrohlichkeit der Gesellschaft wird verschwinden, Kriminalität, Gewalt und Vergewaltigungen werden zurückgehen und schließlich verschwinden.

Drogenkonsum und Drogenhandel werden zurückgehen und schließlich verschwinden.

Menschenhandel und Prostitution werden zurückgehen und schließlich verschwinden.

Die Kriege werden enden. Der Terror wird enden.

Gerechtigkeit und eine bleibende Integrität werden Einzug halten.

Familien werden wieder in Liebe verbunden bleiben und nicht zerbrechen.

All dies mag nach der Entmachtung des Tiefenstaats noch Jahrzehnte dauern, um sich ganz zu entfalten – vor allem wie gesagt noch bis nach dem Ende des Zinsgeldsystems – aber die Dinge werden sich in diese Richtung entwickeln, ins Positive, sobald die Macht, die den Erfolg positiver, lösungsorientierter Projekte bisher gebremst oder verhindert hat, gewichen ist.

Auch die Gesundheit der Menschheit wird sich dann radikal verbessern. Seit der Erkrankung der 5. Schale des kollektiven Bewusstseins gegen Ende des 18. JH nahmen die Krebserkrankungen immer mehr zu. Nach dem Ausheilen der 5. Schale im kommenden Jahrzehnt werden die

Krebserkrankungen auf natürliche Weise zurückgehen und schließlich ganz verschwinden.

Und es wird auch dann noch ein letzter entscheidender Schritt bleiben, um diese Veränderungen dauerhaft zu sichern und Gerechtigkeit, Frieden und Wohlstand der ganzen Menschheit dauerhaft zu machen. Es fehlt dann noch die sich global ausbreitende Zirkulation von zinsfrei fließendem Geld, die Vernichtung des Einen Ringes, die letzte Stufe der Zeitenwende in unserer Zeit.

FRODO UND SAM ERBLICKEN DEN TOD DES KÖNIGS DER RINGGEISTER – AUSWIRKUNGEN DES ENDES DER MACHT DES TIEFENSTAATS

Eines der ersten Dinge, die Frodo und Sam nach dem Entkommen aus Minas Morgul erleben, ist die Beobachtung des Hinscheidens des Königs der Ringgeister aus der Ferne.

Dies gibt uns den deutlichen Zeit-Marker, dass die aufregendsten Jahre der Menschheitsgeschichte jetzt bevorstehen:

Gorbags Tod = Entmachtung (und vielleicht auch Verurteilung) der US-Elite, durch die globale Hochfinanz, angeführt von ihrem Mann, Donald Trump, der die patriotischen Kräfte für diesen Sieg instrumentalisiert und benutzt (möglicherweise schon 2019/2020)

Frodos Entkommen aus Minas Morgul kurz nach Gorbags Tod = Zusammenbruch der Gedankensteuerung durch die Massenmedien in der Folge der Niederlage der US-Elite gegen die Hochfinanz und globale Befreiung des Denkens aus dem Griff der Massenmedien

Tod des Königs der Ringgeister = Zerschlagung und Auflösung des globalen Tiefenstaats der Hochfinanz aufgrund der beiden vorgenannten Punkte und des erwachenden, selbstlos dienenden Patriotismus' in der westlichen Welt

Wir sollten uns den Unterschied zwischen dem König der Ringgeister und Sauron selbst an dieser Stelle noch einmal bewusst machen: Wenn nach der Niederlage der US-Elite auch der Tiefenstaat der Hochfinanz zerschlagen wird, werden viele Menschen denken, die Hochfinanz selbst wäre am Ende. Das ist dann nicht der Fall. Die eigentlichen Machthaber werden weitermachen können. Der Unterschied zwischen Sauron und dem König der Ringgeister ist am Ende nur der, dass der König der Ringgeister jene Funktionselite symbolisiert, zu der auch die US-Elite gehört(e), die laut Tolkien weltweit entmachtet und zur Verantwortung gezogen werden wird. Die Menschen, die in dieser Phase ins Gefängnis oder aufs

Schafott wandern werden, sind nicht die Hochfinanz. In den USA ist es die US-Elite die ins Gefängnis wandert oder von der Todesstrafe ereilt wird, in Europa wird ähnliches geschehen. Die Hochfinanz kann ihren Tiefenstaat in Europa nicht halten, wenn er in den USA auseinandergenommen wird. Alle werden sehen, wie sie operiert haben, auch in Europa. Sauron steht nun für die Hochfinanz, die die Entmachtung ihres Apparats aufgrund ihrer Unsichtbarkeit überdauert und aufgrund ihrer schieren Riesenvermögen immer noch über definierende und steuernde Macht und Einfluss auf die Regierungen verfügt. Sie werden bis zum Schluss versuchen, eine Diktatur, ihre NWO, zu errichten. Dies wird erst enden, wenn sich unser Zinsgeldsystem zu einem zinsfrei fließenden System gewandelt hat. Die NWO ist nicht nur ein Terminus der US-Elite, sondern vor allem der Hochfinanz.

Frodo und Sam sehen die Veränderungen. Sam konstatiert, dass längst nicht mehr alles nach Saurons Willen geht, weil die Schwärze aufreißt, die kurz nach Gandalfs Ankunft in Minas Tirith von Mordor über Mittelerde aufzog.

Ergänzend zu den Deutungen weiter oben ist hier anzumerken, dass die Zeitgleichheit vom Ende des Tiefenstaats und dem Aufreißen der schwarzen Decke über Mittelerde darauf hinweist dass der Tiefenstaat noch nicht am Ende ist, solange wir am Himmel sehen können, dass massenhaft Chemtrails versprüht werden. Und das komplette, dauerhafte Ende der Chemtrails könnte dann ein Indikator für das Ende des Tiefenstaats sein.

Ein besonderes Anliegen sollte es für uns in den Gemeinden sein, die Bauern zu unterstützen, auf biologisch umzustellen, ohne dass diese Umstellung zu noch mehr Arbeit führt als sie sowieso schon haben und ohne ihre wirtschaftliche Existenz zu gefährden. Gemeinden könnten den Bauern z.B. Roboter bereitstellen, die die unerwünschten Kräuter aus dem Boden ziehen, so dass die Spritzmittel überflüssig werden. Sie könnten Gruppen von Freiwilligen organisieren, die den Bauern im Namen des Umweltschutzes und des Kampfes für das Wohl der Natur, die Mehrarbeit bei der Umstellung auf biologisch abnehmen. Der Deal ist: Kostenlose Unterstützung im Gegenzug für den Verzicht auf den Einsatz von Gift. Eine solche Einbindung der Bauern in die Gemeinden würde das Grundwasser reinigen, die lokale Lebensmittelversorgung auf 100% biologisch umstellen, in der Folge die Krankheitskosten dramatisch absenken, zur Erholung des Insektenbestands und der Bienen beitragen, das Band zwischen den Gemeinden und ihren Bauern stärken, den Bauern damit auch Direktvermarktungsmöglichkeiten erschließen und – vor allen Dingen – die Lebensmittelversorgung für den Fall sichern, dass die globale Wirtschaft zusammenbricht, was ja auch immer wahrscheinlicher wird. Dies wird im geplanten Band 6 „Ein Plan zur Befreiung der Völker" weiter ausgeführt. Die Gemeinden sind der Schlüssel für die finale Befreiung der Nationen, nicht die Parlamente. Und die Rettung der Bauern bei gleichzeitiger Rettung der Umwelt ist ein zentraler Teil der Lösung. Wenn die Bürger selbstlos und engagiert Verantwortung übernehmen, können wir die Probleme in den Gemeinden lösen, ohne dafür irgendwelche Gesetze ändern zu müssen.

Sam fragt Frodo, ob ihm die sichtbaren Veränderungen nicht Hoffnung machen und Frodo verneint. Das Ende des Tiefenstaats der Hochfinanz wird deutlich machen, dass längst nicht mehr alles so geht, wie die Hochfinanz es will. Aber sie hat sie noch ihre Steuerungsmöglichkeiten über das Geldsystem. Und diese wird sie nutzen, um den Menschen das Leben immer schwerer zu machen.

Das Zinsgeldsystem (der Eine Ring) besteht fort und wir sind noch mit diesem System identifiziert (Mordor) und solange es dieses System gibt, stellt es auch nach wie vor das mächtigste Machtwerkzeug der Hochfinanz dar, denn es produziert weiter wachsende Schulden, steigende Schuldzinslasten und steigende Steuern. Und mit den immer noch weiter anwachsenden Schuldzins- und Steuerlasten wird alles entsprechend schwerer, für unsere Arbeitskraft, die wir einbringen müssen, sowie für unsere entsprechend belastete Psyche. Machen wir da also weiter.

Frodos und Sams Reise zum Schicksalsberg – Zielgerade der Transformationsreise der Menschheit

In gewissem Sinne kommen Frodo und Sam erst nach dem Tod des Königs der Ringgeister richtig in Mordor an. Was heißt nun diese Ankunft der beiden in Mordor? Schauen wir uns erst wieder das Bewusstseins an, später das Außen.

Auf der Bewusstseinsebene bedeutet dies, dass unser kollektives Ego nun nur noch durch unsere Anhaftung an die Schuld projizierenden Konzepte (den Einen Ring) und durch unsere Identifikation mit diesen Konzepten als allein gültige Wahrheit (Mordor) an der Macht gehalten wird.

Frodo und Sam befinden sich in Mordor. Sie können nun immer wieder mal den Schicksalsberg und Saurons Turm sehen. Das heißt, die Transformationsreise der Menschheit wird nun so schwer, weil es um das Erwachen aus unserer Identifikation mit unseren Schuld projizierenden Ansichten als wären sie die Wahrheit (Mordor) und um die direkte Konfrontation und Auflösung des eigenen Egos geht, um die zielgerichtete Transformation unserer Egostrukturen.

Der Eine Ring stellt im Innen wie im Außen die eine fundamentale Verdrehung im menschlichen Leben dar, die unser Ego bewirkt hat. Der Eine Ring (unsere Schuld projizierenden Konzepte) bedeutet in unserem Bewusstsein die folgende fundamentale Verdrehung: Das wahre Selbst des Menschen ist selbstlose Liebe. Diese selbstlose Liebe ist von unserem Ego bedroht, auf das wir immer wieder verzichten müssen, um es schließlich zugunsten der selbstlosen Liebe, die wir sind, ganz auflösen zu können.

Die Wahrheit ist: Wir sind Liebe, die von Ego bedroht ist.

Die Verdrehung ist: Der Mensch ist böse und muss durch Beeinflussung von außen gut gemacht werden. Das ist das Denken unseres Egos, durch das wir in allen Konflikten und Meinungsverschiedenheiten uns selbst als die Guten und Wahren sehen und die anderen als die Bösen und Irrenden, die nur gut werden können, wenn sie auf irgendeinem Weg unsere „richtigen" Konzepte übernehmen. Das ist die fundamentale Verdrehung in uns, die Verlockung unseres Egos, die wir überwinden und auflösen müssen.

Etwas Schwereres als diese Verdrehung rückgängig zu machen, kann ein Mensch sich nicht vornehmen und genau darum geht es jetzt für die Menschheit. Genau da werden wir nicht lange nach dem Niedergang der US-Elite anlangen. Nur wenn wir diese Verdrehung in uns korrigieren, können wir wieder die selbstlose Liebe sein, als die wir geschaffen wurden.

Im Außen bedeutet Frodos und Sams Gang durch Mordor: Durch die Entmachtung der US-Elite, den Zusammenbruch der Gedankensteuerung der Völker durch die Massenmedien der Hochfinanz und das Ende des Tiefenstaats der Hochfinanz wird die Hochfinanz selbst jetzt nur noch durch 2 Dinge gestützt: 1. Den Einen Ring, also ihre Kontrolle des globalen Geldsystems zur Steuerung der Ereignisse auf der Erde und 2. Unsere kollektive Identifikation mit dem Zinsgeldsystem als gute Sache und die daraus resultierende Reformresistenz des Zinsgeldsystems (= Mordor).

Das sind die dem Sauron in uns und außerhalb von uns noch verbliebenen Waffen: Mordor und Der Eine Ring.

Unsere Identifikation mit dem und das daraus resultierende Festhalten am Zinsgeld hält die automatische Vermögensumverteilung zur Hochfinanz aufrecht. Sie wird dadurch weiterhin Milliarden verdienen.

Solange dies so ist, werden ihre Macht und ihre Möglichkeiten zur Schaffung eines Machtmonopols über uns aufrechterhalten. Sie wird nicht davon ablassen, ihre Milliardeneinnahmen genau dafür zu verwenden, gerade wenn sie es erst mal schafft, zu den Guten zu gehören, die den Wandel mitbewirkt haben. Die Menschheit ist noch nicht bereit, das Zinsgeld loszulassen und wird es auch lange noch nicht sein, nachdem wir diesen Dreierschritt – Entmachtung der US-Elite, Befreiung des Denkens aus der Kontrolle durch die Massenmedien, Zerschlagung des Tiefenstaats der Hochfinanz – durchlaufen haben. Die Menschen werden glauben, dass sie im Goldenen Zeitalter angekommen sein werden, wenn diese drei Schritte vollzogen sein werden. Es gibt Truther, Whistleblower und alternative Kanäle, die genau diesen Eindruck erwecken: Dass demnächst schon das Goldene Zeitalter kommen wird. Wer weiß, wer von diesen Aufklärern in ihrer „weisen" Voraussicht von der Hochfinanz ins Rennen geschickt oder geschickt durch „Insider" der Hochfinanz beeinflusst wurden, um auch im Niedergang des Tiefenstaats noch über „die Guten", über die Frontleute bestimmen zu können, die den Wandel mitbewirkt haben. Denn statt in der goldenen Zeit anzukommen, werden die Menschen feststellen, dass sie „in Mordor gelandet sind".

Warum ist es so schwer, Mordor zu durchschreiten und den Einen Ring zu vernichten? Das Zinsgeld hat sich im Verlauf der letzten 700 Jahre fest in das Unterbewusstsein der Völker eingebrannt. Viele, viele Menschen haben ihr Leben damit zugebracht, materielles Vermögen aufzubauen, das sie ihren Kindern hinterlassen können, damit diese es durch die Zinseinnahmen besser haben mögen als sie in ihrem Leben. Diese Pflicht zur Dankbarkeit für das, was unsere Vorfahren für uns erarbeitet haben, bindet viele Menschen fest an das System. Unser Unterbewusstsein empfindet es als Verrat, wenn wir aufgeben, was unsere Vorfahren uns unter so viel Mühen erarbeitet haben. Dies kommt zu unserer eigennützigen Anhaftung an das System hinzu. Und dabei geht es nicht einmal um das Aufgeben des Vermögen. In einem System zinsfreien Geldes können wir alles Vermögen behalten. Es geht nur um die Aufgabe leistungsloser Einnahmen – der Zinsen – für dieses Vermögen.

Erst wenn wir diese Identifikation und Anhaftung wandeln und auflösen und es uns in der Folge gelingt, zinsfrei fließendes Geld (der Wurf des Ringes in den Schicksalsberg) einzuführen, erst dann enden die milliardenschweren Zinseinnahmen und damit die Macht der Hochfinanz und sie wird sich auflösen.

Auch ohne ihren in den 1780er Jahren etablierten Tiefenstaat wird die Hochfinanz also noch sehr mächtig sein und ihre Ziele zur Schaffung eines weltweiten Machtmonopols weiterverfolgen.

Solange die Hochfinanz die alleinige Kontrolle über das Geldsystem hat, bestimmt sie darüber, wer im Rahmen des herrschenden Systems wirtschaftlichen Erfolg hat und wer nicht und wer wie lange. Sie kennt keine Freunde, nur Schachfiguren, auch untereinander. Jemand, der ausschließlich dem eigenen Ego dient, ist sich selbst kein Freund, sondern ein Sklave seines Egos und ein Feind seines eigenen wahren, von Gott geschaffenen Selbst. Und jemand, der sich selbst kein Freund ist, kann auch im Außen keine Freunde haben. Den Resonanzgesetzen gemäß kann er nur Menschen anziehen, die so sind wie er und ebenfalls nur an ihr eigenes Ego denken. Ein durch und durch egoistischer Mensch kann nur von Feinden umgeben sein. Deswegen gab es systeminhärent nichts, was die Hochfinanz gegen den Abfall der US-Elite tun konnte, sobald diese nicht genug Angst vor dem Selbstständigmachen hatte (Gorbag hatte nicht genug Angst, sich von Sauron selbstständig zu machen), außer diese am Ende fertig zu machen. Wer es sein Leben lang nur mit Feinden zu tun hat, entwickelt eine extrem hohe Intelligenz, um unter diesen Bedingungen überleben zu können, eine extrem hohe Intelligenz, die auf der grundlegenden Dummheit aufbaut zu glauben, gegen Gott, gegen die Liebe siegreich bleiben zu können. Durch ihre Kontrolle des globalen Geldsystems kann die Hochfinanz den Eindruck erwecken, dass alle möglichen Dinge, Parteien, Konzepte und Personen zum Erfolg oder Misserfolg führen. Alleine durch diese Steuerung von wirtschaftlichem Erfolg und Misserfolg kann sie das Denken und die Gunst der Menschen steuern, auch dann noch, wenn sie ihren Tiefenstaat verliert (Sauron und der Eine Ring sind noch da, wenn der König der Ringgeister schwindet). Alle unser herrschendes System beschreibenden Wirtschaftstheorien, die verschweigen, dass alleine die Hochfinanz die wirtschaftliche Entwicklung steuert, sind irreführend. Durch ihre Kontrolle des Geldsystems kann sie beliebige Szenarien entfalten, mit denen sich beliebige Theorien beweisen lassen, soweit sie dies will und ihr dies nützt. Nicht die Fähigkeit von Politikern führt eine Nation zu wirtschaftlichem Erfolg, sondern allein die Steuerung der Hochfinanz hinter diesen Politikern, wenn und solange sie dies so will. Durch ihre absolute Kontrolle über das Geld hat sie die absolute Kontrolle über die Materie und die Steuerung der materiellen Welt, solange wir an ihrem Geld kleben. Erst ganz am Ende, wenn die Menschheit aus ihrer Anhaftung an das Zinsgeld aufwacht und die Hochfinanz wegen der einsetzenden, greifenden zinsfreien Systeme mit dem Rücken zur Wand steht, erst dann wird sie diese Steuerungsmacht verlieren, wozu wir noch kommen.

Wir müssen in Bezug auf das Ende des Tiefenstaats der Hochfinanz auch bedenken, dass in jedem Regierungschef, jeder Marionette der Hochfinanz eine Art Severus Snape stecken kann, also ein Mensch, der in dem Maße rücksichtslos gegen sein eigenes Volk vorgeht, in dem er meint, dies zu müssen, damit seine wahren Absichten nicht erkannt werden. Und der die Seiten wechselt, sobald er kann oder er seinem Gewissen auch ohne Rücksicht auf seine Überlebenschancen entsprechend folgt, oder in dem Maße, in dem er dies im Rahmen seines Spielraums tun kann. Aber wenn zwei Eliten sich bekämpfen, kann ein Gesinnungswandel, Positionswandel, der nach außen hin als Läuterung verkauft wird, auch einfach nur ein Wechsel von der einen Elite zur anderen sein, von der verlierenden Elite zur siegreichen Elite. Manchmal ist es nicht oder kaum möglich, die Wahrheit im Herzen eines Menschen von außen zu erkennen. Das können am Ende nur Gott und die, die eins mit Gott geworden sind. Auch deswegen sollte sich ein integrer Staatsmann wenn möglich von echten Heiligen beraten lassen. Ich bin mir z.B. nicht sicher, ob Donald Trump ein 100%iger Gefolgsmann der Hochfinanz ist, oder nicht auch ein Severus Snape in ihm steckt, der zu passender Zeit der Hochfinanz noch ins Handwerk greifen kann, um Schaden vom amerikanischen Volk abzuwenden. Möglich. Jedenfalls entspricht das Gute, das er bisher tut, nur dem Plan und der Steuerung der Hochfinanz. Der Erfolg seines Vorgehens wird durch die Hochfinanz im Hintergrund bestimmt, nicht durch seine eigenen Fähigkeiten. Er wird dem amerikanischen Volk nicht mehr dienen, wenn die Hochfinanz es nicht mehr will.

Noch eine Anmerkung zur Federal Reserve Bank: Es ist zu vermuten, dass die Fed mit dem Niedergang der US-Elite verstaatlicht werden wird, um dadurch zu beweisen, dass die Eliten generell entmachtet wurden. Die Hochfinanz braucht keine private Zentralbank, um über das Geldsystem zu herrschen. Es ist nicht die private Geldschöpfung, der sie ihre Macht verdankt, sondern der Zins. Auch wird eine goldgedeckte Währung keine Probleme lösen, sondern die Deflationsgefahr erhöhen und der Hochfinanz noch mehr Macht geben.

Der fundamentalen Verdrehung in uns entspricht im Außen ein System, das den Kreditgeber (das Geld) über den Kreditnehmer (den Menschen, der die Zinsen erarbeiten muss) stellt. Daher müssen wir die innere

Verdrehung korrigieren und wieder mehr zu selbstloser Liebe werden, um auch die äußere Verdrehung korrigieren und ein zinsfrei fließendes Geld einführen zu können, das die Arbeitskraft, also den Menschen, wichtiger macht als das Geld, so dass das Geld von den Vermögenden weg und allen arbeitenden Menschen hinterherläuft und sich ihren Leistungen gemäß auf sie verteilt. Dies erfordert den Verzicht der Vermögenden auf die leistungslosen Einnahmen durch ihr Vermögen, an die sie sich über so lange Zeit gewöhnt haben, also ein Erwachen von mehr Selbstlosigkeit zugunsten des Wohlergehens der Gemeinschaft. Dies wird noch viele Jahre – vermutlich Jahrzehnte – brauchen und bringt wie es aussieht einen sehr schweren Prozess mit sich.

Frodos und Sams Reise symbolisiert also einen Transformationsprozess, der der Menschheit nach wie vor alles abverlangt. Während die Menschheit einerseits ein Ganzes ist, das in einem Boot sitzt, steht andererseits doch jeder Mensch an einem anderen Punkt seiner persönlichen spirituellen Reise und Entwicklung. Im Hinblick auf den Stand der Transformation in unserer Zeit lässt sich die Menschheit in vier Gruppen einteilen:

1. Gruppe: Menschen, die sich in einem Zustand befinden, bei dem „Sauron den Einen Ring auf seiner Hand trägt". Das sind Menschen, die an ihr Ego verloren gegangen sind, also Psychopathen, Teufelsanbeter, Satanisten und ähnliche Egos verschiedener Geistes- und Suchtkrankheit, die für ihre Mitmenschen sehr gefährlich sind oder werden können und ausschließlich ihrem eigenen Ego dienen. Das schließt vermutlich auch die Hochfinanz und weite Teile ihrer Funktionseliten ein, die über uns herrschen. Die Größe dieser Gruppe lässt sich aktuell auf ungefähr 1% der Menschheit einschätzen, wenn wir Pech haben vielleicht auch mehr.

2. Gruppe: Menschen, die das Auenland ihrer eigennützigen Interessen noch nicht verlassen haben und versuchen, das Leid in der Welt auszublenden, oder die verlangen, dass sich andere um dieses Leid kümmern sollen, z.B. die Regierung. Diese Menschen schlafen spirituell noch. Die Größe dieser Gruppe lässt sich auf immer noch >85% der Menschheit einschätzen, obwohl es immer, immer schwerer wird, noch zu schlafen, und obwohl seit Jahren immer mehr Menschen aufwachen. Diese Gruppe ist immer noch die Norm, das, was normal ist. Diese Menschen haben in der Regel ein gutes Herz, das aber schläft.

3. Gruppe: Menschen, die das Auenland ihrer eigennützigen Interessen verlassen haben und Verantwortung für ihren spirituellen Weg, die Linderung des Leids in der Welt, die Rettung der Natur und die konstruktive und zielführende Aufklärung ihrer Mitmenschen zu unserer Befreiung für ein souveränes Leben übernommen haben. Dies ist bis auf eine winzige Minderheit der Rest der Menschheit. Diese Gruppe wächst seit ca. 170 Jahren beständig an.

4. Gruppe: Die Menschen, die den Einen Ring in ihrem Bewusstsein bereits zerstört und sich von ihrem Ego befreit haben, also die Gruppe der Erleuchteten oder Befreiten. Die Größe dieser Gruppe schätze ich aktuell noch auf höchstens 0,001 Promille der Menschheit ein (schwer zu beziffern, weil es so wenige sind). Auch diese Gruppe wächst langsam an.

Zu dem Zeitpunkt in unserer Zukunft, der von der Vernichtung des Einen Ringes markiert ist, wandelt sich endgültig das Bewusstsein der gesamten Menschheit in Richtung des spirituellen Erwachens und der Befreiung vom Ego. Um diesen Punkt zu erreichen, muss vor allem die Zahl der Menschen in der 3. Gruppe, die spirituell Erwachten, vermutlich 25% erreichen. Dann wandelt sich die Welt endgültig. Wenn genug Menschen Gott so sehr lieben, dass sie ihr Ego dafür ganz aufgegeben haben, und wenn genug Menschen spirituell erwacht sind, dann kann Gottes Liebe im Herzen der Menschen diesen Planeten verwandeln und mit den Menschen und durch die Menschen ein Goldenes Zeitalter herbeiführen. Dann und nur und erst dann.

Bei Frodos und Sams schwerem Gang durch Mordor geht es für die Menschheit im Wesentlichen also darum, dass wir kollektiv aus unserem eigenen Willen heraus lernen, die großen Probleme in der Welt ohne Schuldgefühle anzuschauen, und unsere eigennützigen Interessen – vor allem die vermögensbezogenen – systematisch hintenanstellen, um unserer Verantwortung für die Welt nachzukommen.

Im Innen ist Mordor die Identifikation mit unseren Schuld projizierenden Konzepten, also unseren eigennützigen Interessen und Ansichten. Es sind unsere verborgenen Schuldgefühle, die uns an dieser Identifikation festhalten lassen.

Im Außen steht Mordor für die Reformresistenz des Zinsgeldsystems.

Der Zusammenhang ist wie folgt: Wenn wir nicht die Fähigkeit aufbringen, hinter unseren eigennützigen Interessen unsere verborgenen Schuldgefühle zu erkennen, sie uns zu vergeben und anderen Menschen zu vergeben, die wir als schuldig an uns ansehen, halten wir automatisch an unseren eigennützigen Interessen fest und gehen in die Projektion, ins Rechthaben und in den Ärger. In diesem Rechthaben übernehmen wir keine Verantwortung für Vergebung und Frieden. Vielmehr opfern wir unsere

Verantwortung, um Recht zu haben und an unseren eigennützigen Interessen festzuhalten. Wenn wir unserer Verantwortung für Vergebung und Frieden nicht nachkommen, entsteht in der Gesellschaft auch keine echte Kooperation für die Lösung von Problemen.

Wenn wir also an unseren Schuld projizierenden Ansichten, an unserem Rechthaben, festhalten, dann wirkt gleichzeitig auch die unterbewusste Identifikation damit, dass wir nur durch Vermögen zu denen gehören können, die Recht haben. Solange diese unterbewusste Identifikation da ist, bleibt es für uns wichtiger, unseren eigennützigen finanziellen Interessen zu dienen, als unserer Verantwortung für die Gesellschaft und für die Welt nachzukommen. Das ist unser Anteil daran, dass sich dieses destruktive Zinsgeldsystem, das droht, die Welt zu zerstören, nicht wandelt.

Es geht nicht darum, all unser Vermögen für das Wohl der Welt wegzugeben. Es geht auch nicht darum, unsere Pflichten im kleineren Rahmen zu vernachlässigen, um der Welt zu dienen. Eine Mutter oder ein Vater von Kindern, die ihren Pflichten zur Betreuung und finanziellen Versorgung ihrer Kinder nicht nachkommen, schaffen damit mehr Probleme als sie lösen könnten. Wie sollen solche Menschen die Welt verbessern?

Es geht nur um die Verlagerung unserer kollektiven Prioritäten:

Erste, oberste Priorität ist unsere Verantwortung zur Erfüllung unserer Pflichten gegenüber anderen. Zweite, untergeordnete Priorität, wenn überhaupt, sind unsere eigennützigen finanziellen und anderen Interessen.

Dieser Paradigmenwechsel ist kein intellektueller, sondern nur ein innerer Prozess, bei dem es um Selbstvergebung und Vergebung geht, um das Rechthaben und das Rechthaben in Form unserer eigennützigen Interessen loslassen zu können. Die Wahrheit der Seele ist, dass wir auf Seelenebene als Menschheit alle eins sind. Wir sind als die Seele, die wir in Wahrheit sind, für die Gesellschaft und die Menschheit verantwortlich.

In dem Maße, in dem wir uns dieser Verantwortung auch bewusst werden, sind die grauenhaften Zustände in der Welt nun geneigt, unsere Schuldgefühle auszulösen. Wenn wir diese projizieren und definieren, wer an allem schuld ist, haben wir mit der Schuldzuweisung den Verantwortlichen gefunden und lehnen unsere eigene Verantwortung damit ab.

Wenn wir bewusst lernen, durch Selbstvergebung unserer Schuldgefühle und ein Gefühl von Vergebung gegenüber den Schuldigen im Außen auf die Schuldprojektion zu verzichten, bringen wir uns damit in die Lage, unserer Verantwortung für die Welt nachzukommen. Und genau das ist es, was die Welt, was die Menschheit von jedem Einzelnen braucht.

Es ist nicht wichtig, wer Schuld hat. Es ist nur wichtig, dass wir selbst für die Zustände in der Welt verantwortlich sind und unserer Verantwortung nachkommen. Natürlich ist es wichtig, die Menschen zu stoppen, die gegen die Gesetze der Menschlichkeit verstoßen. Aber letztlich verstößt jeder Mensch, dessen erste und oberste Priorität in der Verfolgung seiner persönlichen und/oder finanziellen Vermögensinteressen besteht, bereits gegen die Gesetze der Menschlichkeit, weil er seiner Verantwortung für die Welt nicht nachkommt. Wenn ich definiere, dass ich nur für meine eigene Situation verantwortlich bin, lehne ich die Verantwortung für die Rückwirkung meiner Haltung und meines Handelns auf die Gesamtheit ab. Aber es ist genau diese Haltung, die die schrecklichen Zustände in der Welt erzeugt, wenn die Mehrheit diese Haltung einnimmt.

Es ist die Haltung des Egos. In dieser Haltung sind wir nicht grundsätzlich anders als die Hochfinanz. Und das Ego vieler ist es, das die Macht nach oben verteilt, so dass das Ego der Hochfinanz so viel Unheil anrichten kann. Das Ego der Hochfinanz und das Ego der großen Mehrheit ist es, das eine Welt der Trennung, des Leids und der Zerstörung erzeugt. Daher wird es nur in dem Maße möglich sein, die Hauptschuldigen an den Zuständen in der Welt zu stoppen, in dem wir selbst die Haltung des Egos verlassen und unserer Verantwortung für die Welt nachkommen. Nur wenn wir mit gutem Beispiel vorangehen, können am Ende die Schuldigen an den Zuständen aufgehalten werden. In Wirklichkeit machen wir uns also selbst schuldig, solange wir nicht mit gutem Beispiel vorangehen. Wir können uns selbst von dieser echten Schuld erlösen, indem wir in die Selbstvergebung kommen und Verantwortung für die Welt übernehmen.

Dieser Prozess des inneren Paradigmenwechsels in jedem Menschen, dieser Prozess der Selbstvergebung und Vergebung, um die Verantwortung zu übernehmen, die wir sehen wollen, bedeutet für die meisten derer, die diesen Prozess noch durchlaufen müssen, eine schwierige Umorientierung ihrer obersten Werte von ‚materialistisch' auf ‚verantwortlich für das Ganze'. Der Erfolg in diesem Prozess wird symbolisiert durch das Verlassen des Auenlands, der Erfolg in der endgültigen Befreiung vom Ego durch die erfolgreiche Vernichtung des Einen Ringes. Und Frodos und Sams extrem schwierige Reise durch Mordor symbolisiert, wie schwer der Menschheit dieser grundlegende Paradigmenwechsel und die Auflösung ihres Egos fällt. Denn die Reise durch Mordor wird für unser kollektives Bewusstsein nicht lange nach dem Niedergang der US-Elite beginnen und wird uns als Menschheit noch jahre-, bzw. jahrzehntelang beschäftigen.

Nachdem Frodo und Sam nun die Schatten-&Aschenberge und Minas Morgul überwunden haben, können sie den Schicksalsberg und den von ihm ausgehenden Rauch nun fast jederzeit sehen.

Nachdem wir unser Verlangen danach, Recht zu haben, und unser Verlangen nach Vermögen, das den Wirtschaftswachstumszwang in Gang hält, in einer kritischen Masse überwunden haben und ebenfalls in einer kritischen Masse der Angststeuerung durch die Massenmedien entkommen sein werden, werden wir im Anschluss mit dem noch tiefer in der menschlichen Psyche liegenden, unmittelbaren Problem konfrontiert, dass nicht nur die zunehmende Erkrankung der Menschheit in den letzten 700 Jahre, sondern in den letzten Jahrtausenden überhaupt verursacht hat. Der Schicksalsberg selbst symbolisiert den Mangel und die Glut in seinen Abgründen symbolisiert die Schuldgefühle, die den Mangel erzeugen.

Im Außen entspricht dem, dass die Schuldzinsen die materielle Armut und Not auf der Erde erzeugen. Wir müssen das Problem in unserer Psyche lösen, um das die Not in der Welt verursachende Zinsgeldsystem wandeln zu können. Der Rauch des Schicksalsbergs symbolisiert unsere schwelenden, unaufgelösten Schuldgefühle, die immer wieder geneigt sind, Wut und Ärger auszulösen, wenn sie im Angesicht der massiven Probleme in der Welt so stark werden, dass wir sie gegen andere richten, anstatt nach innen zu gehen und uns durch Selbstvergebung und Vergebung selbst von den Schuldgefühlen und dem davon ausgelösten Ärger zu erlösen, und unserer Verantwortung für die Welt nachzukommen. Es braucht also immer und immer wieder die Rückbesinnung darauf, Schuldgefühle, Wut und Ärger durch Selbstvergebung und Vergebung aufzulösen und unserer Verantwortung für die Welt nachzukommen. Vergebung und die Übernahme von Verantwortung gehören zusammen.

Frodo und Sam sehen zwar das Ende des Königs der Ringgeister in der Ferne und sehen, dass sich die Welt positiv wandelt, bekommen anschließend vom Sieg der Menschen in der Schlacht um Minas Tirith aber nicht viel mit.

Die Ausheilung der drei mentalen Schalen des kollektiven Gemüts der Menschheit und die damit verbundene Herstellung von Gerechtigkeit auf Erden ist einerseits eine Voraussetzung für die Möglichkeit, auch die drei energetischen Schalen des kollektiven Gemüts auszuheilen und unsere Schuld projizierenden Konzepte damit aufzulösen, andererseits wird der Prozess der Selbstvergebung und Vergebung und unsere Übernahme von Verantwortung dadurch nicht so sehr viel leichter.

Denn unsere Identifikation mit unseren Schuld projizierenden Konzepten und die dadurch bewirkte Reformresistenz des Zinsgeldsystems ist unbewusst. Unser mentaler Geist hat darauf keinen so sehr großen Einfluss. Immerhin kann durch die Heilung des mentalen Geists ins Bewusstsein rücken, dass es um Selbstvergebung und Vergebung und die Übernahme von Verantwortung geht, wir können wachsamer gegenüber den Strategien unseres Egos werden, die unser Ego gerne unbewusst halten würde, und der Heilungs- und Aufwachprozess kann zielgerichteter werden.

Gewicht des Einen Ringes – Zielgerade verlangt uns alles ab

Das Gewicht des Einen Ringes nimmt im Verlaufe des Herr der Ringe immer weiter zu, vor allem bei Frodos finalem Gang durch Mordor, so dass am Ende jeder Schritt, den Frodo tut, zu einer Qual wird. Auch bei diesem Aspekt des Herrn der Ringe gibt es eine enge Verbindung zwischen der inneren und äußeren Bedeutung der symbolischen Erzählung.

Auf der Bewusstseinsebene werden sowohl die Möglichkeiten als auch die Dringlichkeit, spirituell aufzuwachen und unsere Schuld projizierenden Konzepte aufzulösen, immer größer. Es sind diese Konzepte, die den Paradigmenwechsel bremsen. Die Möglichkeiten wachsen, weil es mit jedem erwachenden Menschen leichter wird, ebenfalls zu erwachen und unsere Schuldprojektionen aufzulösen. Die Dringlichkeit wächst, weil wir als Menschheit auf einen Punkt des Übergangs zusteuern, an dem wir das Dunkle Zeitalter hinter uns lassen. Die Zeit, vorher noch aufzuwachen, wird immer knapper. Das zunehmende Gewicht bedeutet, dass es immer schwieriger wird weiterzuschlafen, weil das Leben im Zustand des Schlafs immer unerträglicher wird. Unsere Seelen wollen, dass wir aufwachen. Für unser Gemüt, unsere Psyche wird unser Leben subjektiv immer schwerer. Das zunehmende Gewicht soll unseren Wünsch stärken, uns endlich davon zu befreien, was nur durch spirituelles Erwachen geht.

In der Außenwelt bedeutet dies, dass sich das Zinsgeldsystem trotz aller Mühen, es zu wandeln, immer noch weiter so dahinschleppt, ohne zusammenzubrechen. Solange wir gezwungen sind, mit und in diesem Geldsystem zu leben, müssen wir auch das immer noch weiter zunehmende Ungleichgewicht, das dieses System erzeugt, weiter tragen und ertragen. Die immer gigantischer werdende Verschuldung der Weltbevölkerung treibt immer noch erbarmungsloser die Automatismen des Zinsgeldes voran, die ihrerseits die Negativität in unserem kollektiven Gemüt anfachen, so dass es bis zum Schluss, bis zur Befreiung von diesem Geld durch zinsfrei fließendes Geld, extrem schwierig wird, unser Leben und unseren Alltag in Gang zu halten, trotz Ende des Tiefenstaats. Denn die immer größer werdenden Zinslasten bedeuten parallel einen noch weiter zunehmenden Verarmungsprozess der Weltbevölkerung. Das heißt, unser Geld wird immer knapper werden und der Kampf ums Überleben immer härter. Was wir noch an Reichtum haben, werden wir sukzessive verlieren.

Auf Seelenebene ist die Erfahrung, dem Zinsgeld nicht entkommen zu können, offensichtlich wichtig, da allein das extreme Leid, das vom Zinsgeld erzeugt wird, die nötige Transformation bewirkt, dass wir ganz am Ende auch kollektiv von diesem Geld ablassen und es gehen lassen können. Ohne dieses Leid würden wir unsere kollektive Anhaftung an Geld und zinsbringendes Vermögen nicht überwinden.

Am schlimmsten wird das Gewicht des Ringes für Frodo in einer kurzen Phase, in der Frodo und Sam gezwungen sind, ein Stück des Weges unter einem Orkkommandeur mitzulaufen und so zu tun als wären sie Orks. Diese Phase bedeutet, dass die Hochfinanz vermutlich noch einmal einen Versuch starten wird, harte, quasi-diktatorische Gewalt gegen die Bürger zu richten, die diese in eine verstärkte Anpassung zwingen, um keine staatliche Gewalt auf sich zu lenken, ähnlich der inneren Emigration der Deutschen während des 2. Weltkriegs.

Schon jetzt planen die Regierungen ja eine höhere Besteuerung der Immobilieneigentümer. Die Hochfinanz beutet dann nicht nur die arbeitende Bevölkerung maximal aus, sondern versucht auch von den Vermögenden und Reichen einzutreiben, was nur geht, um auch deren Vermögen in ihre Hände umzuverteilen.

Da sie nach wie vor trotz Ende des Tiefenstaats das Geld kontrolliert, kann sie das. Ziel ist nach wie vor die Versklavung der Menschheit, wobei alles Geld und alle Macht bei der Hochfinanz sind. Alle sollen gleich sein, außer der Hochfinanz, die etwas gleicher ist. Die Umverteilung auch von den Vermögenden zur Hochfinanz bedeutet natürlich auch eine Gleichmachung in der Form, dass alle Menschen reduziert werden auf den Status eines unvermögenden Arbeiters. Das ist dann der reale Kommunismus und niemand kann dem von der Hochfinanz gesteuerten Staat mehr widerstehen. Hier fallen dann Kapitalismus und Kommunismus in eins, da beide auf dasselbe Ergebnis hinauslaufen: Nämlich auf das Ergebnis einer kleine Elite, die über alle herrscht.

Die Hochfinanz plant, den gesamten Westen und ganz Europa zu deindustrialisieren und alle Spitzenindustrie nach China zu transferieren.

Das ist zum einen heute noch der Krieg der Hochfinanz gegen die US-Elite, ihr die Gelder aus ihrer Industrie zu rauben – Schagrats Kampf gegen Gorbag – zum anderen aber auch der Krieg der Hochfinanz gegen die keltisch-germanischen Völker und ihre Angst vor der spirituellen Kraft, Integrität und Intelligenz dieser Völker – Saurons Krieg gegen Aragorn und seine Angst vor Aragorn (auch noch lange nach dem Untergang der US-Elite): Die Hochfinanz will, dass sich die keltisch-germanischen Völker einen Widerstand gegen sie am Ende auch rein wirtschaftlich nicht mehr leisten können, weil ihnen das Geld ausgeht. Die Strategie der Hochfinanz, den ganzen Westen zu deindustrialisieren, kommt also zum bloßen Schuldenwachstum und den daraus abgeleiteten höheren Steuern hinzu: Beides bewirkt die ständige Zunahme des Gewichts des Einen Ringes. Wie es aussieht, könnte der Kampf ums wirtschaftliche Überleben ziemlich hart für uns werden.

Auch für dieses Ziel der Deindustrialisierung des Westens missbraucht die Hochfinanz unsere Liebe zur Natur und unser Umweltbewusstsein: Sie spielt unser Bedürfnis nach einer intakten Umwelt gegen unser Bedürfnis nach wirtschaftlicher Versorgung aus, um der Industrie in Europa so teure Umweltauflagen zu machen, dass sie mit China nicht mehr konkurrieren kann. So kann sie die westliche Welt auch im Namen des Umweltschutzes deindustrialisieren, d.h. verarmen, und damit entmachten. So fehlen uns dann die wirtschaftlichen Kapazitäten, uns ihren Zielen zu widersetzen. Mit China als totaler Dominator wird die Hochfinanz in Anbetracht der Obrigkeitshörigkeit der Chinesen unstoppbar sein. So ihr Plan.

Aber in dieser Phase wird den meisten westlichen Menschen endlich klar werden, dass der Eine Ring, das Zinsgeldsystem und in seiner Ergänzung der Kommunismus, nur Sauron dient, also nur der Hochfinanz, sonst niemandem.

Dass Frodo und Sam in Minas Morgul Orkkleider anziehen und dabei die Gorbag Orks meiden, symbolisiert eine kollektive Abkehr von den linken Konzepten, mit denen die US-Elite vorwiegend operiert hat. Vermutlich werden die Völker Europas also die vor allem von der US-Elite vorangestoßene Massenmigration zum Stoppen bringen, und die von den Massenmedien so beschimpften „populistischen" Parteien an die Regierung kommen. Die Hochfinanz wird diese „populistischen" Parteien benutzen, um das Volk immer rigoroser zu besteuern und maximal auszubeuten. Das Programm wird sein: „Maximale Anstrengungen zum Schuldenabbau (von dem niemals zugegeben wird, dass er systemisch unmöglich ist)."

Daran wird man erkennen, dass auch die „populistischen Parteien" von der Hochfinanz für ihre Zwecke benutzt werden. Wenn sie ihr Ziel der Auslöschung der europäischen Völker durch Massenzuwanderung nicht mehr weiterverfolgen kann, weil die US-Elite diese Strategie überreizt hat, wird die Hochfinanz die Völker Europas finanziell maximal schröpfen, um sie unten zu halten. (Die ständige Erhöhung des Gewichts des Einen Ringes.)

Mich erinnert die Passage, in der Frodo mit dem Orktrupp mitlaufen muss, an Alois Irlmaiers Voraussage einer Zeit, in der Europa unter eine Diktatur fällt, Deutschland von einem Stiernacken regiert wird und niemand mehr seine Steuern bezahlen kann. Aber augenscheinlich werden wir diese Phase der Diktatur überstehen, da gerade diese Diktatur allen zeigen wird, dass die Hochfinanz mit dem Ende der US-Elite und des Tiefenstaats noch nicht am Ende war. Diese kommende Diktatur wird die eigentliche Hochfinanz in die Sichtbarkeit rücken. Sauron ist nicht mehr unsichtbar. Die Vermögenden, auch die Millionäre, werden erkennen, dass da eine Hochfinanz am Werk ist, die versucht, allen alles wegzunehmen. Und die politisch Linken werden erkennen, dass diese hohe Besteuerung der Vermögenden und Millionäre dem kleinen Mann keinerlei Entlastung bringt. Alle leiden offensichtlich unter demselben Terror derselben Elite, so dass endlich eine zunehmende Bereitschaft entsteht, alle politischen Lager hinter uns zu lassen und zusammenzuarbeiten. Mit der Überwindung der kollektiven Angst und einer umsichtigen Besinnung auf das, was wir für unsere Befreiung tun können, wird diese Diktatur kollabieren. Es wird vor allem darum gehen, unseren Geist hoch zu halten und auf Gemeindeebene selbstlose Verantwortung für die Lösung der Probleme zu übernehmen. Die Gemeindeebene ist die, auf der wir wirklich etwas tun und echte Zusammenarbeit entwickeln können. Natürlich wird es extrem schwer werden, über all die vom Zinsgeldsystem erzeugten Belastungen hinaus und die einher damit steigenden Steuern auch noch einen selbstlosen Beitrag für die eigene Gemeinde zu leisten, um Strukturen zu schaffen, die uns tragen, wenn das Geldsystem kollabiert. Aber genau dieser selbstlose Dienst in Kooperation mit den anderen Mitgliedern unserer Gemeinde wird es sein, den wir als Gesellschaft brauchen werden. Der Wille zur Kooperation an einer Lösung muss stärker werden als die Kräfte der Spaltung, über die wir beherrschbar sind.

Es sollte uns nicht aus dem Gleichgewicht bringen, wenn die Hochfinanz uns in den nächsten Jahren immer mehr alles Vermögen, alles Geld wegnehmen wird, selbst dann noch, bzw. erst recht dann, wenn sie ihres Tiefenstaats beraubt wurde. Dieser Raubzug ist einerseits ihre letzte Chance und gehört andererseits zur spirituellen Lernerfahrung, die wir in dieser Zeit kollektiv machen müssen, um die nötige spirituelle Reife für den Zeitenübergang zu entwickeln. Es ist letztlich sekundär, wenn uns physisch fast alles weggenommen wird. Wichtig ist, dass wir unser Ziel der Befreiung vor Augen behalten, dass wir unseren Geist hochhalten, dass wir uns darauf fokussieren, Gutes zu tun, wo dies gebraucht wird, und in der Kooperation und im Gemeinschaftssinn stärker werden. Das ist wichtig. Wenn wir diese Lektion bestehen, wird die Macht der Hochfinanz – mit dem zinsfrei fließenden Geld – wegfallen und danach werden wir allen auch materiellen Wohlstand erfahren können, den wir uns nur wünschen können. Zuerst Gott, zuerst die Seele, dann wird alles andere von alleine nachziehen, sobald die Lektion kollektiv gelernt ist.

Dieser Transformationsprozess lässt sich nicht beschleunigen und es wäre gefährlich, ihn zu beschleunigen. Wir müssen ein Leben der Selbstlosigkeit, ein Leben ohne Ego, erst jahrelang einüben, bevor das Ego selbst ganz weichen kann. Wenn wir dies zu sehr beschleunigen, kann ein Rückfall folgen, der das Ego stärker macht. Genauso müssen wir ein gesellschaftliches Denken „von unten nach oben", mit der Macht an der Basis, erst einüben, damit der Wegfall zentraler Regierungen nicht zur Diktatur führt. Ein zu früher Wegfall der nationalen Regierung könnte Chaos hervorrufen, das zu einer Diktatur, z.B. von Brüssel aus, führt. Die Machtübernahme der Gemeinden kann nur auf natürlichem Weg Erfolg haben, aus der finalen Krise heraus. Noch einmal: Es ist für die meisten Experten kaum zu glauben, aber die kontinuierliche Zunahme des Gewichts des Einen Ringes deutet tatsächlich darauf hin, dass es bis ganz zum Schluss, bis zum Zeitenübergang, keinen Zusammenbruch, keine totale Wirtschaftskrise und keine Hyperinflation/Geldentwertung geben wird. Wenn die Geldentwertung kommt, steuern wir bereits auf das Ende zu. – Zu den weiteren Voraussagen Irlmaiers kommen wir weiter unten.

ZUG DER STREITMACHT DER MENSCHEN VOR DAS SCHWARZE TOR – ETHISCH ZIELGERICHTETE AUFLÖSUNG UNSERES EGOS

Schließlich sammelt sich eine große Streitmacht aus Gondor und Rohan vor dem Schwarzen Tor Mordors, um Sauron von Frodo und Sam abzulenken. Wenn wir auf unserem individuellen, spirituellen Weg an den Punkt kommen, dass unser eigenes Ego absolut unerträglich für uns wird, weil es immer, immer wieder versucht, eine Macht über uns zu gewinnen, die wir ihm nicht geben wollen, ist es wichtig, alle unsere Kräfte zu sammeln und zu fokussieren, und uns selbst immer wieder wachsam mit Unterscheidungsvermögen (Gandalf), gewissenhafter Wahrheitsliebe und Aufrichtigkeit (Aragorn und seine Landsleute), Demut (Éomer) und allen anderen spirituellen Qualitäten, die wir haben, prüfen.

Es ist am Ende wichtig, unser eigenes Ego völlig unerschrocken zu konfrontieren und ihm die Stirn zu bieten, bereit alles zu tun, was unser eigenes Ego so schwächen kann, dass gleichzeitig unsere Seelenkräfte stärker werden.

Wenn unser Fokus auf Selbstvergebung und Vergebung und Übernahme von Verantwortung für die Welt unser eigenes Ego und seine Renitenz gegenüber Transformation quasi direkt konfrontiert, ist die Wachsamkeit unseres Egos quasi mehr darauf gerichtet, eine Lücke in unsere Integrität zu reißen, als darauf, den Prozess der Vergebung zu verhindern. Das hilft uns auf dem Weg der Selbstvergebung und Vergebung zur endgültigen Auflösung unserer Schuldprojektion weiter. Am Ende ist der Beitrag unseres zielgerichteten, integren Bemühens, das unseren Egoversuchungen zur Kompromittierung unserer Integrität bewusst standhält, auch mitentscheidend.

Sams entscheidende Rolle – Wichtigkeit spiritueller Disziplin

Ohne Sam hat Frodo keine Chance auf Erfolg. Aber mit Sams Hilfe schafft Frodo es schließlich. Auch wenn es am Ende quasi Gollum ist, der den Einen Ring vernichtet.

Ohne eine gewohnheitsmäßige, positive Ausrichtung auf das Ziel, ohne diszipliniert positive Gedanken, ohne gewohnheitsmäßig ausgeführte spirituelle Übungen und einen regelmäßigen herzöffnenden Dienst an den notleidenden Menschen dieser Erde hätten wir keine Chance, das Ziel der Auflösung unserer Schuld projizierenden Konzepte durch Selbstvergebung und Vergebung auch zu erzielen.

Aber mit dieser gewohnheitsmäßigen, positiven spirituellen Disziplin können wir es am Ende schaffen.

Gollums entscheidender Beitrag – Beitrag Göttlicher Gnade

Dass es am Ende Gollum ist und nicht Frodo, der den Ring vernichtet, symbolisiert, dass wir die spirituelle Befreiung nicht aus eigener Kraft erzielen können. Unsere Identifikation mit unserem Schuld projizierenden Denken ist zu groß, um sie am Ende bewusst auflösen zu können.

Es bedarf also eines Akts Göttlicher Gnade, der uns hilft. Ganz zum Schluss wird unser Verlangen nach dem Rechthaben wieder aktiviert, um das Gefühl von „Ich" zu bewahren und zu schützen und die Trennung, die unser Ego ausmacht, aufrechtzuerhalten.

Gollum beißt den Ring von Frodos Hand und stürzt im Triumph mit dem Ring in den Abgrund. Sauron erschrickt und ruft nach den Ringgeistern, bevor er Mittelerde für immer verlässt.

Hier besteht eine Beziehung zwischen dem Einen Ring, Gollum und dem Abgrund des Schicksalsbergs, in den Gollum dann mit dem Ring stürzt. Dass Gollum Frodos Finger gleich mitabbeißt, symbolisiert, dass uns in diesem entscheidenden Moment der Befreiung das Heft des Handelns ganz aus der Hand genommen ist. Wir sind in diesem Moment ganz abhängig von Gottes Gnade, dass die Befreiung gelingt. Gollum, unser Verlangen nach dem Rechthaben in unseren Schuld projizierenden Ansichten ist ganz auf sich selbst, auf den Einen Ring, unsere Schuldprojektion, zurückgeworfen. In diesem Moment der Schwebe kann dann die Schuldprojektion durch einen letzten, endgültigen Akt der Selbstvergebung unserer Schuld, dass wir uns von Gott, unserem wahren Selbst, getrennt haben, aufgelöst werden, so dass die Schuldprojektion mitsamt unserem Verlangen, Recht darin zu haben, mit der vergebenen Schuld ins Nichts fällt und sich auflöst. Es gibt noch einen kurzen Moment des Erschreckens unseres Egos darüber, seine Kontrolle für immer zu verlieren, und den Impuls, diese Kontrolle wiederherzustellen. Aber wenn der obige Prozess durch Göttliche Gnade erfolgreich abläuft, löst sich auch unser Ego auf.

RINGVERNICHTUNG UND SAURONS ENDE – BEFREIUNG VOM EGO

Im Endeffekt verschwinden mit der Vernichtung des Einen Ringes auch Sauron, die Ringgeister und alle bösen Kreaturen Saurons.

Durch diesen finalen Akt der Erleuchtung durch Selbstvergebung unserer Urschuld der Trennung von Gott kann sich dann unser Ego nicht mehr halten und endet mitsamt den Ego-Teufelskreisen des Mangels, der Unzufriedenheit, Benachteiligung, Minderwertigkeit, Machtlosigkeit, des Zwanges, der Sinnlosigkeit, Angst und Schuld und der davon in uns erzeugten Negativität.

Das ist das Ziel der Reise. Für Frodo und Sam bleibt nun nichts mehr zu tun. Sie ergeben sich ihrem Schicksal.

Das ist das Ziel der Reise. Für unseren denkenden Verstand und unsere spirituelle Disziplin bleiben nach Erreichen des Ziels nichts mehr zu tun.

Dies ist das endgültige Loslassen. *Gandalf und die Adler retten Frodo und Sam.* Allerdings bewahrt die Unterscheidungskraft und totale Losgelöstheit der Gedanken das Auslöschen unseres Verstandes und wir können uns seiner noch nach Bedarf bedienen. Was folgt sind Erholung und Feiern.

An diesem von Tolkien verschlüsselten Zeitpunkt wird natürlich nicht die ganze Menschheit erleuchtet, sondern eine kritische Zahl von Menschen (von vermutlich immer noch deutlich weniger als 1 Promille der Menschheit), deren Ausstrahlung bewirkt, dass sich die persönlichen Prioritäten im kollektiven Bewusstsein von vorwiegend eigennützig auf vorwiegend verantwortungsbewusst für das Gemeinwohl umkehren werden. Diese kritische Masse an Erleuchteten reicht, um bei einer Durchbruchsmenge von 25% der Menschheit die Prioritäten umzukehren, von vorwiegend eigennützig auf vorwiegend verantwortungsbewusst gegenüber der Gemeinschaft.

1848 hat eine solche kritische Masse von unter 1% das Auenland ihrer eigennützigen Interessen verlassen. An diesem Zeitpunkt in der Zukunft steigt dieser Anteil auf die kritische Masse von vermutlich 25%. Und genau das wandelt die Welt vollkommen um. Es sind also die sehr kleine Minderheit der Menschen, die sich vom Ego befreien, und die 25% der Erwachten, die die Menschheit retten. Das ist der Grund, warum jeder einzelne Mensch, der aufwacht, sich auf den Weg macht und Verantwortung übernimmt, für die Menschheit so unendlich wertvoll ist.

In Bezug auf die genaueren Umstände, die in der Endzeit, am Ende des kollektiven Transformationsprozesses, eintreten werden, gibt es zahlreiche Voraussagen. Unter diesen schauen wir uns die Voraussage Alois Irlmaiers im Lichte der Symbolik des Herrn der Ringe nun näher an. Irlmaier ist dabei bei Weitem nicht der einzige Prophet, der von einem plötzlichen Angriff der Russen am Ende des Dunklen Zeitalters spricht.

ABGLEICH DER VORAUSSAGEN TOLKIENS UND IRLMAIERS

Bekanntermaßen gibt es viele Menschen, die Irlmaiers Prophezeihung eines plötzlichen Angriffs der Russen auf Deutschland mit dem Kommentar abtun: „Ach Irlmaier, das kommt doch aus dem Kalten Krieg. Das dient doch nur der Ansicht der westlichen Eliten, dass wir Russland für böse halten sollen. Das kann doch keiner mehr ernst nehmen. Außerdem ist das doch gefährlich, weil die westlichen Eliten einen Krieg gegen Russland führen wollen. Wer Irlmaier Glauben schenkt, tut doch nur den Eliten einen Gefallen."

Eine solche Analyse ist insofern ehrenvoll, als ein Friedenswunsch daraus spricht, ist aber zu eng gefasst und hat relevante Aspekte nicht im Blick, die wir uns im Folgenden anschauen werden.

Außer Irlmaier stammt die stärkste und glaubwürdigste weitere Quelle hierfür aus Garabandal in Nordspanien, wo die Heilige Jungfrau Maria in den Jahren 1961-65 vier spanischen Mädchen etwa 2000 Mal erschien. Darauf gehen wir später näher ein.

Hier zunächst nur das: 15 Jahre nach den Ereignissen von Garabandal interviewte ein Journalist eines der vier Mädchen, zu denen die Heilige Jungfrau immer sprach und fragte nach dem Zeitpunkt, wann die angekündigten Ereignisse der Endzeit – Warnung, Wunder und Strafgericht – eintreten werden.

Das befragte Mädchen meinte dazu: „Ja, es wird in dem Augenblick sein, wenn die Welt die Ankündigung am notwendigsten braucht." Er fragte: „Ja, wann ist das?" Und sie sagte: „Es ist dann, wenn Russland einen großen Teil der freien Welt unvorhergesehen und plötzlich überfallen und überfluten wird. Gott will nicht, dass das so schnell geschieht."

Interessanterweise hat sie gesagt „dass das so schnell geschieht" und nicht „dass das geschieht". Heißt das, der Angriff wird kaum abwendbar sein und ist nur eine Frage der Zeit?

Beide Prophezeiungen – sowohl die Irlmaiers als auch die der Heiligen Jungfrau – passen sehr genau zu den Ereignissen, die Tolkien rund um die finale Vernichtung des Einen Ringes verschlüsselt hat und liegen heute wahrscheinlich immer noch viele Jahre weit in der Zukunft. Wir werden beide Prophezeiungen im Folgenden mit den symbolischen Voraussagen Tolkiens vergleichen.

Anders als Alois Irlmaier und J.R.R. Tolkien bin ich kein Seher oder Prophet. Ich weiß nicht, was in Zukunft passieren wird.

Die folgenden Passagen versuchen auf der Grundlage des bisher Gesagten einen knappen Abgleich zwischen den inhaltlichen Voraussagen Alois Irlmaiers und den symbolischen Voraussagen Tolkiens, um eine grobe Wahrscheinlichkeit herauszuarbeiten, was vermutlich auf uns zukommt, warum es passieren wird und wie wir am besten mit dieser Voraussage umgehen.

Alles, was Tolkien vor Mitte der 1950er Jahre in symbolischer Form für die Zeit bis heute vorausgesagt ist, ist bisher auch so eingetreten. Es ist daher anzunehmen, dass auch die weiteren Bewusstseinsprozesse sehr wohl wie verschlüsselt stattfinden könnten.

Alois Irlmaier starb 1959 in Freilassing. Alle seine Voraussagen sind also von vor dieser Zeit. Mir ist kein moderner Seher bekannt, dessen Trefferquote so hoch wäre wie die Alois Irlmaiers. Praktisch alle seine Vorhersagen sind im Laufe der Jahrzehnte, seit er sie gemacht hat, auch so eingetreten, die persönlichen wie die allgemeinen, die viele, viele Menschen betreffen.

„*Es kommt eine Zeit, in der man Sprachen lernt, dann gibt es auch keine Grenzen mehr. Eine Währung wird es geben. Man wird Geld holen mit Pappdeckeln. Auch haben sie ein kleines, schwarzes Kästchen, wie eine Zigarillo-Schachtel, mit der sie sprechen und spielen.*"

Offensichtlich die EU, der Euro, die Zahlung mit EC- und Kreditkarten und die Smartphones, alles Jahrzehnte vorher richtig vorausgesagt.

Es kommen viele, viele Fremde ins Land.

Dies ist schon eingetreten und wie es aussieht kommen zumindest bis zum Sturz der US-Elite noch mehr.

Jetzt kommen die Passagen in Bezug auf die Endzeit, die noch nicht oder erst teilweise eingetreten sind und sich schon anbahnen:

„*Israel wird bedrängt. Um Israel herum ist es unruhig und kriegerisch. Diese Unruhen schwappen von Land zu Land. Dem Krieg selbst geht ein fruchtbares Jahr mit viel Obst und Getreide voraus, wenn die Bauern schon im März ihr Gras mähen. Die Leute meinen immer, dass alles so werden müsste, wie sie es wünschen. Ich aber sehe noch deutlicher als zuvor, dass ein neuer Krieg über uns kommen wird.*

Vor dem großen Krieg gibt es eine vorübergehende europäische Steuerdiktatur, die die Völker ausquetscht. In Deutschland kommt ein Stiernacken an die Macht, der das Volk mit Steuererhöhungen quält. Es gibt Steuern, die niemand mehr bezahlen kann.

Dann herrscht eine hohe Inflation.

Das Geld verliert mehr und mehr an Wert.

Bald darauf folgt die Revolution (Kampf mit Mord und Totschlag um die Nahrung, Versuch der Durchsetzung von Kriegsrecht zur Errichtung einer Diktatur und eine Revolution dagegen, in Deutschland und anderen Ländern).

Dann überfallen die Russen über Nacht Mitteleuropa."

Irlmaier hat detailliert beschrieben, wie der Angriff der Russen ablaufen wird. Dazu kommen wir weiter unten. Zunächst beschäftigen wir uns mit der Frage:

Worin besteht der innere Zusammenhang, die innere Logik in diesem Ablauf?

Wenn man sich die Geschehnisse der letzten Jahrzehnte vor dem Hintergrund der Aussagen Pikes über den 3. Weltkrieg anschaut, dürfte die weitere Planung der Hochfinanz in etwa so aussehen:

Die beiden Kriegsgegner lauten auf der einen Seite alle muslimischen Staaten in Nahost und auf der anderen Seite Israel, Europa und Nordamerika. Die Vorbereitung des Kriegs soll das Ergebnis herbeiführen, dass die Muslime maximalen Hass auf Israel und den Westen haben und die Menschen im Westen maximalen Hass auf die Muslime.

Durch die Radikalisierung auch der moderaten Muslime durch einen zunehmenden Hass auf den Westen, seine sittliche Verdorbenheit und politische Arroganz (Muslime werden im Westen ja als Terroristen diffamiert, gegen die man Krieg führen muss) sollten die muslimischen Staaten nach und nach zu einem Großkalifat zusammengefügt werden. Die arroganten Kriege des Westens gegen den Irak, Syrien und Afghanistan sollten zu einer Radikalisierung beitragen. Durch die jahrzehntelangen multimilliardenschweren Lieferungen allermodernster Waffen in die Staaten der Golfregion würde ein solches Kalifat von vorne herein ein sehr ernst zu nehmender und sehr gefährlicher militärischer Gegner sein.

Der Westen sollte zunächst mit radikalen Muslimen geflutet werden, damit die Menschen im Westen maximalen Hass auf Muslime entwickeln und den radikalisierten Islam und später das Großkalifat als gefährliche Bedrohung sehen. Später sollten die europäischen Regierungen die Radikalisierung auf beiden Seiten bis hin zu Bürgerkriegen zwischen Einheimischen und Muslimen vorantreiben.

Die Hochfinanz würde dabei sowohl im Westen als auch in Nahost die typischen weltanschaulichen Unterschiede zwischen westlichen Menschen und Muslimen als Aufhänger für die Eskalation nutzen, Unterschiede wie z.B. in Fragen einer Kinderehe.

Der Weltkrieg soll dann mit einem Angriff auf Israel starten, der durch den unrechtmäßigen Abriss der Al Aqsa Moschee in Jerusalem und den Bau des 3. Tempels an ihrer Stelle provoziert werden soll. Der Westen soll sich dabei verpflichtet sehen, Israel zu helfen. Der Hass der Westeuropäer auf die Muslime soll die westeuropäischen Staaten bereit machen, sich in den Krieg hineinziehen zu lassen. Wenn die westeuropäischen Staaten in größter Not sind, soll Russland zu Hilfe gerufen werden, um das Sowjetreich bis zum Atlantik auszudehnen. Zu diesem Zweck wird seit Jahren Putins Image als Patriot in den alternativen Medien aufgebaut. Soweit die ursprüngliche Planung.

Diese ursprüngliche Planung musste aufgrund des Erwachens der Menschen in den westlichen Völkern bereits etwas abgewandelt werden. Die USA sind als militärische Schutzmacht Israels nicht mehr sicher. Obwohl Trump Israel sehr hörig ist, kann damit gerechnet werden, dass zu viele Amerikaner die Israelhörigkeit Trumps nicht mitmachen und den illegalen Abriss der Al Aqsa Moschee und den genauso illegalen Bau des Dritten Tempels ablehnen und nicht auf Seiten Israels sein werden. Daher wurde mit Hilfe Putins in den letzten beiden Jahrzehnten Russland langsam als neue Schutzmacht Israels in Nahost aufgebaut, mit russischen Militärbasen in Georgien und Syrien.

Der Umstand, dass Russland als Schutzmacht für Israel für die Hochfinanz alternativlos geworden ist, kann sich auf zweierlei Weise positiv auf unsere Befreiungsbemühungen auswirken.

Erste positive Wirkung: Putin muss sich antizionistisch äußern, um als Patriot für eine Bewahrung und Befreiung der europäischen Völker aufzutreten. Wenn Russland dann gleichzeitig als Schutzmacht für Israel fungiert, ist dies ein Widerspruch, auf den man immer wieder hinweisen kann: Putins Schauspiel ist unglaubwürdig. Viele werden diesen Widerspruch zugestehen müssen und dann die Scheinheiligkeit Putins erkennen können. Viele werden die Planung der Hochfinanz, dass Russland in der Not der Westeuropäer zu Hilfe gerufen werden soll, um das Sowjetreich bis zum Atlantik auszudehnen, erkennen und Russland als angepriesene neue Hegemonialmacht ablehnen.

Zweite positive Wirkung: Dadurch dass sich Europa und Nordamerika nicht wie ursprünglich geplant schützend vor Israel stellen werden, wird der Hass der Muslime auf Israel sich nicht auf einen Hass auf den Westen ausdehnen. Tatsächlich wird die Ablehnung der Europäer gegen den Abriss der Al Aqsa Moschee die Wogen zwischen Europäern und Muslimen glätten. Dadurch dass die Europäer den Abriss der Al Aqsa Moschee und den Bau des Dritten Tempels mehrheitlich als Unrecht ablehnen werden, werden die moderaten Muslime in Europa nicht gegen den Westen radikalisierbar sein.

Nach dem Ende des Tiefenstaats wird vielleicht sogar eine Tür für eine Kommunikation unter Patrioten aufgehen: Die moderaten Muslime werden für die Argumentation offen sein, dass jedes Volk sein eigenes Land braucht, um seine Kultur bewahren zu können. Vielleicht werden Staatsverträge möglich: Entwicklungshilfe für Remigration. Es wird auch von unserer Bereitschaft zur Entwicklungshilfe für die Remigration abhängen.

Diese offensichtlichen Fehler im Ablauf des nun abgewandelten Konzepts des Tiefenstaats zu unserer Versklavung sind also aufgetreten, weil das Erwachen der Menschen im Westen bewirkt hat, den Gesamtplan für das Endszenarium zu ändern und Russland zu Israels Schutzmacht zu machen.

Sobald das von Tolkien verschlüsselte Ereignis eintritt, dass der Tiefenstaat der Hochfinanz entmachtet wird, steht die Hochfinanz ab diesem Zeitpunkt mit dem Rücken zur Wand. Als erstes wird sie also versuchen, ihre Kontrolle über das Geldsystem zu nutzen, ihre Zinsforderungen so maximal geltend zu machen, dass sie die Völker ausquetscht, Arbeitende, Hausbesitzer, Vermögendere und sogar die Reichen. Alle werden nun gleich vor der Finanzdiktatur, weil alle maximal geschröpft werden. Die finanziellen Daumenschrauben sind zunächst die mächtigste Waffe der Hochfinanz. Da ihr inzwischen aber der Tiefenstaat fehlt, befreien sich die Völker schließlich aus der Diktatur. Denn der große Nachteil für die Hochfinanz: Sie rückt in die Sichtbarkeit. Einher mit dieser zunehmenden Sichtbarkeit wird den Menschen immer mehr klar, dass sie ständig gegeneinander ausgespielt wurden. Auf diese Weise und durch das spirituelle Erwachen wird nach und nach Kooperation zwischen ehemals gespaltenen Lagern möglich, auch zwischen politisch Linken und Rechten. Mit dem abzusehenden Kollaps der Diktatur werden die Mitglieder der Hochfinanz verstärkt zur Verantwortung für ihre Verbrechen gezogen und vor Gericht gebracht. Darauf kommen wir wieder zurück.

Mit der Überwindung der Diktatur und der eigenen strafrechtlichen Verfolgung schrumpfen die Möglichkeiten der Hochfinanz, noch ihr Ziel der Weltdiktatur zu erreichen. Aber noch ist sie nicht zahnlos.

Seit die Zentralbanken ihre Kredite an die Geschäftsbanken für Zinsen von oder nahe 0% ausgeben und jetzt auch zu Negativzinsen übergehen, um das System am Leben zu halten, wächst der Anteil des ausgegebenen Geldes, der gehortet wird, immer weiter an. Der durchschnittliche Geldschein oder Girogeldbetrag zirkuliert immer langsamer. Es werden immer gigantischere Geldbeträge gehortet oder damit auf dem Devisenmarkt spekuliert und der Normalbürger kämpft mit einer zunehmenden Geldverknappung. Wenn der Tiefenstaat der Hochfinanz seine Unterdrückungsmacht verliert und die Errichtung einer Diktatur auf Dauer scheitert, endet damit nicht das ausgegebene Geld und die Geldhortung. Durch die rigorose Besteuerung der Vermögenden hat sich die Hortung lediglich noch weiter in den Händen der Hochfinanz konzentriert. Wenn einmal eine kritische Inflationshöhe erreicht wird, entsteht der psychologische

Effekt, dass die ganzen gehorteten Milliarden- und Billionenbeträge (in den Geldtresoren, auf dem Devisenmarkt und den Girokonten) nun in die Realwirtschaft drängen, weil die Besitzer des Geldes, noch etwas dafür bekommen möchten, bevor es wertlos wird. Das heißt, es gibt über kurz oder lang eine zwangsläufige Geldentwertung, sobald eine kritische Inflationshöhe einsetzt, die den psychologischen Effekt auslöst. Es ist mittlerweile, weil fast alles Geld bei der Hochfinanz ist, allerdings sehr viel wahrscheinlicher, dass die Hochfinanz die Geldentwertung in einer konzertierten Aktion als Waffe gegen die Menschheit einsetzt. Sie werden alle gleichzeitig aus dem Geld fliehen und was das Zeug hält Sachvermögen aufkaufen, so dass das Geld rasch wertlos wird.

Wenn das Geld keine Kaufkraft mehr hat, können wir uns nicht mehr genug zu essen kaufen. Die Wirtschaft funktioniert mit dem wertlos werdenden Geld nicht mehr. Die Versorgung bricht zusammen. Die Menschen haben nur noch die Nahrung, die sie gebunkert haben und die in ihrem Garten wächst.

Jetzt haben wir die Situation, dass überall in Europa vielleicht noch Millionen von Fremden gelandet sind, die genauso versorgt werden wollen wie die Europäer selbst. Wenn die Wirtschaft zusammenbricht, entbrennt ein Kampf um die Nahrungsmittel. Viele Menschen werden sich mit Gewalt nehmen, was sie brauchen. Wenn die Supermärkte geplündert sind, werden viele versuchen, sich die Vorräte in den privaten Häusern mit Gewalt zu nehmen. Sie werden sich organisieren und in die Häuser einbrechen. Die einheimischen Europäer werden sich zwangsläufig organisieren, um sich, ihr Leben und ihre Vorräte zu verteidigen. Das sind die von Irlmaier vorausgesagten Bürgerkriege. Diese Entwicklung lässt sich ohne Mathematikstudium vorausberechnen.

Dieses in den europäischen Gesellschaften ausbrechende Chaos wird also durch die Geldentwertung angestrebt. Die Absicht ist, dass die Menschen eine so starke Verrohung und Unmenschlichkeit entwickeln, dass die Hochfinanz die Ordnung mit Gewalt von oben herstellen muss, ihre Neue Weltordnung, also ihre Form der Diktatur über die Menschheit, wogegen dann revoltiert wird.

Damit dieses ausbrechende Chaos ausreichend groß ist, um ihre Neue Weltordnung einführen zu können, muss eine kritische Mindestzahl an Afrikanern, Arabern und Asiaten in den Ländern sein, die ein ausreichendes Chaos verursachen. Das ist der Grund, warum die Hochfinanz auch weiterhin so viele Fremde nach Europa bringen wird, wie die europäischen Völker sich dies bieten lassen. Jedenfalls, die Menschheit durch Geldentwertung zu versklaven, ist ein einmaliger Versuch. Wenn er scheitert, wacht die Menschheit auf, die Hochfinanz verliert ihren Krieg und die Menschheit kann sich befreien.

Aufmarsch der Armee des Westens vor dem Schwarzen Tor – gesellschaftliche Ebene

Nachdem die mentalen Schalen des kollektiven Gemüts ausgeheilt sind und die Menschen versuchen, Demokratie und Gerechtigkeit auf Erden herzustellen, wird vor allem nach der gescheiterten Errichtung einer Steuerdiktatur der Versuch unternommen werden, die Hochfinanz für ihre zahllosen Verbrechen gegen die Menschlichkeit im Verlauf der letzten Jahrzehnte, vor allem in Form der Kriege, zur Verantwortung zu ziehen. Man wird versuchen, sie nach geltendem Recht zur Verantwortung zu ziehen. Für diesen Fall hat die Hochfinanz auch schon einen lange vorbereiteten Plan, dessen Entfaltung Tolkien durch den Angriff von Saurons Armee auf die Armee des Westens verschlüsselt hat. Die Armee des Westens weiß, dass Sauron nicht kampflos weichen wird und mit allem, was er hat, angreifen wird. Sie geht trotzdem diesen Schritt, um Frodo zu helfen, den Ring zu vernichten. Das Heer der Menschen des Westens weiß, dass ihre einzige Chance letztlich darin besteht, dass es Frodo gelingt, den Einen Ring zu vernichten.

Mit dem Ziel, den „Einen Ring" in uns aufzulösen, stoßen wir natürlich auch immer wieder auf den Egoismus unserer Mitmenschen. Deren Ego aktiviert unser Ego, stärkeres Ego verstärkt unsere unterbewussten Schuldgefühle für unser Ego. Wir stehen immer in der Versuchung, zu stark werdende Schuldgefühle zu projizieren und um unser Rechthaben zu kämpfen. Den Einen Ring durch Selbstvergebung und Vergebung aufzulösen, ist also sehr schwer. Wenn die gesellschaftlichen Turbulenzen zu stark werden und die Vorwürfe in unsere Richtung zu heftig, kann unsere Fähigkeit zur Selbstvergebung und Vergebung leicht so überfordert werden, dass wir in die Schuldprojektion gehen müssen, quasi vor Wut explodieren müssen. Starke Unruhen, die von der Schlacht vor dem Schwarzen Tor Mordors symbolisiert werden, können also unsere Fähigkeit zur Selbstvergebung und Vergebung leicht überfordern und unauflösbare Egofronten schaffen.

Dass Mitten in den Unruhen die Hoffnung auf Frodo liegt, besagt für unser Bewusstsein also, dass unsere Hoffnung kollektiv also darin besteht, unseren Impuls zur Schuldprojektion nicht mehr aktivieren zu lassen und im Konflikt mit anderen bei aller Versorgungsnot innerlich im Frieden bleiben zu können, weil sich nur dann ein Hochschaukeln der Schuldgefühle und damit der Konflikte und Unruhen verhindern lässt.

Die Hoffnung auf Frodo bedeutet also die Hoffnung, kollektiv mitten in großen sozialen Unruhen im Frieden und in der Vergebung bleiben zu können, während wir uns für Lösungen einsetzen, die die Ursachen der Unruhen beseitigen, die also vor allem für genug Lebensmittel für alle sorgen. Wenn wir innerlich im Frieden bleiben und die nötigen Lösungen manifestieren können, die so tragfähig sind, dass sie die Unruhen beenden, verfehlen die Verursacher der Unruhen ihren Zweck und damit am Ende auch ihre Macht. Allerdings zeigt das Eingreifen der Adler zum Schluss, dass uns das vermutlich nicht ganz gelingen wird. Gott wird in der größten Bedrängnis seiner Anhänger vielleicht auch einen Schlussstrich ziehen und das Dunkle Zeitalter durch ein Strafgericht beenden, wie wir noch sehen werden. Der Zug des Heeres des Westens vor das Schwarze Tor bedeutet dann im Außen, dass es genug Menschen gibt, denen bewusst ist, dass mit der Ausheilung der mentalen Schalen nun langsam auch die Einführung eines zinsfrei fließenden Geldes möglich werden wird. Sie wissen, wenn die Hochfinanz zur Verantwortung gezogen werden soll, wird sie versuchen, Chaos auszulösen, um durch dieses Chaos der Strafverfolgung zu entkommen und vielleicht sogar noch ihre Neue Weltordnung einzuführen. Vielen dürfte klar sein, dass das Mittel der Wahl eine Geldentwertung sein wird. Wenn die Hochfinanz ihre gehorteten und sich auf dem internationalen Devisenmarkt befindlichen vielfachen Billionenvermögen gleichzeitig in die Weltwirtschaft schmeißt, um an Sachvermögen und öffentlicher Infrastruktur aufzukaufen, was sie nur kann, wird das Geld rasch wertlos werden. In der Geldentwertung wird es für die Menschen nun möglich und auch erforderlich, in den Gemeinden zinsfrei fließende Gemeindewährungen einzuführen, um die Wirtschaft in Gang zu halten und die Versorgung zu sichern. Das Heer zieht bewusst vor das Schwarze Tor, provoziert Sauron bewusst, um Frodo bei der Ringvernichtung zu helfen, heißt also, die Menschen provozieren die Hochfinanz bewusst mit der Strafverfolgung für ihre vielen Verbrechen, um die Geldentwertung auszulösen, die die Einführung des zinsfrei fließenden Geldes möglich macht. Die immer noch bestehende Anhaftung an die Verzinsung von Vermögen macht eine Geldentwertung erforderlich, um den letzten Schritt der Einführung eines zinsfrei fließenden Geldes kollektiv gehen zu können.

Frodo und Sam erklimmen den Schicksalsberg – Entwertung des Zinsgeldes

Der Schicksalsberg steht im Innen für die von den in der Tiefe unserer Psyche schlummernden Schuldgefühlen erzeugten Mangelgefühle. Er symbolisiert damit auch den Ego-Teufelskreis des Mangels. Frodos Ankunft am Schicksalsberg symbolisiert also einerseits, dass die Schalen des kollektiven Gemüts nun bis auf die 1. Schale ausgeheilt sich.

Es gibt nur noch diesen Teufelskreis des Mangels, der sich nun nur noch durch die endgültige Auflösung unserer Schuld projizierenden Konzepte selbst auflösen lässt. Diese äußerste Schale kann mit der erforderlichen kritischen Masse nur durch die endgültige Umkehrung der Prioritäten von vorwiegend eigennützig auf vorwiegend verantwortlich für das Gemeinwohl ausgeheilt werden.

Und das spiegelt sich im Außen durch die Einführung eines zinsfrei fließenden Geldes wider. Was 1932/33 von Tirol ausgehend nicht gelingen konnte, weil das kollektive Gemüt bis zur 8. Schale erkrankt war, ist nun ausheilbar.

Das Erreichen des Schicksalsbergs, also eine deutliche Aktivierung des Teufelskreises des Mangels deutet darauf hin, dass dies der Zeitpunkt ist, an dem das Zinsgeld wertlos wird. Es wird nicht lange nach dem Kollaps der Diktatur sein. Das Geschehen bei Frodo und vor dem Schwarzen Tor läuft also parallel und es gibt wie schon an anderen Stellen – z.B. der kausalen Verbindung zwischen dem Tod des Orks Gorbag, Frodos Entkommen aus Minas Morgul und dem Tod des Königs der Ringgeister – kausale Verbindungen, die nur durch die Entschlüsselung der Symbolik offensichtlich werden. Draußen (vor dem Schwarzen Tor) wird die Hochfinanz provoziert und sorgt für die Geldentwertung, die das Chaos in den Gesellschaften der Erde auslöst. Drinnen in Mordor beginnt in der Zeit der Geldentwertung und verschärften Versorgungsnot der Aufstieg zur Vernichtung des Einen Ringes, also der Gang der Gemeinden zur Überwindung der Versorgungsnot und davon ausgelösten Unruhen durch zinsfrei fließende Gemeindewährungen.

Ohne den Gang der Menschen vor das Schwarze Tor wird dies so nicht möglich sein. Das heißt ohne die Provokation der Hochfinanz durch Strafverfolgung, um das Zinsgeld wertlos zu machen und ohne das damit verbundene Risiko der Bürgerunruhen bewusst einzugehen, wird die Einführung des zinsfrei fließenden Geldes zur endgültigen Entmachtung der Hochfinanz wohl nicht möglich werden.

Auf der reinen Bewusstseinsebene braucht die Menschheit zur endgültigen Ausheilung auch dieser äußersten Schale des kollektiven Bewusstseins – also zur Ausheilung des Mangelbewusstseins in dieser Schale, das zu Geiz und Materialismus verarbeitet wird – die Erfahrung der Wertlosigkeit des Zinsgeldes, die Erfahrung des Mangels im Außen, um durch die mit dem zinsfrei fließenden Geld einhergehende solidarische Kooperation der Menschen in allen Bereichen direkt aus der Not heraus die Erfahrung von Fülle und Wohlstand zu machen. Endgültig heilsam ist die Erfahrung, dass wirklicher Reichtum aus der solidarischen Kooperation in der Gemeinschaft kommt. Das Zinsgeld ist wertlos, aber die Gemeinschaft erblüht im Wohlstand. Das ist die Heilung, in der Innen und Außen zusammenfließen: Die praktische Erfahrung, dass wir das Zinsgeld wirklich nicht brauchen.

Saurons Angriff auf die Armee des Westens – Noch eine Perspektive

Im Endeffekt geht es natürlich immer nur um das Bewusstsein der Menschen. Die Hochfinanz sieht sich selbst zwar als weit über der Menschheit stehend an, ist aber selbst natürlich auch nur ein Teil der Menschheit. Sie ist genauso zur spirituellen Transformation aufgefordert wie der Rest von uns. Dazu gehört dann auch, die eigenen Sünden aus der Vergangenheit aufzuräumen und die Verantwortung dafür zu übernehmen.

Da viele Mitglieder der Hochfinanz eine Transformation, bei der sie nicht nur ihre Macht endgültig verlieren, sondern auch im Gefängnis landen, bzw. in vielen Fällen auch ihr Leben durch die Todesstrafe verlieren werden, wahrscheinlich ablehnen werden, werden sie versuchen, all die nicht zu einer Transformation bereiten Egos in den Gesellschaften für ihre Zwecke zu aktivieren. Sie werden die Geldentwertung bewirken, um einen Kampf ums Überleben auszulösen, indem die Egointeressen im kollektiven Bewusstsein maximal angestachelt werden. Nur dadurch könnte noch ein der Hochfinanz dienender Kampf jeder gegen jeden entstehen.

Das Mittel, mit dem sie das tun werden, ist also die weltweite Hyperinflation und Geldentwertung, die auszulösen immer leichter und leichter, bzw. die zu vermeiden immer schwerer wird, seitdem die Zentralbanken immer mehr Milliardenbeträge quasi zu 0% Zins, bzw. mittlerweile zu Minuszinsen an die Geschäftsbanken ausgeben. All dieses Geld geht in die Hortung. Nur durch die Hortung wird die Geldentwertung überhaupt verhindert. Inhaber dieses gehorteten Geldes ist seit der gescheiterten Diktatur fast nur noch die Hochfinanz selbst, die dieses Geld über die Zinsströme und Steuereinnahmen wieder angesaugt hat. Sie kann also selbst den Zeitpunkt bestimmen, wann dieses Geld in die Realwirtschaft geworfen wird, um wertlos zu werden. Sie werden vermutlich in dem aus ihrer Sicht günstigsten oder drängendsten Moment konzertiert viel Sachvermögen kaufen und damit gleichzeitig aus dem Geld fliehen und ihr Sachvermögen vergrößern. Für die neuen Inhaber dieses Geldes wird es dann ziemlich schnell wertlos werden.

Der Zeitpunkt dafür wird also vermutlich mit der Zeit zusammenfallen, in der die Mitglieder der Hochfinanz vor Gericht gebracht werden, um sich für ihre Verbrechen zu verantworten. Auf diese Weise in die Enge getrieben, spielt sie nun also ihren vorletzten Trumpf aus, auf der Erde Chaos zu stiften, um vielleicht doch noch ihr Ordre ab Chao, ihre Neue Weltordnung zu etablieren.

Dies ist der Ausbruch von Saurons Armee, während die Armee des Westens vor dem Schwarzen Tor steht.

Voraus geht dem, dass Saurons Mund der Armee des Westens Frodos Mithrilhemd zeigt, um den Menschen ihre Hoffnung zu nehmen.

Die zur Verantwortung gezogenen Mitglieder der Hochfinanz werden ihrer Strafverfolgung also mit ähnlicher Arroganz begegnen wie die nationalsozialistischen Führer nach dem 2. Weltkrieg und versuchen, den Eindruck zu verbreiten, das Denken der Menschen hätte längst seinen Schutz verloren, und würde sowieso immer in die Irre zu führen sein. Sie werden noch einmal ihr ganzes Potential zur Verdrehung von Tatsachen und zur Verdrehung des Denkens ausspielen. Dann beginnt die letzte Schlacht.

Während des von der Geldentwertung ausgelösten Bürgerkriegs wird es wichtig sein, ganz zur Menschlichkeit zu erwachen, Solidarität zu zeigen, uns gegen Menschen und Horden zur Wehr zu setzen, die sich ihre Nahrung mit Gewalt nehmen wollen. Es kann überall wichtig werden, eine Bürgerwehr zu organisieren. Es kann wichtig werden, sofern Polizei und Militär mit dem Volk solidarisch sind, dass diese Waffen für eine Bürgerwehr organisieren. Wer auch immer sich auf diese Zeit vorbereiten will, sollte sich einen Waffenschein und Waffen zur Selbstverteidigung organisieren. Natürlich sollte so viel Gewaltfreiheit herrschen wie möglich, aber wenn wir zulassen, dass gewalttätige Horden uns alles rauben, machen wir uns mitschuldig, wenn wir die Möglichkeiten, für eine effektive Verteidigung zu sorgen, ungenutzt lassen. Pfefferspray und Tränengas können sicher auch helfen. Wir müssen mit den adäquaten Mitteln verteidigungsbereit sein. In und mit dieser Verteidigungsfähigkeit sollten wir den Gemeinschaftssinn so gut fördern wie wir können.

Und in diesem Kontext können wir die wirtschaftliche Lösung der Versorgungsprobleme etablieren.

Je besser die Gemeinden auf die anstehende Geldentwertung vorbereitet sind, desto schneller kann die Versorgungslage stabilisiert werden und desto geringer werden die Unruhen ausfallen. Falls es doch zu Unruhen kommt, ist die Wehrhaftigkeit mit Waffen einer der wichtigsten Punkte. Wenn Plünderer erfolgreich plündern, fühlen sie sich stark und bestätigt und werden zahlenmäßig mehr und mehr. Wenn wir sie stoppen, können sie umdenken und bei den Arbeiten zur Sicherung der Versorgung helfen. Sie zu stoppen, wird bei bewaffneten, gewaltbereiten Plünderern vielleicht nur mit Waffen möglich sein.

Natürlich, wenn es den Gemeinden gelingen könnte, das zinsfrei fließende Geld zu zirkulieren, sogar bevor es zur Entwertung des Zinsgeldes kommt, könnten wir von vorneherein unterbinden, dass die Versorgung sich verschlechtert und es überhaupt zu Plünderungen kommt. In dem Fall bräuchten wir dann auch keine Waffen zu unserer Verteidigung. In Anbetracht der Voraussagen Tolkiens und Irlmaiers ist allerdings zu bezweifeln, dass das Bewusstsein schon vor der Geldentwertung weit genug ist. Es sieht eher danach aus, dass wir die Geldentwertung zur endgültigen Desillusionierung und Transformationsbereitschaft brauchen. Die Mehrheit kann sich von der Anhaftung an dieses Geld erst lösen, wenn es wertlos wird, selbst nachdem die Diktatur ihnen schon das meiste davon weggenommen hat. Und selbst die Minderheit, die auch in der Geldentwertung ihre Anhaftung an verzinstes Vermögen nicht loslassen kann, kann noch versuchen, sich querzustellen, symbolisiert von Gollums Angriff kurz vor dem Ziel. Es ist also allen Gemeinden anzuraten, ein eigenes Gemeindegeld vorzubereiten und startklar zu haben UND für ihre Wehrhaftigkeit gegen Plünderer zu sorgen. Auch gemeindeeigene Lebensmittelvorräte für alle, welche von der Gemeinde bewacht werden, sind anzuraten.

Für diese Maßnahmen werden wir noch viele Jahre Zeit haben. Die Hochfinanz würde das Geldsystem nur aus zwei Gründen in die völlige Entwertung führen: 1. Im Kontext ihrer Kampagne zur Errichtung einer Neuen Weltordnung, wenn die benötigten Parameter, sprich die Erkrankung bis in die 9. Schale des kollektiven Gemüts, vorhanden sind. Dafür braucht sie einen Weltkrieg, in dessen Zuge eine Geldentwertung die Verzweiflung, Angst und Wut der Menschen noch weiter steigern würde. Diesen bevorzugten Grund schafft sie nicht: Wenn das Bewusstsein der Menschen zu hoch ist, führt ein globaler Zusammenbruch der Wirtschaft zu plötzlichen Vermögensverlusten. Wenn die Vermögensverluste zu plötzlich kommen, führen sie zur Desillusionierung über das System. Die Desillusionierung führt bei einem noch zu hohen Bewusstsein zum Aufwachen, das die Hochfinanz nicht will. 2. Wenn sie wegen Strafverfolgung mit dem Rücken zur Wand steht und durch das Chaos im Zuge einer Geldentwertung versucht, den Spieß umzudrehen.

Diese beiden Gründe geben uns die beruhigende Rückversicherung, dass die Hochfinanz auch in den kommenden Jahren alles in ihrer Macht stehende tun wird, um die Weltwirtschaft nicht zusammenbrechen zu lassen. Sie werden vielleicht Turbulenzen auslösen, um Angst zu erzeugen, sie werden die Daumenschrauben immer fester anziehen, uns immer ärmer machen, aber nicht das System zum Einstürzen bringen. Sie werden alles tun, es in Gang zu halten. Ein Zusammenbruch ohne Aussicht auf die Verwirklichung ihrer Neuen Weltordnung brächte ihre völlige Entmachtung mit sich. Erst wenn die Hochfinanz strafverfolgt wird und eine stärkere Inflation einsetzt, dann und erst dann geht es auf das Ende des Dunklen Zeitalters zu, für das wir gewappnet sein müssen.

WARNUNG AN SAURON, ANGRIFF DER ADLER, TOD SAURONS – WARNUNG, WUNDER UND STRAFGERICHT, PROPHEZEIHUNGEN VON GARABANDAL

Für die Hochfinanz ist es unerheblich, ob sie ihre Neue Weltordnung als kapitalistisches oder kommunistisches System oder als eine Mischung von beidem einführt. Solange eine kleine Riege von Menschen herrscht, die steuerbar ist, kann sich die Hochfinanz jeder Ideologie bedienen, die sich selbst als wahre Lösung sieht, die von oben nach unten durchgesetzt werden muss.

Sowjetische und kommunistische Staaten bedeuten eine Oligarchie, also eine Herrschaft weniger Menschen an der Spitze, die allen anderen ihre Gleichheit aufwingen.

Superkapitalistische Staaten bedeuten ebenfalls eine Oligarchie, da außer der Hochfinanz noch die Multimilliardäre mitherrschen. Der Rest ist zwar nicht gleich arm, aber der Unterschied zum Kommunismus wird durch die zunehmende Vernichtung des Mittelstands immer geringer.

Beides sind Oligarchien. Wesensmäßig ist kein Unterschied zwischen Kommunismus und Kapitalismus.

Daher sind auch Mischformen, wie sie seit den 1990er Jahren in Russland und China entstanden sind, leicht möglich: Hier gibt es jeweils eine mächtige und reiche Regierung und eine Reihe von Milliardären.

Obwohl Russland kein sowjetischer Staat mehr ist, scheinen sie aktuell auf dem Weg zurück dazu zu sein. Putin versucht zurzeit, Stalin zu rehabilitieren. Putin strebt diese Entwicklung vorgeblich an, um die Übernahme Russlands durch die Hochfinanz zu vermeiden und dem Land Souveränität zu verleihen. Er arbeitet daran, eine ähnliche Machtfülle anzusammeln wie einst Stalin.

Es sieht so aus, als hätte sich die Hochfinanz daher – sobald sie Anfang des 21. Jahrhunderts erkannte, dass sie den Patriotismus als Kraft für sich instrumentalisieren muss, um die US-Elite besiegen zu können – Russland ausgesucht und vielleicht auch Putin entsprechend aufgebaut, der angestrebten kommunistischen Weltdiktatur einen patriotischen Tarnanstrich zu geben, um den Bolschewismus auf eine Weise zu verbreiten, der sich anzuschließen auch viele Europäer versucht sein werden, sobald die US-Elite besiegt ist. So kann sie den Patriotismus für die Wiedererstarkung des Kommunismus nutzen, der in Garabandal vorausgesagt wurde. Und der Kommunismus wird für viele umso attraktiver sein, als das brutal ansteigende Gewicht des Einen Ringes in Mordor uns voraussagt, wie brutal die Menschheit erst recht nach dem Untergang der US-Elite und des globalen Tiefenstaats unter den Zinslasten (= dem Einen Ring) in den kommenden Jahren bis zum Ende des Dunklen Zeitalters noch leiden wird. In Russland wurde daher der Aufbau eines patriotischen Bolschewismus' vorangetrieben und Russland genug von der Leine gelassen, um seine Unabhängigkeitsbestrebungen glaubwürdig erscheinen zu lassen.

Vermutlich hat die Hochfinanz also schon vorausschauend, dass der linke Ansatz, den die US-Elite im Westen in ihrem Kampf um die Weltherrschaft so sehr übertrieben hat, nach dem Untergang der US-Elite im Westen unpopulär werden würde (Frodo und Sam tragen keine Kleider der Gorbag-Orks), einen neuen Weg überlegt und in der Gestalt Russlands auch gefunden, um ihre so zentral wichtigen linken Ideologien doch noch zu retten. Das zunehmende Gewicht des Einen Ringes in Mordor, die brutal zunehmenden Zinslasten, die die ganze Menschheit quälen und verarmen, machen ein für die Menschen attraktives Gegengewicht zum Kapitalismus erforderlich, damit die Dialektik der Hochfinanz funktionieren kann. Sie müssen beim Kommunismus Zuflucht suchen, um sie vom zinsfrei fließenden Geld fern zu halten. Und der Kommunismus lässt sich wohl nur durch die Verschmelzung mit dem russischen Patriotismus so weit retten, dass er für die Menschen im Westen als Zufluchtsmöglichkeit so attraktiv bleibt, dass sich die Westeuropäer um ideologische Unterstützung an

Russland wenden. Genau das hält Westeuropa dann noch im System, im Einen Ring, fest und vom zinsfrei fließenden Geld fern. Das russische patriotisch-bolschewistische Modell ist also vermutlich der letzte große Schachzug der Hochfinanz zur Verhinderung des zinsfrei fließenden Geldes. Und nach Vorausschau der Göttlichen Mutter von Garabandal scheint dieser Schachzug auch einen gewissen Erfolg zu haben.

Jedenfalls gibt es zum einen die Prophezeihung Irlmaiers, dass Russland Deutschland plötzlich überfällt. Und zum anderen gibt es auch noch die Prophezeihungen der Heiligen Jungfrau von Garabandal in Nordspanien aus den Jahren 1961-1965, die jungen Mädchen mitteilte, dass Russland, wenn die Zeit des Gerichts naht, plötzlich den Westen überfallen wird. Und dies werde geschehen, wenn der Kommunismus wiedererstarkt.

Hier sehen wir das Wiedererstarken eines ,patriotischen Bolschewismus' und eine alte Prophezeihung, bei der am helllichten Tag hunderte von Menschen zugegen waren, die davon spricht, dass der Überfall Russlands auf Europa geschehen wird, wenn der Bolschewismus wiedererstarkt.

Ich kann jedem empfehlen, sich die Ausführungen Armin Risis zu den Prophezeihungen von Garabandal auf YouTube anzuschauen. Die Mädchen, die die Botschaften überbrachten, wussten nicht einmal, was Kommunismus ist. Sie haben nur weitergegeben, was sie gesagt bekamen, ohne es zu verstehen. Selbst für die Erwachsenen war in den 1960ern eine Abschwächung des ,Kommunismus' noch in weiter Ferne. Es ist also unmöglich, dass die Mädchen sich diese Dinge selber ausdenken oder zusammenfantasieren konnten.

Ich halte es daher für ausgeschlossen, dass die Prophezeihungen von Garabandal in irgendeiner Weise gefälscht oder politisch motiviert sein könnten. Sie sind erstens im Einklang mit den Prophezeihungen Irlmaiers und entsprechen zweitens auch der Symbolik Tolkiens über die Endzeit, wenn der Eine Ring und Sauron vernichtet werden.

Die Heilige Jungfrau gab in Garabandal folgende Informationen über die Endzeit weiter (es handelt sich dabei nicht um gechanneltes Wissen; die vier Mädchen waren zwar in einem mystisch entrückten Zustand, aber jederzeit völlig wach und präsent und bei vollem Verstand):

1. *Zuerst gibt es eine Warnung*
2. *Dann gibt es ein Wunder*
3. *Und zuletzt gibt es ein Strafgericht.*

Schauen wir uns an, wie diese drei Prophezeihungen bei Tolkien verschlüsselt sein könnten.

1. Die Warnung

Als die Armee des Westens vor dem Schwarzen Tor Mordors steht, reiten Gandalf, Aragorn und einige andere vor das Tor, ohne dabei große Hoffnung zu haben, etwas Positives bewirken zu können. Gandalf sagt Saurons Mund, dass er und alle Diener Saurons in großer Gefahr schweben, wenn Sauron nicht zu neuen Erkenntnissen gelangt ist.

Das ist deutlich eine Warnung von der Art, von der die Heilige Jungfrau spricht, eine Warnung, die vielleicht nicht nur an die Hochfinanz, sondern an alle Menschen der Erde geht. Das Schwarze Tor symbolisiert die Einbahnstraßenkommunikation des Egos. Es symbolisiert also, dass hier zu Egos gesprochen wird, die in keiner Weise einsichtig sind. Dass die Boten ohne große Hoffnung vor das Schwarze Tor reiten, zeigt, dass keine so sehr große Hoffnung besteht, dass die Menschen, die auf ihrem Ego beharren, Einsicht und Reue zeigen werden, wenn sie eine Warnung erhalten. Es zeigt auch, dass zu diesem Zeitpunkt wahrscheinlich noch viele Menschen auf ihrem Ego und ihren Schuld zuweisenden Konzepten beharren und Gott in ihrem Herzen ablehnen werden.

Der Zeitpunkt, zu dem es zu der Warnung kommen wird, wird dann auch ein Hinweis sein, dass Gott sein Eingreifen nicht mehr viel weiter hinauszögern kann, weil er weiß, dass die Seinen – die, die sich an Gott halten – in den kommenden Wirren sehr bald dringend sein Eingreifen brauchen werden, weil sie zu sehr in Bedrängnis geraten werden.

Wenn diese Szene des Herrn der Ringe wirklich zur Warnung von Garabandal gehört, würde dies bedeuten, dass die Warnung unmittelbar vor den großen Unruhen ausgesprochen wird, die durch die Geldentwertung entstehen werden.

Vergleichen wir diese Szene im Herrn der Ringe mit der Warnung von Garabandal, von der das englische Wikipedia geschrieben hat (Übersetzung): „Die Warnung wird beschrieben als eine momentane Aufhebung der Zeit auf der ganzen Welt, währenddessen alle Menschen den Zustand ihrer Seele sehen werden und auch, wie sie ihre Lebenswege bessern sollten."

Eines der Mädchen, die mit der Heiligen Jungfrau gesprochen haben, hat dies so formuliert: „Wir werden die Warnung in uns selbst fühlen und es wird absolut klar sein, dass sie von Gott kommt. Wir werden den Schmerz fühlen, den wir Gott mit unseren Sünden zufügen."

Die Heilige Jungfrau von Garabandal hat also gesagt, dass diese Warnung weltweit allen Menschen zuteil wird. Man kann sich das so vorstellen, dass Gott die Zeit buchstäblich anhalten wird. Die gesamte Menschheit wird gewissermaßen aus der Zeit herausgenommen und jeder einzelnen Seele gezeigt, was sie angerichtet hat und worauf sie zusteuert. Man kann sich das wie einen inneren Film vorstellen, der vor den inneren Augen eines jeden einzelnen Menschen in einem zeitlosen Zustand abläuft, während wir alles fühlen, was wir anderen angetan haben. Vergleichbar ist dies vielleicht mit einer Nahtoderfahrung oder dem Film, der kurz vor dem Tod vor den Augen eines Menschen abläuft. Wir werden fühlen, wie andere Menschen und der Planet, auf dem wir leben, und die Lebewesen auf ihm sich aufgrund unserer Taten gefühlt haben und fühlen. Diese mehr als deutliche Warnung wird so etwas wie eine letzte Chance sein, unseren Sinn zu wandeln, Reue zu zeigen, unserem eigenen Ego (und anderen Egos, die uns ins Verderben führen) die Gefolgschaft zu kündigen und umzukehren.

Dennoch scheint der Himmel keine so große Hoffnung zu haben, dass viele Menschen Einsicht zeigen, umkehren und von ihrem Ego (Sauron) ablassen.

2. Das Wunder
Mitten im Kampflärm wendet sich Gandalf um und sieht, dass die Adler des Nordens kommen. Mit lauter Stimme, die den Schlachtlärm übertönt, ruft er, dass die Adler kommen. Mordors Kriegsknechte werden verunsichert. Die Adler greifen geradezu die Ringgeister an.

Dies symbolisiert, dass mitten in den Unruhen der Endzeit – bzw. wohl eher gegen deren Ende zu – etwas so deutlich und klar (Gandalf und die Adler) vor das Bewusstsein der Menschen treten wird, dass ein starkes Gefühl vermittelt, dass die Wege des Egos keine Chance haben werden. Es ist wie eine kurzfristige Hinwegnahme des vom Ego erzeugten Negativen (der Angriff auf die Ringgeister und die Verunsicherung der Diener Saurons), die einen Eindruck der Macht Gottes vermittelt. Vielleicht manifestiert sich damit einher auch in der Außenwelt ein Wunder.

Die Kinder Garabandals sprachen von einer Feuersäule. In den vedischen Schriften galt eine Feuersäule als eine der Formen (Symbole) Shivas, also der erleuchtenden und (Ego) auflösenden Kraft Gottes. Dies würde zur kurzfristigen Wegnahme des Negativem im Geist der Menschen passen, die Tolkien symbolisiert hat, damit auch die stark egoverhafteten Menschen kurz Gott schauen können.

Nach der negativen Vorausschau, der Warnung (sieh, was Du getan hast und was Du Dir selbst erzeugst), kommt also noch eine positive Schau, eine Demonstration der positiven Macht und Herrlichkeit Gottes, unser

Bewusstsein von Negativität und Ego zu befreien. Damit geht Gott dann noch weiter, um seine Kinder zu retten, weil er sogar den egoverhafteten Seelen kurz seine Herrlichkeit zeigt. Es ist wie eine letzte, dringende Bitte umzukehren, denn Gott will das Strafgericht eigentlich für niemanden.

Dies ist dann nach der letzten Chance also so etwas wie eine allerletzte Chance. Manche Seelen, die die Warnung abgeschüttelt haben, werden vielleicht noch durch ein Wunder erreicht, das ihnen die positive Macht Gottes vor Augen führt und kehren in diesem allerletzten Moment vielleicht noch um, weil sie die Wahrheit erkennen.

3. Das Strafgericht

Dann wird der Ring vernichtet und Sauron und die Ringgeister schwinden.

Dies bedeutet für die Außenwelt, dass die egoistischen Menschen und Organisationen endgültig von Gott gestoppt werden. Im kollektiven Bewusstsein gewinnt die Liebe zu Gott die Oberhand über den Egoismus. Eine einen Durchbruch erzeugende Zahl von Menschen lässt von ihren Schuld projizierenden Konzepten ab und übernimmt echte Verantwortung für eine bessere Welt.

Das zinsfrei fließende Geld hat Erfolg. Die Bemühungen, es zu stoppen, scheitern. Damit ist der Eine Ring vernichtet, die Hochfinanz verliert ihre Zinseinnahmen und die Welt kann sich wandeln.

Die Egos, die nicht vom Einen Ring lassen wollen, und dazu gehören – wenn die Voraussage der Heiligen Jungfrau von Garabandal eintritt – auch die Anhänger des Kommunismus und Bolschewismus, die der Welt ihre Vorstellung von Gerechtigkeit aufzwingen wollen, sehen ihre Felle davonschwimmen. Wenn weder die Warnung, noch das Wunder ihren Sinn wandeln konnte, werden sie nun versuchen, ihre Sicht der Dinge noch mit Gewalt durchzusetzen.

Und das ist dann auch genau der Moment, in dem der plötzliche Angriff der Russen und Chinesen stattfindet, von dem Irlmaier, die Heilige Jungfrau von Garabandal und andere Seher gesprochen haben. Wenn dies denn wirklich so eintritt, dann werden auch die Bolschewisten und Kommunisten in der russischen und chinesischen Führung die göttliche Intervention ablehnen und versuchen, das „konkurrierende" zinsfrei fließende Geld im Westen Europas mit Gewalt zu stoppen.

Dasselbe gilt für die Chinesen mit Bezug auf Nordamerika. Denn der Erfolg des zinsfrei fließenden Geldes macht jeglichen Kommunismus überflüssig und sorgt ohne jede Gewalt von oben für Gerechtigkeit und Gleichheit. Der Voraussage Irlmaiers und der Heiligen Jungfrau von Garabandal nach, sieht es so aus, dass die russische und chinesische Führung bis zum Schluss immer noch weiter zusammen am Sieg des Bolschewismus' und Kommunismus' arbeiten werden. Sie werden sich Gott in ihrem Herzen nicht beugen.

Und die Ereignisse im Zusammenhang mit deren Angriff auf Westeuropa, bzw. auf Nordamerika bringen dann insgesamt das Strafgericht Gottes mit sich. Gott wird die mächtigsten Egos für das Strafgericht nutzen und ihre Vernichtungswut gegen die wenden, die nicht von ihren Ego-Konzepten ablassen wollen und die ihr Ego und ihre Konzepte auch weiterhin mehr lieben als sie Gott lieben.

SAURONS LETZTER, PANISCHER RUF NACH DEN RINGGEISTERN – STRAFGERICHT DURCH EINEN VON DER HOCHFINANZ INSZENIERTEN VÖLKERMORD
Was auf die letzte Schlacht vor dem Morannon folgt, ist dann also, dass es Frodo in diesem Kontext schafft, den Einen Ring zu vernichten. Mitten aus der Geldentwertung und den Bürgerunruhen heraus gelingt es, die Versorgung der Menschen sicherzustellen. Und das ändert in Bezug auf die Bürgerkriege natürlich alles. Dieser Vorgang beendet die Bürgerkriege effektiv und nun folgt nur noch Saurons letzter, panischer Ruf nach den Ringgeistern.

Der Umstand, dass Irlmaier vorausgesagt hat, dass es einen plötzlich Angriff der Russen geben wird, bedeutet also, dass es einigen Völkern in Mittel- und Westeuropa und den Nordamerikanern gelingen wird, sich in der, während der und aus der Geldentwertung heraus lokal so zu organisieren, dass sie ihre Versorgung sicherstellen können. Die Gemeinden werden ihre lokale Wirtschaft in Gang bringen und/oder in Gang halten, auch ohne das wertlos gewordene Zinsgeld. Die Gemeinden, die sich erfolgreich mit einem zinsfrei fließenden Geld organisieren, dienen einfach als Vorbild für die anderen Gemeinden. Es wird nur Wochen dauern, bis sich alle Gemeinden erfolgreich organisieren. Anders als 1933 in Wörgl in Tirol werden diese Projekte jetzt nicht mit der Androhung militärischer Gewalt zu stoppen sein. In diese Gemeindetätigkeit wird sich auch das Gros der gutwilligen Ausländer und Zuwanderer integrieren und die Unruhen in Deutschland und den anderen Ländern werden enden, zuerst auf dem Land, später in den Städten. Die westlichen Völker werden über ein Verbot der Selbstorganisation ihrer lokalen Wirtschaft durch die Regierungen nur lachen. Die Regierungen werden keine Polizei oder Militär schicken können, die an Orten mit Gewalt gegen ihr eigenes Volk vorgehen, an denen dieses sich friedlich organisiert. Sie werden nicht gehorchen. Die Kontrolle, die die Hochfinanz über die Regierungen hat, ist für sie also wertlos geworden, außer dort, wo die großen Unruhen stattfinden. Weil die Hochfinanz diese Situation voraussieht, versucht sie aktuell ihre Politik der Auslöschung der nationalen Identitäten zu beschleunigen und möglichst viele Ausländer in die Polizei und Armee vor allem der Deutschen zu bringen, damit diese dem Befehl folgen, gewaltsam gegen das unerwünschte Verhalten der Einheimischen vorzugehen. Es ist anzunehmen und zu hoffen, dass sich einer mit dem zunehmenden Erwachen immer mehr Menschen gegen diese Strategie wehren werden.

De facto bedeutet dieser Moment, in dem das zinsfrei fließende Geld erfolgreich die Wirtschaft übernimmt und sich rasch ausbreitet, genau den Moment, in dem Frodo den Einen Ring in den Schicksalsberg wirft. Das ist genau dieser Moment. Mit der raschen Ausbreitung des zinsfrei fließenden Geldes in den keltisch-germanischen, westlichen Ländern schmelzen die milliardenschweren Zinseinnahmenströme der Hochfinanz wie Schnee in der Sonne. Mit dem Ende ihrer Einnahmenströme endet auch ihre Macht. Sie ist nun nicht mehr mächtiger als jeder andere Mensch dieser Erde auch.

Der Moment, in dem Sauron seinen unmittelbar bevorstehenden Untergang erkennt und in dringendster Eile nach den Ringgeistern ruft, lässt sich nun in Bezug auf die Hochfinanz innerlich und äußerlich deuten.

Im Herrn der Ringe sieht Sauron die Vernichtung des Einen Ringes nicht voraus und wird davon überrascht. Dies bezieht sich auf das Ego-Bewusstsein der Hochfinanz. Damit eine Gesellschaft erfolgreich dauerhaft und flächendeckend zinsfrei fließendes Geld zirkuliert und durch eine öffentliche Bodenpacht ergänzt, muss sie zuerst an den Punkt kommen, an dem eine ausreichende Zahl der Menschen dieses Volkes „das Auenland ihrer eigennützigen Interessen verlässt" und wie schon gesagt in ihrem Bewusstsein ihre Prioritäten von primär eigennützig auf primär verantwortlich für das Gemeinwohl umkehrt.

Dies ist keine Frage von Lippenbekenntnissen, sondern eine Frage der Wahrheit im Herzen der Menschen, die sich in ihrem Verhalten widerspiegelt.

Wenn die Menschen aus der in der Zukunft anstehenden Geldentwertungskrise heraus diese Krise durch zinsfrei fließendes Geld in den Gemeinden beenden und damit eine gute allgemeine Versorgung sicherstellen, die sie in dieser Form dann auch beibehalten wollen, so beweist dies, dass sie das Auenland ihrer eigennützigen Interessen verlassen haben und dass sich die Prioritäten wie oben geändert haben. Es beweist, dass ein ausreichendes Maß an echter, selbstloser Verantwortung für das Wohl aller erwacht ist und bleiben wird.

Dieses kollektive Erwachen selbstloser Verantwortung und gegenseitiger Fürsorge ist etwas, was die Hochfinanz in ihrem Geist nicht nachvollziehen kann. Für die Hochfinanz ist Selbstlosigkeit Dummheit und Liebe ist Schwäche.

Dass selbstlose Liebe in Wahrheit die stärkste Kraft dieses Universums ist, können sie einfach nicht verstehen. Es überrascht sie einfach vollkommen, dass Völker in ihrer großen Mehrheit um des Allgemeinwohls willen bereit sind, ihre egoistischen Interessen und Ansprüche hintenanzustellen. Wenn wir an unseren kleinen Zinseinnahmen von 100, 1000 oder 10.000 EUR im Jahr festhalten und dafür kämpfen, dass diese Einnahmen so hoch wie möglich sein mögen, geben wir damit der Hochfinanz die Rechtfertigung, ihre jährlichen Multi-Multi-Milliardenforderungen durchzusetzen. Und deren Forderungen sorgen dann dafür, dass wir über die Verschuldung der öffentlichen Kassen und der Wirtschaft weit mehr Zinsen zahlen müssen als wir einnehmen (dies gilt für 90% der Menschen).

Wenn wir erkennen, dass alle Zinseinnahmen Menschen Schaden zufügen, die diese Zinsen als Schuld erarbeiten und abtragen müssen, und deswegen verzichten, ohne dass sich durch unseren Verzicht das System wandelt, zahlen wir natürlich noch mehr Zinsen. Aus der Sicht des Egos ist es also komplette Dummheit, in dem Bemühen, auf zinsfreie Systeme umzustellen, einen solchen Verzicht zu leisten. Jeder, der über Vermögen verfügt und zinsfreie Systeme anstrebt, steht als dumm da.

Nur aus einer sowohl weisen als auch selbstlosen Sicht auf die Dinge heraus wird die Einführung eines zinsfrei fließenden Geldes am Ende überhaupt möglich sein. Und die Hochfinanz glaubt nicht, dass wir kollektiv je sowohl die Weisheit als auch die Selbstlosigkeit aufbringen, zinsfreie Geldsysteme flächendeckend einzuführen. Wenn es denn geschieht, kann sie es nicht fassen und erschrickt darüber zu Tode.

Im Außen bedeutet Saurons panischer Ruf nach den Ringgeistern nun, dass die Hochfinanz in allergrößter Eile ihre letzte Trumpfkarte aktiviert und ausspielt, die sie schon lange vorbereitet und eingerichtet hat.

Wenn die Hochfinanz erkennt, dass sie die Völker nicht davon abhalten kann, sich mit zinsfrei fließendem Geld selbst zu versorgen, hat sie in diesem Moment nur noch eine letzte Trumpfkarte, die sie ausspielen kann:

Einen Völkermord, der die Zirkulation des zinsfrei fließenden Geldes stoppt. Und sie hat nur eine einzige Möglichkeit, diesen Massenmord wirkungsvoll zu inszenieren: Für die europäischen Länder Russland zu bewegen, Deutschland und die anderen Länder anzugreifen, und dann die russischen Truppen anzugreifen, wenn sie sich auf deutschem Gebiet befinden, und sie z.B. mit dem Werkzeug ‚amerikanische Drohnenflotte' wirkungsvoll zu stoppen. Und für Nordamerika China zu einem Angriff zu bewegen.

Die Unruhen in Europa, vor allem in Deutschland, werden von einem (wenn auch letztlich erfolglosen) Versuch der Hochfinanz begleitet sein, Kriegsrecht durchzusetzen und damit eine Diktatur einzuführen.

In Anbetracht der Voraussage, dass der Kommunismus wiedererstarkt, kann man die Russen nur bitten, schon jetzt, da der Kommunismus tatsächlich wiedererstarkt, an die Prophezeihungen zu denken: Denkt daran, dass vorausgesagt wurde, dass kein russischer Soldat überleben wird, falls Russland in Zukunft Deutschland angreifen sollte.

Drängt eure Regierung, unter keinen Umständen einen Angriffskrieg zu führen, auch nicht und vor allem nicht, wenn Deutschland und die anderen europäischen Länder sehr schwach und wehrlos aussehen und um Hilfe bitten. Tut, was ihr könnt, sie von einem Angriff abzuhalten. Ihr werdet es euch selbst danken und die Deutschen und Westeuropäer werden es euch auch danken.

Aus den Vorhersagen Irlmaiers lässt sich jedenfalls ablesen, dass der Massenmord die Deutschen nicht davon abhält, auch nach der Katastrophe mit dem zinsfrei fließenden Geld fortzufahren. Denn nach der großen, von Irlmaier vorausgesagten Katastrophe beginnt das Goldene Zeitalter. In den Werken „Fließendes Geld" und „Globaler Reichtum" ist bereits aufgezeigt, dass die flächendeckende Zirkulation von zinsfrei fließendem Geld als allgemein akzeptiertes Zahlungsmittel zwangsläufig ein Goldenes Zeitalter für alle Menschen auslöst. Und das tritt nun ein.

Die besten und wahrsten negativen Prophezeihungen sind die, die korrekt als Warnung verstanden werden, zum Umdenken führen und dann nicht eintreten. Kann es uns also gelingen, den Mord an über hundert Millionen Menschen in Europa und Nordamerika zu verhindern? – Im Folgenden ist das von Irlmaier detailliert beschriebene Szenarium des Dritten Weltkriegs zusammengefasst:

Die Russen greifen in drei riesigen Panzerkolonnen den Süden, die Mitte und den Norden Deutschlands an und dringen bis zum Rhein vor.

Er beschreibt, dass tausende Drohnen aus dem Sand der Sahara aufsteigen [wahrscheinlich die amerikanischen Drohnen, die nach der Übernahme Libyens von den Amerikanern dort stationiert wurden] nach Mitteleuropa kommen und quer über die Tschechei über Prag bis nach Stettin eine gelbgrüne Giftstaublinie ziehen. Jeder, der von dieser oder jener Seite mit der Giftstaublinie in Berührung kommt, stirbt sofort. Dadurch werden die russischen Panzerkolonnen von der Versorgung abgeschnitten. Der Wind verteilt das Gift überall hin, vor allem Richtung Osten, aber auch nach Deutschland hinein. Mit den meisten Toten wegen dieses Gifts ist daher außer in Deutschland auch in der Tschechei und Polen zu rechnen. Auch in kleinsten Mengen ist es tödlich. Auch wer Nahrung oder Wasser zu sich nimmt, die mit dem Gift in Berührung gekommen sind, stirbt sofort. Keiner der Panzerpiloten bleibt am Leben, alle kommen um. In den Tagen dieses Angriffs sterben mehr Menschen als in den beiden Weltkriegen zuvor zusammengenommen. Das Gift dringt auch durch Glas hindurch. Nur Menschen, die drei Tage bei ununterbrochen verschlossenen Türen und mit schwarzem Papier zugedeckten Fenstern im Haus bleiben und niemanden, der Einlass verlangt, hineinlassen, können überleben. Vor der englischen Küste wird eine Bombe abgeworfen, die einen Teil der Südküste untergehen lässt und einen Tsunami über das Land spült. Nur die Bergspitzen werden noch herausschauen. Norddeutschland bis hinab zum Ruhrgebiet und die größten Teile Dänemarks und der Niederlande werden von einer tödlichen Flutwelle überspült, die kaum jemand überleben dürfte. Die Chinesen greifen über Alaska die USA an. Drei amerikanische Städte werden zerstört. Die Chinesen werden zurückgeschlagen. Die Unruhen in Paris eskalieren bis zur vollständigen Zerstörung der Stadt. In Italien werden hohe Geistliche der katholischen Kirche ermordet."

Soweit eine knappe Zusammenfassung der sehr kurzen Zeit des von Irlmaier prophezeihten Dritten Weltkriegs, der entweder 3 Tage, 3 Wochen oder 3 Monate dauern soll. Jedenfalls würde der gesamte Angriff der Russen nur kurz, also höchstens 3 Wochen dauern und die meisten der vermutlich über 100 Millionen Toten würden von den amerikanischen Drohnen und den Flutwellen über England, die Niederlande, Norddeutschland und Dänemark getötet.

Soviel also zum letzten erfolglosen Ruf Saurons, um die Vernichtung des Einen Ringes noch zu verhindern.

Was können wir also tun, um das Goldene Zeitalter herbeizuführen und die Katastrophe abzulindern? Ich denke, es ist wichtig, Irlmaiers

Voraussagen ernst zu nehmen. Sie passen einfach zu genau zu den Voraussagen Tolkiens und der Heiligen Jungfrau von Garabandal. Wenn wir sie ernst nehmen und die richtigen, nicht egoistischen Konsequenzen ziehen, können wir die Katastrophe vielleicht abwenden.

Die Ereignisse im Außen sind in erster Linie eine Widerspiegelung unseres kollektiven Bewusstseins. Gott will in all diesen Problemen in der Welt vor allem eine einzige Sache von uns: Dass wir zur Liebe erwachen. Dass wir zur Verantwortung erwachen. Dass wir das Auenland unserer eigennützigen Sicht auf die Welt verlassen und die Not und das Elend in der Welt in unser Herz lassen. Dass wir uns davon berühren lassen. Dass wir zum Mitgefühl erwachen. Dass wir fühlen, dass die Not und das Elend in der Welt unsere eigene Not und unser eigenes Elend sind. Dass wir zur Menschlichkeit erwachen, Verantwortung übernehmen und handeln und den Notleidenden und der geschundenen Natur selbstlos helfen.

Wenn wir dieses Elend in der Welt sehen, nur an unsere Interessen denken und uns nach Kräften bemühen, all das Übel aus unseren Gedanken fern zu halten, so wie die Hobbits das Übel in der Welt versuchen fernzuhalten und nicht wahrzunehmen, nur damit wir unseren persönlichen Komfort genießen können, wie können wir uns dann überhaupt Menschen nennen?

Was soll Gott mit einem solchen Egoismus machen? Was soll er machen?

Muss er nicht noch mehr Elend zulassen, damit endlich unser Herz aufgeht und unser Mitgefühl erwacht?

Wenn mehr von uns aus also aufwachen zu der Liebe, die wir sind, noch deutlich bevor die Katastrophen kommen, und Verantwortung für das Elend in der Welt übernehmen, dann können sie vielleicht abgewendet oder zumindest abgemildert werden.

Für die Erwachten gibt es natürlich vieles, was wir machen können. Wichtig ist, dass wir nicht auf andere warten und mit gutem Beispiel vorangehen. Jedes Engagement für Notleidende ist ein Beitrag zu mehr Liebe und Mitgefühl in der Welt. Jede Bereitschaft zur Versöhnung und Vergebung ist ein Beitrag zu mehr Frieden in der Welt.

Die Opfer der Kriege im Nahen Osten, die nach Europa geflüchtet sind, sind Menschen, die unsere Hilfe brauchen. Auch wenn das alles inszeniert wird, um Europa und Deutschland zu destabilisieren und zu zerstören, sind die Menschen, die zu uns geflüchtet sind, nicht schuld daran. Wer in der Heimat seines Lebens nicht sicher wäre, den müssen wir versorgen, solange er sich hier an die Regeln hält und wie ein Gast benimmt, der weiß, was sich für einen Gast gehört. Für die anderen und die Wirtschaftsmigranten sollten wir durchaus fordern, dass sie in ihre Heimat zurückgeschickt werden. Wenn wir uns übermäßig mit Menschen belasten, die auch in ihrer Heimat leben könnten, schaden wir uns selbst und den Menschen, die wirklich unsere Hilfe brauchen. In Zeiten vieler Kriegsmigranten müssen wir mit den reinen Wirtschaftsmigranten daher strenger sein und sie in ihre Heimat zurückschicken, damit wir die Hilfe für die Kriegsmigranten auch leisten können. Es gibt mindestens 3 Milliarden Menschen auf der Erde, die in Armut leben. Wenn wir denen signalisieren, dass sie zu uns kommen können und nur ein sehr kleiner Teil von denen kommt, zerstören wir uns auf verantwortungslose Weise selbst und zerstören damit auch unsere Fähigkeit, anderen noch helfen zu können.

Ziel muss es in den Ländern, die Hilfe brauchen, daher sein, möglichst viele Initiativen zur Selbsthilfe zu unterstützen, die den Menschen helfen, sich in ihrer Heimat besser eigenständig zu versorgen und ein menschenwürdiges Leben führen zu können.

Von dem Geld, das uns ein einziger Wirtschaftsflüchtling in Deutschland kostet, könnten wir in der Heimat der Zuwanderer mehreren Dutzend Menschen helfen, in ihrer Heimat bleiben zu können und ihre Selbstversorgungssituation zu verbessern. Das ist ein weiterer Grund, warum es so verantwortungslos und rücksichtslos gegenüber dem Elend in der Welt ist, Wirtschaftsmigranten zu uns zu lassen, die wir hier nicht brauchen. Es ist viel verantwortungsvoller, sie zurückzuschicken, wenn sie hier von öffentlichen Geldern leben. Wir dürfen dieses Argument aber auch nicht nutzen, um niemanden zu uns zu lassen UND aus unserem Land das „Auenland" zu machen, dem die Not in der Welt egal ist.

Wir können nicht die Hilfe, die wir leisten können, versagen UND niemanden zu uns reinlassen. Wenn aber unsere Hilfsbereitschaft erwacht, werden wir allein um die wichtigen Projekte in den notleidenden Ländern durchführen zu können, schon die von öffentlichen Geldern lebenden Wirtschaftsmigranten so umfassend wie möglich abweisen und ausweisen müssen, damit wir die nötige Hilfe auch finanziell leisten können.

Es ist der kollektive Egoismus, der zu einem unterbewussten Schuldgefühl führt, das dann bewirkt, dass wir uns nicht gegen Wirtschaftsmigranten zur Wehr setzen, die wir nach Hause schicken sollten. Dann ist die Belastung durch die Wirtschaftsmigranten für unser Unterbewusstsein die gerechte Strafe für unseren Egoismus, nicht teilen zu wollen.

Zunächst müssen wir jedenfalls durch eine Phase hindurch, die eine sehr große Gefahr einer Katastrophe mit sich bringt. Und zusätzlich zum Erwachen zur Menschlichkeit sollten wir daher zusehen, was wir tun können, die Katastrophe abzuwenden oder zu minimieren. Schauen wir uns das von Irlmaier so deutlich aufgezeigt Szenarium näher an:

Die große Flotte der amerikanischen Drohnen, die im heißen Wüstensand von Libyen stationiert sind und laut Irlmaier das Leben von zahllosen Menschen in Mitteleuropa beenden wird, befindet sich dort, weil hier ein Krieg gegen die Völker Afrikas geführt wird, gegen den es einen lauten Aufschrei geben sollte. Dass wir hier kollektiv wegschauen, erzeugt auch Karma, das zur Katastrophe beiträgt. Wir müssen verlangen, dass die Drohnenkriege in der Welt beendet werden. Der große Flüchtlingsstrom aus Afrika, der nach Europa hineindrängt, ist nicht zuletzt durch diesen extremst gemeinen Krieg gegen die Völker Afrikas bedingt. In Deutschland können wir damit anfangen, daraufhin zu wirken, dass Ramstein und die Kommandozentrale der amerikanischen Killer-Drohnen in Stuttgart geschlossen werden.

Da die Heilige Jungfrau von Garabandal ein Wiedererstarken des Kommunismus vorausgesagt hat, sie und Irlmaier vorausgesagt haben, dass Russland plötzlich angreifen wird, und Irlmaier vorausgesagt hat, dass kein russischer Soldat, der nach Deutschland kommt, überleben wird, sollten wir beobachten, wie der Kommunismus in Russland wiedererstarkt. Tut er das, dann sollten wir fortlaufend in Richtung des russischen Volkes und der russischen Regierung kommunizieren: „Wenn Ihr in der Zukunft an den Punkt kommt, dass Ihr glaubt, aufgrund von Bürgerunruhen oder dergleichen in Deutschland militärisch eingreifen zu können, weil Deutschland schwach und wehrlos aussieht, haltet euch zurück. Selbst wenn Ihr zu Hilfe gerufen werdet: Es wäre euer Tod."

Auch den Chinesen sollte kommuniziert werden, dass vorausgesagt wurde, dass sie von den Amerikanern vollständig zurückgeschlagen werden, wenn sie Nordamerika angreifen.

Die Deutschen sollten in einem entsprechenden Kontext der Versuchung widerstehen, die Russen um militärische Hilfe anzurufen.

Aus den diversen Voraussagen über die Endzeit lässt sich ablesen, dass der Wandel tatsächlich nur aus der keltisch-germanischen Welt (westliche Hälfte Europas und Nordamerika / Aragorn, Nachfahre Isildurs) kommen kann. Wenn man heute in die Welt schaut und überlegt, welche Völker das Wissen und den Freiheitswillen aufbringen könnten, eine gerechte Welt unter Verzicht auf den Einen Ring (auf die Ausübung von Macht auf der Grundlage von Besserwisser-Konzepten und auf das Zinsgeld) herbeizuführen, dann kommt man tatsächlich auf diesen Teil der Welt: – die Asiaten hätten vielleicht das Knowhow, sind aber zu obrigkeitshörig und zu wenig kreativ – die Afrikaner und Lateinamerikaner wären zu unorganisiert, zu chaotisch, zu undiszipliniert – auch die Russen bringen eine Hörigkeit gegenüber ihrer Regierung mit, sonst würden sie beim Wiedererstarken des Kommunismus nicht so mitziehen

Bleibt die keltisch-germanische Welt, Westeuropa und Nordamerika und vielleicht noch die östlich liegenden Länder Mitteleuropas. Nur diese Völker haben das Wissen, das Gerechtigkeitsempfinden und den Freiheitswillen, die es braucht. Und die Hochfinanz weiß das und führt ihren Krieg zur Auslöschung dieser Kulturen entsprechend.

Vielleicht gibt es eine Möglichkeit, dass wir gar nicht erst auf die Regierungen in Amerika, Russland und China einwirken müssen, um die Katastrophe abzuwenden. Vielleicht gibt es eine Möglichkeit, die Verkettung der Ereignisse, die zur Katastrophe führen würden, so durchbrechen zu können, dass es gar nicht erst zur finalen Katastrophe kommen kann.

Die kausale Kette der finalen Katastrophe ist: 1) Völkermordgedanken der Hochfinanz aufgrund ihrer Strafverfolgung und ihres drohenden Machtverlustes wegen der Einführung von zinsfrei fließendem Geld in den Gemeinden zur Lösung der Unruhen durch die Geldentwertung; 2) Funktionierende Befehlsketten von der Hochfinanz zu den Kriegsakteuren und/oder 3) Fähigkeit der Hochfinanz, die Russen, Chinesen und Amerikaner zu täuschen und ihre Schlussfolgerungen in die gewünschte Richtung zu lenken.

Wenn wir mehr Gewicht auf die Vergebung zwischen den Völkern legen, die in der Geschichte von der Hochfinanz aufeinandergehetzt und gegeneinander ausgespielt wurden, als auf die Strafverfolgung der Hochfinanz, steht die Hochfinanz nicht so sehr mit dem Rücken zur Wand. Sie wird die Geldentwertung hinauszögern, weil sie letztlich weiß, dass die Geldentwertung zum Ende ihrer Macht und damit dann auch zu ihrer Bestrafung führen wird. Ein Teil der Zerstörungsgedanken der Hochfinanz kommt also sicherlich aus ihrer Angst vor ihrer Bestrafung. Eine hinausgezögerte Strafverfolgung kann diese Angst lindern. Ein Völkermord der vorausgesagten Größenordnung kommt aber nicht nur aus Gedanken der Angst, sondern auch aus Gedanken der Rache, und das betrifft nicht nur die Rachegedanken der Hochfinanz. Ein Teil der Rachegedanken in den Köpfen der Hochfinanz wäre zu einem guten Teil eine Widerspiegelung der Rachegedanken der Menschen, von denen sie strafverfolgt werden. Auf diesen im Geist der Hochfinanz nur widergespiegelten Anteil der Rachegedanken können wir ebenfalls Einfluss nehmen. Das Bedürfnis nach Rache kommt letztlich aus unserem Schuldgefühl darüber, den Machenschaften der Hochfinanz aufgesessen zu sein und sie nicht durchschaut zu haben. Wenn wir uns selbst vergeben, dass wir uns für egoistische Machenschaften haben benutzen lassen, schwindet das Bedürfnis nach Rache. Das Rachebedürfnis ist nur unser projiziertes Schuldgefühl. Wenn wir unsere Schuldgefühle auflösen, können wir uns auf die Versöhnung zwischen den Völkern konzentrieren.

In dem Maß, in dem das kollektive Bewusstsein mit Versöhnung zwischen den Völkern aufgeladen und auf die Strafverfolgung zunächst verzichtet wird, können die finalen Rachegedanken der Hochfinanz also geschwächt werden. Vielleicht ist es daher sogar sinnvoll, der Hochfinanz Straflinderung in Aussicht zu stellen, wenn sie sich an diesem Versöhnungsprozess beteiligt. Ist es am Ende nicht wichtiger, 100 oder 200 Millionen Menschenleben zu retten als eine Reihe von Schwerstverbrechern angemessen zu bestrafen? Die schwere Bestrafung der Hochfinanz würde die Toten nicht wieder lebendig machen. Außerdem können sie ihrer karmischen Bestrafung nicht entkommen, auch wenn die Bestrafung durch die Gerichte relativ mild ausfällt. Zudem geben wir den Mitgliedern der Hochfinanz die Chance, ihr schlimmes Karma massiv zu lindern, indem sie Versöhnungsprozesse unterstützen, die das Leben von über 100 Millionen Menschen retten. Lohnt es sich dafür nicht, auf Rachegedanken gegenüber der Hochfinanz zu verzichten?

Die Versöhnung der Völker wird sich sicher auch auf die Befehlsketten auswirken, über die die Hochfinanz die Katastrophe auslösen würde, weil der Glaube an die Notwendigkeit eines kriegerischen Angriffs bei den Kriegsakteuren schwinden wird.

Auch der Wunsch, der übrigen Welt die eigenen Schuld projizierenden Konzepte, den Bolschewismus und Kommunismus aufzuzwingen, kommt letztlich nur aus Schuldgefühlen, die durch Völkerversöhnung abgemildert werden können. Je geringer die Schuldgefühle der russischen und chinesischen Führung, desto größer die Chance, dass sie sich nicht von der Hochfinanz in einen Angriffskrieg locken oder steuern lassen.

Welche Völker sind nun am besten geeignet, ein Signal der Versöhnung in die ganze Menschheit zu senden, ein Signal, dass die Explosivität des drohenden Krieges implodieren könnte? Wäre es nicht eine Versöhnung zwischen Juden und Deutschen, die bisher nicht stattgefunden hat, weil es auf der einen Seite nur Vorwürfe und auf der anderen nur Schuldgefühle gab?

Eine tatsächliche, vorwurfsfreie, vorbehaltlose Vergebung und Aussöhnung zwischen Juden und Deutschen auf der Grundlage, dass die ganze Wahrheit der tatsächlichen Weltkriegsplanung ans Licht kommt, auch was die Hochfinanz in einem 3. Weltkrieg mit Deutschland und Israel noch vorhat, würde die Hochfinanz nicht durch Strafverfolgung, sondern dadurch entmachten, dass sie ihre Gefolgschaft an wichtigen Schaltstellen ihrer Machtausübung verliert.

Und darauf hinzuwirken steht in unserer Macht.

Beide Völker sollen nach dem Willen der Hochfinanz vernichtet werden.

Die Hochfinanz hat sich die Juden ausgewählt, um sich bei ihnen einzunisten und seine wichtigste Gefolgschaft aus diesem Volk zu rekrutieren und es damit also als eine Art Basis zu benutzen, die sie bei Bedarf allerdings auch vernichten will, um die Versöhnung und Vergebung seitens dieses Volkes zu verhindern.

Eine Versöhnung zwischen Juden und Deutschen würde die Hochfinanz entmachten, weil durch eine Versöhnung die ganze Wahrheit der Geschichte der Weltkriege auch für ihre wichtigste Gefolgschaft offensichtlich ans Licht käme, auch die Wahrheit, wer die Ermordung der Juden von langer Hand plante und durch Adolf Hitler ausführen ließen. Wenn die ganze Wahrheit offensichtlich wird, bevor es zum Chaos der Geldentwertung kommt, gibt es vielleicht kein Chaos, das sie nutzen kann, um Russland, China und die Drohnenflotte der USA zum Angriff zu bewegen. Wenn Juden und Deutsche diese Vergebung schaffen, bevor es zur großen Geldentwertung kommt, könnten wir den Krieg vielleicht ganz verhindern.

Leider kann die Versöhnung nicht von den Deutschen ausgehen. Die Deutschen gelten als die Täter und Verbrecher der Geschichte. Ein erster Schritt der Deutschen wäre wie eine Anbiederung.

Die Versöhnungsbewegung kann also nur von den Juden ausgehen.

Die bloße Tatsache, dass die Israelis überleben wollen, müsste doch eine Tür für die Versöhnung öffnen, wenn sie feststellen, dass die kranken Psychopathen der Hochfinanz (Sauron) erstens im Dritten Reich die Juden umbringen ließen und zweitens sie zur Errichtung ihrer Weltherrschaft umbringen wollen. Selbst in der israelischen Regierung müsste es doch Menschen geben, die ihr Land nicht den Zielen der Hochfinanz zur Errichtung einer NWO opfern wollen.

Wenn ich in die deutsche und in die jüdische Volksseele hineinspüre, würde ich von deutscher zu jüdischer Volksseele Folgendes sagen:

Wir haben beide großes Unrecht und massivste Traumatisierungen erlitten. In unser beider Namen wurde großes Unrecht begangen. Wir haben beide erfahren, was es heißt, gehasst zu werden. Böse Mächte wollen, dass wir uns gegeneinander wenden. Wir sind dieses Gegeneinander leid. Das Unrecht, das Euch von Deutschen und im Namen der Deutschen angetan wurde, tut uns mehr als leid. Wenn wir könnten, würden wir es ungeschehen machen. Die Schulgefühle darüber, belasten viele von uns immer noch. Es ist sehr schwer für uns, uns selbst zu vergeben. Wir brauchen Eure Vergebung, um frei zu sein. Erst dann schaffen wir es, uns auch selbst zu vergeben. Können wir uns die Hand reichen? Können wir uns vergeben?

Steht eine solche Versöhnung nicht sowieso an, um des Friedens und der Heilung willen? Natürlich ist auch die Versöhnung zwischen allen möglichen anderen Völkern sehr wichtig und zielführend.

STUNDE DES SCHICKSALS – KARMA UND BUSSE

Gandalf verkündet mitten in der Schlacht vor dem Schwarzen Tor die Stunde des Schicksals. Dies bezeichnet den Moment des Endes des Dunklen Zeitalters, in dem noch einmal viel Karma zur Erfüllung gebracht wird, Karma, das sich im Vorfeld nur durch Abkehr vom Eigennutz und durch Buße abmildern lässt.

Die folgenden Abschnitte über reinkarnatives Karma sollen niemanden erschrecken oder abstoßen. Es ist nur ein Versuch aufzuwecken, Verantwortung für das Leid in der Welt und für die Versöhnung der Völker zu übernehmen. Das ist die einzige Absicht.

Für die christlich orientierten Menschen, die nicht an Wiedergeburt oder reinkarnatives Karma glauben, sei darauf hingewiesen, dass der römische Kaiser Konstantinus im Konzil von Nicäa bis auf zwei alle Stellen aus der Bibel streichen ließ, in denen es um Reinkarnation ging. Der Grund hierfür war, dass seine Gemahlin, eine ehemalige Prostituierte, in Konstantinopel ihre ehemaligen Kolleginnen grausam verfolgen ließ als sie Kaiserin war. Sie glaubte, den karmischen Folgen ihrer Grausamkeit entgehen zu können, indem sie die Reinkarnationslehre verbieten ließ. Also machte Konstantin einen entsprechenden Deal mit dem Papst. Wir haben es also einer ehemaligen Prostituierten zu verdanken, dass die christlichen Kirchen heute nicht an Reinkarnation glauben.

Die Stellen, die nicht aus der Bibel gelöscht wurden, betreffen Jesu Frage, wer er ist, die Reinkarnation des Propheten Elias, des Propheten Elischa oder jemand anderes. Da Simon Petrus hier zu Jesus sagt, er wäre der Messias, der Sohn des lebendigen Gottes, wurde die Stelle nicht gelöscht. An anderer Stelle fragt Jesus, ob ein von Geburt an Blinder aufgrund der Fehler seiner Eltern oder seiner eigenen Fehler blind geboren wurde. Eine Geburt als Blinder, die möglicherweise auf einen eigenen Fehler zurückgeht, kann nur auf die Fehler in einem früheren Leben hinweisen. Beide Stellen zeigen also, dass Jesus vermutlich regelmäßig über reinkarnative Inhalte gesprochen hat.

Machen wir also weiter im Herrn der Ringe.

Gandalf bekommt auf dem Schlachtfeld den Moment des Wandels mit und erklärt, dies sei die Stunde des Schicksals.

Der Moment, in dem Sauron in panischem Schrecken nach den Ringgeistern ruft, symbolisiert einen Zeitpunkt in unserer Zukunft, in dem viele Millionen menschlicher Schicksale in einem einzigen Punkt zusammenfließen.

In diesem Moment realisiert die Hochfinanz, dass sie ihren Griff auf die Menschheit verliert, dass ihre Zeit abgelaufen ist, weil die Geldentwertung nicht den beabsichtigten Zweck erfüllt. Statt der Errichtung ihrer Neuen Weltordnung aus dem Chaos der Bürgerkriege heraus (der Angriff von Saurons Orkarmee auf die Menschen des Westens), kann sie die Menschheit nicht mehr von der flächendeckenden Zirkulation eines zinsfrei fließenden Geldes abhalten (Frodos Erfolg). Der Reflex einer letzten Verzweiflungstat zur Erhaltung ihrer Macht ist nun geeignet, sich auf das Schicksal zahlloser Menschen auszuwirken.

Die Symbolik Tolkiens gibt nicht her, ob es in diesem Moment noch zu einer Katastrophe kommt oder, wenn ja, in welchem Ausmaß.

Bei der analogen Konstruktion der Voraussagen Tolkiens, der Heiligen Jungfrau von Garabandal und Irlmaiers wird offensichtlich, dass die von Irlmaier gezeichnete, detaillierte Weltkriegskatastrophe, wenn sie denn stattfindet, dann in diesen Moment fällt. Und diese Katastrophe könnte leicht 100 Millionen Menschen das Leben kosten.

Tatsächlich glaube ich, dass wir das Ausmaß der Katastrophe – auch wenn sie karmisch notwendig wird – noch variieren können, möglicherweise – mit großer Göttlicher Gnade – sogar bis hin zur Verhinderung der

Katastrophe, wenn die Versöhnung zwischen Juden und Deutschen und anderen Völker noch vor der Geldentwertung gelingt.

Die von Gott geschaffenen Karma-Gesetze umfassen tausende und zehntausende von Jahren. Karma ist so komplex, dass ein Mensch unmöglich durchschauen kann, wann wie welches Karma durch die negative Erfahrung dessen, was wir selbst anderen angetan haben, zu einem Ausgleich kommt.

Ein Moment wie der von Irlmaier gezeichnete, der Moment des ausgehenden Dunklen Zeitalters, scheint wie geschaffen, um fast unermessliches Karma in einem einzigen Moment zur Erfüllung zu bringen und es damit aufzulösen.

Es ist in diesem höheren karmischen Sinne nicht die Hochfinanz und ihre Steuerung von Russland, China und den USA, die die Katastrophe verursachen würden. Sie können nur anrichten, was Gott, der für die Steuerung des Ausgleichs des Karmas der Seelen verantwortlich ist, auch zulässt. Ein Stück weit ist es vielleicht auch gar nicht sinnvoll zu versuchen, die Katastrophe abzuwenden, weil viele Seelen die Möglichkeit brauchen, durch ihren Tod Karma abzubauen. Aber da das Karma sich sowieso um sich selbst kümmert, bzw. Gott sich um dessen Steuerung kümmert, sollten wir dennoch versuchen, was wir können, um Schaden von der Menschheit abzuwenden.

Schauen wir uns mal das kollektive Karma an, das hier zu wirken scheint. Auf der Internetseite www.grenzwissenschaftler.com gibt es eine Karte, die eine Übersicht des Ablaufs des 3. Weltkriegs gemäß Irlmaier zeigt. Man sieht hier:
- die drei russischen Panzerkolonnen, die nach Deutschland reinstoßen und bis zur Donau, zur Schweizer Grenze und zum Rhein vordringen
- die Wand aus gelbem Gift, die von tausenden (vermutlich US-amerikanischen) Drohnen quer durch die Tschechei und hoch bis zur Stettiner Bucht gezogen wird, um die Panzerkolonnen von allem Nachschub abzuschneiden
- Kampfhandlungen fast alle entlang der Donau-Rhein-Grenze
- einen Megatsunami in der Nordsee mit ungenanntem Verursacher, der die Niederlande, Norddeutschland und Dänemark überspült.

Was hier fehlt, ist ein von einer Bombe ausgelöster Megatsunami-Angriff auf England. Ein Flugzeug kommt vom Kontinent und wirft die Bombe ab. Irlmaier hat nicht gesagt, wer die Bombe wirft. Außerdem fehlen noch der Angriff der Chinesen auf Nordamerika mit der Zerstörung dreier

Großstädte dort und die zur Zerstörung von Paris und zur Ermordung der hohen Geistlichen im Vatikan und in Italien führenden Unruhen.

Was einem Kenner der antiken Geschichte auffallen dürfte, ist die exakte Parallele zur altrömischen Zeit. Die Kampfhandlungen finden fast alle an der alten römisch-germanischen Grenze statt. Irlmaier sagt in den Voraussagen explizit, dass die russischen Panzerkolonnen bis an die Donau, südlich bis an die Schweizer Grenze und im Westen bis an den Rhein vorstoßen, jedoch nicht darüber hinaus, also exakt bis zur alten römisch-germanischen Grenze aus der Endzeit des weströmischen Reiches und nicht darüber hinaus.

Das gesamte nach Irlmaier im 3. Weltkrieg zum Abschluss kommende Karma ist unter anderem altgermanisches und altrömisches Karma: Die Seelen, die in der Zeit des römischen Reiches von ihrem Weg abkamen, hatten jetzt über 1,5 Jahrtausende Zeit, wieder auf den rechten Weg zu kommen. Wer diese Zeit bis heute nicht genutzt hat und auch bis zum Schluss nicht für eine Öffnung seiner Seele gegenüber Gott nutzt, wird ein Problem bekommen.

Also ist es auch logisch, dass das Hauptkarma für den 3. Weltkrieg die Seelen der alten Römer sowie der Germanen betrifft, die zum Ende der Antike an den römischen Schuld projizierenden Machtkonzepten festgehalten haben, die die Menschheit bis heute quälen und all das Leid verursacht haben, das in den Kriegen der letzten Jahrhunderte über die Menschheit hereingebrochen ist. Und es ist anzunehmen, dass die Seelen von damals in großer Zahl zurückgekehrt sind, um damit die Chance zu haben, das alte Karma aufzulösen und die alte Schuld zu begleichen.

Als Anregung für Menschen, die sich fragen, wie man das hier wirkende Karma durch eine gezielte Versöhnung der Völker auflösen kann, hier noch ein paar Ideen, die mir zu den Ereignissen der Voraussagen Irlmaiers in Bezug auf die neuere Geschichte kommen (vielleicht kommen den Lesern weitere Ideen):

Die gelbgrüne Giftlinie über Westpolen erinnert mich an das Karma der Polen gegenüber den Deutschen. Am Ende des 2. Weltkriegs wurden viele Millionen Deutsche aus ihren Gebieten östlich der Oder-Neiße-Linie vertrieben und dieses Gebiet von den Polen übernommen. Bis heute verstecken sich die Polen hinter der politisch festgelegten „Alleinschuld" der Deutschen. Manche Polen fordern von Deutschland sogar noch Reparationen. Die Polen könnten sich überlegen, was hier vielleicht zu tun wäre, ihr eigenes Karma abzumildern.

Die gelbgrüne Giftlinie über der Tschechei erinnert an das gleiche in Bezug auf die Sudetendeutschen. Die vollständige Zerstörung Prags, von der Irlmaier spricht, erinnert mich daran, dass Prag das Zentrum des europäischen Judentums ist. Hier könnte vielleicht ein massiver Einsatz für die jüdisch-deutsche Versöhnung seitens der Juden in der Tschechei karmalindernd wirken und die Zerstörung Prags abmildern oder verhindern. Die Flutwelle über die Niederlande, Dänemark und Norddeutschland ist mir karmisch weniger einleuchtend. Vielleicht ist in diesen Gebieten der Materialismus einfach zu stark und die Menschen Gott zu fern. Bei den Holländern und Dänen kann es sicher nicht schaden, ihren vielleicht noch verbliebenen Weltkriegsgroll auf die Deutschen in echte Versöhnung umzuwandeln. Auch die Deutschen sollten auf alle Schuldzuweisungen in Bezug auf die Weltkriege verzichten und sich für Frieden und Versöhnung einsetzen. Die Flutwelle über England sollte auch die Engländer zum Nachdenken bringen, was sie für die Völkerversöhnung tun können.

Der Tod sämtlicher russischer Panzerfahrer erinnert mich an die Gräueltaten, die russische Soldaten am Ende des 2. Weltkriegs den Deutschen angetan haben, vor allem die Massenvergewaltigung der deutschen Frauen. Was könnten die russischen Soldaten tun, um ein solches Karma abzubauen?

Die Zerstörung der US-Städte? – Es ist sicher u.a. eine gute Idee, an eine Wiedergutmachung gegenüber den Ureinwohnern Nordamerikas zu denken und um deren Vergebung und Segen zu bitten. Das Ausmaß, indem unsere Möglichkeiten, das alte Karma aufzulösen, nicht genutzt werden, scheint das Ausmaß der Katastrophe zu definieren. Karma, auf das wir nicht durch Vergebung, Versöhnung und positive Taten einwirken, wird uns widerfahren.

Wie auch immer die Dinge am Ende kommen werden, eine Katastrophe wie Irlmaier sie aufzeichnete, würde von Gott nicht zugelassen, wenn unser Karma sie nicht verlangte: Es ist nicht Gott, der uns straft. Wir erfahren nur die gesetzmäßige Rückwirkung unserer eigenen Taten.

Viel mehr noch als all die praktischen Maßnahmen, auf die Verhinderung des vorausgesagten Kriegs hinzuwirken, der von Russen, Chinesen und Amerikaner inszeniert werden soll, müssen wir uns also um unser kollektives spirituelles Erwachen bemühen und Verantwortung für das Leid in der Welt übernehmen. Das ist die Buße, die es braucht.

Buße ist das Bewusstwerden der eigenen Fehler und Verfehlungen mit einem festen Entschluss im Herzen, die vergangene Gleichgültigkeit gegenüber der Not in der Welt und das anderen zugefügte Leid wiedergutzumachen, indem wir das Leid der Welt lindern. Die größte Buße besteht im Opfern unserer eigennützigen Interessen, um Verantwortung zu übernehmen und für die Beseitigung des Leids auf Erden aktiv zu werden. Buße ist nicht, uns selbst zu schaden, sondern anderen zu nutzen, und zwar vor allem denen, die sich selbst nicht helfen können. Auch ein Verzicht auf Bestrafung um der Vergebung, Versöhnung und des Friedens willen ist Buße. Wenn wir aufhören, unsere Werte der Menschlichkeit zu opfern, um unseren eigennützigen Interessen zu dienen, und endlich anfangen, unser Ego und unsere eigennützigen Interessen zu opfern, um unseren notleidenden Mitmenschen zu dienen und Versöhnung walten zu lassen, ist das Buße. Unser Ego zum Wohle anderer zu opfern, heißt, dass wir uns selbst die Möglichkeit verschaffen, aus unserem Ego zu erwachen und in der Liebe wiederaufzuerstehen, die wir in Wahrheit sind.

Das ist die Art von Buße, die – vielleicht – die Katastrophe ablindern kann. Sie ist eine notwendige Bedingung. Wie weit die Buße zur Linderung gereicht, entscheidet die Rechtzeitigkeit, das Ausmaß und die Tiefe unseres kollektiven Erwachens und selbstlosen Dienens – und mehr als alles andere Gottes Gnade, für die wir beten können und sollten.

Irlmaier gibt als Zeitangaben für die große Katastrophe, dass das Anfangsdatum zwei 8en und eine 9 und das Datum des Kriegsendes drei 9en enthält und dass er 3 xx dauert, wobei xx Tage, Wochen oder Monate sein könnten. Manche Kenner der Voraussagen Irlmaiers vermuten daher einen dreiwöchigen Krieg vom 18.8.2019 – 9.9.2019 oder 28.8.2019 – 19.9.2019. Aus der Perspektive des Herrn der Ringe, weil heute noch nicht einmal der Tod Gorbags (der Niedergang der US-Elite) stattgefunden hat und Frodos langer Marsch durch Mordor noch vollständig vor uns liegt, ist eher zu vermuten, dass es noch 10, 20 oder 30 Jahre später sein wird, also 2029/39 oder 49 oder noch später.

Sollte sich abzeichnen, dass sich diese Ereignisse trotz aller Bemühungen, sie abzuwenden, anbahnen wie Irlmaier sie vorausgesagt hat, würde ich in den laut Irlmaier betroffenen Gebieten spätestens zum 10. August 2029/2039/2049, falls sich zu diesem Zeitpunkt stark andeutet, dass die von Irlmaier vorausgesagten Unruhen und anderen Umstände gegeben sind, die laut Irlmaier betroffenen Gebiete für einen längeren Urlaub verlassen, wenn möglich für mindestens drei Wochen. Lieber einen langen Urlaub nehmen und es kommt nicht zur Katastrophe als ihn nicht nehmen, wenn es zur Katastrophe kommt.

Sauron schwindet nach der Vernichtung des Einen Ringes – Katastrophe wird vor allem die eigennützigen Menschen treffen

Dass der Eine Ring die neun Ringgeister hervorbringt, die Sauron dienen, bedeutet für unsere Außenwelt auch, dass die von der eigennützigen Gesinnung der Menschheit erzeugte Energie die negative Lebensenergie darstellt, von der sich die Dämonen ernähren, die von der Hochfinanz angebetet werden. In einer Welt aus Egoallianzen ernähren sich die stärkeren Egos stets von den schwächeren Egos. Dadurch fließt die ganze von allen Egos hervorgebrachte negative Energie letztlich an die Spitze der Egopyramide und von dort zu den Dämonen, die diese Spitze durch die Teufelsanbetung an die Macht gebracht hat und sie kontrolliert. Die Dämonen, die die Menschheit im Dunklen Zeitalter kontrolliert haben, ernähren sich regelrecht von der Egoausstrahlung der Menschheit.

Anschaulicher formuliert weitet egoistisches Verhalten am Ende stets Ängste und Schuldgefühle aus. Stärkere Egos können die Ängste und Schuldgefühle schwächerer Egos nutzen, um sie zu beherrschen und auszunutzen. In diesem sehr praktischen Sinne sind die Ängste und Schuldgefühle der Menschheit also die Nahrung der Dämonen, die die Hochfinanz beherrschen.

Ein Hund, der an einem großen Knochen rumbeißt, verletzt sich das Zahnfleisch, schmeckt sein eigenes Blut und denkt, dass der Knochen lecker ist. Genauso verletzt unser Ego die Integrität unserer Psyche, so dass diese „blutet".

Unser Ego ernährt sich von diesem „Blut" und denkt, wie toll es selber doch ist. Und dieses „Blut", das unser Ego vor allem in Form von Ängsten und Schuldgefühlen in unserer Psyche hervorbringt, ernährt die Spitze der Egopyramide und die Dämonen mit. Wenn wir also kollektiv lernen, unsere Schuld projizierenden Konzepte so aufzulösen, dass wir uns überwiegend von unseren Ängsten und Schuldgefühlen befreien, nehmen wir der Hochfinanz und den diese kontrollierenden Dämonen so sehr die Nahrung, dass sie schließlich von der Menschheit ablassen müssen und ihre Macht über die Menschheit verlieren. Das Dunkle Zeitalter ist das Zeitalter der Schuld, bzw. der Schulden, über die das Ego, bzw. die Hochfinanz, herrscht. Unser Ego verstrickt uns in Schuld, durch die immer wieder neue Schuld entsteht, die das Dunkle Zeitalter in Gang hält. Die Hochfinanz verstrickt uns in Schulden, die immer noch mehr Schulden erzeugen, die die Schrecken der Zinsgeldautomatismen in Gang halten.

Daher ist das Ende des Dunklen Zeitalters die Zeit, in der die sich auf Schuld gründenden Konzepte enden. Um das Zeitalter wirklich abzuschließen, müssen auch die Schuld (das Karma) der Menschen und das Schuldgeld (das Zinsgeld) enden. Was augenscheinlich für all jene, die am Ego und an den Konzepten der Schuld festhalten, auch das Ende ihres Lebens bedeuten kann, wenn sich ihre Schuld (ihr Karma) nur so löschen lässt. Der praktische, karmische Aspekt der Völkerversöhnung und warum sie wichtiger ist als die Strafverfolgung der Hochfinanz ist folgender: Wenn wir anderen ihre Schuld vergeben und andere vergeben uns unsere Schuld, so ist dies der effizienteste Weg zum Auflösen von Karma, denn dann kommt es durch Versöhnung nicht zu jenem Krieg, durch den das Karma uns ereilen würde. Gemäß Abgleich zwischen Tolkien und Irlmaier lauten die Eckdaten der jetzt bereits laufenden Endzeit vermutlich also:

2001 Frodo am Cirith Ungol = Ausheilung der Schuld-Wut-Störung in der innersten Schale des kollektiven Bewusstseins, die die Deutungshoheit der Hochfinanz in einer kritischen und anwachsenden Masse beendet => Die Eliten können Krieg nicht mehr als Frieden verkaufen => Kein Dritter Weltkrieg

2019/2020? Niedergang der US-Elite

2020/2021? Frodo entkommt Minas Morgul = Ausheilung der Angststörung in der zweitinnersten Schale des kollektiven Bewusstseins, die die Angststeuerung des kollektiven Denkens in einer kritischen und seither anwachsenden Masse beendet, also Befreiung von der Gedankenkontrolle durch die Massenmedien

202? Éowyn tötet den König der Ringgeister = Ende der Macht des Tiefenstaats der Hochfinanz über die Menschheit

2020er Jahre?? Gondor & Rohan siegen in der Schlacht um Minas Tirith = Wiederherstellung der Integrität im kollektiven Bewusstsein der Menschheit, Ausheilung des mentalen Geists im kollektiven Bewusstsein

2029?/2039?/2049? Frodo vernichtet den Einen Ring = Ende des Dunklen Zeitalters, kollektive Ausheilung des energetischen Geists mit einer durch die zinsfreien Wirtschaftssysteme einsetzenden neutralen Gerechtverteilung des Wohlstands

Jede dieser Stufen stellt eine weitere Phase des Erwachens der Menschheit zu ihrem wahren Selbst, zu reiner, selbstloser Liebe, dar. Während dieses Erwachens weichen die dunklen Kräfte, die versuchen, die Menschheit zu versklaven und/oder zu zerstören nur in dem Maße, zu dem sie aufgrund des Bewusstseinswandels gezwungen sind. Daher bleibt es bis ganz zum Schluss auch für unseren Verstand (Frodo) ein extrem schwerer Gang, Frodos Gang durch Mordor mit einem immer schwerer werdenden Ring. Das einzige, was es leichter macht, ist aufzuwachen zu der Liebe und Selbstlosigkeit, die wir in Wahrheit sind und unseren Weg geduldig und beharrlich bis zum Ende zu gehen, wissend, dass wir nicht scheitern können, wenn unser Ziel Gott, unser eigenes Erblühen zu selbstloser Liebe ist.

Die Hochzeiten in Gondor – Der weitere Bewusstseinsaufstieg
Die letzten Passagen, die in die Zeit nach der Vernichtung des Einen Ringes fallen, sind jetzt noch nicht wichtig und werden daher knapp abgehandelt. Diese Passagen können und sollen uns inspirieren, dürfen uns aber auch nicht davon abhalten, uns dem Ernst der Lage unserer Zeit zu stellen.

Im Goldenen Zeitalter können wir unsere Energien, nachdem das Wichtigste, die Vernichtung des Einen Ringes und Saurons erreicht ist, voll darauf richten, die Wunden der Vergangenheit zu heilen, die Armut auf Erden endgültig zu beseitigen, die Wälder aufzuforsten, die Ökosysteme so weit möglich wiederherzustellen, Land und Meer zu reinigen, alle Technologien mit umweltfreundlichen Energien zu betreiben und natürlich die Einheit und Verbundenheit der Menschheit zu feiern. Es wird normal werden, unsere Herzenswünsche verwirklichen zu können.

Es gibt noch einige wenige Passagen aus der Erzählung nach der Vernichtung des Ringes, die von Bedeutung sind.

Nach langem Sträuben wird Éowyn Faramir heiraten.

Das heißt, vermutlich einige Jahrzehnte nach der Einführung des zinsfrei fließenden Geldes werden sich mehr und mehr Wirtschaftssysteme auf der Grundlage etablieren, dass der Einzelne die Pflicht (Faramir) übernimmt, der Gemeinschaft selbstlos zu dienen (Éowyn). Mit einem solchen System wird dann allmählich das Geld ganz überflüssig. Es gibt immer noch eine gewisse Anhaftung an das Geldverdienen und Vermögen aufbauen, so dass dieser Prozess mit einigem Sträuben verbunden ist (Éowyns Sträuben). Dieses Wirtschaftssystem ohne Geld wird in Kapitel 4 von Band 2 dieser Reihe beschrieben.

Aragorn heiratet Arwen.

Liebe und ein gewissenhaftes Bewusstsein für das richtige Handeln gehen Hand in Hand. Die Menschheit wird ganz zu rechtschaffenem Handeln und selbstloser Liebe erwachen und immer mehr eine familiäre Verbundenheit entwickeln.

Aufräumen des Auenlandes – Gewohnheitsmässiges Auflösen von Ego

Die Hobbits können ohne Hilfe von Gandalf oder den anderen „Großen" das Auenland aufräumen, das von Saruman geplagt wird. Gandalf verlässt die Hobbits, um sich mit Tom Bombadil zu unterhalten.

Saruman ist nach dem Sturz Saurons das letzte verbliebene Ego-Symbol in Mittelerde. In diesem Kontext symbolisiert er das Einschleichen von Ego in unsere Gewohnheiten, nachdem wir einen Zustand der Erleuchtung erlangt haben. In diesem Erleuchtungszustand benötigen wir kein scharfes Unterscheidungsvermögen mehr. Es genügt, unsere während des Dunklen Zeitalters stark gewordenen sattvischen Gewohnheiten zu aktivieren, um das Ego wieder auszuräumen. Frodo und Sam rücken hierbei in den Hintergrund und Merry und Pippin übernehmen das Kommando. Das heißt, unsere sattvischen Gewohnheiten, unsere Aufmerksamkeit in Richtung des Positiven zu lenken, in Richtung von Fröhlichkeit und Leichtigkeit im Leben wird ausreichen, uns von aufkommendem Ego zu befreien.

Das Unterscheidungsvermögen muss sich nicht mehr um das Ego kümmern. Es darf sich jetzt ganz mit der Versenkung in das wahre Selbst beschäftigen (Gandalfs Besuch bei Tom Bombadil).

Einschiffen an den Grauen Anfurten – Aufstieg ins Einheitsbewusstsein

Ganz am Ende schiffen sich Bilbo, Frodo, Gandalf, Galadriel und Elrond mit den letzten Elben an den Grauen Anfurten mit Cirdan ein, womit die beiden Ringträger-Hobbits und die letzten Elben Mittelerde endgültig in Richtung Aman verlassen. Auch die Elbenringe verlassen Mittelerde.

Dies symbolisiert, dass das kollektive Bewusstsein eine geraume Zeit nach dem Ende des Dunklen Zeitalters noch eine Bewusstseinsstufe höher steigt. Die Menschheit ist nun fest in jenem Einheitsbewusstsein verankert, dass von Aman symbolisiert wird. Das Denken der Menschen gehorcht ihnen nun so wie eine Fernbedienung in der Hand. Wir können nach Belieben aufhören zu denken und ganz in unserem wahren Selbst ruhen und in diesem schwelgen. Dass auch die Elbenringe Mittelerde verlassen, symbolisiert, dass sich unsere Chakren endgültig auflösen und unser Bewusstsein kollektiv zu einem einzigen Chakra der Liebe wird. Die Menschheit wird nicht nur eine Familie sein, sondern ein Bewusstsein, eine Liebe.

Dies wird wohl einige Generationen nach dem Verlassen des Dunklen Zeitalters sein, vermutlich irgendwann im 22. Jahrhundert. Auf jeden Fall wird unser kollektives Bewusstsein generationenlang weiter und weiter ansteigen und die Liebe Gottes immer mehr auf die Erde bringen. Wir werden als Menschheit den Himmel auf Erden erschaffen.

Im Grunde gibt es vier grundlegende Wirtschaftsmodelle, die vier Bewusstseinsstufen entsprechen, analog den vier Elementen.

Im jetzt auslaufenden Dunklen Zeitalter gibt es das Zinsgeld, das dem Element Erde entspricht. Durch den Zins können sich Vermögen auftürmen, die größer sind als die höchsten Gebirge. Und durch diese Umverteilung des Vermögens von unten nach oben entstehen riesige Täler der Armut, die am Ende fast die ganze Menschheit erfassen und verschlingen.

Mit dem demnächst kommenden zinsfrei fließenden Geld wird diese gigantische Arm-Reich-Spaltung verschwinden und es wird ein dynamischer, neutraler Ausgleich in den Vermögensverhältnissen der Menschen entsprechend der Leistungsfähigkeit und dem Fleiß der Völker entstehen. Niemand kann so reich werden, dass er andere ausbeuten kann, weil Investitionen mit zinsfrei fließendem Geld nicht zu leistungslosen Zinseinnahmen führen. Diese Art des Wirtschaftens entspricht dem Element Wasser, weil Wasser sich immer dynamisch selbst in ein Gleichgewicht bringt und Unebenheiten wieder ausgleicht.

Sobald Éowyn und Faramir heiraten, sobald die Wirtschaft also durch unsere Übernahme der Verpflichtung zu einem selbstlosen Dienst an der Gemeinschaft funktioniert, ist es das gegebene Wort und die übernommene Verpflichtung, die das Wirtschaften regulieren. Dies entspricht dem Element Luft, da die Menschen im Wesentlichen ihrer gegenseitigen Verpflichtung vertrauen.

Sobald sich Frodo und Bilbo mit der letzten Elbenschar nach Aman einschiffen, wird die Menschheit zu einer einzigen Familie, die durch das Band der Liebe zusammengehalten wird. Hier funktioniert die Wirtschaft dann aus der Liebe des Einzelnen heraus, der den Wunsch und das Bedürfnis hat, der Gemeinschaft zu dienen. Menschen werden sich freuen und es genießen, wenn sie selbstlos etwas für andere tun können, so wie sich kleine Kinder freuen, wenn sie uns eine Freude machen können. Dies ist der höchste Bewusstseinszustand. Damit ist die Menschheit eins. Dies entspricht dem Element Feuer, da alles Wirtschaften durch die Flamme des Herzens bewirkt wird.

Die vedischen Schriften unterscheiden 4 Zeitalter: Satya Yuga (Goldenes Zeitalter der Wahrheit), Treta Yuga (Drittes Zeitalter), Dwapara Yuga (Zweites Zeitalter), Kali Yuga (Dunkles Zeitalter des Egos).

Möglicherweise durchlaufen wir diese Zeitalter auch den oben genannten Elementen gemäß für kurze Zeit rückwärts, so dass das eigentliche Goldene Zeitalter erst in dem Moment beginnt, der vom Einschiffen nach Aman symbolisiert wird, ist heute also noch einige Generationen weit weg. Jedenfalls ist der einzig wirklich schwierige, sehr schwierige Übergang der vom Kali Yuga zum Dwapara Yuga. Sobald der geschafft ist, geht es nur noch bergauf. Mit diesem Übergang ist uns das Goldene Zeitalter quasi garantiert. Daher kann man durchaus auch davon sprechen, dass mit dem Ende des Kali Yugas das Goldene Zeitalter beginnt.

Dieser – in kosmischen Dimensionen gesehen – sehr schnelle Übergang von Dunklem zu Goldenem Zeitalter ist am Ende aufgrund der Tiefe der Dunkelheit möglich, in die die Menschheit zweimal kurz hintereinander eingetaucht ist, einmal im Alten Rom und einmal in unserer Zeit. Dieses tiefe Eintauchen in die Dunkelheit ist wie das Spannen eines Bogens: Je straffer der Bogen gespannt wird, mit desto mehr Fahrt und desto weiter fliegt der geschossene Pfeil. Die Dunkelheit auf Erden fordert uns Seelen maximal, Vergebung, Mitgefühl und Selbstlosigkeit zu entwickeln, um als Seele nicht unterzugehen. Damit ist die Richtung des Pfeils das Goldene Zeitalter, in das wir uns durch die tiefe Dunkelheit, die wir erfahren haben, mit solcher Geschwindigkeit bewegen können, zumindest all diejenigen, die ihr Schicksal in der Dunkelheit angenommen und zum Lernen und Wachsen in der selbstlosen Liebe genutzt haben, welche die Welt auch heute noch so sehr von uns braucht.

Laut Tolkien, Irlmaier, der Heiligen Jungfrau von Garabandal und vielen anderen kommt es also am Ende der noch laufenden großen Herausforderungen der Menschheit zu einem Goldenen Zeitalter. Alles, was ich über die Zukunft geschrieben habe, kommt aus einem Abgleich der Voraussagen der genannten Seher und besteht aus sich daraus ableitenden Gedanken. Wissen von dem, was kommt, tue ich nichts, gar nichts. Und ich bin mir im Klaren, dass ich nichts davon weiß. Vielleicht kommt also alles ganz anders.

Auch wenn die Voraussagen richtig sind, auch falls ich keinen größeren Denkfehler gemacht habe, kann alles ganz anders kommen. Wir sollten auf keinen Fall wie Kaninchen vor der Schlange glaubwürdiger Voraussagen von Katastrophen verharren. Wir glauben, begrenzte und relativ machtlose Wesen zu sein. In Wahrheit sind wir Kinder der Göttlichen Mutter, ausgestattet mit der Macht, jederzeit Frieden, Harmonie und Einheit zu schaffen. So gibt es in Wahrheit nichts, was wir nicht erreichen könnten.

Wenn wir ganz zur Liebe, zur Vergebung und zur Inspiration für eine Welt der Liebe und Vergebung erwachen, können alle Konflikte aufgelöst werden, auch die, die sich über Jahrtausende aufgebaut haben. Keine, wirklich keine Katastrophe, die von wem auch immer vorausgesagt wurde, muss eintreten.

Es gibt eine große Lücke zwischen dem, wozu wir als Kinder Gottes in Wahrheit in der Lage sind, und dem, wozu wir uns bewusst sind, in der Lage zu sein. Zur Schließung dieser Lücke mangelnden Bewusstseins ist eines der machtvollsten Dinge, die wir tun können, das Gebet. Wenn wir stets ein Gebet für den Frieden und das Glück der Menschheit in unserem Herzen und in unserer Seele tragen, macht das Gebet uns zu einem Magneten, der Gott in unsere Wirklichkeit hineinzieht. So wird Gott uns immer mehr zu dem inspirieren, was wir selbst tun können. Wenn wir tun, was wir können, wird Gott uns mit Riesenschritten entgegenkommen, um unsere Gebete zu erhören. Die Göttliche Gnade kann auch auf Dinge einwirken, die weit, weit jenseits der Möglichkeiten liegen, derer wir uns bewusst sind.

So lege ich dieses Werk zu Füßen der Göttlichen Mutter. Möge die Menschheit zur Liebe erwachen und glücklich sein.

„Wenn die Menschheit es wirklich will, hat sie das Potential, die Erde in einen Himmel zu verwandeln, der schöner ist als selbst der schönste Himmel Gottes."
Mata Amritanandamayi

ÜBER DEN AUTOR
*Ludwig D. Gartz lebt in Michelstadt (Hessen).
Er ist als Schriftsteller und Referent tätig.
2008 ist sein Buch „Fließendes Geld" erschienen,
2015 der 1. Band, 2016 der 2. Band, 2017 der
3. und 4. Band, 2020 der 5. und 6. Band und
2021 der 7. und 8. Band der Neunheit-Reihe
(www.neunheit.de).*

ISBN 978-3-00-058255-4

© **NEUNHEIT VERLAG, LUDWIG D. GARTZ**
*Heinrichstraße 3, D-64720 Michelstadt
www.neunheit.de*

**UMSEITIG FINDEN SIE
WEITERE BÜCHER DES AUTORS**
>>>

Die Symbolik Tolkiens

DRITTER BAND DER NEUNHEITSREIHE.

Dieser dritte Band legt die Grundlage für die vollständige Entschlüsselung des Herrn der Ringe als eine Prophezeihung für unsere Zeit. Jede Figur, jedes Lebewesen, jeder Ort und jeder Gegenstand im Herrn der Ringe weist eine spezifische Bedeutung auf, die hier logisch und bildhaft verständlich abgeleitet wird. In dieser Symbolsprache sind Tolkiens Werke verfasst.

ISBN 978-3-00-058254-7

**BESTELLUNG UNTER:
WWW.NEUNHEIT.DE**

Deutsche Volksmärchen

ISBN 978-3-9812507-2-5

**BESTELLUNG UNTER:
WWW.NEUNHEIT.DE**

INTERPRETATIONEN *zu 32 deutschen Volksmärchens: Allerleirauh, Aschenputtel, Blaubart, Brüderchen und Schwesterchen, Dornröschen, Eisenhans, Frau Holle, Froschkönig, Gänsemagd, Goldene Gans, Goldene Vogel, Hans im Glück, Hänsel und Gretel, Jorinde und Joringel, König vom goldenen Berg, Rapunzel, Rotkäppchen, Rumpelstilzchen, Schneeweißchen und Rosenrot, Schneewittchen, Sechs Schwäne, Sieben Raben, Tapfere Schneiderlein, Teufel mit den drei goldenen Haaren, Teufel und seine Großmutter, Tischlein deck dich, Treue Johannes, Weiße Schlange, Wolf und die sieben jungen Geißlein, Wunderliche Spielmann, Zwölf Brüder, Zwölf Jäger*

Der Ring Weda

Der Ring Weda ist die Fortsetzung der Interpretation von Tolkiens Silmarillion in Der Silmaril Weda. Während in Der Silmaril Weda die Entwicklungsprozesse der damaligen Menschheit während des ersten im Silmarillion dargestellten Zeitalterzyklus' nachgezeichnet werden, beginnt Der Ring Weda mit den durch Númenor symbolisierten Prozessen in Atlantis, die zu dessen Untergang führten, und beschäftigt sich dann mit der nachatlantischen Zeit bis heute. Das Buch macht anhand der symbolischen Erzählung Tolkiens deutlich, durch welche geistige Entwicklung wir gegangen sind und wie wir diese in unserer Zeit zu einem erfolgreichen Abschluss bringen können.

ISBN 978-3-9812507-4-9

BESTELLUNG UNTER:
WWW.NEUNHEIT.DE